소규모주택정비사업
길라잡이

소규모주택정비사업 길라잡이

발행일	2024년 2월 22일		
지은이	홍성욱		
펴낸이	손형국		
펴낸곳	(주)북랩		
편집인	선일영	편집	김은수, 배진용, 김다빈, 김부경
디자인	이현수, 김민하, 임진형, 안유경, 한수희	제작	박기성, 구성우, 이창영, 배상진
마케팅	김회란, 박진관		
출판등록	2004. 12. 1(제2012-000051호)		
주소	서울특별시 금천구 가산디지털 1로 168, 우림라이온스밸리 B동 B113~114호, C동 B101호		
홈페이지	www.book.co.kr		
전화번호	(02)2026-5777	팩스	(02)3159-9637

ISBN   979-11-93716-72-4 13320 (종이책)   979-11-93716-73-1 15320 (전자책)

(주)북랩 성공출판의 파트너

북랩 홈페이지와 패밀리 사이트에서 다양한 출판 솔루션을 만나 보세요!

홈페이지 book.co.kr   •   **블로그** blog.naver.com/essaybook   •   **출판문의** book@book.co.kr

작가 연락처 문의 ▸ ask.book.co.kr

작가 연락처는 개인정보이므로 북랩에서 알려드릴 수 없습니다.

소규모
주택정비사업
길라잡이

- 소규모주택정비법 이론과 실무 -

홍성욱 지음

내가 직접 '사업의 준비에서 청산까지'

정비사업은 개인이 자기가 소유하고 있는 토지 위에 주택을 지어 일부를 팔아 건축비에 충당하는 과정과 본질적으로 같지만 서로 다른 토지등소유자가 참여하는 사업이라는 점에서 이들 간의 이해관계를 조정할 필요가 크다는 점에서 다르다.

무엇보다도 정비사업은 사업에 반대하는 자를 합법적으로 배제하여 그 자가 가지고 있는 소유권을 확보할 수 있는 방법이 없으면 불가능하다. 이를 위하여 법은 제35조, 제35조의2, 제36조를 두어 조합설립 등 미동의자, 분양신청을 하지 아니한 자 등을 사업에서 배제할 수 있도록 하고 있다. 이것이 정비사업이 개인의 그것과 구별되는 가장 큰 특징이라 하겠다. 이러한 차이로 인하여 시장·군수등은 정비사업의 시행과정의 도처에서 후견적 개입을 하고 있다. 조합설립의 인가, 관리처분계획의 인가, 사업에 대한 감독 등이 그것이다.

정비사업은 절대다수결원칙에 의해 서로 다른 토지등소유자 간의 이해관계를 조정하고 있다.

소규모재건축정비사업 조합을 설립하려는 때에는 주택단지 내 공동주택의 각 동별 구분소유자의 과반수 동의와 주택단지의 전체 구분소유자의 4분의 3 이상 및 토지면적의 4분의 3 이상의 토지소유자의 동의를 받아 시장·군수등의 인가를 받아야 한다. 조합이 인가받은 사항을 변경하고자 하는 때에는 총회에서 조합원의 3분의 2 이상의 찬성으로 의결하고 시장·군수등의 인가를 받아야 한다.

조합원에게 경제적 부담을 주는 사항 등 주요한 사항은 총회의 의결을 거쳐야 하고 총회의 의결은 조합원 과반수의 출석과 출석 조합원의 과반수 찬성으로 하되, 사업시행계획(관리처분계획 포함)을 수립 및 변경하는 경우에는 조합원 과반수의 찬성으로 의결하고 이 경우 정비사업비가 100분의 10 이상 늘어나는 경우에는 조합원 3분의 2 이상의 찬성으로 의결하여야 한다.

총회의 의결을 위한 직접 출석자의 수까지도 규정하고 있다. 원칙적으로 조합원의 100분의 10 이상이 직접 출석하여야 하나 창립총회, 사업시행계획(관리처분계획 포함)의 수립 및 변경을 의결하는 총회, 정비사업비의 사용 및 변경을 위하여 개최하는 총회의 경우에는 조합원의 100분의 20 이상이 직접 출석하여야 한다.

법이 절대다수결원칙을 채택한 이유는 다수는 옳고 합리적인 결정을 내릴 가능성이 높기 때문이다. 그러나 다수의 결정이 항상 올바름을 담보할 수는 없고 단순히 결정의 합리성 관점만을 강조한다면 소수 엘리트의 결정이 바람직할 수 있다. 이러한 점에서 많은 경우에 시장·군수등의 보충적·감독적 개입이 인정되며 최후의 보루로 사법판단의 대상까지 되는 경우도 있게 된다.

정비사업은 서로 다른 토지등소유자가 참여하여 수백억 단위의 사업비가 소요되는 사업으로 대부분의 조합원은 자신의 전 재산을 사업에 내놓은 상황이라 조합운영에 관심이 지대하다. 조합의 지도부는 많은 유혹의 손길에서 자유로울 수 없기 때문에 조합의 투명한 운영과 자료의 충실한 공개, 자료의 의미에 대한 설명·통지가 절실히 필요한 사업이다.

빈집 및 소규모주택정비에 관한 특례법 위반의 죄로 규정한 내용을 살펴보면 정비사업의 현장에서 어떠한 일이 벌어지고 있는지 단번에 느낄 수 있을 것이다.

이 책은 법령의 내용을 끌어다 놓은 것에 불과할지 모르겠다. 그러나 책을 읽으면서 법령을 살펴보는 수고만큼은 확실히 줄어들 것이다. 그럼에도 불구하고 책을 읽으면서 반드시 법령, 조례의 내용을 확인하여야 한다. 수시로 바뀌기 때문이다.

무엇보다도 법령에 나열된 문언이 제대로 된 위치에서 의미를 나타낼 수 있도록 신경을 많이 썼다는 점은 꼭 밝히고 싶다.

1편은 정비사업의 총론적 내용을 담고 있다. 법의 전체를 관통하는 개념들을 중점적으로 다루고 있다. 이 부분만 이해해도 어디 가서 법에 대하여 들어도 제대로 들을 수 있고, 아는 척 얘기해도 빠지지 않을 내용을 담으려고 노력했다.

2편은 사업의 준비단계에서 사업의 청산에 이르는 과정에 대하여 법령의 내용을 소개하고 있다.

3편은 정비사업의 부수적인 내용일 수 있지만 정비사업을 시행하는데 꼭 필요한 내용들을 담고 있다. 6장의 소규모주택정비법 위반의 죄는 특히 조합의 지도부가 숙지하여 둘 필요가 있다는 점에서 나열하고 있다. 정비사업 현장에서 어떠한 일이 벌어지고 있는지 느낄 수 있을 것이며 이를 통해서 조합을 운영하는 과정에서 발생할 수 있는 불미스러운 일을 사전에 예방할 수 있을 것이다.

법령의 내용을 편집하면서 겪었던 어려운 점은 '내 능력이 참 보잘 것 없다'는 사실을 깨닫는 것이었다. 시작한 일이라 이렇게 마무리 짓지만 틀린 점이 있으면 계속 보완해 좋은 작품을 만들고 싶을 따름이다.

우리는 지금 도시재생의 시대에 살고 있다. 쇠퇴하는 도시에 새로운 기능을 도입·창출하고 지역자원의 활용을 통하여 경제적·사회적·물리적·환경적으로 활성화시키는 과정이 필요한 시대에 살고 있다.

종합적인 관점에서의 도시재생이 필요하다는 인식은 철거와 개발만이 능사가 아니라는 사실을 깨닫게 하고 정비사업의 중심에 사람을 두게 하여 정비사업 시행과정에 풍부한 아이디어를 제공하리라 기대한다.

2024. 1. 23.
지은이 홍성욱 드림

목차

3편 ▶ 정비사업을 위한 조치 등

줄임말 및 일러두기

1. 「빈집 및 소규모주택정비에 관한 특례법」은 '**법**' 또는 '**소규모주택정비법**'으로, 「빈집 및 소규모주택정비에 관한 특례법 시행령」은 '**영**' 또는 '**소규모주택정비법 시행령**'으로, 「빈집 및 소규모주택정비에 관한 특례법 시행규칙」은 '**시행규칙**' 또는 '**소규모주택정비법 시행규칙**'으로 약칭

2. 「도시 및 주거환경정비법」은 '**도시정비법**'으로, 「도시 및 주거환경정비법 시행령」은 '**도시정비법 시행령**'으로, 「도시 및 주거환경정비법 시행규칙」은 '**도시정비법 시행규칙**'으로 약칭

3. 「인천광역시 빈집 및 소규모주택 정비에 관한 조례」는 '**인천시 조례**'로 약칭, 「인천광역시 도시 및 주거환경정비 조례」는 '**인천시 정비조례**'로 약칭

   (법령의 내용 중 시·도조례에 해당하는 내용은 인천시 정비조례의 내용을 기준으로 하고 있음. 독자가 관심 갖는 지역에 해당하는 시·도조례의 내용은 별도로 찾아 보아야 함. 인천시 정비조례를 기준으로 한 이유는 인천시가 가장 표준적인 지역사정을 반영하고 있다고 보았기 때문임)

4. 「국토의 계획 및 이용에 관한 법률」은 '**국토계획법**'으로 약칭

5. 「공익사업을 위한 토지 등의 취득 및 보상에 관한 법률」은 '**토지보상법**', 동 시행령은 '**토지보상법 시행령**'으로, 동 시행규칙은 '**토지보상법 시행규칙**'으로 약칭

6. 특별자치시장·특별자치도지사·시장·군수 또는 자치구의 구청장은 '**시장·군수등**'으로 약칭

7. 「한국토지주택공사법」에 따라 설립된 한국토지주택공사 또는 「지방공기업법」에 따라 주택사업을 수행하기 위하여 설립된 지방공사는 '**토지주택공사등**'으로 약칭

1편

소규모주택정비사업의 총론적 이해

1장

소규모주택 정비사업의 절차 개관

사업의 준비 - 조합설립준비위원회

　　도시정비법상의 정비사업을 하는 경우에는 정비구역 지정고시 후 토지등소유자의 과반수 동의를 받아 추진위원회를 구성하고 시장·군수등의 승인을 얻어 조합설립추진위원회를 조직하여 하는데 비해, 소규모주택정비법상의 정비사업을 하는 경우 그럴 필요는 없다.

　　그러나 현장에서는 준비위원회라는 명칭으로 자율조직을 구성하여 조합설립추진위원회가 하는 기능을 수행하고 있다. 그 주된 업무는 개략적인 정비사업 사업시행계획서·정관 등의 작성, 동의서 연번부여 및 검인신청, 동의서 수령, 조합설립동의서 징구, 창립총회 준비 등이다.

조합설립동의서 / 조합창립총회 / 조합설립인가신청(준비위원회 → 시장·군수등)

조합설립에 대한 동의요건(법 제23조)

① 소규모재건축사업의 토지등소유자는 조합을 설립하는 경우 주택단지의 공동주택의 각 동(복리시설의 경우에는 주택단지의 복리시설 전체를 하나의 동으로 본다)별 구분소유자의 과반수 동의(공동주택의 각 동별 구분소유자가 5명 이하인 경우는 제외한다)와 주택단지의 전체 구분소유자의 4분의 3 이상 및 토지면적의 4분의 3 이상의 토지소유자 동의를 받아야 한다.

　　주택단지가 아닌 지역이 사업시행구역에 포함된 경우(법 제16조제3항) 주택단지가 아닌 지역의 토지 또는 건축물 소유자의 4분의 3 이상 및 토지면적의 3분의 2 이상의 토지소유자의 동의를 받아야 한다.

② 가로주택정비사업의 토지등소유자는 조합을 설립하는 경우 토지등소유자의 10분의 8 이상 및 토지면적의 3분의 2 이상의 토지소유자 동의를 받아야 한다. 이 경우 사업시행구역의 공동주택은 각 동(복리시설의 경우에는 주택단지의 복리시설 전체를

하나의 동으로 본다)별 구분소유자의 과반수 동의(공동주택의 각 동별 구분소유자가 5명 이하인 경우는 제외한다)를, 그 외의 토지 또는 건축물은 해당 토지 또는 건축물이 소재하는 전체 토지면적의 2분의 1 이상의 토지소유자 동의를 받아야 한다.

③ 소규모재개발사업의 토지등소유자는 조합을 설립하는 경우 토지등소유자의 10분의 8 이상 및 토지면적의 3분의 2 이상의 토지소유자 동의를 받아야 한다.

<u>창립총회의 소집절차 등</u>(영 제20조의2)

① 토지등소유자는 창립총회를 개최하려는 경우 토지등소유자 과반수의 동의로 대표자를 선임해야 한다.

② 창립총회의 경우에는 조합원의 20/100 이상이 직접 출석하여야 하며

③ 창립총회에서는 사업시행계획의 결의, 조합정관 및 규정의 승인, 조합장 선출, 임원의 인준, 사업예산의 승인 등을 의결한다.

사업관계자 선정

<u>시공자의 선정</u>(법 제20조)

조합은 소규모주택정비사업을 시행하는 경우 조합설립인가를 받은 후 조합 총회(시장·군수등 또는 토지주택공사등과 공동으로 사업을 시행하는 경우에는 조합원의 과반수 동의로 조합 총회 의결을 갈음할 수 있다)에서 국토교통부장관이 정하여 고시하는 경쟁입찰 또는 수의계약(2회 이상 경쟁입찰이 유찰된 경우로 한정한다)의 방법으로 건설업자 또는 등록사업자를 시공자로 선정하여야 한다. 다만, 토지등소유자 또는 조합원이 30인 이하인 소규모주택정비사업은 조합 총회에서 정관으로 정하는 바에 따라 선정할 수 있다.

<u>정비사업전문관리업자·설계자·감정평가법인의 선정</u>(법 제21조)

① 다음 각 호의 사항을 소규모주택정비사업을 <u>시행하려는 자 또는 사업시행자로부</u>

터 위탁받거나 이와 관련한 자문을 하려는 자는 「도시정비법」 제102조제1항에 따라 정비사업전문관리업자로 등록하여야 한다.

1. 사업성 검토 및 소규모주택정비사업 시행계획서의 작성
2. 조합설립의 동의 및 소규모주택정비사업의 동의에 관한 업무의 대행
3. 조합설립인가의 신청에 관한 업무의 대행
4. 설계자 및 시공자 선정에 관한 업무의 지원
5. 사업시행계획인가의 신청에 관한 업무의 대행
6. 관리처분계획의 수립에 관한 업무의 대행

② 조합은 정비사업전문관리업자를 선정하는 경우 조합 총회(시장·군수등 또는 토지주택공사등과 공동으로 사업을 시행하는 경우에는 조합원의 과반수 동의로 조합 총회 의결을 갈음할 수 있다)에서 국토교통부장관이 정하여 고시하는 경쟁입찰 또는 수의계약(2회 이상 경쟁입찰이 유찰된 경우로 한정한다)의 방법으로 선정하여야 한다.

③ 조합은 설계자 또는 「감정평가 및 감정평가사에 관한 법률」에 따른 감정평가법인 등을 선정 및 변경하는 경우 조합 총회(시장·군수등 또는 토지주택공사등과 공동으로 사업을 시행하는 경우에는 조합원의 과반수 동의로 조합 총회 의결을 갈음할 수 있다)의 의결을 거쳐야 한다.

건축심의 / 통합심의

건축심의(법 제26조)

① 가로주택정비사업, 소규모재건축사업 또는 소규모재개발사업의 사업시행자(사업시행자가 시장·군수등인 경우는 제외한다)는 법 제30조에 따른 사업시행계획서를 작성하기 전에 사업시행에 따른 건축물의 높이·층수·용적률 등 대통령령으로 정하는 사항에 대하여 지방건축위원회의 심의를 거쳐야 한다.

② 조합은 위에 따른 지방건축위원회의 심의를 신청하기 전에 조합 총회(시장·군수등

또는 토지주택공사등과 공동으로 사업을 시행하는 경우에는 조합원의 과반수 동의로 조합 총회 의결을 갈음할 수 있다)에서 조합원 과반수의 찬성의결, 다만, 정비사업비가 100분의 10(생산자물가상승률분 및 제36조에 따른 손실보상 금액은 제외한다) 이상 늘어나는 경우에는 조합원 3분의 2 이상의 찬성으로 의결을 거쳐야 한다.

통합심의(법 제27조)

시장·군수등은 소규모주택정비사업과 관련된 다음 각 호 중 둘 이상의 심의가 필요한 경우에는 이를 통합하여 심의하여야 한다. 다만, 제2호에 따른 <u>도시·군관리계획 중 용도지역·용도지구를 지정</u> 또는 변경하는 경우 또는 법 제49조제1항 및 법 제49조의2 제1항·제3항에 따라 <u>법적상한용적률까지</u> 건축하거나 법 제49조의2제4항에 따라 <u>법적상 한용적률을 초과하여</u> 건축하는 경우에는 시·도지사에게 통합심의를 요청하여야 한다.

1. 「건축법」에 따른 건축심의(제26조 및 제48조제1항에 따른 심의를 포함한다)
2. 「국토의 계획 및 이용에 관한 법률」에 따른 도시·군관리계획 및 개발행위 관련 사항
3. 그 밖에 시장·군수등이 필요하다고 인정하여 통합심의에 부치는 사항

매도청구(1) - 조합설립 미동의자 등의 배제

매도청구(법 제35조)

① 가로주택정비사업·소규모재건축사업·소규모재개발사업의 조합은 건축심의 결과를 받은 날부터 30일 이내에 다음 각 호의 자에게 조합설립 또는 사업시행자의 지정에 동의할 것인지 여부를 회답할 것을 서면으로 촉구하여야 한다.(법 제35조제1항의 문언은 가로주택정비사업·소규모재건축사업조합만 매도청구를 할 수 있는 것으로 규정하고 있으나 법 제35조제1항제1호의 문언으로 볼 때 입법의 불비로 해석됨)

　1. 가로주택정비사업(법 제23조제1항)·소규모재건축사업(법 23조제2항)·소규모재개

발사업(법 제23조제4항) 및 사업시행방식의 전환(법 제23조제5항)에 따른 조합설립에 동의하지 아니한 자

2. 법 제18조제1항 및 법 제19조제1항에 따라 시장·군수등, 토지주택공사등 또는 지정개발자 지정에 동의하지 아니한 자

② 법 제22조제3항에 따라 관리지역에서 시행하는 자율주택정비사업의 사업시행자는 주민합의체 구성에 동의하지 아니한 자에 대하여 주민합의체 구성에 동의할 것인지 여부를 회답할 것을 서면으로 촉구하여야 한다.

③ 촉구를 받은 토지등소유자는 촉구를 받은 날부터 60일 이내에 회답하여야 한다. 위의 기간 내에 회답하지 아니한 토지등소유자는 주민합의체 구성, 조합설립 또는 사업시행자의 지정에 동의하지 아니하겠다는 뜻을 회답한 것으로 본다.

④ 사업시행자는 위 60일 기간이 만료된 때부터 60일 이내에 주민합의체 구성, 조합설립 또는 사업시행자 지정에 동의하지 아니하겠다는 뜻을 회답한 토지등소유자와 건축물 또는 토지만 소유한 자에게 건축물 또는 토지의 소유권과 그 밖의 권리를 매도할 것을 청구할 수 있다.

조합원의 종전 토지 및 건축물의 가격평가 / 분양예정대지 또는 건축물의 가격평가

조합원의 종전 토지 및 건축물의 가격 및 분양예정 대지 또는 건축물의 가격평가(법 제56조, 도시정비법 제74조제4항1호나목 적용): 구청 선정, 조합선정 감정평가법인에 의한 산술평균액

조합원분양에 대한 개별통지, 공고 및 분양신청

- 통지: 건축심의 결과를 받은 날로부터 90일 이내에 분양대상자별 분담금 추산액, 분양신청기간 등 통지(조합 → 토지등소유자)
- 해당지역 일간신문에 공고
- 분양신청접수기간: 분양신청을 통지한 날로부터 30일 이상 60일 이내(20일 연장가능)

사업시행계획서(관리처분계획 포함)의 작성

사업시행계획서의 작성(법 제30조)

사업시행자는 다음 각 호의 사항을 포함하는 사업시행계획서를 작성하여야 한다.

1. 사업시행구역 및 그 면적
2. 토지이용계획(건축물배치계획 포함)
3. 정비기반시설 및 공동이용시설의 설치계획
4. 임시거주시설을 포함한 주민이주대책
5. 사업시행기간 동안 사업시행구역 내 가로등 설치, 폐쇄회로 텔레비전 설치 등 범죄예방대책
6. 임대주택의 건설계획
7. 건축물의 높이 및 용적률 등에 관한 건축계획(「건축법」 제77조의 4에 따라 건축협정을 체결한 경우 건축협정의 내용을 포함한다)
8. 사업시행과정에서 발생하는 폐기물의 처리계획
9. 정비사업비
10. 분양설계 등 관리처분계획
11. 법 제35조의2에 따라 수용 또는 사용하여 사업을 시행하는 경우 수용 또는 사용할 토지·물건 또는 권리의 세목과 그 소유자 및 권리자의 성명·주소

12. 그 밖에 사업시행을 위한 사항으로서 대통령령으로 정하는 바에 따라 시·도 조례로 정하는 사항

조합원 관리처분계획에 관한 사항 30일 전 통지

통지(법 제33조제2항)

조합은 법 제29조제3항 본문에 따른 의결이 필요한 경우 <u>총회 개최일부터 30일 전</u>에 「분양대상자별 분양예정인 대지 또는 건축물의 추산액(임대관리 위탁주택에 관한 내용을 포함한다)」,

「일반분양분, 임대주택, 그 밖의 부대시설·복리시설 등에 해당하는 보류지 등의 명세와 추산액 및 처분방법」,

「분양대상자별 종전의 토지 또는 건축물 명세 및 건축심의 결과를 받은 날을 기준으로 한 가격」,

「정비사업비의 추산액(소규모재건축사업의 경우에는 「재건축초과이익 환수에 관한 법률」에 따른 재건축분담금에 관한 사항을 포함한다) 및 그에 따른 조합원 분담규모 및 분담시기」에 해당하는 사항을 조합원에게 문서로 통지하여야 한다.

사업시행계획(관리처분계획 포함)의 수립을 위한 조합원총회

총회의결 등(법 제29조)

① 총회는 조합원의 100분의 20 이상이 직접 참석하여야 한다.

② 사업시행자는 사업시행계획인가를 신청하기 전에 조합 총회(시장·군수등 또는 토지주택공사등과 공동으로 사업을 시행하는 경우에는 조합원의 과반수 동의로 조합 총회 의결을

갈음할 수 있다)에서 조합원 과반수의 찬성의결, 다만, 정비사업비가 100분의 10(생산자물가상승률분 및 제36조에 따른 손실보상 금액은 제외한다) 이상 늘어나는 경우에는 조합원 3분의 2 이상의 찬성으로 의결을 거쳐야 한다.

사업시행계획인가신청 / 시장·군수등 사업시행계획 공람 / 사업시행계획인가·고시

사업시행계획인가 신청(법 제29조)

① 사업시행자는 소규모주택정비사업을 시행하는 경우에는 법 제30조에 따른 사업시행계획서에 정관등과 그 밖에 국토교통부령으로 정하는 서류를 첨부하여 시장·군수등에게 제출하고 사업시행계획인가를 받아야 한다.

② 시장·군수등은 특별한 사유가 없으면 사업시행계획서가 제출된 날부터 60일 이내에 인가 여부를 결정하여 사업시행자에게 통보하여야 한다.

사업시행계획 공람(법 제29조)

시장·군수등이 사업시행계획인가를 하는 경우에는 관계 서류의 사본을 14일 이상 일반인이 공람할 수 있게 하여야 한다.

토지등소유자, 이해관계인 등은 위의 공람 기간 이내에 시장·군수등에게 서면으로 의견을 제출할 수 있다.

사업시행인가·고시(법 제29조)

시장·군수등은 사업시행계획인가를 하는 경우에는 국토교통부령으로 정하는 방법 및 절차에 따라 그 내용을 해당 지방자치단체의 공보에 고시하여야 한다.

매도청구의 소(2) 및 수용재결 - 분양신청을 하지 않은 자의 배제

<u>분양신청을 하지 아니한 자 등에 대한 조치(법 제36조)</u>

① 가로주택정비사업, 소규모재건축사업 또는 소규모재개발사업의 사업시행자는 법 제29조에 따라 사업시행계획이 인가·고시된 날부터 90일 이내에 다음 각 호에서 정하는 자와 토지, 건축물 또는 그 밖의 권리의 손실보상에 관한 협의를 하여야 한다. 다만, 사업시행자는 분양신청기간 종료일의 다음 날부터 협의를 시작할 수 있다.

1. 분양신청을 하지 아니한 자
2. 분양신청기간 종료 이전에 분양신청을 철회한 자
3. 법 제29조에 따라 인가된 관리처분계획에 따라 분양대상에서 제외된 자

② 사업시행자는 협의가 성립되지 않은 경우에는 그 기간의 만료일 다음 날부터 60일 이내에 수용재결을 신청하거나 법 제35조에 따른 매도청구소송을 제기하여야 한다.

③ 사업시행자는 위에 따른 기간을 넘겨서 수용재결을 신청하거나 매도청구소송을 제기한 경우 대통령령으로 정하는 바에 따라 해당 토지등소유자에게 지연일수에 따른 이자를 지급하여야 한다.

조합원 분양계약

조합원과의 분양계약은 사업시행계획(관리처분계획 포함)인가 후 인가받은 사업시행계획에서 분양대상자로 정하여진 자와 체결하는 매매계약이다. 그 주된 내용은 인가받은 사업시행계획(관리처분계획 포함)에 포함되어 있다.

이주·철거

건축물 등의 사용·수익의 중지(법 제37조)

종전의 토지 또는 건축물의 소유자·지상권자·전세권자·임차권자 등 권리자는 사업시행계획이 인가된 때에는 법 제40조에 따른 이전고시가 있는 날까지 종전의 토지 또는 건축물을 사용하거나 수익할 수 없다. 다만, 다음 각 호의 어느 하나에 해당하는 경우에는 그러하지 아니하다.

1. 사업시행자의 동의를 받은 경우
2. 「공익사업을 위한 토지 등의 취득 및 보상에 관한 법률」에 따른 손실보상이 완료되지 않은 경우

지상권 등 계약의 해지(법 제38조)

① 법 제29조에 따라 사업시행계획인가를 받은 경우 지상권·전세권 설정계약 또는 임대차계약의 계약기간은 「민법」 제280조·제281조 및 제312조제2항, 「주택임대차보호법」 제4조제1항, 「상가건물 임대차보호법」 제9조제1항을 적용하지 아니한다.

② 소규모주택정비사업의 시행으로 지상권·전세권 또는 임차권의 설정 목적을 달성할 수 없는 때에는 그 권리자는 계약을 해지할 수 있다.

③ 계약을 해지할 수 있는 자가 가지는 전세금·보증금, 그 밖의 계약상의 금전의 반환청구권은 사업시행자에게 행사할 수 있다.

④ 위에 따른 금전의 반환청구권의 행사로 해당 금전을 지급한 사업시행자는 해당 토지등소유자에게 구상할 수 있다. 사업시행자는 위에 따른 구상이 되지 아니한 경우에는 해당 토지등소유자에게 귀속될 대지 또는 건축물을 압류할 수 있다. 이 경우 압류한 권리는 저당권과 동일한 효력을 가진다.

철거(법 제37조)

사업시행자는 법 제29조에 따른 사업시행계획인가를 받은 후 기존의 건축물을 철거하여야 한다.

감리자 지정 및 착공신고(주택법 제43조제1항)

착공 전 사업주체로부터 감리자지원 요청을 받아 시장·군수·구청장 등은 주택법 제 43조제1항에 따른 감리자 지정

입주자 모집승인 및 일반분양

- 일반분양 신청절차 등(영 제32조)

  법 제34조제4항 후단에 따른 분양공고 및 분양신청절차 등에 관하여는 「주택법」 제54조를 준용한다.(조합원에게 공급되고 남은 주택이 30세대 이상인 경우)

- 사업시행자는 주택을 효율적으로 공급하기 위하여 필요하다고 인정하는 경우 주택의 공급업무의 일부를 제3자에게 대행하게 할 수 있다.(제3자: 법 제102조에 따른 정비사업전문관리업자, 부동산의 개발업의 관리 및 육성에 관한 법률 제4조에 따른 등록사업자 등)(주택법 제54조의2)

- 주택의 공급 방법·절차 등은 「주택법」 제54조를 준용한다. 다만, 사업시행자가 제35조에 따른 매도청구소송을 통하여 법원의 승소판결을 받은 후 입주예정자에게 피해가 없도록 손실보상금을 공탁하고 분양예정인 건축물을 담보한 경우에는 법원의 승소판결이 확정되기 전이라도 「주택법」 제54조에도 불구하고 입주자를 모집할 수 있으나, 제39조에 따른 준공인가 신청 전까지 해당 주택건설 대지의 소유권을 확보하여야 한다.(법 제34조제8항)

준공인가 및 공보에 고시

준공인가·고시(법 제39조)

① 시장·군수등이 아닌 사업시행자가 소규모주택정비사업 공사를 완료한 때에는 시장·군수등의 준공인가를 받아야 한다.

② 시장·군수등은 준공검사를 실시한 결과 소규모주택정비사업이 인가받은 사업시행계획대로 완료되었다고 인정되는 때에는 준공인가를 하고 그 사실을 해당 지방자치단체의 공보에 고시하여야 한다.

③ 시장·군수등은 준공인가를 하기 전이라도 완공된 건축물이 사용에 지장이 없는 등 대통령령으로 정하는 기준에 적합한 경우에는 입주예정자가 완공된 건축물을 사용할 수 있도록 사업시행자에게 허가할 수 있다.

토지분할 및 확정측량

사업시행자는 준공인가·고시가 있은 때에는 지체 없이 대지확정측량(법 제2조제1항제3호에 따른 소규모주택정비사업 중 공급세대 30호 미만의 사업은 제외한다)을 하고 토지의 분할 절차를 거쳐 사업시행계획에서 정한 사항을 분양받을 자에게 통지하고 대지 또는 건축물의 소유권을 이전하여야 한다.

청산금 지급, 징수

비용·부담의 원칙 및 비용의 조달(법 제42조)

① 정비사업비는 이 법 또는 다른 법령에 특별한 규정이 있는 경우를 제외하고는 사

업시행자가 부담한다.

② 사업시행자는 토지등소유자로부터 위에 따른 비용과 소규모주택정비사업의 시행 과정에서 발생한 수입의 차액을 부과금으로 부과·징수할 수 있다.

토지등소유자가 부과금의 납부를 게을리한 경우 사업시행자는 연체료를 부과·징수할 수 있다.

정비기반시설의 설치 및 토지 등의 귀속 등(법 제43조)

① 시장·군수등은 소규모주택정비사업의 시행으로 정비기반시설 또는 공동이용시설의 확충이 필요하다고 인정하는 경우 직접 설치하거나 사업시행자에게 설치하도록 할 수 있다.

② 시장·군수등 또는 토지주택공사등이 아닌 사업시행자가 소규모주택정비사업의 시행으로 새로 설치한 정비기반시설은 그 시설을 관리할 국가 또는 지방자치단체에 무상으로 귀속되고, 소규모주택정비사업의 시행으로 용도가 폐지되는 국가 또는 지방자치단체 소유의 정비기반시설은 사업시행자가 새로 설치한 정비기반시설의 설치 비용에 상당하는 범위에서 그에게 무상으로 양도된다. 이 경우 사업시행자는 용도가 폐지되는 종래의 정비기반시설의 가액과 새로이 설치한 정비기반시설의 설치 비용 사이에 차이가 있는 때에는 그 차액에 상당하는 금액에 대하여 국가 또는 지방자치단체와 정산하여야 한다.]

청산금 등(법 제41조)

① 사업시행자는 대지 또는 건축물을 분양받은 자가 종전에 소유하고 있던 토지 또는 건축물의 가격과 분양받은 대지 또는 건축물의 가격 사이에 차이가 있는 경우 법 제40조제2항에 따른 이전고시가 있은 후에 그 차액에 상당하는 금액(청산금)을 분양받은 자로부터 징수하거나 분양받은 자에게 지급하여야 한다.

(사업시행자는 위에도 불구하고 정관등에서 분할징수 및 분할지급을 정하고 있거나 총회의 의결을 거쳐 따로 정한 경우에는 사업시행계획인가 후부터 법 제40조제2항에 따른 이전고시가 있은 날까지 일정기간 별로 분할징수하거나 분할지

급할 수 있다.)

(사업시행구역에 있는 토지 또는 건축물에 저당권을 설정한 권리자는 사업시행
자가 저당권이 설정된 토지 또는 건축물의 소유자에게 청산금을 지급하기 전에
압류절차를 거쳐 저당권을 행사할 수 있다.)

② 사업시행자는 청산금을 산출하기 위하여 종전에 소유하고 있던 토지 또는 건축
물의 가격과 분양받은 대지 또는 건축물의 가격을 평가하는 경우 그 토지 또는
건축물의 규모, 위치, 용도, 이용 상황 및 정비사업비 등을 참작하여 평가하여야
한다. 이에 따른 가격평가의 방법은 조합이 정하는 바에 따르되 감정평가를 하려
는 경우 법 제56조제2항제1호를 준용한다. (시장·군수등이 선정·계약한 1인 이상의 감
정평가법인등과 조합총회의 의결로 선정·계약한 1인 이상의 감정평가법인등의 감정평가액의
산술평균으로 한다.)

이전의 고시

이전고시 및 권리변동의 제한 등(법 제40조)

① 사업시행자는 준공인가·고시가 있은 때에는 지체 없이 사업시행계획에서 정한 사
항을 분양받을 자에게 통지하고 대지 또는 건축물의 소유권을 이전하여야 한다.
다만, 소규모주택정비사업의 효율적인 추진을 위하여 필요한 경우에는 해당 소규
모주택정비사업에 관한 공사가 전부 완료되기 전이라도 완공된 부분은 준공인가
를 받아 대지 또는 건축물별로 분양받을 자에게 그 소유권을 이전할 수 있다.

② 사업시행자는 위에 따라 대지 및 건축물의 소유권을 이전하는 때에는 그 내용을
해당 지방자치단체의 공보에 고시한 후 시장·군수등에게 보고하여야 한다. 이 경
우 대지 또는 건축물을 분양받을 자는 고시가 있은 날의 다음 날에 그 대지 또는
건축물의 소유권을 취득한다.

③ 사업시행자는 이전고시가 있은 때에는 지체 없이 대지 및 건축물에 관한 등기를

지방법원 또는 등기소에 촉탁 또는 신청하여야 한다.

④ 소규모주택정비사업에 관하여 이전고시가 있은 날부터 위에 따른 등기가 있을 때까지는 저당권 등의 다른 등기를 하지 못한다.(대지 또는 건축물을 분양받을 자에게 이전고시에 따라 소유권을 이전한 경우 종전 토지 또는 건축물에 설정된 지상권,전세권,임차권, 저당권,가등기담보권,가압류 등 등기된 권리 등은 이전받은 대지 또는 건축물에 설정된 것으로 본다.)

조합해산 및 청산

- 조합의 해산은 '민법'중 사단법인에 관한 규정을 준용한다.(도시정비법 제49조)
- 조합의 해산방법 및 시기에 관하여는 정관에 따로 정하여 시행가능하다.

2장

소규모주택 정비사업의 시행방식과 전환, 시행방법

I 소규모주택정비사업의 사업시행방식

1. 「빈집 및 소규모주택정비에 관한 특례법」상의 사업시행방식

소규모주택정비사업이란 「빈집 및 소규모주택정비에 관한 특례법」(이하 '법' 또는 '소규모주택정비법'이라 칭함)에서 정한 절차에 따라 <u>노후·불량건축물의 밀집 등의 요건에 해당하는 지역 또는 가로구역(街路區域)</u>에서 시행하는 다음의 가.나.다.라. 사업을 말한다.(법 제2조제1항제3호)

가. 소규모재개발사업

역세권 또는 준공업지역에서 소규모로 주거환경 또는 도시환경을 개선하기 위한 사업으로 2021.7.20. 소규모주택정비법 개정에 의해 신설된 사업방식이다.

나. 가로주택정비사업

가로구역에서 종전의 가로를 유지하면서 소규모로 주거환경을 개선하기 위한 사업을 말한다.

다. 소규모재건축사업

정비기반시설이 양호한 지역에서 소규모로 공동주택을 재건축하기 위한 사업을 말한다. 이 경우 도심 내 주택공급을 활성화하기 위하여 토지주택공사등이 참여하여 시행하는 소규모재건축사업을 <u>공공소규모재건축사업(공공참여 소규모재건축활성화사업)</u>이라 하고 2021.10.19. 소규모주택정비법 개정에 의해 신설되었다.

라. 자율주택정비사업

단독주택, 다세대주택 및 연립주택을 스스로 개량 또는 건설하기 위한 사업을 말한다.

※ 참조: 도시정비법상의 정비사업시행방식

도시정비법상의 정비사업이란 도시기능을 회복하기 위하여 정비구역(정비사업을 계획적으로 시행하기 위하여 도시정비법 제16조에 따라 지정·고시된 구역)에서 정비기반시설을 정비하거나 주택 등 건축물을 개량 또는 건설하는 다음 1.2.3.의 사업을 말한다.

1. 주거환경개선사업: 도시저소득 주민이 집단거주하는 지역으로서 정비기반시설이 극히 열악하고 노후·불량건축물이 과도하게 밀집한 지역의 주거환경을 개선하거나(도시정비법 개정 전 주거환경개선사업) 단독주택 및 다세대주택이 밀집한 지역에서 정비기반시설과 공동이용시설 확충을 통하여 주거환경을 보전·정비·개량하기 위한 사업(도시정비법 개정 전 주거환경관리사업)

2. 재개발사업: 정비기반시설이 열악하고 노후·불량건축물이 밀집한 지역에서 주거환경을 개선하거나(도시정비법 개정 전 주택재개발사업) 상업지역·공업지역 등에서 도시기능의 회복 및 상권활성화 등을 위하여 도시환경을 개선하기 위한 사업(도시정비법 개정 전 도시환경개선사업)을 말한다.. 이 경우 시장·군수등 또는 토지주택공사등이 참여하여 건설·공급되는 주택의 전체 세대수 또는 전체 연면적 중 토지등소유자 대상 분양분을 제외한 나머지 주택의 세대수 또는 연면적의 100분의 50 이상을 공공임대주택 또는 공공지원민간임대주택 등으로 건설·공급하는 재개발사업을 공공재개발사업이라 한다.

3. 재건축사업: 정비기반시설은 양호하나 노후·불량건축물에 해당하는 공동주택이 밀집한 지역에서 주거환경을 개선하기 위한 사업을 말한다. 이 경우 시장·군수등 또는 토지주택공사등이 참여하여 시행하는 재건축사업을 공공재건축사업이라 한다.

---

2. 도시정비법상의 정비사업 시행방식과의 개략적 비교

구분요소	도시정비법상의 정비사업	소규모주택정비법상의 정비사업
정비구역지정 및 정비계획의 수립	• 주거환경개선사업 • 재개발사업 • 재건축사업(안전진단 및 정비계획 수립)	해당 없음
노후·불량건축물 밀집도 (노후·불량건축물의 수 3분의 2 이상)	• 주거환경개선사업 • 재개발사업 노후불량건축물 밀집 • 재건축사업 노후·불량건축물 해당 (안전진단을 요하나 개정의 필요성 있음)	자율주택정비사업, 소규모재개발사업, 가로주택정비사업, 소규모재건축사업 : 노후·불량건축물 해당 (소규모주택정비 관리지역에서의 정비사업인 경우 노후·불량건축물의 수 3분의 2 이하인 경우도 가능함)
정비기반시설 열악	• 주거환경개선사업 • 재개발사업 열악한 정비기반시설 • 재건축사업 양호한 정비기반시설	해당 없음

3. 소규모주택정비법상의 사업시행방식 간의 비교

(자세한 내용은 1편3장 소규모주택정비사업 대상지역, 참조)

구분요소	소규모재개발 정비사업	가로주택 정비사업	소규모재건축 정비사업
역세권 또는 준공업지역	○	역세권 또는 준공업지역이 가로구역을 형성하는 경우 가로주택정비사업이 가능하나 소규모재개발사업이 유리함.	역세권 또는 준공업지역에 주택단지 내의 공동주택이 있는 경우 소규모재건축사업이 가능하나 소규모재개발사업이 유리함.

가로구역	역세권 또는 준공업지역이 가로구역을 형성하는 경우 가로주택정비사업이 가능하나 소규모재개발사업이 유리함.	○	가로구역에 해당하는 지역의 주택단지 내의 공동주택이 있는 경우 소규모재건축사업이 가능하나 가로주택정비사업이 유리함.
주택단지	역세권 또는 준공업지역에 주택단지 내의 공동주택이 있는 경우 소규모재건축사업이 가능하나 소규모재개발사업이 유리함.	가로구역에 해당하는 지역의 주택단지 내의 공동주택이 있는 경우 소규모재건축사업이 가능하나 가로주택정비사업이 유리함.	○
면적	5,000㎡ 미만 (소규모주택정비사업 관리지역인 경우 연접지역 통합시행 가능 등 특칙 있음)	10,000㎡ 미만 (예외 13,000㎡, 20,000㎡ 미만) (소규모주택정비사업 관리지역인 경우 20,000㎡, 40,000㎡ 미만, 연접지역 통합시행 가능 등 특칙 있음)	10,000㎡ 미만 (소규모주택정비사업 관리지역인 경우 연접지역 통합시행 가능 등 특칙 있음)
토지등 소유자수	해당없음	기존주택의 호수 또는 세대수가 다음의 구분에 따른 기준 이상일 것 1) 기존주택이 모두 단독주택인 경우: 10호 2) 기존주택이 모두 「주택법」 제2조제3호의 공동주택(이하 "공동주택"이라 한다)인 경우: 20세대 3) 기존주택이 단독주택과 공동주택으로 구성된 경우: 20채(단독주택의 호수와 공동주택의 세대수를 합한 수를 말한다). 다만, 기존주택 중 단독주택이 10호 이상인 경우에는 기존주택의 총합이 20채 미만인 경우에도 20채로 본다.	200세대 미만
	도시정비법상의 재개발정비사업과 유사	도시정비법상의 재개발정비사업과 유사	도시정비법상의 재건축정비사업

Ⅱ 소규모주택정비사업의 사업시행방식의 전환

1. 시행방식 전환의 개념

법이 인정하는 정비사업 시행방식은 자율주택정비사업, 가로주택정비사업, 소규모재개발사업, 소규모재건축사업이다.(법 제2조제1항제3호)

정비사업 시행방식의 선택은 기본적으로 토지등소유자의 의사에 달려 있다. 그런데 예컨대, 주택단지 내의 공동주택의 토지등소유자가 소규모재건축정비사업조합을 결성하여 사업을 진행 중 주택단지 외의 지역을 사업시행구역에 편입시켜 사업을 하여야 하는데 그 지역이 가로구역에도 해당한다거나 또는 그 지역이 종상향도 가능한 역세권인 경우 그에 따라 가로주택정비사업으로 또는 소규모재개발사업으로 사업시행방식을 변경할 필요가 있게 된다.

2023. 4. 18. 소규모주택정비법이 개정되어 사업시행방식의 전환에 관한 규정이 신설되었다. 이 규정이 신설되기 전에는 위 사례의 소규모재건축정비사업조합은 시장·군수등에 조합설립인가를 취소시켜 달라고 요청하고 조합설립인가처분 취소처분이 있은 후 처음부터 가로주택정비사업조합 또는 소규모재개발정비사업조합 설립에 필요한 절차를 진행하여 해당 조합설립인가를 받아야 할 것으로 해석되었다.

사업시행방식의 전환에 관한 규정이 신설되어 번거로움이 많이 해소되었다.

2. 신설법(2023. 4.18. 신설)의 내용

- 가로주택정비사업 또는 소규모재개발사업, 소규모재건축사업을 시행하기 위해 설립된 조합은 다음 가. 나. 의 요건을 모두 갖춰 조합원 3분의 2 이상의 찬성의결을 거쳐 시장·군수등의 변경인가를 받아 해당 가로주택정비사업 또는 소규모재개발사업, 소규모재건축사업으로 전환하여 시행할 수 있다.(소규모주택정비법 제23조제6항)

  가. 소규모주택정비법 제29조에 따른 사업시행계획인가를 신청하기 전일 것

  나. 시행 중인 사업이 전환하려는 사업에 관하여 소규모주택정비법 제2조제1항제3호에서 정하는 요건을 모두 충족할 것

  시장·군수등은 변경인가를 하는 경우 14일 이상 주민 공람을 거쳐 의견을 수렴하고 사업시행구역 등 대통령령으로 정하는 사항을 해당 지방자치단체의 공보에 고시하여야 한다.

- 토지등소유자가 자율주택정비사업을 시행하는 경우 및 20명 미만인 토지등소유자가 가로주택정비사업 또는 소규모재건축사업을 시행하는 경우 토지등소유자 전원의 합의를 거쳐 구성한 주민합의체, 20명 미만인 토지등소유자가가 소규모재개발사업을 시행하는 경우 및 관리지역에서 시행하는 자율주택정비사업의 경우 토지등소유자의 10분의 8 이상 및 토지면적의 3분의 2 이상의 토지소유자 동의를 받아 구성한 주민합의체는 다음 가. 나. 다.의 요건을 모두 갖춘 때에는 국토교통부령으로 정하는 바에 따라 시장·군수등에게 변경신고를 거쳐 소규모주택정비법에 따른 소규모주택정비사업으로 전환하여 시행할 수 있다.(소규모주택정비법 제22조제8항)

  가. 소규모주택정비법 제29조에 따른 사업시행계획인가를 신청하기 전일 것

  나. 시행 중인 사업이 전환하려는 사업에 관하여 소규모주택정비법 제2조제1항제3호에서 정하는 요건을 모두 충족할 것

  다. 전환하려는 사업에 관하여 위 토지등소유자의 전원 또는 토지등소유자의 10분의 8 이상 및 토지면적의 3분의 2 이상의 토지소유자 동의 요건을 충족할 것

시장·군수등은 주민합의체 구성의 변경신고가 있는 때에는 14일 이상 주민 공람을 거쳐 의견을 수렴하고 해당 지방자치단체의 공보에 해당 내용을 고시하여야 한다.

2. 사업시행구역의 확장에 관한 문제도 위의 사업시행방식의 전환에 관한 소규모주택정비법 제23조제6항 규정이 신설되면서 소규모주택정비법 시행령 제21조제7의2호 규정이 신설되어(신설 2023.10. 18.) 조합설립변경 사유로 되었습니다.(이전에는 소규모재건축사업의 경우 100분의 20 미만, 자율주택정비사업의 경우의 편입사유의 문제로 다루고 있었습니다.)

따라서 이 규정이 신설되면서 조합설립인가 후 '사업시행구역 면적의 10퍼센트 범위의 가감'이 있으면 해당 편입토지의 토지등소유자로부터의 동의서 징구 및 조합설립변경신고로 변경절차를 마무리 지을 수 있고, '사업시행구역 면적의 10퍼센트를 초과하는 범위의 가감이 있으면 해당 편입토지의 토지등소유자로부터의 동의서 징구 및 시장·군수등으로부터 조합설립변경인가를 받아 변경절차를 마무리할 수 있다는 것으로 되었습니다.

문제는 특히 ○○연립 부지 편입의 경우는 사실상 새로운 조합의 설립에 준하는 절차가 된다는 점입니다. ○○연립 부지의 토지등소유자로부터 동의서를 징구할 수 있는지의 문제에 불과합니다.
이 경우 해당 편입토지의 토지등소유자로부터의 동의서 징구는 해당 편입토지의 토지등소유자수 및 토지면적을 포함하여 기 시행하는 사업시행방식 또는 전환하려는 사업의 사업시행방식에 따른 동의 요건, 동의율을 갖추면 됩니다.

Ⅲ 소규모주택정비사업의 시행방법

1. 총설

정비사업의 시행방법은 일정 구역 내 토지 또는 건축물을 그 소유자로부터 매입하여 건축물을 철거하고, 철거 후의 나대지 위에 새로운 건축물을 건축하여 그 신축 건축물 및 부속토지를 분양하는 사업과 본질적으로 같다.

그런데 정비사업이 위의 사업과 다른 점이 있다.

첫째, 사업시행구역 내 토지 또는 건축물(종전자산)을 소유하는 자가 많다는 것이다. 따라서 이 경우 많은 소유자들 중 한 사람이라도 사업시행자에게 자신의 소유권을 내놓지 않는다면 그 사업은 영영 할 수 없다는 점이 다르다(사업의 공익성 및 절대다수의 동의에 기초한 강제적 소유권배제 및 취득의 필요).

둘째, 신축된 건축물 및 부속토지(종후자산)를 분양받는 사람이 종전자산의 소유자도 있다는 것이다. 물론 이 경우 사업시행자는 분양받는 종전자산의 소유자로부터 신축 건축물 및 부속토지 분양대금을 받으면 된다. 그런데 분양받는 종전자산의 소유자는 자신의 종전자산에 대한 소유권을 출자한 대가로 사업시행자로부터 받는 돈이 있다. 이렇다면 분양받는 종전자산의 소유자가 사업시행자로부터 받는 돈과 사업시행자에게 내야 할 신축 건축물 및 부속토지 분양대금을 상계하는 방법으로 정산하는 방법을 도입할 수 있다는 점이 다르다.(소유권의 교환·분합의 필요)

2. 정비사업 시행방법으로서의 공용수용, 공용환지, 공용환권

가. 사업의 공익성 및 절대다수의 동의에 기초한 강제의 필요 - 수용, 환지, 환권

사업시행구역 내 토지 또는 건축물(종전자산)을 소유하는 자가 많은 경우 그 소유자들 중 한 사람이라도 사업시행자에게 자신의 소유권을 내놓지 않는다면 그 사업은 영영 할 수 없다.

그런데 그 사업이 공익성이 있고 그 점이 절대다수의 소유자들로부터 인정받은 경우 사업에 반대하는 자 등의 소유권을 강제적으로 취득할 수 있도록 하고 있다. 그 방법으로 법이 인정하고 있는 것은 수용, 환지·환권이 있다.

공용수용이란 사업시행자가 공익사업을 위하여 법률에 의거하여 타인의 토지 등의 재산권을 <u>강제적으로 전면매수 취득</u>하는 것을 말한다. 이로써 토지등소유자는 전부 사업에서 배제된다.

공용환지·공용환권은 사업시행자가 공익사업을 위하여 법률에 의거하여 타인의 토지 등의 소유권을 <u>강제적으로 교환·분합</u>하는 것을 내용으로 한다.

이 중에서 토지와 토지의 소유권을 교환·분합하는 것을 <u>공용환지</u>라 하고 종전 토지, 건물에 관한 소유권을 새로이 건축된 건축물과 그 부지에 관한 소유권으로 변환시키는 수법을 <u>공용환권</u>이라 한다. 공용환지는 평면적인 토지의 위치, 면적의 변환이 있는데 비해 공용환권은 권리의 변환이 입체적으로 이루어진다는 관점에서 <u>입체환지</u>라고도 한다.

나. 소유권의 교환·분합의 필요 - 환지, 환권

공용환지·공용환권의 경우에는 현재 소유권의 대상이 되고 있는 토지 또는 건축물의 합리적 이용을 위하여 <u>당해 토지에 대한 소유권을 그대로 둔 채 사업이 시행되는</u>

것이므로 소유자는 당해 사업에 의한 개발이익을 향수(권리가액)할 수 있다. 이 점 전면 매수방식인 공용수용의 경우에는 권리자가 사업에서 배제된다는 점과 다르다. 또한 공용수용에 있어서 재산권상의 쟁점은 보상의 요부 및 그 내용이 되는데 비해 공용환지·공용환권의 경우는 권리의 교환·분합이므로 종전의 토지 또는 건물과 환지, 환권 후의 토지·건물이 가치에 있어서 상호 조응하고 있는지 여부가 문제된다.

다. 공익사업시행방법으로서 수용, 환지. 환권의 방법 중 어떠한 것을 택할 것인가?

공익사업시행방법으로서 수용, 환지. 환권의 방법 중 어떠한 것을 택할 것인가의 문제는 당해 공익사업의 내용과 당해 사업구역의 특정에 따라 달라질 수 있다. 예컨대 주거환경개선사업의 경우 사업구역 내에 무허가 건축물, 위법시설 건축물이 많이 있는 경우 공용환권의 방법을 택하기가 어렵고, 과소필지가 많이 있는 경우 공용환지의 방법을 택하기 어렵다. 이러한 경우 주거환경의 개선이라는 공익을 달성하기 위해서는 수용의 방법을 택해서 공공사업시행자의 재정으로 주택을 건설한 후 토지등소유자에게 우선 공급하거나 수용으로 마련된 대지를 토지등소유자 또는 토지등소유자의 외의 자에게 공급하여 그 자들이 주택을 건설한 후 토지등소유자에게 공급하는 방법을 택하는 것이 합리적일 수 있다.

도시정비법은 주거환경개선사업의 경우 위의 방법 중 선택하도록 하고 있고 재개발 사업의 경우도 환지방법과 환권방법 중 선택하도록 하고 있다. 따라서 정비구역 지정 권자는 구역사정에 맞는 정비사업 시행방법(도시정비법 시행령 제8조제3항제4호, 도시정비법 제9조제1항제12호)을 정하여야 한다.

※ 참조: 도시정비법상의 정비사업 시행방법

1. 재건축사업 - 공용환권(共用換權)

재건축사업은 정비구역에서 도시정비법 제74조에 따라 인가받은 관리처분계획에 따라 주택, 부대시설·복리시설 및 오피스텔을 건설하여 공급하는 방법에 의한다.

2. 재개발사업 - 공용환권(共用換權) 또는 공용환지(公用換地)

재개발사업은 정비구역에서 도시정비법 제74조에 따라 인가받은 관리처분계획에 따라 건축물을 건설하여 공급하거나 도시정비법 제69조제2항에 따라 환지로 공급하는 방법(정비사업과 관련된 환지에 관하여는 『도시개발법』제28조부터 제49조까지의 규정을 준용한다. 이 경우 같은 법 제41조제2항 본문에 따른 환지처분을 하는 때는 사업시행계획인가를 하는 때로 본다)으로 시행한다. (도시정비법 제23조제2항)

3. 주거환경개선사업

주거환경개선사업은 다음의 어느 하나에 해당하는 방법 또는 이를 혼용하는 방법으로 한다.(도시정비법 제23조제1항)
① 도시정비법 제24조에 따른 사업시행자가 정비구역에서 정비기반시설 및 공동이용시설을 새로 설치하거나 확대하고 토지등소유자가 스스로 주택을 보전·정비하거나 개량하는 방법(도시정비법 제23조제1항제1호) (자율적 보존개량과 재정사업)
② 도시정비법 제24조에 따른 사업시행자가 도시정비법 제63조에 따라 정비구역의 전부 또는 일부를 수용하여 주택을 건설한 후 토지등소유자에게 우선 공급하거나 대지를 토지등소유자 또는 토지등소유자외의 자에게 공급하는 방법(공용수용과 재정사업, 공용수용 대지의 공급과 주택 및 부대시설·복리시설을 건설하여 공급) (도시정비법 제23조제1항제2호)
③ 도시정비법 제24조에 따른 사업시행자가 도시정비법 제69조제2항에 따라 환지로 공급하는 방법 (도시정비법 제23조제1항제3호) (공용환지)
④ 도시정비법 제24조에 따른 사업시행자가 정비구역에서 도시정비법 제74조에 따라 인가받은 관리처분계획에 따라 주택 및 부대시설·복리시설을 건설하여 공급하는 방법(도시정비법 제23조제1항제4호)(공용환권)

※ 공용환권의 경우는 개념상 기존의 토지, 건물에 관한 소유권을 새로이 건축된 건축물과 그 부지에 관한 소유권으로 변환시키는 것을 내용으로 하므로 새로이 건축되는 건축물의 존재를 전제로 하여 종전의 토지 또는 건물의 소유자가 환권 후의 토지·건물의 분양을 받게 하기 위한 규정이 필요한데 비해, 공용수용, 공용환지의 경우는 새로이 건축되는 건물의 존재는 개념상 필요치 않으므로 종전의 토지 또는 건물의 소유자가 신축된 토지·건물의 분양을 받게 하기 위한 규정이 당연히 필요한 것은 아니다. 다만, 수용에 의해 조성된 대지, 환지에 의해 조성된 대지 위에 건축물을 건축하는 행위가 수반될 수 있고 원주민의 재정착을 도모하는 사회·경제 정책적 필요를 위해 도시정비법 제79조제3항과 같은 규율이 필요할 뿐이다.
〔도시정비법 제23조제1항제1호부터 제3호까지의 방법으로 시행하는 주거환경개선사업의 사업시행자(법 제23조제1항제2호에 따라 대지를 공급받아 주택을 건설하는 자를 포함한다.)는 정비구역에 주택을 건설하는 경우에는 입주자 모집 조건·방법·절차, 입주금(계약금·중도금 및 잔금을 말한다)의 납부 방법·시기·절차, 주택공급 방법·절차 등에 관하여 「주택법」 제54조에도 불구하고 대통령령으로 정하는 범위에서 시장·군수등의 승인을 받아 따로 정할 수 있다.(도시정비법 시행령 제66조 도시정비법 제79조제3항)〕

3. 소규모주택정비사업의 시행방법 - 공용환권

소규모주택정비법은 제16조에서 소규모주택정비사업의 시행방법에 관하여 '소규모재건축사업과 소규모재개발사업, 가로주택정비사업은 법 제29조에 따라 인가받은 사업시행계획에 따라 주택 등 건축물을 건설하여 공급하는 방법으로 시행한다'고 하면서, 이에 추가하여 '가로주택정비사업은 가로구역의 전부 또는 일부에서 법 제29조에 따라 인가받은 사업시행계획에 따라 보전 또는 개량하는 방법으로 시행한다', '자율주택정비사업은 법 제29조에 따라 인가받은 사업시행계획에 따라 사업시행자가 스스로 주택을 개량 또는 건설하는 방법으로 시행한다'고 하고 있다.

법 제29조는 법 제30조의 사업시행계획서의 내용작성을 전제로 하고 있고 그 내용 중 법 제30조제1항제10호는 법 제33조의 관리처분계획의 내용 및 수립기준을 반영하는 것을 전제로 하는 규정인데 법 제33조는 토지등소유자의 종전자산의 소유권과 종후자산의 강제적 교환·분합을 전제로 하는 내용을 담고 있다는 점으로 볼 때 소규모재건축사업 또는 소규모재개발사업, 가로주택정비사업의 시행방법은 공용환권임을 알 수 있다.

이 점은 법 제40조가 '사업시행자는 준공인가, 공사완료 고시가 있는 때에는 지체 없이 대지확정측량을 하고 토지의 분할절차를 거쳐 사업시행계획에서 정한 사항을 분양받을 자에게 통지하고 대지 또는 건축물의 소유권을 이전고시 하여야 하고, 이 경우 대지 또는 건축물을 분양받을 자는 고시가 있은 날의 다음 날에 그 대지 또는 건축물의 소유권을 취득하는데 이 때 토지등소유자에게 분양하는 대지 또는 건축물은「도시개발법」제40조에 따라 행하여진 환지로 본다'고 하고 있어 명백하다.

그런데 법 제16조는 가로주택정비사업의 경우 공용환권의 방법으로 하는 것 외에 철거되지 않고 존치하는 건물의 존재를 전제로 그의 보존 또는 개량의 방법을 인정하고 있으며 자율주택정비사업의 경우 사업시행자가 스스로 주택을 개량 또는 건설하는 방법으로 시행한다고 하여 공용환권 외의 별개의 시행방법을 인정하고 있는지 문제된다.

법 제40조는 문언상 소규모주택정비사업의 사업시행자를 특별히 구분하지 않은 점에서 소규모주택정비법상 모든 정비사업에 적용된다고 해석된다. 따라서 법 제16조의 가로주택정비사업의 경우 철거되지 않고 존치하는 건물의 존재를 전제로 그의 보존 또는 개량의 방법, 자율주택정비사업의 경우 사업시행자가 스스로 주택을 개량 또는 건설하는 방법으로 시행한다는 규정이 공용환권 외의 별개의 시행방법을 인정하고 있는 것은 아니다. 그러므로 이 경우에도 사업종료 후 이전고시가 있으면 대지 또는 건축물을 보존, 개량한 자는 고시가 있은 날의 다음 날에 그 대지 또는 건축물의 소유권을 취득하게 된다고 해석해야 한다.

다만, 법 제16조는 가로주택정비사업의 경우 사업시행구역 내에 존치하는 건축물의 존재를 전제로 그의 보존, 개량하는 방법, 특히 자율주택정비사업의 경우 법 제33조의 법률규정에 의한 규율을 받지 않고 자율적·임의적인 방법으로 종후자산의 소유권을 종전자산의 소유자에게 귀속되게 하는 사항을 정할 수 있게 한 점과 그러한 행위를 하기 위해서 법 제29조의 사업시행계획인가를 받아야 하는 점을 밝히고 있다는 데 의의가 있다 하겠다.

※ 참조: 도시정비법상의 사업시행방식의 전환

도시정비법상의 정비사업은 정비구역지정권자(특별시장·광역시장·특별자치시장·특별자치도지사·시장 또는 군수)의 계획하에 정비구역지정·고시, 정비계획의 수립이 있는 경우 진행되는 사업이므로 정비사업의 시행 중에 사업시행방식을 전환하여야 할 필요가 대두되는 경우가 드물다. 설사 그 필요성이 있다면 정비구역지정권자가 다시 정비계획을 수립하면 된다.

도시정비법 시행령 「별표1」 1. 다에서는 재개발사업을 위한 정비구역의 토지면적의 50퍼센트 이상의 소유자와 토지 또는 건축물을 소유하고 있는 자의 50퍼센트 이상이 각각 재개발사업의 시행을 원하지 않는 지역을 주거환경개선구역으로 입안할 수 있고, 영 「별표1」 1. 차에서는 기존 단독주택 재건축사업 또는 재개발사업을 위한 정비구역 및 정비예정구역의 토지등소유자의 50퍼센트 이상이 주거환경개선사업의 전환에 동의하는 지역을 주거환경개선구역으로 입안할 수 있다고 하여 사업시행의 방식 전환에 관련한 규정을 두고 있지만, 이 규정들은 정비계획 입안시의 문제이므로 정비계획 결정 및 정비구역의 지정·고시 후 정비사업을 시행하는 중 시행하는 정비사업의 방법 등을 변경할 필요가 있는 경우에 행하는 사업시행의 전환에 관한 문제는 아니다.

도시정비법 제123조는 재개발사업 등의 '시행방식의 전환'이라는 문언을 쓰면서 제1항에서 환지방법의 재개발사업을 환권방법으로 전환하는 경우에 대해 규정하고 있고 제5항에서는 도시정비법 제23조제1항제1호,2호,3호의 주거환경개선사업을 법 제23조제1항제4호(환권방법)의 시행방법으로 변경하는 경우에 대해서 규정하고 있다. 따라서 법 제123조는 정비사업의 시행방식의 전환이라는 표현에도 불구하고 같은 시행방식 내에서 시행방법의 전환을 규정하고 있는 것이다. 시행방식의 전환은 정비계획 결정 및 정비구역의 지정·고시 후 정비사업을 시행하는 중 시행방식을 변경할 필요가 있는 경우에 행하는 개념이기 때문이다.

3장

소규모주택
정비사업
대상지역

소규모주택정비사업의 대상지역의 문제는 사업시행구역 요건에 관한 문제이다. 이 문제는 도시정비법상의 정비계획의 입안 대상지역에 관한 문제와 본질적으로 같다. 다만, 소규모주택정비법상으로는 법에 대상지역 요건을 규정하여두고 토지등소유자가 사업시행방식을 정하여 사업을 바로 시행할 수 있는 데 비해, 도시정비법상으로는 정비구역지정권자(특별시장·광역시장·특별자치시장·특별자치도지사·시장 또는 군수)가 어떠한 사업시행방식으로 어떠한 지역에 정비계획을 수립하는지 결정한 후 정비구역으로 지정·고시된 지역의 분할, 통합 및 결합의 요건은 어떻게 되는지, 어떠한 경우에 정비구역을 해제할 수 있는지를 정하여 두고 그에 따라 정비사업이 시행된다는 점에서 크게 다르다.

[참조: 정비계획의 입안대상지역(도시정비법 시행령 별표1, 도시정비법 시행령 제7조1항 관련), 정비구역의 분할, 통합 및 결합(도시정비법 제18조제1항), 정비구역의 법정해제(도시정비법 제20조)·정비구역 등의 직권해제(도시정비법 제21조)]

Ⅰ 소규모재개발사업 대상지역

소규모재개발사업의 대상지역은 노후·불량건축물의 밀집 등 대통령령으로 정하는 다음의 요건에 해당하는 <u>역세권 또는 준공업지역</u>이다.(소규모주택정비법 제2조제1항제3호, 동법 시행령 제3조제1항제4호)

1. 역세권

사업을 시행하려는 지역의 <u>면적 과반</u>이 「철도의 건설 및 철도시설 유지관리에 관한 법률」, 「철도산업발전기본법」 또는 「도시철도법」에 따라 건설·운영되는 철도역(개통 예정인 역을 포함한다)의 <u>승강장 경계로부터 반경 350미터 이내인 지역</u>으로서 다음의 가. 나. 다. 기준을 <u>모두 충족하는 지역</u>을 말한다. 다만, 승강장 경계로부터의 반경은 지역 여건을 고려해 <u>100분의 30 범위에서 시·도조례로 정하는 비율</u>(서울특별시 빈집 및 소규모주택정비 조례 제3조제6항은 시·도조례로 증감하는 역세권의 범위는 <u>250미터</u>로 한다고 하고 있고, 인천광역시 조례는 해당 규정 없음)로 증감할 수 있다.

가. 면적

해당 사업시행구역의 면적이 5천제곱미터 미만일 것.

사업시행자가 새로 설치하는 정비기반시설이 그 시설을 관리할 국가 또는 지방자치단체에 귀속되는 경우에는 해당 시설의 면적을 위 면적에 산입하지 않는다.(소규모주택정비법 시행령 제3조제3항, 신설 2023. 10. 18.)

나. 노후·불량건축물의 수

노후·불량건축물의 수가 해당 사업시행구역의 전체 건축물 수의 3분의 2 이상일 것을 요한다. 다만, 지역 여건 등을 고려해 <u>100분의 25 범위에서 시·도조례로 정하는 비율</u>(서울특별시, 인천광역시 조례 없음)로 증감할 수 있다.

다. 해당 사업시행구역이 도로에 접할 것

해당 사업시행구역이 <u>국토교통부령으로 정하는 도로</u>에 접할 것을 요한다.

여기서 국토교통부령으로 정하는 도로란 다음 (1) (2) (3)의 도로 및 예정도로를 말한다. 다만, 해당 사업시행구역에 이러한 도로 또는 예정도로가 <u>둘 이상 접한 경우로 한정한다.</u>(소규모주택법 시행규칙 제2조제1항제2항)

(1) 「국토의 계획 및 이용에 관한 법률」 제2조제7호에 따른 도시·군계획시설인 도로 및 같은 법 제32조제4항에 따라 신설·변경에 관한 지형도면의 고시가 된 도로

(2) 「건축법」 제2조제1항제11호에 따른 도로

(3) 다음 가)나)다)의 지정을 받거나 신고·신청을 하기 위하여 「국토의 계획 및 이용에 관한 법률」, 「사도법」 또는 그 밖의 관계 법령에 따라 도로를 신설·변경할 수 있는 계획을 제출한 경우 <u>그 계획에 따른 예정도로</u>

　　가) 소규모주택정비법 제18조 및 제19조에 따른 사업시행자 지정

　　나) 소규모주택정비법 제22조에 따른 주민합의체 구성 신고

　　다) <u>소규모주택정비법 제23조에 따른 조합설립인가 신청</u>

　　[위에 따른 도로의 너비는 각각 4미터 이상이어야 하며, 둘 이상의 도로 중 하나는 6미터(지역 여건을 고려하여 40퍼센트의 범위에서 특별시·광역시·특별자치시·도·특별자치도 또는 「지방자치법」 제198조제1항에 따른 서울특별시·광역시 및 특별자치시를 제외한 인구 50만 이상 대도시의 조례로 넓게 정하는 경우에는 그 너비로 한다) 이상이어야 한다.]

※ 후술하는 가로주택정비사업의 대상지역이 되기 위하여는 폭이 4미터(예외 6미터)를 초과하는 도로가 해당 가로구역을 통과하지 않을 것을 요하나 소규모재개발사업 시행구역의 경우 통과도로가 없을 것을 요하지 않는다.

2. 준공업지역

「국토의 계획 및 이용에 관한 법률 시행령」 제30조제1항제3호다목의 준공업지역으로서 위 1. 가. 나. 다. 기준을 <u>모두 충족</u>하는 지역

> **※ 참조:**
>
> 소규모재개발사업은 2021.7.20. 소규모주택정비법의 개정으로 신설된 사업시행방식이다. 신설 당시의 규정(법 제17조의 2조)에 따를 때 소규모재개발사업은 사업을 시행하려는 토지등소유자가 사업을 시행하려는 구역의 토지등소유자의 4분의 1 이상 동의를 받아 해당 사업시행예정구역의 지정을 시장·군수등에게 <u>제안하고</u> 제안에 따른 절차(주민 통보, 설명회, 공람, 지방의회 및 시·도지사 의견청취)를 거쳐 <u>시장·군수등이 사업시행예정구역을 지정(준공업지역에서의 아파트 건설사업 허용 또는 역세권에서의 종상향 결정)</u>한 때에 시행되는 것으로 되어 있었다.
>
> 이러한 규정의 태도는 도시정비법상의 정비사업시행방식과 유사한 측면이 있었는데 이러한 입법태도는 소규모주택정비법의 입법취지와 맞지 않아 이용이 저조하던 중 2023.4.18. 법 제17조의 2조를 삭제하는 개정이 있게 되어 역세권·준공업지역에서 일정한 지역요건만 갖추면 토지등소유자가 바로 시행할 수 있도록 되었다. 따라서 준공업지역에서의 공동주택건설사업이 허용되었고 또는 역세권에서 하는 사업에 종상향의 혜택이 부여되어 사업의 수익성을 획기적으로 개선할 수 있게 되었다. 다만, 역세권에서 시행하는 소규모재개발사업의 경우 소규모주택정비법 제29조에 따른 사업시행계획인가 시에 시장·군수등이 지역 여건 등을 고려하여 해당 사업시행구역의 일부를 종전 용도지역으로 그대로 유지하는 내용으로 조합설립인가 등을 고시를 한 경우에는 그러하지 아니하다.

※ 참조: 노후불량건축물의 정의

노후·불량건축물이란 다음 1. 2. 3. 4.의 어느 하나에 해당하는 건축물을 말한다.(소규모주택정비법 제2조제2항, 도시정비법 제2조제3호)

1. 붕괴 우려 건축물: 건축물이 훼손되거나 일부가 멸실되어 붕괴, 그 밖의 안전사고의 우려가 있는 건축물

2. 내진성능 미확보, 결함건축물: 내진성능이 확보되지 아니한 건축물 중 중대한 기능적 결함 또는 부실 설계·시공으로 구조적 결함 등이 있는 건축물로서 건축물을 건축하거나 대수선할 당시 건축법령에 따른 지진에 대한 안전 여부 확인 대상이 아닌 건축물로서 다음 가.나.의 어느 하나에 해당하는 건축물을 말한다.(도시정비법 시행령 제2조제1항)
　　가. 급수·배수·오수 설비 등의 설비 또는 지붕·외벽 등 마감의 노후화나 손상으로 그 기능을 유지하기 곤란할 것으로 우려되는 건축물
　　나. 도시정비법 제12조제4항에 따른 안전진단기관이 실시한 안전진단 결과 건축물의 내구성·내하력(耐荷力) 등이 같은 조 제5항에 따라 국토교통부장관이 정하여 고시하는 기준에 미치지 못할 것으로 예상되어 구조 안전의 확보가 곤란할 것으로 우려되는 건축물

3. 「건축법」 제57조제1항에 따라 해당 지방자치단체의 조례로 정하는 면적에 미치지 못하거나 「국토의 계획 및 이용에 관한 법률」 제2조제7호에 따른 도시·군계획시설 등의 설치로 인하여 효용을 다할 수 없게 된 대지에 있는 건축물 또는 공장의 매연·소음 등으로 인하여 위해를 초래할 우려가 있는 지역에 있는 건축물 또는 해당 건축물을 준공일 기준으로 40년까지 사용하기 위하여 보수·보강하는 데 드는 비용이 철거 후 새로운 건축물을 건설하는 데 드는 비용보다 클 것으로 예상되는 건축물로서 특별시·광역시·특별자치시·도·특별자치도 또는 「지방자치법」 제198조에 따른 서울특별시·광역시 및 특별자치시를 제외한 인구 50만 이상 대도시의 조례로 정하는 건축물(도시정비법 제2조제3호다목, 도시정비법 시행령 제2조제2항)
　　시·도조례로 정하는 건축물이란 다음 가.나.다.의 어느 하나에 해당하는 건축물을 말한다.(인천광역시 빈집 및 소규모주택정비 조례 제3조제1항)
　　가. 건축조례 제28조제1항에 따른 분할제한면적(주거지역 90㎡, 상업지역 150㎡, 공업지역 150㎡, 녹지지역 200㎡, 기타 지역 60㎡)에 미치지 못하거나 「국토의 계획 및 이용에 관한 법률」 제2조제7호에 따른 도시계획시설 등의 설치로 인하여 효용을 다할 수 없게 된 대지에 있는 건축물
　　나. 공장의 매연·소음 등으로 인하여 위해를 초래할 우려가 있는 지역에 있는 건축물
　　다. 해당 건축물을 준공일 기준으로 40년까지 사용하기 위하여 보수·보강하는 데 드는 비용이 철거 후 새로운 건축물을 건설하는 데 드는 비용보다 클 것으로 예상되는 건축물

4. 준공된 후 20년 이상 30년 이하의 범위에서 시·도조례로 정하는 기간이 지난 건축물 또는 「국토의 계획 및 이용에 관한 법률」 제19조제1항제8호에 따른 도시·군기본계획의 경관에 관한 사항에 어긋나는 건축물로서 시·도조례로 정하는 건축물(도시정비법 제2조제3호라목, 도시정비법 시행령 제2조제3항)
　　시·도조례로 정하는 건축물이란 다음 가.나.의 어느 하나에 해당하는 건축물을 말한다.(인천광역시 도시 및 주거환경정비 조례 제3조제2항)
　　가. 공동주택
　　(1) 철근콘크리트·철골콘크리트·철골철근콘크리트 및 강구조인 공동주택(주거용도의 지하층이 있는 공동주택은 제외한다. 2022.12.30. 개정됨, 따라서 이 경우는 20년이 경과한 경우도 노후·불량건축물임)은 30년

(2) (1) 이외의 공동주택은 20년

나. 공동주택 이외의 건축물

(1) 철근콘크리트·철골콘크리트·철골철근콘크리트 및 강구조 건축물은 30년(「건축법 시행령」 별표 1 제1
   호에 따른 단독주택은 제외한다)

(2) (1) 이외의 건축물은 20년

Ⅱ 가로주택정비사업 대상지역

가로주택정비사업의 대상지역은 노후·불량건축물의 밀집 등 대통령령으로 정하는 요건에 해당하는 가로구역(街路區域)이다.(소규모주택정비법 제2조제1항제3호, 동법 시행령 제3조제1항제2호, 제2항)

1. 가로구역

가로주택정비사업은 가로구역에서 종전의 가로를 유지하면서 소규모로 주거환경을 개선하기 위한 사업이나(소규모주택정비법 제2조제3호나목), 가로구역의 일부에서도 시행할 수 있다.(소규모주택정비법 제16조제2항)

가. 원칙적 가로구역

가로구역은 다음의 (1)(2)(3) 요건을 모두 갖춰야 한다.

(1) 해당 가로구역은 국토교통부령으로 정하는 도로 및 시설로 둘러싸인 일단(一團)의 지역일 것.

국토교통부령으로 정하는 도로 및 시설이란 다음 (가)(나)의 도로 및 시설을 말한다. (소규모주택정비법 시행규칙 제2조제3항)

(가) 다음 ①②③의 <u>도로 및 예정도로</u>

① 「국토의 계획 및 이용에 관한 법률」 제2조제7호에 따른 도시·군계획시설인 도로 및 같은 법 제32조제4항에 따라 신설·변경에 관한 지형도면의 고시가 된 도로
② 「건축법」 제2조제1항제11호에 따른 도로로서 너비 6미터 이상의 도로. 이 경우 「사도법」에 따라 개설되었거나 신설·변경에 관한 고시가 된 도로는 「국토의 계획 및 이용에 관한 법률」 제36조제1항제1호가목부터 다목까지의 규정에 따른 주거지역·상업지역 또는 공업지역에서의 도로로 한정한다.
③ 소규모주택정비법 제18조 및 제19조에 따른 사업시행자 지정, 소규모주택정비법 제22조에 따른 주민합의체 구성 신고, 소규모주택정비법 제23조에 따른 조합설립인가 신청을 하기 위하여 「국토의 계획 및 이용에 관한 법률」, 「사도법」 또는 그 밖의 관계 법령에 따라 도로를 신설·변경할 수 있는 계획을 제출한 경우 <u>그 계획에 따른 예정도로로서 너비 6미터 이상인 도로</u>

(나) <u>기반시설</u>: 공용주차장, 광장, 공원, 녹지, 공공공지, 하천, 철도, 학교

(2) 해당 <u>가로구역의 면적은 1만제곱미터 미만일 것.</u>

사업시행자가 새로 설치하는 정비기반시설이 그 시설을 관리할 국가 또는 지방자치단체에 귀속되는 경우에는 해당 시설의 면적을 위의 면적에 <u>산입하지 않는다.</u>(소규모주택정비법 시행령 제3조제3항,신설 2023. 10. 18.)

(3) 「국토의 계획 및 이용에 관한 법률」에 따른 도시·군계획시설인 도로(같은 법 제32조제4항에 따라 신설·변경에 관한 지형도면의 고시가 된 도로를 포함한다)로서 <u>폭이 4미터를 초과하는 도로가 해당 가로구역을 통과하지 않을 것.</u>

나. 예외적 가로구역

(1) 해당 가로구역은 국토교통부령으로 정하는 도로 및 시설(소규모주택정비법 시행규칙 제2조제3항)로 둘러싸인 지역이어야 하지만 소규모주택정비법 제43조의2에 따라 소규모주택정비관리계획이 승인·고시된 지역인 경우는 제외한다.

(2) 해당 가로구역의 면적은 1만제곱미터 미만으로 하고 있지만 다음 (가)(나)(다)의 어느 하나에 해당하는 경우에는 각 구분에 따른 면적 미만으로 할 수 있다. 사업시행자가 새로 설치하는 정비기반시설이 그 시설을 관리할 국가 또는 지방자치단체에 귀속되는 경우에는 해당 시설의 면적을 위의 구분에 따른 면적에 산입하지 않는다.(소규모주택정비법 시행령 제3조제3항, 신설 2023.10.18.)

(가) 지역여건 등을 고려하여 시·도조례로 기준 면적을 달리 정하는 경우: 1만3천제곱미터

(인천광역시의 경우 인천광역시 빈집 및 소규모주택 정비에 관한 조례 제3조제3항에서 「도시재생 활성화 및 지원에 관한 특별법」의 도시재생활성화지역, 「도시재정비 촉진을 위한 특별법」에 따른 존치지역, 「도시 및 주거환경정비법」에 따라 정비예정구역·정비구역이 해제된 지역 등의 지역에서만 13,000㎡ 미만으로 정할 수 있도록 하였으나, 2023.4.17. 개정에 의해 「도시재생 활성화 및 지원에 관한 특별법」의 도시재생활성화지역, 「도시재정비 촉진을 위한 특별법」에 따른 존치지역, 「도시 및 주거환경정비법」에 따라 정비예정구역·정비구역이 해제된 지역 등의 지역에서만 허용하는 규정을 삭제하여 어는 지역이든 13,000㎡ 미만으로 정하여 사업을 할 수 있도록 하였다)

(나) 사업시행자가 소규모주택정비법 제30조에 따른 사업시행계획서를 작성·변경하기 전에 사업시행에 따른 정비기반시설 및 공동이용시설의 적정성 여부에 대하여 지방도시계획위원회의 심의를 거친 경우: 2만제곱미터

(다) 소규모주택정비법 제43조의2에 따라 <u>소규모주택정비관리계획이 승인·고시된</u> <u>지역인 경우</u>이거나 다음 ①②③요건을 모두 갖춘 경우에는 2만제곱미터 미만으로 할 수 있다. 소규모주택정비 관리지역으로서 다음의 ①②의 요건을 모두 갖춘 경우에는 4만제곱미터 미만으로 할 수 있다.(소규모주택정비법 시행령 제3조제1항제2호가목단서)

① 특별자치시장·특별자치도지사·시장·군수 또는 자치구의 구청장 또는 토지주택공사등이 소규모주택정비법 제17조제3항 또는 제18조제1항에 따라 공동 또는 단독으로 사업을 시행할 것

② 가로주택정비사업으로 건설하는 건축물의 전체 연면적 대비 공공임대주택 연면적의 비율 또는 건설하는 주택의 전체 세대수 대비 공공임대주택 세대수의 비율이 10퍼센트 이상일 것

③ 사업시행자는 소규모주택정비법 제30조에 따른 사업시행계획서(사업시행구역 면적을 1만제곱미터 미만에서 1만제곱미터 이상 2만제곱미터 미만으로 변경하는 경우로서 사업시행계획서를 변경하는 경우를 포함한다)를 작성하기 전에 다음의 요건을 모두 충족할 것.

（이 경우 「국토의 계획 및 이용에 관한 법률」 제51조에 따라 지구단위계획구역을 지정할 수 있거나 지정해야 하는 경우 또는 지구단위계획구역 및 지구단위계획이 지정·수립되어 있는 경우로서 같은 법 제30조제5항 본문에 따라 이를 변경해야 하는 경우로 한정한다）

㉮ 「국토의 계획 및 이용에 관한 법률 시행령」 제19조의2제2항제2호에 따른 토지소유자의 동의를 받을 것

㉯ ㉮요건을 갖춘 후 「국토의 계획 및 이용에 관한 법률」 제113조제1항 및 제2항에 따라 특별자치시·특별자치도·시·군·구(자치구를 말한다)에 설치하는 도시계획위원회의 심의를 받을 것.

(3) 가로구역이 되기 위해서는 폭이 4미터를 초과하는 도로가 해당 가로구역을 통과하지 않을 것을 요하나 위 (2)(다)에 해당하는 지역으로서 사업시행구역의 면적이

1만제곱미터 이상 4만제곱미터 미만인 지역의 경우에는 6미터를 초과하는 도로가 해당 가로구역을 통과하지 않을 것을 요한다.(소규모주택정비법 시행령 제3조제2항 제3호, 신설 2023.10.18.)

2. 노후·불량건축물의 수

노후·불량건축물의 수가 해당 사업시행구역 전체 건축물 수의 3분의 2 이상일 것. 다만, 소규모주택정비 관리지역의 경우에는 100분의 15 범위에서 시·도조례(이에 해당하는 인천광역시 조례는 없음)로 정하는 비율로 증감할 수 있다.

3. 기존주택의 호수 또는 세대수

기존주택의 호수 또는 세대수가 다음 가.나.다.의 구분에 따른 기준 이상일 것.

가. 기존주택이 모두 단독주택인 경우: 10호
나. 기존주택이 모두 「주택법」 제2조제3호의 공동주택인 경우: 20세대
다. 기존주택이 단독주택과 공동주택으로 구성된 경우: 20채(단독주택의 호수와 공동주택의 세대수를 합한 수를 말한다). 다만, 기존주택 중 단독주택이 10호 이상인 경우에는 기존주택의 총합이 20채 미만인 경우에도 20채로 본다.

※ 참조: 주택의 분류(건축법 시행령 별표1. 제3조의5 관련)

1. 단독주택[단독주택의 형태를 갖춘 가정어린이집·공동생활가정·지역아동센터·공동육아나눔터(「아이돌봄 지원법」 제19조에 따른 공동육아나눔터를 말한다)·작은도서관(「도서관법」 제4조제2항제1호가목에 따른 작은도서관을 말하며, 해당 주택의 1층에 설치한 경우만 해당한다) 및 노인복지시설(노인복지주택은 제외한다)을 포함한다]
   가. 단독주택
   나. 다중주택: 다음의 요건을 모두 갖춘 주택을 말한다.
      1) 학생 또는 직장인 등 여러 사람이 장기간 거주할 수 있는 구조로 되어 있는 것
      2) 독립된 주거의 형태를 갖추지 않은 것(각 실별로 욕실은 설치할 수 있으나, 취사시설은 설치하지 않은 것을 말한다)
      3) 1개 동의 주택으로 쓰이는 바닥면적(부설 주차장 면적은 제외한다)의 합계가 660제곱미터 이하이고 주택으로 쓰는 층수(지하층은 제외한다)가 3개 층 이하일 것. 다만, 1층의 전부 또는 일부를 필로티 구조로 하여 주차장으로 사용하고 나머지 부분을 주택(주거 목적으로 한정한다) 외의 용도로 쓰는 경우에는 해당 층을 주택의 층수에서 제외한다.
      4) 적정한 주거환경을 조성하기 위하여 건축조례로 정하는 실별 최소 면적, 창문의 설치 및 크기 등의 기준에 적합할 것
   다. 다가구주택: 다음의 요건을 모두 갖춘 주택으로서 공동주택에 해당하지 아니하는 것을 말한다.
      1) 주택으로 쓰는 층수(지하층은 제외한다)가 3개 층 이하일 것. 다만, 1층의 전부 또는 일부를 필로티 구조로 하여 주차장으로 사용하고 나머지 부분을 주택(주거 목적으로 한정한다) 외의 용도로 쓰는 경우에는 해당 층을 주택의 층수에서 제외한다.
      2) 1개 동의 주택으로 쓰이는 바닥면적의 합계가 660제곱미터 이하일 것
      3) 19세대(대지 내 동별 세대수를 합한 세대를 말한다) 이하가 거주할 수 있을 것
   라. 공관(公館)

2. 공동주택[공동주택의 형태를 갖춘 가정어린이집·공동생활가정·지역아동센터·공동육아나눔터·작은도서관·노인복지시설(노인복지주택은 제외한다) 및 「주택법시행령」 제10조제1항제1호에 따른 소형 주택을 포함한다].
   다만, 가목이나 나목에서 층수를 산정할 때 1층 전부를 필로티 구조로 하여 주차장으로 사용하는 경우에는 필로티 부분을 층수에서 제외하고, 다목에서 층수를 산정할 때 1층의 전부 또는 일부를 필로티 구조로 하여 주차장으로 사용하고 나머지 부분을 주택(주거 목적으로 한정한다) 외의 용도로 쓰는 경우에는 해당 층을 주택의 층수에서 제외하며, 가목부터 라목까지의 규정에서 층수를 산정할 때 지하층을 주택의 층수에서 제외한다.
   가. 아파트: 주택으로 쓰는 층수가 5개 층 이상인 주택
   나. 연립주택: 주택으로 쓰는 1개 동의 바닥면적(2개 이상의 동을 지하주차장으로 연결하는 경우에는 각각의 동으로 본다) 합계가 660제곱미터를 초과하고, 층수가 4개 층 이하인 주택
   다. 다세대주택: 주택으로 쓰는 1개 동의 바닥면적 합계가 660제곱미터 이하이고, 층수가 4개 층 이하인 주택(2개 이상의 동을 지하주차장으로 연결하는 경우에는 각각의 동으로 본다)
   라. 기숙사: 다음의 어느 하나에 해당하는 건축물로서 공간의 구성과 규모 등에 관하여 국토교통부장관이 정하여 고시하는 기준에 적합한 것. 다만, 구분소유된 개별 실(室)은 제외한다.
      1) 일반기숙사: 학교 또는 공장 등의 학생 또는 종업원 등을 위하여 사용하는 것으로서 해당 기숙사의 공동취사시설 이용 세대 수가 전체 세대 수(건축물의 일부를 기숙사로 사용하는 경우에는 기숙사로

사용하는 세대 수로 한다. 이하 같다)의 50퍼센트 이상인 것(「교육기본법」 제27조제2항에 따른 학생
복지주택을 포함한다)

2) 임대형기숙사: 「공공주택 특별법」 제4조에 따른 공공주택사업자 또는 「민간임대주택에 관한 특
별법」 제2조제7호에 따른 임대사업자가 임대사업에 사용하는 것으로서 임대 목적으로 제공하는
실이 20실 이상이고 해당 기숙사의 공동취사시설 이용 세대 수가 전체 세대 수의 50퍼센트 이상
인 것

Ⅲ 소규모재건축사업 대상지역

소규모재건축사업이란 정비기반시설이 양호하나 노후·불량건축물의 밀집 등 요건에 해당하는 지역에서 소규모로 공동주택을 재건축하기 위해 시행하는 사업을 말한다.

소규모재건축사업의 대상지역은 「도시 및 주거환경정비법」 제2조제7호의 주택단지로서 하나의 주택단지 또는 둘 이상이 연접(주택단지 사이에 도로가 있는 경우에는 시·도조례로 정하는 바에 따라 해당 도로가 폐지되거나 노선이 변경되는 경우만 해당한다)한 주택단지 중 다음의 2.3.4. 요건을 모두 충족한 지역이다.(소규모주택정비법 제2조제1항제3호, 동법 시행령 제3조제1항제3호)

1. 주택단지

주택단지란 주택 및 부대시설·복리시설을 건설하거나 대지로 조성되는 일단의 토지로서 다음 가.나.다.라.의 어느 하나에 해당하는 토지를 말한다.(도시정비법 제2조제7호, 소규모주택정비법 제2조제2항)

> 가. 「주택법」 제15조에 따른 사업계획승인을 받아 주택 및 부대시설·복리시설을 건설한 일단의 토지
>
> 나. 위 가.에 따른 일단의 토지 중 「국토의 계획 및 이용에 관한 법률」 제2조제7호에 따른 도시·군계획시설인 도로나 그 밖에 이와 유사한 시설로 분리되어 따로 관리되고 있는 각각의 토지
>
> 다. 위 가.에 따른 일단의 토지 둘 이상이 공동으로 관리되고 있는 경우 그 전체 토지

라. 「건축법」 제11조에 따라 건축허가를 받아 아파트 또는 연립주택을 건설한 일
　　단의 토지

　　(도시정비법 제2조제7호의 주택단지에는 도시정비법 제67조의 재건축사업의 범
　　위에 관한 특례 규정에 따라 분할된 토지 또는 분할되어 나가는 토지도 주택단지
　　로 하고 있는데, 소규모주택정비법 제56조는 도시정비법의 제67조를 준용하고 있
　　지 않아 소규모주택정비법상의 소규모재건축사업을 하는 경우 분할청구를 하는
　　방법으로 할 수 없다고 해석된다. 그렇지만 소규모 형태로 하는 재건축사업의 경
　　우도 도시정비법상의 제67조와 같은 규정에 따른 규율이 필요한 경우가 종종 있
　　어서 관련한 입법이 필요하다고 생각한다)

2. 해당 사업시행구역의 면적이 1만제곱미터 미만일 것을 요한다.

　다만, 주택단지에 위치하지 아니한 토지 또는 건축물이 다음의 가.나. 어느 하나에
해당하는 경우로서 사업시행상 불가피한 경우에는 주택단지 면적의 100분의 20 미만
의 범위 내에서 해당 토지 또는 건축물을 포함하여 사업을 시행할 수 있다.(소규모주택
정비법 제16조, 동법 시행령 제15조의3)

　사업시행자가 새로 설치하는 정비기반시설이 그 시설을 관리할 국가 또는 지방자치
단체에 귀속되는 경우에는 해당 시설의 면적을 위의 면적에 산입하지 않는다.(소규모주
택정비법 시행령 제3조제3항, 신설 2023. 10. 18.)

　가. 진입도로 등 정비기반시설 및 공동이용시설의 설치에 필요한 토지 또는 건축물
　나. 건축행위가 불가능한 토지 또는 건축물

3. 노후·불량건축물의 수가 해당 사업시행구역 전체 건축물 수의 3분의 2 이상일
　　것을 요한다.

4. 기존주택의 세대수가 200세대 미만일 것을 요한다.

Ⅳ 자율주택정비사업 대상지역

　자율주택정비사업은 노후·불량건축물의 밀집 등 대통령령으로 정하는 요건에 해당하는 지역에서 <u>단독주택, 다세대주택 및 연립주택</u>을 스스로 개량 또는 건설하기 위한 사업을 말한다.(소규모주택정비법 제2조제1항제3호, 동법 시행령 제3조제1항제1호)

　자율주택정비사업의 대상지역은 빈집밀집구역, 소규모주택정비 관리지역, 「지방자치분권 및 지역균형발전에 관한 특별법」에 따른 도시활력증진지역 개발사업의 시행구역, 「국토의 계획 및 이용에 관한 법률」 제51조에 따른 지구단위계획구역, 「도시 및 주거환경정비법」 제20조·제21조에 따라 정비예정구역·정비구역이 해제된 지역 또는 같은 법 제23조제1항제1호에 따른 방법으로 시행하는 주거환경개선사업의 정비구역, 「도시재생 활성화 및 지원에 관한 특별법」 제2조제1항제5호의 도시재생활성화지역 또는 그 밖에 특별시·광역시·특별자치시·도·특별자치도 또는 「지방자치법」 제198조제1항에 따른 서울특별시·광역시 및 특별자치시를 제외한 인구 50만 이상 <u>대도시의 조례</u>(이하 "시·도조례"라 한다)로 정하는 지역[인천광역시의 경우 「도시재정비 촉진을 위한 특별법」 제2조제6호에 따른 존치지역 또는 「국토의 계획 및 이용에 관한 법률」 제36조제1항제1호가목에 따른 <u>주거지역</u>(인천광역시 빈집 및 소규모주택정비에 관한 조례 제3조제1항)]으로서 <u>다음 1. 2. 3.의 요건을 모두 갖춘 지역</u>이다.

1. 노후·불량건축물의 수가 해당 사업시행구역의 전체 건축물 수의 3분의 2 이상일 것을 요한다. 다만, 소규모주택정비 관리지역의 경우에는 100분의 15 범위에서 시·도조례로 정하는 비율(인천광역시의 경우 해당 사항을 규율하는 조례가 없음)로 증감할 수 있다.

2. 해당 사업시행구역 내 기존 주택의 호수(戶數) 또는 세대수가 다음의 구분에 따른 기준 미만일 것을 요한다.

　가. 기존주택이 모두 「주택법」 제2조제2호의 <u>단독주택</u>(이하 "단독주택"이라 한다)인 경우: 10호

　나. 기존주택이 「건축법 시행령」 별표 1 제2호나목에 따른 <u>연립주택</u> 또는 같은 호 다목에 따른 <u>다세대주택</u>으로 구성된 경우: 20세대(연립주택과 다세대주택의 세대수를 합한 수를 말한다)

　다. 기존주택의 구성이 다음의 어느 하나에 해당하는 경우: 20채(단독주택의 호수와 연립주택·다세대주택의 세대수를 합한 수를 말한다)

　　(1) 단독주택과 연립주택으로 구성

　　(2) 단독주택과 다세대주택으로 구성

　　(3) 단독주택, 연립주택 및 다세대주택으로 구성

<u>다만, 지역 여건 등을 고려하여 해당 기준의 1.8배 이하의 범위에서 시·도조례로 그 기준을 달리 정할 수 있다.</u>

　인천광역시의 경우 해당 사업시행구역 내 기존주택의 호수 또는 세대수는 다음 각 호의 기준을 따른다.

　가. 기존주택이 모두 단독주택인 경우: 18호 미만일 것

　나. 기존주택이 연립주택 또는 다세대주택으로 구성된 경우: 36세대(연립주택과 다세대주택의 세대수를 합한 수를 말한다) 미만일 것

　다. 기존주택의 구성이 다음의 어느 하나에 해당하는 경우: 36채(단독주택의 호수와 연립주택·다세대주택의 세대수를 합한 수를 말한다) 미만일 것

　　(1) 단독주택과 연립주택으로 구성

　　(2) 단독주택과 다세대주택으로 구성

　　(3) 단독주택, 연립주택 및 다세대주택으로 구성

3. 해당 사업시행구역에 나대지(裸垈地)를 포함하려는 경우에는 다음의 어느 하나에 해당하는 나대지로서 그 면적은 <u>사업시행구역 전체 토지 면적의 2분의 1 이내</u>일 것을 요한다.

가. 진입도로 등 정비기반시설의 설치에 필요한 나대지

나. 노후·불량건축물의 철거로 발생한 나대지

다. 소규모주택정비법 제9조제3호에 따른 빈집의 철거로 발생한 나대지

라. 그 밖에 지형여건·주변환경을 고려할 때 사업 시행상 불가피하게 포함되는 나대지로서 <u>시·도조례로 정하는 기준</u>(인천광역시의 경우 해당 사항을 규율하는 조례가 없음)을 충족하는 나대지

※ 자율주택정비사업의 시행으로 「공공주택 특별법」 제2조제1호가목에 따른 공공임대주택의 비율(건축물의 전체 연면적 대비 공공임대주택의 연면적의 비율 또는 전체 세대수 대비 공공임대주택의 세대수의 비율을 말한다)이 50퍼센트 이상이 되도록 건설하는 경우에는 소규모주택정비법 제2조제1항제3호, 동법 시행령 제3조제1항제1호에 따른 지역 외에서도 사업을 시행할 수 있다.(소규모주택정비법 제17조제2항)

※ 참조: 소규모주택정비사업 대상 지역 개략적 정리

구분	소규모재개발사업	가로주택정비사업	소규모재건축사업
준공업지역	○	[각 시·도 조례 참조, 인천광역시 도시계획 조례 제43조 (준공업지역에서 건축할 수 없는 건축물) 참조]	
역세권	○	역세권 지역이 가로구역을 형성하는 경우 그 지역에서 가로주택정비사업을 할 수 있으나, 소규모재개발사업을 하는 것이 유리함.	역세권지역의 주택단지인 경우 소규모재건축사업을 할 수 있으나, 소규모재개발사업을 하는 것이 유리함.
가로구역	준공업지역, 역세권지역이 가로구역을 형성하는 경우 소규모재개발사업을 하는 것이 유리함.	○	주택단지가 가로구역의 전부 또는 일부를 형성하는 경우 소규모재건축사업을 할 수 있으나, 가로주택정비사업을 하는 것이 유리함
주택단지	준공업지역, 역세권지역의 주택단지인 경우 소규모재개발사업을 하는 것이 유리함.	주택단지가 가로구역의 전부 또는 일부를 형성하는 경우 소규모재건축사업을 할 수 있으나, 가로주택정비사업을 하는 것이 유리함	○

소규모주택정비 관리지역에서의 사업시행구역의 통합시행

사업시행자는 소규모주택정비사업 관리지역에서 소규모주택정비사업을 시행하는 경우 대통령령으로 정하는 바에 따라 서로 연접한 사업시행구역을 하나의 사업시행구역으로 통합하여 시행할 수 있다.

소규모주택정비 관리지역에서 서로 연접한 사업시행구역을 하나의 사업시행구역으로 통합하여 소규모주택정비사업을 시행하려는 경우에는 다음 ①②의 요건을 모두 갖추어야 한다.(소규모주택정비법 시행령 제40조의2제1항)

① 연접한 사업시행구역 각각에 대하여 법 제29조에 따른 사업시행계획인가를 신청하기 전일 것
② 통합하여 시행하려는 하나의 사업시행구역이 소규모주택정비법 시행령 제3조 제1항 각 호의 구분에 따른 요건(소규모주택정비사업 대상지역 요건)을 모두 갖출것

통합하여 소규모주택정비사업을 시행하는 경우 서로 연접하는 사업시행구역의 토지등소유자는 주민합의체, 법 제23조에 따른 조합, 법 제25조제2항에 따른 주민대표회의 또는 같은 조 제3항에 따른 토지등소유자 전체회의(이하 "주민합의체등"이라 한다)를 통합하여 구성하거나 설립해야 한다. 이 경우 종전의 주민합의체의 대표자 또는 조합은 시장·군수등에게 법 제22조제9항에 따른 해산신고 또는 법 제23조의2제1항에 따른 조합의 해산 요청을 해야 하며, 종전의 주민대표회의 및 토지등소유자 전체회의는 해산해야 한다.

주민합의체등(법 제25조제3항에 따른 토지등소유자 전체회의는 제외한다)을 통합하여 구성하거나 설립하기 위해 토지등소유자의 동의를 받으려는 경우에는 미리 통합 시행의 필

요성, 통합 시행 사업의 개요, 통합 시행 전까지 소요된 비용, 그 밖에 시·도조례로 정하는 사항을 토지등소유자에게 설명·고지해야 한다.

(서로 연접한 사업시행구역을 하나의 사업시행구역으로 통합하여 시행하는 방법과 절차 등에 관한 세부사항은 시·도조례로 정한다)

4장

소규모주택
정비사업의
시행자

Ⅰ 소규모재개발사업, 가로주택정비사업, 소규모재건축사업의 시행자

1. 원칙적 시행자

가. 주민합의체 또는 조합이 시행하는 경우와 공동시행

소규모재개발사업, 가로주택정비사업, 소규모재건축사업은 다음의 (1) (2) 어느 하나에 해당하는 방법으로 시행할 수 있다.(소규모주택정비법 제17조제3항)

(1) 토지등소유자가 20명 미만인 경우에는 토지등소유자가 주민합의체를 구성하여 주민합의체가 직접 시행하거나 해당 주민합의체가 시장·군수등, 토지주택공사등, 건설업자, 등록사업자, 신탁업자, 부동산투자회사 중 어느 하나에 해당하는 자와 공동으로 시행하는 방법

(2) 토지등소유자가 조합을 설립하여 조합이 직접 시행하거나 해당 조합이 조합원의 과반수 동의를 받아 시장·군수등, 토지주택공사등, 건설업자, 등록사업자, 신탁업자, 부동산투자회사 중 어느 하나에 해당하는 자와 공동으로 시행하는 방법

(3) 공동시행

공동시행은 주민합의체 또는 조합이 시장·군수등, 토지주택공사등, 건설업자, 등록사업자, 신탁업자, 부동산투자회사 중 어느 하나에 해당하는 자와 공동으로 사업을 시행하는 경우를 말한다.

공동시행은 주민합의체 또는 조합이 자신의 능력의 한계를 보충하기 위하여 이

루어진다.

공동사업자 간의 관계는 주민합의체의 합의서 및 조합의 정관과 이를 토대로 양당사자 간에 체결된 계약을 기초로 형성된다.

계약의 주된 내용은 정비사업의 수입에서 지출을 제한 사업이익을 주민합의체 또는 조합과 위 공동사업자 간 어떻게 분배할 것이냐에 관한 것이다.

이와 관련하여 주민합의체 또는 조합과 건설업자등이 공동사업자가 되는 경우의 계약을 세칭 '지분제 계약'이라 한다.(도급제 계약, 지분제 계약에 관한 문제는 후술하는 3편1장 계약의 부분에서 자세히 언급한다)

나. 주민합의체의 구성과 조합의 설립

소규모재개발사업, 가로주택정비사업, 소규모재건축사업은 토지등소유자가 20명 미만인 경우 주민합의체를 구성하여 사업을 시행하는 경우를 제외하고는 조합을 설립하여 사업을 시행한다.

(1) 주민합의체의 구성(소규모주택정비법 제22조)

(가) 토지등소유자가 20명 미만인 경우 가로주택정비사업, 소규모재건축사업을 시행하는 경우 토지등소유자 전원의 합의를 거쳐 주민합의체를 구성하여 할 수 있다.

토지등소유자가 20명 미만인 경우에 소규모재개발사업을 시행하는 경우 토지등소유자의 10분의 8 이상 및 토지면적의 3분의 2 이상의 토지소유자 동의를 받아 주민합의체를 구성하여 할 수 있다.[이 경우 사업시행구역의 공동주택은 각 동(복리시설의 경우에는 주택단지의 복리시설 전체를 하나의 동으로 취급함)별 구분소유자의 과반수 동의(공동주택의 각 동별 구분소유자가 5명 이하인 경우는 제외함)를, 공동주택 외의 건축물은 해당 건축물이 소재하는 전체 토지면적의 2분의 1 이상의 토지소유자 동의를 받아야 하고 사업시행구역에 국유지·공유지가 포함된 경우에는 해당 토지의 관리청이 해당 토지를 사업시행자에게 매각하거나 양여할 것을 확인한 서류를 시장·군수등에게 제출하는 경우에는 동의한 것으로 본다]

이 경우 주민합의체의 구성에 동의하지 아니한 토지등소유자도 주민합의체 구 성원으로 포함하여야 한다.

(나) 토지등소유자는 주민합의체를 구성하는 경우 토지등소유자 전원의 합의로, 소규모재개발사업의 경우는 토지등소유자의 10분의 8 이상 및 토지면적의 3분의 2 이상의 토지소유자 동의로 주민합의체 대표자를 선임하고 국토교통부령으로 정하는 바에 따라 주민합의서를 작성하여 시장·군수등에게 신고하여야 한다.

(다) 주민합의서는 다음의 사항을 포함하여야 한다.
① 주민합의체의 명칭
② 사업시행구역의 위치 및 범위
③ 주민합의체의 목적 및 사업 내용
④ 주민합의체를 구성하는 자의 성명, 주소 및 생년월일 등
⑤ 주민합의체 대표자의 성명, 주소 및 생년월일
⑥ 시공자 또는 정비사업전문관리업자의 선정 및 변경 방법
⑦ 주민합의체의 의결사항 및 의결방법
⑧ 그 밖에 주민합의체의 구성 및 운영에 필요한 사항으로서 시·도조례로 정하는 사항

(라) 주민합의체 대표자는 신고한 사항을 변경하는 경우에는 국토교통부령으로 정하는 바에 따라 변경신고를 하여야 한다.(다만, 대통령령으로 정하는 경미한 사항을 변경하는 경우에는 그러하지 아니함)

주민합의체 대표자는 주민합의체를 해산하는 경우에는 주민합의체를 구성

하는 자의 과반수 동의를 받아 국토교통부령으로 정하는 바에 따라 해산신고를 시장 ·군수등에게 하여야 한다.

(2) 조합의 설립(소규모주택정비법 제23조)

가로주택정비사업, 소규모재개발사업의 토지등소유자는 조합을 설립하는 경우 토지등소유자의 10분의 8 이상 및 토지면적의 3분의 2 이상의 토지소유자 동의를 받아 시장·군수등의 인가를 받아야 한다. 이 경우 사업시행구역의 공동주택은 각 동(복리시설의 경우에는 주택단지의 복리시설 전체를 하나의 동으로 취급함)별 구분소유자의 과반수 동의(공동주택의 각 동별 구분소유자가 5명 이하인 경우는 제외함)를, 공동주택 외의 건축물은 해당 건축물이 소재하는 전체 토지면적의 2분의 1 이상의 토지소유자 동의를 받아야 한다.(이에 관하여 소규모재개발사업의 경우 소규모주택정비법에 명문의 규정이 없으나 소규모주택정비법 제22조제4항에서와 같이 주민합의체구성의 경우에도 이 내용이 적용되므로 같은 경우의 조합설립을 위해서도 적용되는 것으로 해석된다. 입법의 불비가 아닌가?)

소규모재건축사업의 토지등소유자는 조합을 설립하는 경우 주택단지의 공동주택의 각 동(복리시설의 경우에는 주택단지의 복리시설 전체를 하나의 동으로 본다)별 구분소유자의 과반수 동의(공동주택의 각 동별 구분소유자가 5명 이하인 경우는 제외한다)와 주택단지의 전체 구분소유자의 4분의 3 이상 및 토지면적의 4분의 3 이상의 토지소유자 동의를 받아 시장·군수등의 인가를 받아야 한다. 주택단지가 아닌 지역이 사업시행구역에 포함된 경우 주택단지가 아닌 지역의 토지 또는 건축물 소유자의 4분의 3 이상 및 토지면적의 3분의 2 이상의 토지소유자의 동의를 받아야 한다.

조합에 관한 자세한 내용은 2편2장 조합에서 후술한다.

2. 공공시행자, 지정개발자

가. 공공시행자(소규모주택정비법 제18조) - 후견적 개입

시장·군수등은 가로주택정비사업, 소규모재개발사업, 소규모재건축사업이 다음의 (1) (2) (3) (4) (5) (6) 어느 하나에 해당하는 후견적 개입이 필요한 경우에는 <u>직접</u> 해당 사업을 시행하거나 <u>토지주택공사등</u>(토지주택공사등이 건설업자 또는 등록사업자와 공동으로 시행하는 경우를 포함한다)을 사업시행자로 <u>지정</u>하여 해당 사업을 시행하게 할 수 있다.

(1) 천재지변, 「재난 및 안전관리 기본법」 또는 「시설물의 안전관리에 관한 특별법」에 따른 사용제한·사용금지, 그 밖의 <u>불가피한 사유로 긴급하게 사업을 시행할 필요</u>가 있는 경우

(2) 국토교통부장관, 시·도지사, 시장·군수 및 자치구의 구청장이 <u>소규모주택정비법 또는 동법에 따른 명령·처분이나 사업시행계획서에 위반되었다고 인정하여</u> 소규모주택정비사업의 적정한 시행을 위하여 필요한 범위에서 <u>사업시행계획인가가 취소</u>(소규모주택정비법 제54조제4항)된 경우

(3) 사업이 <u>장기간 지연되거나 권리관계에 대한 분쟁</u> 등으로 해당 조합 또는 토지등소유자가 시행하는 사업을 계속 추진하기 어려운 경우

(4) 토지등소유자가 주민합의체를 신고한 날 또는 조합이 조합설립인가를 받은 날부터 <u>3년 이내에 사업시행계획인가를 신청하지 아니한 경우</u>

(5) 사업시행구역의 국유지·공유지 면적 또는 국유지·공유지와 토지주택공사등이 소유한 토지를 합한 면적이 전체 토지면적의 2분의 1 이상으로서 토지등소유자 과반수가 시장·군수등 또는 토지주택공사등을 사업시행자로 지정하는 것에 <u>동의하는 경우</u>

(6) 사업시행구역의 토지면적의 2분의 1 이상의 토지소유자와 토지등소유자의 3분의 2 이상에 해당하는 자가 시장·군수등 또는 토지주택공사등을 사업시행자로 지정할 것을 <u>요청</u>한 경우

(시장·군수등은 위에 따라 직접 소규모주택정비사업을 시행하거나 토지주택공사 등을 사업시행자로 지정하는 때에는 사업시행구역 등의 사항을 해당 지방자치단 체의 공보에 고시하여야 하고 사업시행자의 지정·고시가 있은 때에는 그 고시일 다음 날에 <u>주민합의체의 신고 또는 조합설립인가는 취소된 것으로 본다.</u>)

※ 소규모주택정비법 제18조의 공공사업시행자인 토지주택공사등(「한국토지주택공사 법」에 따라 설립된 한국토지주택공사 또는 「지방공기업법」에 따라 주택사업을 시행하기 위하 여 설립된 지방공사)은 가로주택정비사업, 소규모재개발사업, 소규모재건축사업의 시 행자(주민합의체, 조합)에게 법정의 후견적 개입필요가 발생한 경우 지정되는 사업시 행자이므로,

소규모주택정비법 제2조제1항제3호다목 후문의 도심 내 주택공급을 활성화하기 위하여 신설된 공공참여 소규모재건축활성화사업(공공소규모재건축사업)에 토지주 택공사등이 소규모주택법 제17조제3항에 따른 공동시행자, 제18조제1항에 따른 공공시행자 또는 제56조에 따른 사업대행자로 참여하더라도 위 2.가.의 공공시행 자가 아니다. 공공참여 소규모재건축활성화사업(공공소규모재건축사업)은 도심 내 주택공급을 활성화하기 위하여 위 토지주택공사등이 참여하여 건설·공급되는 주 택이 종전 세대수의 100분의 120 이상일 것을 요하고, 이 요건을 충족한 경우에 사업시행자·공동시행자 또는 대행자는 법적상한용적률에도 불구하고 소규모주 택정비법 제27조에 따른 통합심의를 거쳐 법적상한용적률의 100분의 120까지 건 축할 수 있는 사업(소규모주택정비법 제49조의 2제4항, 신설 2023. 4. 18.)이기 때문이다.

나. 지정개발자(소규모주택정비법 제19조) - 신탁사, 보충적 개입

시장·군수등은 가로주택정비사업, 소규모재개발사업, 소규모재건축사업의 <u>조합설립 동의요건 이상에 해당하는 자</u>가 <u>사업시행구역 면적의 3분의 1 이상의 토지를 신탁받 은 신탁업자</u>를 사업시행자로 지정하는 것에 <u>동의</u>하는 때에는 신탁업자를 사업시행자 로 <u>지정</u>하여 해당 사업을 시행하게 할 수 있다.

(지정개발자는 사업시행자 지정에 필요한 동의를 받기 전에 토지등소유자별 분담금 추산액 및 산출근거 등에 관한 사항을 토지등소유자에게 제공하여야 한다. 시장·군수등은 지정개발자를 사업시행자로 지정하는 때에는 사업시행구역 등 대통령령으로 정하는 사항을 해당 지방자치단체의 공보에 고시하여야 하고 사업시행자의 지정·고시가 있은 때에는 그 고시일 다음 날에 주민합의체의 신고 또는 조합설립인가가 취소된 것으로 본다.)

3. 사업대행자(소규모주택정비법 제56조, 도시정비법 제28조) - 대행적 개입

시장·군수등은 다음 가.나.의 어느 하나에 해당하는 대행적 개입이 필요한 경우에는 해당 조합 또는 토지등소유자를 대신하여 직접 정비사업을 시행하거나 토지주택공사등 또는 지정개발자에게 해당 조합 또는 토지등소유자를 대신하여 정비사업을 시행하게 할 수 있다. 이 경우 사업시행자는 여전히 주민합의체 또는 조합이다.

가. 장기간 정비사업이 지연되거나 권리관계에 관한 분쟁 등으로 해당 조합 또는 토지등소유자가 시행하는 정비사업을 계속 추진하기 어렵다고 인정하는 경우
나. 토지등소유자(조합을 설립한 경우에는 조합원을 말한다)의 과반수 동의로 요청하는 경우

정비사업을 대행하는 시장·군수등, 토지주택공사등 또는 지정개발자는 사업시행자에게 청구할 수 있는 보수 또는 비용의 상환에 대한 권리로써 사업시행자에게 귀속될 대지 또는 건축물을 압류할 수 있다.

사업을 대행하는 경우 사업대행의 개시결정, 그 결정의 고시 및 효과, 사업대행자의 업무집행, 사업대행의 완료와 그 고시 등에 필요한 사항은 대통령령으로 정한다.

Ⅱ 자율주택정비사업의 시행자

1. 토지등소유자가 시행하는 경우와 공동시행

가. 주민합의체가 시행하는 경우와 공동시행

자율주택정비사업은 2명 이상의 토지등소유자가 주민합의체를 구성하여 직접 시행하거나 해당 주민합의체가 시장·군수등, 토지주택공사등, 건설업자, 등록사업자, 신탁업자, 부동산투자회사 중 어느 하나에 해당하는 자와 <u>공동</u>으로 시행할 수 있다.

자율주택정비사업을 하고자 하는 토지등소유자가 2명 이상인 경우 <u>토지등소유자 전원의 합의</u>를 거쳐 주민합의체를 구성하여 하여야 한다.

다만, 자율주택정비사업을 소규모주택정비 관리계획이 수립된 관리지역에서 하는 경우 <u>토지등소유자의 10분의 8 이상 및 토지면적의 3분의 2 이상의 토지소유자 동의</u>를 받아 주민합의체를 구성하여야 한다. 〔이 경우 사업시행구역의 공동주택은 각 동(복리시설의 경우에는 주택단지의 복리시설 전체를 하나의 동으로 취급함)별 구분소유자의 과반수 동의(공동주택의 각 동별 구분소유자가 5명 이하인 경우는 제외함)를, 공동주택 외의 건축물은 해당 건축물이 소재하는 전체 토지면적의 2분의 1 이상의 토지소유자 동의를 받아야 하고, 사업시행구역에 국유지·공유지가 포함된 경우에는 해당 토지의 관리청이 해당 토지를 사업시행자에게 매각하거나 양여할 것을 확인한 서류를 시장·군수등에게 제출하는 경우에는 동의한 것으로 본다.〕 이 경우 주민합의체의 구성에 동의하지 아니한 토지등소유자도 주민합의체 구성원으로 포함하여야 한다.(소규모주택정비법 제22조제3항)

나. 토지등소유자 1인이 시행하는 경우와 공동시행

자율주택정비사업의 시행으로 「공공주택 특별법」에 따른 공공임대주택의 비율(건축물의 전체 연면적 대비 공공임대주택의 연면적의 비율 또는 전체 세대수 대비 공공임대주택의 세대수의 비율을 말한다)이 50퍼센트 이상이 되도록 건설하는 경우에는 위에도 불구하고 토지등소유자 1명이 사업을 시행할 수 있다.

이 경우 1인의 토지등소유자가 시장·군수등, 토지주택공사등, 건설업자, 등록사업자, 신탁업자, 부동산투자회사 중 어느 하나에 해당하는 자와 공동으로 시행할 수 있는지에 관하여 소규모주택정비법은 규정을 두고 있지 않으나 1인의 토지등소유자가 그 자와 공동으로 시행하는 계약을 체결하여 하는 경우를 막을 이유도 없으므로 허용된다고 해석된다.

다. 조합사업자, 공공사업시행자, 지정개발자, 사업대행자 없음

자율주택정비사업은 토지등소유자가 자율적으로 스스로 하는 사업으로서의 성격을 가지고 있어 공공사업시행자 등의 후견적·대행적 개입이 필요한 경우가 없으므로 다른 정비사업과 달리 공공사업시행자, 지정개발자, 사업대행자에 관한 규정이 필요하지 않다. 위 가. 나에서와 같이 토지등소유자의 능력을 보충할 필요가 있는 경우에는 토지등소유자가 계약에 의해 그 자들과 공동으로 사업을 시행함으로써 소기의 목적을 달성할 수 있을 것이다.

자율주택정비사업은 조합을 설립하여 하는 경우는 없다. 자율주택정비사업은 토지등소유자가 단독주택, 다세대주택 및 연립주택을 개량 또는 건설하는 사업이므로 그 사업을 소규모재개발사업, 가로주택정비사업, 소규모재건축사업으로도 할 수 있는 경우가 대부분일 것이므로 처음부터 조합을 결성하여 해당 사업을 하면 충분하고, 설사 소규모재개발사업, 가로주택정비사업, 소규모재건축사업을 할 수 있는 요건을 갖추지 못한 경우가 있다 하더라도 그 사업을 주민합의체를 구성해서 하나 조합을 결성해서 하나 본질적으로 같으므로 자율주택정비사업을 하는 경우 번거로운 절차를 거쳐 조합을 설립하도록 강제할 필요도 없기 때문이다.

이와 관련하여 <u>자율주택정비사업의 사업시행방식의 전환에 관한 규정이 신설</u>된 점에 유의하여야 한다.

토지등소유자가 자율주택정비사업을 시행하는 경우 토지등소유자 전원의 합의를 거쳐 구성한 주민합의체, 관리지역에서 시행하는 자율주택정비사업의 경우 토지등 소유자의 10분의 8 이상 및 토지면적의 3분의 2 이상의 토지소유자 동의를 받아 구성한 주민합의체는 다음 (1)(2)(3)의 요건을 모두 갖춘 때에는 국토교통부령으로 정하는 바에 따라 시장·군수등에게 <u>변경신고</u>를 거쳐 소규모주택정비법에 따른 다른 소규모주택정비사업으로 전환하여 시행할 수 있다.(소규모주택정비법 제22조제8항, 신설 2023.4.18)

(1) 소규모주택정비법 제29조에 따른 사업시행계획인가를 신청하기 전일 것
(2) 시행 중인 사업이 전환하려는 사업에 관하여 소규모주택정비법 제2조제1항제3호에서 정하는 요건을 모두 충족할 것
(3) 전환하려는 사업에 관하여 위 토지등소유자의 전원 또는 토지등소유자의 10분의 8 이상 및 토지면적의 3분의 2 이상의 토지소유자 동의 요건을 충족할 것

2. 주민합의서 등

가. 토지등소유자는 주민합의체를 구성하는 경우 토지등소유자 전원의 합의 또는 관리지역에서 시행하는 자율주택정비사업의 경우에는 토지등소유자의 10분의 8 이상 및 토지면적의 3분의 2 이상의 토지소유자 동의로 <u>주민합의체 대표자를 선임</u>하고 국토교통부령으로 정하는 바에 따라 <u>주민합의서를 작성</u>하여 시장·군수등에게 <u>신고</u>하여야 한다.

나. 주민합의서는 다음의 사항을 포함하여야 한다.

    (1) 주민합의체의 명칭

    (2) 사업시행구역의 위치 및 범위

    (3) 주민합의체의 목적 및 사업 내용

    (4) 주민합의체를 구성하는 자의 성명, 주소 및 생년월일 등

    (5) 주민합의체 대표자의 성명, 주소 및 생년월일

    (6) 시공자 또는 정비사업전문관리업자의 선정 및 변경 방법

    (7) 주민합의체의 의결사항 및 의결방법

    (8) 그 밖에 주민합의체의 구성 및 운영에 필요한 사항으로서 시·도조례로 정하는 사항

다. 주민합의체 대표자는 신고한 사항을 변경하는 경우에는 국토교통부령으로 정하는 바에 따라 변경신고를 하여야 한다.(다만, 대통령령으로 정하는 경미한 사항을 변경하는 경우에는 그러하지 아니함)

주민합의체 대표자는 주민합의체를 해산하는 경우에는 주민합의체를 구성하는 자의 과반수 동의를 받아 국토교통부령으로 정하는 바에 따라 해산신고를 시장·군수등에게 하여야 한다.

※ 참조:

　2022.2.3. 소규모주택정비법에 도시정비법상의 정비구역 지정·고시 후의 정비구역 등에서의 행위제한에 상응하는 규정이 신설되었다. 다만, 소규모주택정비법의 특성상 사업시행구역에서의 행위제한은 공공시행자 및 지정개발자의 지정 고시가 있는 날, 주민합의체 구성 고시가 있는 날, 조합설립인가 고시가 있은 날의 다음 날부터 있게 된다는 점이 다르다.

　[소규모주택정비사업의 사업시행구역에서 다음의 다음 날부터 건축물의 건축, 공작물의 설치, 토지의 형질변경, 토석의 채취, 토지의 분할·합병, 물건을 쌓아놓는 행위 등 그 밖에 대통령령으로 정하는 행위를 하려는 자는 시장·군수등의 허가를 받아야 하고, 허가받은 사항을 변경하려는 경우에도 또한 같다. 다만, 제18조 또는 제19조에 따른 공공시행자 또는 지정개발자의 지정이 취소되거나 제22조제9항에 따라 주민합의체가 해산되는 경우 또는 제23조의2에 따라 조합설립인가가 취소되는 경우에는 그러하지 아니하다.(소규모주택정비법 제23조의3)
　- 소규모주택정비법 제18조제2항 및 제19조제2항에 따른 공공시행자 및 지정개발자의 지정 고시가 있은 날
　- 소규모주택정비법 제22조제10항에 따른 주민합의체 구성 고시가 있은 날
　- 소규모주택정비법 제23조제9항에 따른 조합설립인가 고시가 있은 날]

5장

토지등
소유자,
조합원,
분양대상자

I 토지등소유자

1. 개념

토지등소유자란 자율주택정비사업, 가로주택정비사업 및 소규모재개발사업의 경우에는 사업구역에 위치한 토지 또는 건축물의 소유자 또는 그 지상권자이고, 소규모재건축사업의 경우에는 사업구역에 위치한 건축물 및 그 부속토지의 소유자를 말한다. 다만, 「자본시장과 금융투자업에 관한 법률」 제8조제7항에 따른 신탁업자가 사업시행자로 지정된 경우 토지등소유자가 소규모주택정비사업을 목적으로 신탁업자에게 신탁을 원인으로 신탁사 명의로 소유권이전등기를 하였더라도 그 토지 또는 건축물에 대하여는 위탁자를 토지등소유자로 본다.(소규모주택정비법 제2조제1항제6호)

2. 토지등소유자의 지위

가. 사업시행자로서의 지위 – 토지등소유자가 사업시행자가 되는 경우

토지등소유자는 다음에 따라 소규모주택정비사업을 시행하는 경우 주민합의체를 구성하여 사업시행자가 된다.(소규모주택정비법 제17조, 제22조)

(1) 토지등소유자가 20명 미만인 지역에서 토지등소유자가 가로주택정비사업, 소규모재건축사업을 시행하는 경우 토지등소유자 전원의 합의를 거쳐 주민합의체를 구성하여 사업시행자가 될 수 있다.

토지등소유자가 20명 미만인 지역에서 토지등소유자가 <u>소규모재개발사업</u>을 시행하는 경우 토지등소유자의 <u>10분의 8 이상 및 토지면적의 3분의 2 이상의 토지소유자 동의</u>를 받아 주민합의체를 구성하여 사업시행자가 될 수 있다. 이 경우 주민합의체의 구성에 동의하지 아니한 토지등소유자도 주민합의체 구성원으로 포함하여야 한다.

(2) 토지등소유자가 <u>자율주택정비사업</u>을 시행하는 경우 토지등소유자 2명 이상이 <u>전원의 합의</u>를 거쳐 주민합의체를 구성하여 사업시행자가 되나, 소규모주택정비관리지역에서 시행하는 자율주택정비사업의 경우에는 <u>토지등소유자의 10분의 8 이상 및 토지면적의 3분의 2 이상의 토지소유자 동의</u>를 받아 주민합의체를 구성하여 사업시행자가 된다. 이 경우 주민합의체의 구성에 동의하지 아니한 토지등소유자도 주민합의체 구성원으로 포함하여야 한다.

자율주택정비사업의 시행으로 「공공주택 특별법」에 따른 공공임대주택의 비율(건축물의 전체 <u>연면적</u> 대비 공공임대주택의 연면적의 비율 또는 전체 <u>세대수</u> 대비 공공임대주택의 세대수의 비율을 말한다)이 50퍼센트 이상이 되도록 건설하는 경우에는 토지등소유자 1명이 사업을 시행할 수 있다.
[이 경우 자율주택정비사업을 시행할 수 있는 지역(소규모주택정비법 제2조제1항제3호) 외에서도 사업을 시행할 수 있음]

나. 조합의 구성원으로서의 지위 - 조합원

소규모재개발사업과 가로주택정비사업, 소규모재건축사업의 경우 위 가. (1)과 같이 주민합의체를 구성하여 사업시행을 하는 경우를 제외하고는 조합을 설립하여 조합이 사업을 시행하게 된다. 이 때 소규모재건축사업의 경우 조합설립에 반대하는 등의 토지등소유자를 제외한 토지등소유자는 사업시행자인 조합의 구성원, 즉 조합원으로서의 지위를 갖게 된다. (조합원의 자격에 대해서는 후술한다)

다. 사업시행자가 공공시행자, 지정개발자인 경우 - 주민대표회의, 토지등소유자 전 체 회의의 구성원으로서의 지위

사업시행자가 공공시행자, 지정개발자인 경우 토지등소유자는 사업시행자인 공공시행자, 지정개발자에 대한 사업시행 감시기구로서의 주민대표회의, 토지등소유자 전체 회의의 구성원이 된다.

(1) 주민대표회의(소규모주택정비법 제56조, 도시정비법 제47조)

가로주택정비사업, 소규모재개발사업, 소규모재건축사업의 시행자(주민합의체 또는 조합)에게 법정의 후견적 개입 필요사유가 발생한 경우(천재지변 등 불가피한 사유로 긴급하게 사업을 시행할 필요가 있는 경우, 사업시행계획인가가 취소된 경우, 토지등소유자가 주민합의체를 신고한 날 또는 조합이 조합설립인가를 받은 날부터 3년 이내에 사업시행계획인가를 신청하지 아니한 경우, 사업이 장기간 지연되거나 권리관계에 대한 분쟁 등으로 해당 조합 또는 토지등소유자가 시행하는 사업을 계속 추진하기 어려운 경우 등) 소규모주택정비법 제18조에 따라 시장·군수등이 직접 해당 사업을 시행하거나 토지주택공사 등을 사업시행자로 지정하여 해당 사업을 시행하게 할 수 있도록 하면서 사업시행자의 지정·고시가 있은 때에는 그 고시일 다음 날에 기 사업시행자인 <u>주민합의체의 신고 또는 조합설립인가는 취소된 것으로 본다.</u>
이 경우 토지등소유자는 주민대표회의를 구성하여야 한다. 주민대표회의는 토지등소유자의 과반수의 동의를 받아 구성하며, 시장·군수등의 승인을 받아야 한다.

주민대표회의 또는 세입자(상가세입자를 포함한다)는 사업시행자(공공시행자)가 다음 (가)(나)(다)(라)(마)(바)의 사항에 관하여 시행규정(조합의 경우 정관에 해당)을 정하는 때에 의견을 제시할 수 있다. 이 경우 사업시행자는 주민대표회의 또는 세입자의 의견을 반영하기 위하여 노력하여야 한다.

(가) 건축물의 철거

(나) 주민의 이주(세입자의 퇴거에 관한 사항을 포함한다)

(다) 토지 및 건축물의 보상(세입자에 대한 주거이전비 등 보상에 관한 사항을 포함한다)

(라) 정비사업비의 부담

(마) 세입자에 대한 임대주택의 공급 및 입주자격

(바) 그 밖에 정비사업의 시행을 위하여 필요한 사항으로서 대통령령으로 정하는
사항

(2) 토지등소유자 전체회의(소규모주택정비법 제56조, 도시정비법 제48조)

시장·군수등은 가로주택정비사업, 소규모재건축사업 또는 소규모재개발사업의 경우 조합설립 동의요건 이상에 해당하는 자가 신탁업자를 사업시행자로 지정하는 것에 동의하는 때에는 지정개발자를 사업시행자로 지정하여 해당 사업을 시행하게 할 수 있다.(소규모주택정비법 제19조)

사업시행자로 지정된 신탁업자는 토지등소유자(재건축사업의 경우에는 신탁업자를 사업시행자로 지정하는 것에 동의한 토지등소유자를 말함) 전원으로 구성되는 회의체를 구성하여야 하고 신탁업자는 다음 (가)에서 (카)까지의 사항에 관하여 해당 정비사업의 토지등소유자전체회의의 의결을 거쳐야 한다.(토지등소유자 전체회의는 시장.군수등, 토지주택공사등이 시행하는 소규모주택정비사업에는 존재하지 않는다)

(가) 시행규정의 확정 및 변경

(나) 정비사업비의 사용 및 변경

(다) 정비사업전문관리업자와의 계약 등 토지등소유자의 부담이 될 계약

(라) 시공자의 선정 및 변경

(마) 정비사업비의 토지등소유자별 분담내역

(바) 자금의 차입과 그 방법·이자율 및 상환방법

(사) 사업시행계획서의 작성 및 변경(정비사업의 중지 또는 폐지에 관한 사항을 포함하며, 경미한 변경은 제외)

(아) 관리처분계획의 수립 및 변경(경미한 변경은 제외)

(자) 청산금의 징수·지급(분할징수·분할지급을 포함)과 조합 해산

(차) 정비사업 수입·비용의 금액 및 징수방법

(카) 그 밖에 토지등소유자에게 부담이 되는 것으로 시행규정으로 정하는 사항

토지등소유자 전체회의는 사업시행자가 직권으로 소집하거나 토지등소유자 5분의 1 이상의 요구로 사업시행자가 소집한다.

토지등소유자 전체회의의 소집 절차·시기 및 의결방법 등에 관하여는 도시정비법 제44조제5항, 제45조제3항·제4항·제7항 및 제9항을 준용한다. 이 경우 "총회"는 "토지등소유자 전체회의"로, "정관"은 "시행규정"으로, "조합원"은 "토지등소유자"로 본다.

라. 정비사업 진행을 위한 동의의 주체(소규모주택정비법 제25조)

토지등소유자는 정비사업 진행을 위한 다음의 (1)에서 (5)까지의 동의의 주체다.

다음의 어느 하나에 대한 동의(동의한 사항의 철회를 포함한다)는 서면동의서에 토지등소유자가 성명을 적고 지장(指章)을 날인하는 방법으로 하며, 주민등록증, 여권 등 신원을 확인할 수 있는 신분증명서의 사본을 첨부하여야 한다. 이 경우 (2)에 해당하는 때에는 시장·군수등이 대통령령으로 정하는 방법에 따라 검인(檢印)한 서면동의서를 사용하여야 하며, 검인을 받지 아니한 서면동의서는 그 효력이 발생하지 아니한다.

(1) 토지등소유자가 주민합의체를 구성하여 소규모주택정비사업을 시행하는 경우

(2) 토지등소유자가 조합을 설립하는 경우

(3) 토지등소유자가 가로주택정비사업·소규모재건축사업·소규모재개발사업의 공공사업시행자 및 지정개발자를 정하는 경우

(4) 토지등소유자가 시장·군수등 또는 토지주택공사등의 사업시행을 원하여 주민대표회의를 구성하는 경우

(5) 토지등소유자인 사업시행자가 사업시행계획인가를 신청하는 경우

Ⅱ 조합원

1. 총설

토지등소유자가 소규모주택정비사업을 시행하려는 경우에는 토지등소유자의 합의를 거쳐 주민합의체를 구성하여 시행하는 경우(자율주택정비사업, 토지등소유자가 20인 미만인 경우 가로주택정비사업·소규모재건축사업·소규모재개발사업)를 제외하고 토지등소유자로 구성된 조합을 설립하여야 한다.

또한 조합을 설립하여 시행하는 사업은 가로주택정비사업, 소규모재개발사업과 소규모재건축사업이므로 조합원은 가로주택정비사업조합, 소규모재개발정비사업조합의 조합원과 소규모재건축정비사업조합의 조합원으로 나눌 수 있다.

가로주택정비사업조합, 소규모재개발정비사업조합의 조합원은 사업구역 내 위치한 토지 또는 건축물의 소유자 또는 그 지상권자를 말한다.

그런데 소규모재건축정비사업조합의 조합원은 사업시행구역에 위치한 건축물 및 그 부속토지의 소유자로 하면서, 주택단지가 아닌 지역이 사업시행구역에 포함된 때에는 주택단지가 아닌 지역의 토지 또는 건축물의 소유자를 조합원으로 하고 있으며 나아가 위 토지등소유자 중 재건축사업에 동의한 자만이 조합원이 된다고 하고 있다.

이와 같이 소규모재건축사업의 경우 재건축사업의 특수성을 감안하여 토지등소유자인 조합원 개념을 축소하면서도 사업의 원활한 진행을 위하여 확대하고 있으므로 이 점에 대해 먼저 살펴보고 기타 조합원 개념을 확정짓는 요소에 대해 살펴본다.

2. 소규모재건축정비사업조합의 조합원

위에서 언급한 바와 같이 소규모재건축정비사업조합의 조합원은 사업시행구역에 위치한 주택단지의 공동주택의 구분소유자 또는 주택단지가 아닌 지역이 사업시행구역에 포함된 때에는 주택단지가 아닌 지역의 토지 또는 건축물의 소유자를 조합원으로 하고 있다.

가. 주택단지 내 공동주택의 각 구분소유자

(1) 주택단지

주택단지란 주택 및 부대시설·복리시설을 건설하거나 대지로 조성되는 일단 의 토지로서 다음(가)에서 (라)까지의 어느 하나에 해당하는 토지를 말한다.(소규모주택정비법 제2조제2항, 도시정비법 제2조제7호)
  (가) 「주택법」 제15조에 따른 사업계획승인을 받아 주택 및 부대시설·복리시설을 건설한 일단의 토지
  (나) 위 (가)에 따른 일단의 토지 중 「국토의 계획 및 이용에 관한 법률」 제2조 제7호에 따른 도시·군계획시설인 도로나 그 밖에 이와 유사한 시설로 분리되어 따로 관리되고 있는 각각의 토지
  (다) 위 (가)에 따른 일단의 토지 둘 이상이 공동으로 관리되고 있는 경우 그 전체 토지
  (라) 「건축법」 제11조에 따라 건축허가를 받아 아파트 또는 연립주택을 건설한 일단의 토지

    (도시정비법 제2조제7호의 주택단지에는 도시정비법 제67조의 재건축사업의 범위에 관한 특례 규정에 따라 분할된 토지 또는 분할되어 나가는 토지도 주택단지로 하고 있는데, 소규모주택정비법 제56조는 도시정비법의 제67조를 준용하고 있지 않아 소규모주택정비법상의 소규모재건축사업을 하는 경우 분할청구를 하는 방법으로 할 수 없다고 해

석된다. 그렇지만 소규모 형태로 하는 재건축사업의 경우도 도시정비법상의 제67조와 같은 규정에 따른 규율이 필요한 경우가 종종 있어서 관련한 입법이 필요하다고 생각한다)

(2) 공동주택의 각 구분소유자

공동주택은 앞 1편 3장 소규모주택정비사업 대상 지역에서 언급한 바와 같다.

구분소유자는 집합건물 중 일부로 구획된 부분의 소유자를 말한다. 건물과 토지의 소유권이 일체가 되어 있는 경우를 말한다. 따라서 건축물 혹은 토지만을 소유한 자는 조합원이 될 수 없다. 건축물의 용도를 한정하고 있지 아니하고 있기때문에 건축물이 주택에 해당하는가 여부는 조합원의 자격 여부와는 무관하다.

나. 주택단지가 아닌 지역이 사업시행구역에 포함된 때에는 주택단지가 아닌 지역의 토지 또는 건축물의 소유자 중 주택 또는 복리시설과 그 부속토지를 동시에 소유하는 자

주택단지에 위치하지 아니한 토지 또는 건축물이 진입도로 등 정비기반시설 및 공동이용시설의 설치에 필요한 토지 또는 건축물 또는 건축행위가 불가능한 토지 또는 건축물에 해당하는 경우로서 사업시행상 불가피한 경우에는 주택단지 면적의 100분의 20 미만의 범위 내에서 해당 토지 또는 건축물을 포함하여 사업을 시행할 수 있다.

위 주택단지가 아닌 지역에 위치하는 토지 또는 건축물의 소유자 중 주택 또는 복리시설과 그 부속토지를 동시에 소유하는 자에 한하여 조합원의 지위를 갖는다.

다. 임의가입제 - 동의에 따른 조합원의 자격취득

토지등소유자 중 소규모재건축사업에 동의한 자만이 조합원이 된다. 동의 전에는 해당 조합원총회의 의사정족수, 의결정족수에 산입되지 않는다.

어느 시점까지 동의하면 조합원이 되는가 문제되나 소규모주택법 제35조에 의한 매도청구가 있기 전이면 소규모주택법 제36조에 의한 분양신청기한까지 동의를 하면 그 이후 조합원이 될 수 있다고 해석된다. 조합설립 당시 동의하지 않았으나 여건 변동으로 참여를 원할 경우 분양신청기간 종료 전까지 조합원이 될 수 있도록 하여 기존 건축물의 소유자의 권익을 보호하여야 하기 때문이다.

이 점은 가로주택정비사업, 소규모재개발사업의 경우와 확연히 다르다. 이들 사업의 경우는 조합설립에 동의하는지와 관계없이 토지등소유자는 조합원이 된다. 다만, 가로주택정비사업의 경우(소규모재개발사업의 경우도 포함되는 것으로 해석된다. 3편3장 참조) 소규모주택정비법 제35조에 의한 매도청구가 허용됨에 주의를 요한다.

3. 기타 조합원 개념을 확정짓는 요소

가. 위에서 언급한 바와 같이 소규모재건축정비사업조합의 조합원은 <u>조합설립에 동의한 자로서 건축물 및 부속토지를 동시에 소유</u>하는 자에 한하여 조합원이 되나, 가로주택정비사업조합, 소규모재개발정비사업조합의 조합원은 사업구역 내 위치한 토지 <u>또는</u> 건축물의 <u>소유자</u> 또는 그 <u>지상권자는</u> 조합설립에의 <u>동의 여부와 관계없이 조합원이 된다.</u> 다만, 이 경우에도 가로주택정비사업, 소규모재개발사업의 <u>경우 조합이 소규모주택정비법 제35조에 의한 매도청구가 있은 후 또는 조합원 분양신청기간이 지난 이후 매도청구·수용재결이 있은 후</u>에는 조합원이 될 수 없다

문제는 1개의 토지 또는 건축물의 소유권 또는 지상권이 여러 명의 공유에 속하는 때 그 여러 명 모두를 조합원으로 할 것인가? 1명이 여러 개의 토지 또는 건축물의 소유권자 또는 지상권자인 경우 어떻게 할 것인가? 토지등소유자의 처분의 자유는 인정되는가? 그리하여 전 토지등소유자의 토지 또는 건축물에 관한 소유

권 또는 지상권을 양도·양수하는 경우 조합원은 누가 되는가? 하는 점이다.

이 점에 대해서 소규모주택정비법 제24조, 동법 시행령 제22조에서 규정하고 있다.

나. 소규모주택정비법령의 취지 및 규정 내용은 다음과 같다.

(1) 기본취지

토지등소유자는 자연인, 법인 또는 법인 아닌 사단·재단(사법상 권리의 주체)을 말하고 1명 또는 여러 명의 '명'은 위 각 권리주체의 수를 의미한다.

법은 권리의 주체를 중심으로 조합원 수를 산정한다. 그리하여 1명이 하나의 토지 또는 건축물에 대한 소유권과 지상권자인 경우는 물론이고 1명이 여러 개의 토지 또는 건축물의 소유권자 또는 지상권자인 경우에도 그 1명이 조합원이 된다.

또한 법은 원칙적으로 토지등소유자의 토지 또는 건축물에 대한 소유권 또는 지상권의 처분의 자유를 인정하고 있다. 그리하여 토지등소유자로부터 토지 또는 건축물의 소유권 또는 그 지상권을 양수한 자는 조합원이 되는 것이 원칙이다.

(2) 공유자 또는 '1세대를 구성하는 토지등소유자가 여러 개의 토지 또는 건축물을 가지고 있는 경우'

토지 또는 건축물의 소유권과 지상권이 여러 명의 공유에 속하는 때 그 여러 명 모두가 조합원이 되는 것은 아니고 그 여러 명을 대표하는 1명을 조합원으로 본다. [이 경우 조합설립 동의를 할 때 공유자 중 1명을 대표로 선임하는 서면을 제출하여야 한다. 그런데 '조합임원의 자격'과 관련하여 도시정비법이 개정되어(소규모주택정비법 제56조제1항, 도시정비법 제41조제1항) 조합임원은 조합원 중에서 일정한 거주요건 또는 소유요건을 갖추어야 할 뿐만 아니라 공유자가 조합임원이 되기 위

해서는 공유자 중 가장 많은 지분을 소유한 자이어야 한다는 것이다]

각 권리주체는 토지등소유자인 한 그 자가 조합원이 되나 여러 명의 토지등소유자가 1세대에 속하는 때에는 1세대에 속하는 자 모두가 조합원이 되는 것은 아니고 그 여러 명을 대표하는 1명을 조합원으로 본다.

이 경우 1세대는 동일한 세대별 주민등록표 상에 등재되어 있는지 여부로 결정하나 세대주와 배우자 및 미혼인 19세 미만의 직계비속은 동일한 세대별 주민등록표상에 등재되어 있지 아니하더라도 1세대로 본다. 따라서 이 경우에도 그 여러 명을 대표하는 1명을 조합원으로 본다.

(3) 처분의 자유와 예외 - 조합원 지위의 승계와 예외

(가) 1명의 토지등소유자가 하나의 토지 또는 건축물의 소유권 또는 지상권을 가지고 있는 경우 그 처분의 자유는 인정되어 그 양수인은 조합원이 되는 것이 원칙이다.

그러나 주택법에 따른 투기과열지구로 지정된 지역에서 가로주택정비사업, 소규모재개발사업, 소규모재건축사업을 진행하는 경우(2022.2.3. 법 개정 전에는 소규모재건축의 경우로 한정되었었다) 조합설립인가(조합설립인가 전에 소규모주택정비법 제19조제1항에 따라 신탁업자를 사업시행자로 지정한 경우에는 사업시행자의 지정을 말한다. 이하 같음) 후 해당 사업의 건축물 또는 토지를 양수한 자는 조합원이 될 수 없는 것이 원칙이다.(이 경우 사업시행자는 조합원의 자격을 취득할 수 없는 토지, 건축물 또는 그 밖의 권리를 취득한 자에게 소규모주택정비법 제36조의 분양신청을 하지 아니한 자의 조치 규정을 준용하여 손실보상을 하여야 한다)

위 양도·양수행위는 매매, 증여 그 밖의 권리의 변동을 수반하는 일체의 행위를 포함한다.

그렇지만 이 경우에도 상속, 이혼으로 인한 양도·양수의 경우는 제외되고 또한 양도인이 다음의 ① ② ③ ④ ⑤에 해당하는 부득이한 경우 그 양도인

<u>으로부터 그 건축물 또는 토지를 양수한 자는 조합원이 된다.</u>

① 세대원(세대주가 포함된 세대의 구성원을 말한다)의 근무상 또는 생업상의 사정이나 질병치료(『의료법』 제3조에 따른 의료기관의 장이 1년 이상의 치료나 요양이 필요하다고 인정하는 경우로 한정한다), 취학, 결혼으로 <u>세대원이 모두</u> 해당 사업구역에 위치하지 아니한 특별시·광역시·특별자치시·특별자치도·<u>시 또는 군</u>으로 이전하는 경우

② 상속으로 취득한 주택으로 세대원 모두 이전하는 경우

③ 세대원 모두 해외로 이주하거나 세대원 모두 2년 이상 해외에 체류하려는 경우

④ 1세대 1주택자로서 양도하는 주택에 대한 소유기간 및 거주기간(『주민등록법』 제7조에 따른 주민등록표를 기준으로 하며, 소유자가 거주하지 아니하고 소유자의 배우자나 직계존비속이 해당 주택에 거주한 경우에는 그 기간을 합산한다)이 <u>대통령령으로 정하는 기간</u>(소유기간 5년, 거주기간 3년) <u>이상인 경우</u>(소유자가 피상속인으로부터 주택을 상속받아 소유권을 취득한 경우에는 피상속인의 주택의 소유기간 및 거주기간을 합산한다)

⑤ 그 밖에 불가피한 사정으로 양도하는 경우로서 다음의 어느 하나에 해당하는 경우

   a. 조합설립인가일부터 2년 이상 사업시행인가 신청이 없는 건축물을 2년 이 상 계속하여 소유하고 있는 자가 사업시행인가 신청 전에 양도하는 경우(2022.8.2. 시행령 개정 전에는 재건축사업의 경우에만 인정되었다)

   b. 사업시행계획인가일부터 2년 이내에 착공하지 못한 토지 또는 건축물을 2 년 이상 계속하여 소유하고 있는 자가 착공 전에 양도하는 경우(2022.8.2. 시행 령 개정 전에는 재건축사업의 경우에만 인정되었다)

   c. 착공일부터 3년 이내 준공되지 아니한 토지를 3년 이상 계속하여 소유하고 있는 경우(2022.8.2. 시행령 개정 전에는 재건축사업의 경우에만 인정되었다)

   d. 국가·지방자치단체 및 금융기관(『주택법 시행령』 제71조제1호 각 목의 금융

기관을 말한다)에 대한 채무를 이행하지 못하여 토지 또는 건축물이 경매 또는 공매가 되는 경우(2022.8.2. 시행령 개정 전에는 재건축사업의 경우에만 인정되었다)

e. 「주택법」 제63조제1항에 따른 투기과열지구로 지정되기 전에 건축물 또는 토지의 거래계약을 체결하고 투기과열지구로 지정된 후 「부동산 거래신고 등에 관한 법률」 제3조에 따라 부동산 거래신고를 한 경우

(나) 1명의 토지등소유자가 여러 개의 토지 또는 건축물의 소유권 또는 그 지상권을 가지고 있는 경우 여러 개의 토지 또는 건축물의 소유권 또는 그 지상권을 각 양수하여 여러 명이 소유하게 된 때 양도인인 토지등소유자의 토지 또는 건축물에 대한 처분의 자유가 인정되어 각 양수인 모두가 조합원이 될 것이나 그 양도·양수가 조합설립인가 후에 이루어진 경우 그 여러 명을 대표하는 1명 을 조합원으로 본다.

1세대로 구성된 여러 명의 토지등소유자가 조합설립인가 후 세대를 분리하여 동일한 세대에 속하지 아니하는 때에도 이혼 및 19세 이상의 자녀가 분가(세대 별 주민등록을 달리하고 실거주지를 분가한 경우로 한정한다)한 경우를 제외하고는 세대분리 조치에도 불구하고 세대원 여러명을 대표하는 1명을 조합원으로 본다.

※ 토지등소유자 중 조합원이 아닌 자는 다음과 같고 조합설립 등에 동의하지 않은 자는 소규모주택정비법 제35조의 매도청구의 대상이 되어 사업에서 강제적으로 배제될 수 있다.

※ 다음

구분	소규모재개발·가로주택정비사업 조합	소규모재건축정비사업조합
지상권자	○	×
조합설립에 동의하지 않은 자	○ (가로주택정비사업, 소규모재개발사업의 경우 조합설립에 동의하지 않은 자도 조합원으로 취급하지만, 소규모주택정비법 제35조의 매도청구의 대상이 된 점이 특이하다)	× 소규모주택정비법 제35조의 매도청구의 대상임은 물론이다.
토지 또는 건축물의 소유자	○	동시 소유자 아닌 자는 조합원이 아님
공유자	공유자 중 대표자로 선임된 자만이 조합원임. 이 경우 나머지 공유자가 소규모주택정비법 제35조의 매도청구의 대상이 되는 것은 아님	
1세대의 세대원이 여러 개의 토지 또는 건축물을 소유한 경우	1. 세대원 중 대표자로 선임된 자만이 조합원임 2. 세대분리를 한 경우 그것이 조합설립인가 후에 이루어지면 이혼 및 19세 이상의 자녀가 분가(세대별 주민등록을 달리하고 실거주지를 분가한 경우로 한정한다)한 경우를 제외하고는 세대원 여러명을 대표하는 1명을 조합원으로 본다. 위 1.2.의 경우 나머지 세대원이 소규모주택정비법 제35조의 매도청구의 대상이 되는 것은 아님	
처분의 자유	1. 1명의 토지등소유자가 여러 개의 토지 또는 건축물의 소유권 또는 그 지상권을 가지고 있는 경우 여러 개의 토지 또는 건축물의 소유권 또는 그 지상권을 각 양수하여 여러 명이 소유하게 된 때 양도인인 토지등소유자의 토지 또는 건축물에 대한 처분의 자유가 인정되어 각 양수인 모두가 조합원이 될 것이나 그 양도·양수가 조합설립인가 후에 이루어진 경우 그 여러 명을 대표하는 1명 을 조합원으로 본다. 이 경우 양수인 또는 양도인이 소규모주택정비법 제35조의 매도청구의 대상이 되는 것은 아님 2. 1명의 토지등소유자가 하나의 토지 또는 건축물의 소유권 또는 지상권을 가지고 있는 경우 그 처분의 자유는 인정되어 그 양수인은 조합원이 되는 것이 원칙이다. 이 경우 사업시행자는 조합원의 자격을 취득할 수 없는 토지, 건축물 또는 그 밖의 권리를 취득한 자에게 소규모주택정비법 제36조를 준용하여 손실보상을 하여야 한다. 그러나 주택법에 따른 투기과열지구로 지정된 지역에서 가로주택정비사업, 소규모재개발사업, 소규모재건축사업을 진행하는 경우 조합설립인가 후 해당 사업의 건축물 또는 토지를 양수한 자는 조합원이 될 수 없으나 (이 경우 사업시행자는 조합원의 자격을 취득할 수 없는 토지, 건축물 또는 그 밖의 권리를 취득한 자에게 소규모주택정비법 제36조의 분양신청을 하지 아니한 자의 조치 규정을 준용하여 손실보상을 하여야 한다)이 경우에도 상속, 이혼으로 인한 양도·양수의 경우는 제외되고 또한 양도인에게 부득이한 사유가 있는 경우 그 양도인으로부터 그 건축물 또는 토지를 양수한 자는 조합원이 된다.	

Ⅲ 분양대상자

정비사업의 사업시행자(주민합의체·조합, 공공시행자, 지정개발자)는 사업의 시행으로 조성된 대지 및 건축물을 처분하여 수입을 얻는다.

이 때 처분의 상대방인 자를 분양대상자라 하나, 여기서 토지등소유자의 개념, 조합원의 개념과 관련하여 말하고자 하는 분양대상자는 소규모주택정비법 또는 도시정비법상으로 사용되는 용어로서 토지등소유자 또는 조합원의 종전자산이 사업으로 인하여 새로 생기는 토지 및 건축물로 교환·분합되는 경우(공용환권 되는 경우)의 분양자의 지위를 갖게 되는 토지등소유자 또는 조합원을 말한다. 이하에서는 이 경우의 토지등소유자 또는 조합원을 좁은 의미의 분양대상자라 칭하고 이와 함께 그 밖의 사유로 사업으로 신축된 토지 및 건축물을 분양받는 자를 넓은 의미의 분양대상자라 칭한다.

넓은 의미의 분양대상자는 다음과 같고 그 분양대상자가 분양받는 근거, 분양방식 등에 대하여 개괄적으로 살펴본다. 자세한 내용은 관리처분계획 부분에서 살펴본다.

※ 다음

구분		분양의 근거되는 법률 등	비고
조합원 분양	조합 (조합원)	소규모주택정비법§34①, §34②· §29·§30①10, §33③	공용환권의 방법으로 분양
	주민합의체 (토지등소유자)	소규모주택정비법§34①, §34②· §29·§30①10, §33③	- 공용환권의 방법으로 분양, - 자율주택정비사업의 경우 자율적으로 토지등소유자간 소유권의 귀속을 정할 수 있으나 그 정해진 범위에서 환권이 있는 것으로 취급됨
	지정개발자 (토지등소유자인 위탁자)	소규모주택정비법§34①, §34②· §29·§31조8호, §33③	공용환권의 방법으로 분양
	공공시행자 (토지등소유자)	소규모주택정비법§34①, §34②· §29·§31조8호, §33③	공용환권의 방법으로 분양
일반분양		소규모주택정비법§34①, §34④·§34③	위 조합원 분양분을 제외한 부분을 주택법§54에 따라 입주자 모집 조건·방법·절차, 입주금(계약금·중도금 및 잔금을 말한다)의 납부 방법·시기·절차, 주택공급 방법·절차 등을 정하여 분양함
임대주택분양		소규모주택정비법§34①, §34⑥·§34⑤	사업의 시행으로 임대주택을 건설하는 경우 임차인의 자격·선정방법, 임대보증금, 임대료 등 임대조건에 관한 기준 및 무주택 세대주에게 우선 매각하도록 하는 기준 등에 관하여 「민간임대주택에 관한 특별법」, 「공공주택 특별법」에도 불구하고 소규모주택정비법 시행령으로 정하는 범위에서 시장·군수 등의 승인을 받아 따로 정하여 분양
기타분양		소규모주택정비법§34①, §34⑦	사업시행자는 위에 따라 조합원분양, 일반분양, 임대주택분양을 공급대상자에게 주택을 공급하고 남은 주택을 <u>공급대상자 외의 자</u>에게 공급할 수 있다. 분양은 주택법 제54조를 준용하여 한다

		보류지는 주택법§54에 따라 입주자 모집 조건·방법·절차, 입주금(계약금·중도금 및 잔금을 말한다)의 납부 방법·시기·절차, 주택공급 방법·절차 등을 정하여 분양함.
보류지분양	소규모주택정비법§34①, §34④	※ 보류지란 사업을 환권의 방식으로 시행할 때 시행자가 사업에 필요한 경비에 충당하거나 분양대상의 누락, 착오 등의 사유로 향후 추가분양이 예상되는 등의 사유가 있는 경우 신축건물의 일부를 그에 공여하기 위하여 정하여 놓은 건축물을 말한다.

※ 위에서 좁은 의미의 분양대상자는 소규모주택정비법 또는 도시정비법상으로 사용되는 용어로 토지등소유자 또는 조합원의 종전자산이 사업으로 인하여 새로 생긴 토지 및 건축물로 교환·분합되는 경우(공용환권 되는 경우)의 분양자의 지위를 갖게 되는 토지등소유자 또는 조합원을 말한다고 하였다.

따라서 좁은 의미의 분양대상자는 토지등소유자 또는 조합원 중 소규모주택정비법 제33조제3항에서 정한 기준에 부합하지 않아 분양에서 제외되는 자, 분양신청을 하지 않은 자를 제외한 자를 말한다. 이 경우 법에서 정한 분양기준에 부합하지 않아 분양에서 제외되는 자, 분양신청을 하지 않은 자는 소규모주택정비법 제36조에 따라 강제적으로 사업에서 배제된다.

6장

소규모주택
정비사업의
계산

I 수입의 분배액, 비용의 부담액, 권리가액, 분양대금, 청산금

1. 토지등소유자의 <u>무한책임</u>

정비사업은 정비구역 내에 서로 다른 토지 또는 건축물(이하 종전자산이라 한다)을 가지고 있는 여러 명의 토지등소유자들이 종전 건축물을 철거하고 그 대지 위에 새로운 건축물(이하 종후자산이라 한다)을 건축해서 이익을 창출하는 것을 궁극적인 목적으로 한다.

토지등소유자가 정비사업에 참여하는 동기는 다양하다.

수입과 비용이 일치한다면 100% 자기 돈 내서 자기 집을 짓는 과정이 될 것이다. 이 경우 토지등소유자는 '헌집 대신 새 집'을 얻게 되기 때문에 정비사업에 참여할 수 있다.

수입이 비용을 넘어서면 다소의 차이는 있어도 이익이 발생하게 되어 사업에 참여할 수 있을 것이고, 수입이 비용과 종전자산 가액을 합한 금액을 넘어서게 되면 '초과이익'까지 발생하게 되어 사업에 적극적으로 참여하려 할 것이다.

토지등소유자는 비용이 수입을 초과할 것으로 예상되는 사업에 참여하지 않을 것이다.

그런데 수입이 비용을 초과할 것으로 예상되는 사업의 경우에도 결국 수입이 비용에 못 미치는 상황이 올 수도 있다. 이 때 그 차액을 누가 부담할 것인가는 심각한 문제가 아닐 수 없다. 이에 관하여 법은 정비사업비는 법령에 특별한 규정이 있는 경우를 제외하고는 사업시행자가 부담하고, 사업시행자는 토지등소유자로부터 정비사업비와 정비사업의 시행과정에서 발생한 수입의 차액을 부과금으로 부과·징수할 수 있다(소규모주택정비법 제42조제1항, 제3항)고 규정하여 정비사업 시행자의 구성원, 즉 토지등소유자가 무한책임을 부담하고 있음을 천명하고 있다.

2. 정비사업에 참여하는 다수의 자 간의 수입의 분배 또는 비용의 부담은 어떻게 하는가? - 토지등소유자의 출자자로서의 지위, 비례율과 권리가액

가. 비례율과 권리가액

정비사업시행자는 정비사업에 참여하는 서로 다른 다수의 토지등소유자를 공평하게 처우하여야 한다.

그러기 위해서 서로 다른 다수의 토지등소유자 간 수입의 분배기준과 비용의 부담기준은 같아야 한다.

이때 수입의 분배기준, 비용의 부담기준은 특정 토지등소유자가 가지고 있는 종전자산의 가액(이하 특정 종전자산가액이라 한다)이 전체 토지등소유자가 가지고 있는 종전자산의 가액(이하 전체 종전자산가액이라 한다)에서 차지하는 비율이 되어야 한다.

말하자면, 정비사업시행자가 정비사업에 참여하는 서로 다른 다수의 토지등소유자를 공평하게 처우하기 위해서는 다음의 산식에 따라 수입을 분배하고 비용을 부담시켜 그 차액에 해당하는 금액을 교부하거나 징수하여야 한다.

※ 다음

수입의 분배액 = 총수입액 × 특정 종전자산가액/전체 종전자산가액
비용의 부담액 = 총비용액 × 특정 종전자산가액/전체 종전자산가액

수입의 분배액(분배수입액) - 비용의 부담액(부담비용액) = 차액
차액 = (총수입액 - 총비용액) × 특정 종전자산가액 / 전체 종전자산가액
    = [(총수입액 - 총비용액) / 전체 종전자산가액] × 특정 종전자산가액

위 산식 중 수입의 분배액은 정비사업에 참여하는 특정 토지등소유자가 정비사업을 시행하는 과정에서 창출된 수입을 분배받을 금액이고, 비용의 부담액은 정비사업에 참여하는 특정 토지등소유자가 정비사업을 시행하는 과정에서 발생할 비용을 부담할 금액이다.

따라서 그 차액은 정비사업에 참여하는 토지등소유자가 얻게 되는 개발이익을 말한다. 개발이익이 (-)라면 그러한 정비사업에 참여하는 사람은 없을 것이다. 개발이익이 0이라면 100% 자기 돈 내서 자기 집을 짓게 되는 셈이고 개발이익이 (+)인 경우라면 정비사업 참여자에게 정도의 차이는 있어도 이익이 있는 셈이다.

이 경우와 관련하여 다음의 2가지 예를 통해 자세히 살펴본다.

※ 다음

구분		A아파트	B아파트
① 개시시점 주택가격	추진위 구성일 기준 가격	2,700억	370억
② 정상주택가격 상승분	① × 해당 지역 집값 상승률	1,800억	110억
③ 개발비용	공사비,조합운영비,제세공과금 등	2,700억	360억
④ 종료시점 주택가격	준공일 기준 조합원주택 가격+ 일반분양가	7,700억	830억
⑤ 초과이익	④ - (①+②+③)	500억	-10억
용적률		기존 170%, 신축 300%	기존 230%, 신축 300%
조합원수, 조합원의 종전자산의 가액 모두 같은 가격이라 가정		300명, 15억/인(4,500억 원 ÷300명)	100명, 4.8억/인(480억 원 ÷100명)

A아파트의 경우는 초과이익이 발생한 반면, B아파트의 경우는 (-)초과이익이 발생하고 있다. (참고: 이와 같은 차이는 왜 발생하였을까? 비용요인을 제하고 큰 요인만을 보면 서울 강남아파트의 신축아파트 분양가와 어느 시골 아파트의 분양가는 다르고 A아파트와 B아파트 간에

는 추가되는 용적률의 차이가 존재하기 때문이다.)

그러나 B아파트의 경우도 개발이익(830억 - 360억 = 470억)이 존재하기 때문에 사업이 가능하며 새 집을 갖게 된 B아파트의 조합원은 잘하면 시세차익을 보고 팔수도 있는 지위에 있게 된다.

그런데 위의 사례를 유심히 살펴보면 A아파트의 경우 조합원 300명, 조합원 모두 동일한 가액의 아파트를 가지고 있다고 가정한다면 특정 조합원 아파트가액은 15억 원이고, B아파트는 조합원 100명, 조합원 모두 동일한 가액의 아파트를 가지고 있다고 가정한다면 특정조합원 아파트 가액은 4.8억 원인데, 차액[(수입액 - 비용액) / 전체 종전자산가액 × 특정 종전자산가액]이 A아파트의 경우는 [(7,700억 - 2,700억) / 4,500억 × 15억 ≒ 16.6억] 16.6억이어서 A아파트의 경우 특정조합원이 가지고 있는 종전 아파트의 가액 15억보다 1.6억 많아졌고, B아파트의 경우[(830억 - 360억) / 480억 × 4.8억 ≒ 4.7억] 4.7억이어서 B아파트의 특정조합원이 가지고 있는 종전아파트의 가액 4.8억 보다 0.1억 적어졌음을 알 수 있다.

말하자면, A아파트의 조합원들은 정비사업을 시행하여 자신이 종전에 가지고 있던 아파트 가액보다 늘린 것이 되고 B아파트의 조합원들은 정비사업을 시행해서 오히려 종전에 가지고 있던 부(富)가 줄게 된 것이다.

그렇게 된 연유는 B아파트가 A아파트 보다 수입을 창출할 수 있는 능력이 적었고 비용을 줄일수 있는 데에도 한계가 있었기 때문이다. 이 말을 위 산식으로 표현하면 [(수입액 - 비용액) / 전체 토지등소유자의 종전자산가액]이 작았기 때문이다. 이 산식을 비례율이라 하는데 비례율이 A아파트보다 작았기 때문이다.

수입의 분배액에서 비용의 부담액을 제한 차액은 [(수입액 - 비용액) / 전체 종전자산가액 × 특정 종전자산가액]으로 비례율에 특정 토지등소유자가 가지고 있는 종전자산가액을 곱한 금액임을 알 수 있는데, A아파트의 경우는 [(7,700억 - 2,700억) / 4,500억 × 15억 ≒ 16.6억] 16.6억, B아파트의 경우는 [(830억 - 360억) / 480억 × 4.8억 ≒ 4.7억] 4.7억이다. 이 때의 16.6억과 4.7억은 A아파트, B아파트 조합이 정비사업을 시행함으로써 특정조합원이 얻게 되는 최종적인 가치이다. 말하자면, 비례율에 자신이 종전에 가지고 있는 자산가액을 곱한 금액은 특정 조합원이 정비사업을 통해 얻을 수 있는 최종적 가치로서 이 가액을 권리가액이라 한다.

정비사업을 시작할 무렵에 사람들은 사업을 하면 어떻게 될지 하는 의문을 갖게 된다. 총수입추산액, 총비용추산액을 계산하고 자신이 가지고 있는 자산의 가액은 얼마인지 계산해 본다.

이러한 의문을 '비례율'이 어느 정도 해소시켜 준다. 총수입추산액 7,700억, 총비용추산액 2,700억, 전체 종전자산가액 4,500억. 특정 토지등소유자가 가지고 있는 자산가액이 15억이라면 정비사업에 참여할 때에는 〔(7,700억 - 2,700억) / 4,500억 × 15억 늑 16.6억〕 16.6억이어서 초과개발이익이 발생하므로 적극적으로 정비사업에 참여할 것이고, 총수입추산액 830억. 총비용추산액 360억, 전체 종전자산가액 480억, 특정 토지등소유자가 가지고 있는 자산가액이 4.8억이라면 정비사업에 참여할 때 〔(830억 - 360억) / 480억 × 4.8억 늑 4.7억〕 4.7억이어서 오히려 자신이 가지고 있는 자산가액이 0.1억 줄지만 어쩔 수 없이 사업에 참여하게 된다. 집은 오래되면 될수록 더욱 더 노후화되어 가치는 하락하고 수리비용은 증대하였을 것이고 또한 새 집을 갖게 된 B아파트 조합원은 잘하면 시세차익을 보고 팔 수도 있는 지위에 있기 때문이다. 또한 쾌적한 주거환경에서 생활하는 것도 큰 이익이 아닐 수 없다.

위 상황을 비례율로 보면 A아파트의 비례율은 1.11 [(7,700 - 2,700) / 4,500]이고 B아파트 비례율은 0.97[(830 - 360) / 480]이다.

비례율 >1이면 초과개발이익이 발생하고 0< 비례율 <1이면 개발이익은 발생하나 초과이익은 발생하지 않는다. 초과이익이 발생하지 않는다 해서 사업을 할 수 없는 것은 아니지만 비례율이 100분의 80미만인 경우에는 토지등소유자의 부담이 지나치게 높다고 인정되는 경우로 취급된다는 점에 유의하여야 한다.

나. 종전자산에 대한 감정평가액

정비사업에서 조합원 자신이 소유하는 부동산에 대한 감정평가가 이루어진 후에 많은 불만이 나오는 경우가 있다. 특정 조합원이 가지고 있는 부동산에 대한 감정평가가 잘못되었다면 고쳐야 하겠지만 <u>모든 조합원을 대상으로 하는 종전자산평가액의 변경은 조합원의 권리가액에 영향을 주지 않으므로</u> 재감정해야 조합원에 돌아가는 이익은 없다.

이 점을 다음의 산식으로 확인한다.

※ 다음

- 종후자산평가액: 2,000억 원
- 총사업비: 1,200억 원
- 종전자산평가액:

변경 전	변경 후
총액 800억 원 / 조합원 250명	총액 1,000억 원 / 조합원250명
특정조합원A 3억2천만 원	특정조합원A 4억 원

- 비례율 산출
  (2,000억 - 1,200억) / 800억 = 1   (2,000억-1,200억) / 1,000억 = 0.8

- 특정조합원A의 권리가액
  3.2억 × 1 = 3.2억   4억 × 0.8 = 3.2억

3. 종후자산의 분양대금 - 토지등소유자의 수분양자(매수인)로서의 지위

정비사업에 참여한 토지등소유자는 종후자산의 수분양자 지위에도 있게 된다.

종후자산 수분양자는 정비사업시행자에게 분양대금을 납부하여야 한다. 토지등소유자가 수분양자 지위에서 납부해야 할 금액은 그가 분양받고자 신청한 종후자산의 가액이다.

종후자산은 일반적으로 조합원분양분과 일반분양분(보류지 포함)으로 나누어진다. 종후자산의 가액은 관리처분계획 수립 시에 정하는데 관리처분계획 수립 시 조합원분양분의 가격과 일반분양분의 가격을 동일하게 계획할 수도 있고 조합원분양분의 가격을 일반분양분의 가격보다 저렴하게 계획할 수도 있다. 이러한 계획하에 추산된 총수입액을 기초로 비례율 및 권리가액이 정하여지는 것이다.

토지등소유자는 종전에 가지고 있던 자산의 권리가액과 같은 종후자산을 분양받을 수도 있고 다액의 종후자산을 분양받고자 할 수도 그 반대의 종후자산을 분양받고자 할 수도 있다.

4. 청산금 - 조합원 분담금[조합원 분담금 = (분양대금 - 권리가액)]

가. 청산금– 조합원분담금

청산금이란 정비사업에 참여한 토지등소유자가 종후자산을 분양받은 지위에서 정비사업시행자에게 내야 하는 분양대금에서 출자자의 지위에서 정비사업 시행과정 중 창출된 수입과 발생한 비용의 차액에 그가 가지고 있는 종전자산의 가액이 전체 토지등소유자가 가지고 있는 종전자산의 가액에서 차지하는 비율을 곱하여 산출된 금액을 제한 금액을 말한다.

말하자면, 청산금이란 토지등소유자가 종후자산의 수분양자 지위에서 납부해야 하는 분양대금에서 토지등소유자가 출자자의 지위에서 분배받을 수입액과 부담할 비용액의 차액, 즉 권리가액을 뺀 금액을 말한다.

그 금액은 각 토지등소유자 별로 자신이 종전에 가지고 있는 자산의 권리가액이 다르고 무엇보다도 구입하고자 하는 종후자산의 가액이 다르기 때문에 (+)일 수도 (-)일 수도 있다. (-)일 경우 정비사업시행자로부터 금전을 교부받을 것이고 (+)일 경우는 정비사업시행자가 징수권한을 갖는다. 그 금액이 0이면 조합도 조합원에게 돈 내라고 하지 않고 조합원도 돈 내지 않고 입주할 수 있다.(이 때의 권리가액에 해당하는 분양평수를 무상분양평수라 하고, 무상분양평수를 알고자 한다면 조합에 자신의 권리가액이 얼마인지, 신축건물의 평당 분양가가 얼마인지 알아보고 권리가액을 평당 분양가로 나눈 값을 계산하면 된다. 이렇게 산출된 값이 무상분양평수가 되는 것이다.)

이를 산식으로 표시하면 다음과 같다.

※ 다음

청산금
= 특정 토지등소유자가 분양받은 종후자산가액 −
　　[(총수입 − 총비용) × 특정 종전자산가액 / 전체 종전자산가액]
= 특정 토지등소유자가 분양받은 종후자산가액 −
　　[(총수입 − 총비용) / 전체 종전자산가액 × 특정 종전자산가액]
= 특정 토지등소유자가 분양받은 종후자산가액 −
　　(비례율 × 특정 종전자산가액)
= 특정 토지등소유자가 분양받은 종후자산가액 − 권리가액

나. 사업단계별 나타나는 청산금이란 용어의 비교

(1) 관리처분계획상의 조합원 분담금

위에서 말한 청산금은 시장·군수등으로부터 인가받은 관리처분계획상 <u>조합원 분담금</u>으로 정해져 있다.

관리처분계획은 토지등소유자의 <u>분양신청현황</u>을 기초로 <u>관리처분계획 수립기준</u>에 따라 분양대상자의 선정, 분양대상자별 분양예정인 대지 또는 건축물의 <u>추산액</u>, 일반 <u>분양분 등 체비지, 보류지의 추산액</u>, <u>정비사업비 추산액</u>, 분양대상자별 <u>종전 토지 또는 건축물의 가격</u>을 정한 후 각 분양대상자가 분담하는 금액을 정하고 있다. 이렇게 정해진 각 분양대상자가 분담하는 금전을 청산금(조합원 분담금)이라 한다.

(2) 사업청산절차상의 청산금

정비사업시행자는 인가받은 관리처분계획에 따라 정비사업의 시행으로 조성된 대지 및 건축물을 처분 또는 관리하여야 하므로 관리처분계획 상 '조합원분담규모' 즉, 청산금은 사업의 종결적 의미를 내포하는 정산금으로서의 의미를 갖고 있다.(관리처분계획의 변경은 허용되지만 변경된 관리처분계획도 소정의 절차를 거쳐 인가 받은 한도에서 역시 사업의 종결적 의미를 갖는다.)

그런데 관리처분계획상의 분담금도 사업의 총수입 <u>추산액</u>과 총비용 <u>추산액</u>을 기초로 정하여지므로 잠정적 의미를 갖을 수 밖에 없다. 그렇지만 여기의 '잠정적'이라는 의미는 사업청산절차와의 관계에서 상대적으로 잠정적이라는 의미이다.

사업청산절차는 문자 그대로 사업을 최종적으로 종결하고자 최종적인 채권의 추심, 최종적인 채무의 변제, 잔여재산의 분배를 하는 절차로서 <u>이 절차에 바로 앞서</u> 관리처분계획인가(변동인가 포함) 후 실제로 발생한 총수입, 총비용의 변동상황을 반영하여 정하여진 최종적인 각 조합원 분담금을 청산금이라고도 한다. <u>이러한 의미의 청산금이</u>

야 말로 진정한 의미의 청산금이라 하겠다. 이러한 의미에서 관리처분계획상의 분담금(청산금)은 목표치로서의 의미를 가지고 있다. 어찌되었든 중요한 것은 청산금의 최종 액수는 사업이 종결되어야 확정된다는 것이다.

(3) 관리처분계획 인가단계 전 조합원분담금

관리처분계획 상의 분담금(청산금)은 관리처분계획 인가단계 전 즉, 조합설립 단계에서의 총수입, 총비용 추산액, 토지등소유자의 분담금 추산액과 비교했을 때 최종적·확정적인 의미를 갖는다.

관리처분계획 인가 전 단계에서의 각 추산액은 토지등소유자가 사업에 참여할 것인지, 시공내용을 어떻게 할 것인지 등을 정하는 지표로서 역할을 수행하여 그 중요성이 떨어지지는 않지만 관리처분계획 상 분담금은 각 토지등소유자에게 직접적이고 현실적 의미가 부여되어 최종적·확정적 의미를 갖는 것이다.

(4) 정비사업에서 배제되는 자에 대한 현금청산금 - 보상금

관리처분계획 상의 분담금(청산금)이 정비사업에 참여하지 않는 토지등소유자 즉, 재건축사업에 동의하지 않는 토지등소유자, 분양대상에서 제외되는 자, 분양신청을 할 수 없는 자, 분양신청을 하지 않은 자 등에게 지급되는 (현금)청산금과 다름은 물론이다.

분양신청을 하지 아니한 자 등에게 지급되는 청산금이 관리처분계획 상의 분담금(청산금)과 다른 가장 큰 차이는 사업에 참여하는 리스크가 반영되느냐, 사업에서 창출된 수입을 나누어 줄 것이냐 에서 명백히 드러난다. 분양신청을 하지 아니한 자 등에게 지급되는 청산금이 사업에서 배제되는 자의 재산권에 대한 정당한 보상을 반영하여야 하지만 사업에 참여하는 자와 같게 취급할 수는 없다는 점에서 양자는 완전히 다르다.

5. 계산의 예시 - 예시 상황을 전제하여 위의 내용을 정리한다.

가. 먼저 甲이 <u>토지를 매입해서</u> 주택을 지어 판다는 가정을 해본다. 토지매입비용 100억 원, 주택건축공사비용 50억 원, 주택매매가격 200억 원일 경우 갑은 50억 원 [주택매매가격 - (토지매입비용 + 공사비용)]이라는 개발이익을 얻었다.

다음으로 甲이 <u>소유하고 있는 토지</u>에 주택을 건축하여 매매한다는 가정을 해본다. 주택건축공사비용 50억 원, 주택매매가격 200억 원일 경우 甲이 소유하고 있는 토지위에 주택을 건축하여 토지매입비용이 안 들어 공사비용을 차감한 나머지 150억 원 전부가 수입이 되는 것일까? 그렇지 않다.

예컨대, 기존에 갖고 있던 토지의 가치가 100억 원이라면 공사비용 50억 원을 들여 주택을 건축하여 200억 원에 매매하였으니 50억 원의 이익을 얻게 된 것이다. 이 사업의 수익률을 계산하면, 토지가치 100억 원(감정평가액 = 종전자산평가액), 주택공사비 50억 원, 주택매매가격(종후자산평가액) 200억 원, 개발이익(수입 - 비용 = 종후자산평가액 - 총사업비 = 200억 원 - 50억 원 = 150억 원) 150억 원, 수익률은 [개발이익 / 종전자산 평가액] × 100 = [(종후자산평가액 - 총사업비) / 종전자산평가액] × 100 = [(200억 원 - 50억 원) / 100억 원] × 100 = 150 % 즉, 50%의 수익이 발생한 것인데 개발하기 전에 100억 원 상당의 토지가 개발사업을 통해 150억 원 상당 가치의 개발이익으로 변한 것이다.

이번에는 기존에 소유하고 있는 토지의 가치가 200억 원이라면 어떨까? 토지가치 200억 원(종전자산평가액 = 감정평가액), 주택공사비용 50억 원, 주택매매가격(종후자산평가액) 200억 원, 개발이익(총수입 - 총비용 = 종후자산평가액 - 총사업비 = 200억 원 - 50억 원 = 150억 원) 150억 원, 수익률은 [개발이익 / 종전자산평가액] × 100 = [(종후자산평가액 - 총사업비) / 종전자산평가액] × 100 = [(200억 원 - 50억 원) / 200억 원] × 100 = 75% 즉, 25%의 손실을 본 것인데 개발하기 전에 200억 원 상당의 토지가 개발사업을 통해 150억 원 상당 가치의 개발이익으로 변한 것이다.

상기에서 보듯이 기존에 가지고 있던 토지의 가치를 알아야 손해여부를 판단할 수 있다.

위의 예에서 甲이 아니라 甲1, 甲2, …, 甲100의 토지소유자가 있어도 동일한 결과를 보일 것이다. 甲 혼자서 100억 원 상당의 토지를 소유하든 甲1, 甲2, …, 甲100의 100명의 토지소유자가 합쳐서 100억 원 상당의 토지를 소유하든 동일 공사비가 소요될 것이고 동일 매매가격으로 주택이 팔릴 것이기 때문이다.

상기 예에서 甲은 자신이 종전에 갖고 있던 100억 원의 토지로 150억 원의 개발이익을 갖게 되었듯이 甲1, 甲2, …, 甲100은 자신들이 종전에 갖고 있던 토지가치의 150%의 개발이익을 갖게 될 것이다. 즉, 50%의 수익이 발생할 것이다.

또한 甲 혼자서 200억 원의 토지를 소유하든 甲1, 甲2, …, 甲100의 100명의 토지소유자가 토지를 소유하든 같은 공사비가 소요될 것이고 같은 매매가격으로 주택이 팔릴 것이기 때문에 甲이 자신이 종전에 갖고 있던 200억 원의 토지로 150억 원이 개발이익을 갖게 되었듯이 甲1, 甲2, …, 甲100은 자신이 종전에 갖고 있던 토지가치의 75%의 개발이익을 갖게 될 것이다. 즉, 25%의 손실을 본 것이다.

나. 정비사업은 토지를 매입해서 하는 사업이 아니라 토지등소유자가 기존에 소유하고 있는 <u>토지를 출자해서 하는 사업</u>이다.

상기 예에서 [(총수입액 - 총사업비) / 종전자산평가액] × 100의 산식을 비례율이라 하는데 비례율은 혼자서 하는 사업이든 여러 명이 하는 사업이든 실질적인 의미에서 수익, 손실 여부를 알려주는 지표로의 역할을 하고 나아가 여러 명이 사업에 참여하는 경우 수입과 비용을 어떻게 <u>분배</u>하고 <u>부담</u>해야 하는지를 알려주는 지표로의 역할을 한다. 그리하여 정비사업에서 각 토지소유자가 갖고 있던 종전자산의 평가액에 비례율을 곱하면 각 토지소유자가 개발을 통해 얻게 되는 금액을 구할 수 있는데 이 가액을 권리가액이라 한다.

사업시행자는 분양 대상물에 대한 분양가를 기준으로 토지소유자로부터 분양대금을 받고 사업시행과정에서 발생한 비용의 부담액을 받는다. 또한 사업시행자는 토지등소유자에게 사업시행과정에서 발생한 수입의 분배액을 내어 주어야 한다. 이를 산식으로 표현하면 다음과 같다.

※ 다음

(새 대지 및 건축물의 분양대금 + 사업시행과정에서 발생한 비용의 부담액)

-

사업시행과정에서 발생한 수입의 분배액

=

새 대지 및 건축물의 분양대금

-

(사업시행과정에서 발생한 수입의 분배액 -사업시행과정에서 발생한 비용의 부담액)

=

새 대지 및 건축물의 분양대금 - 권리가액

= 청산금(분담금)

위 산식에 따른 계산액이 (+)일 때 토지등소유자가 사업시행자에게 납부해야하는 금액을 의미하고, 위 산식에 따른 계산액이 (-)일 때는 사업시행자가 토지등소유자에게 교부해야하는 금액을 의미한다.

다. 정비사업에서 조합원 자신이 소유하는 부동산에 대한 감정평가가 이루어진 후에 많은 불만이 나오는데 전체적인 정비사업에서 봤을 때 사업성이 좋으려면 종전자산 평가액이 높을수록 좋은 것이 아니라 개발이익이 높을수록 좋은 것이다. 위의 예에서 甲1, … 甲100의 토지가치가 100억 원이 아니라 200억 원으로 평가되었다 하더라도 시장에서 결정되는 공사비와 분양가가 변함이 없는 한 오히려 실질적인 손실을 볼 수 있다는 점을 잘 알 수 있다. 또한 모든 조합원을 대상으로 하는 종전자산 평가액의 변경은 조합원의 권리가액에 영향을 주지 않으므로 재감정해야 조합원에 돌아가는 이익은 없다는 점도 확인한 바 있다.

개발이익(총수입액 - 총사업비 = 종후자산평가액 - 총사업비)을 극대화하기 위해서는 종후자산평가액을 높이거나 정비사업비를 줄이는 것이다. 종후자산평가액을 높이기 위해서는 팔 수 있는 물건의 수를 늘리거나(용적률을 높이거나) 일반분양가를 높이거나 조합원분양가를 높이거나 또는 상가분양을 비싸게 하는 방법 등이 있다. 위의 개발이익은 사업환경, 부동산시장상황에 따라 계속 변화하는 것이다. (따라서 정확한 비례율은 사업이 다 종료된 후에야 알 수 있는 것이다)

나아가 총수입에서 총사업비를 차감할 때 그 값이 마이너스 (-)일 경우에는 그 사업을 해서는 안 되는 사업임에는 틀림이 없으나 비례율이 1 미만 또는 100% 미만이더라도 열악한 정비기반시설 또는 노후·불량건축물은 시간이 갈수록 가치가 하락하게 된다는 점을 생각하면 전혀 불가능한 사업이라고 단정 지을 수는 없다.

Ⅱ 수입과 사업비항목

    총수입은 신축주택과 상가 등의 분양수입금 등을 말하며, 수입금은 추산액으로 이 추산액이 변하지 않는다는 가정하에 사업계획을 수립하게 된다.

    총사업비도 해당 사업에 수반될 것으로 예측되는 모든 비용을 말한다 .

    총수입에서 총사업비를 뺀 금액은 개발이익금이며 사업청산 시점에서야 확정적 개발이익이 계산된다.

1. 수입항목

가. 주택분양수입금: 조합원분양수입금, 일반분양수입금, 임대아파트 매각대금 등

나. 부대시설·복리시설 분양수입금: 상가분양수입금, 유치원분양수입금 등

다. 보류지등 매각대금

라. 기부채납 관련

    사업시행자가 사업시행자의 비용으로 새로 설치한 정비기반시설은 국가 또는 지방자치단체에 무상으로 귀속되나, 그 설치비용에 상당하는 범위에서 정비사업시행으로 국가 또는 지방자치단체 소유의 용도가 폐지되는 정비기반시설은 사업시행자에게 무상으로 양도된다. 이 경우 사업시행자는 용도가 폐지되는 종래의 정비기반시설의 가액에

서 새로이 설치한 정비기반시설의 설치비용을 제한 금액에 대하여 국가 또는 지방자치단체와 정산하여야 한다.

따라서 사업시행자 입장에서의 회계처리는 새로 설치한 정비기반시설 설치에 들어가는 비용의 발생, 사업시행자에게 무상으로 귀속되는 국가 또는 지방자치단체 소유의 용도가 폐지되는 정비기반시설의 가액에 해당하는 금액의 수입과 용도가 폐지되는 종래의 정비기반시설의 가액에서 새로이 설치한 정비기반시설의 설치 비용을 제한 금액이 +일 경우 비용, -일 경우 수입이 발생한다.

마. 시장·군수등의 부담금

시장·군수등은 소규모주택정비사업의 시행으로 사업시행자가 부담하는 도로, 주민공동이용시설 등 일정한 시설에 대하여는 그 건설에 드는 비용의 전부 또는 일부를 부담할 수 있다. 이때 그 금액은 조합의 수입이 된다.

바. 공동구점용자의 공동구 설치비부담금

정비사업을 시행하는 지역에 전기·가스 등의 공급시설을 설치하기 위하여 공동구를 설치하는 경우에는 다른 법령에 따라 그 공동구에 수용될 시설을 설치할 의무가 있는 자에게 공동구의 설치에 드는 비용을 부담시킬 수 있다. 이 때 그 금액은 조합의 수입이 된다.

사. 보조금

시·도지사, 시장·군수 또는 자치구의 구청장이 정비사업에 드는 비용의 일부를 보조한 경우 그 금액은 조합의 수입이 된다.

2. 사업비 항목

어느 소규모재개발사업 현장의 예를 든다. (철거비, 신축공사비, 그 밖의 비용의 분류는 시장·군수등이 사용하는 동의서의 기재 내용에 따르기 위해서임)

가. 철거비

: 556,843천원 (철거비는 시공사와의 시공계약시 포함된다)

- 철거되는 건축물의 연면적 4,602.01㎡(1,3912.1평)
  - 174 - 13, 14   2,374.86㎡
  - 174 - 9   621.12㎡
  - 174 - 10   723.65㎡
  - 174 - 64   106.35㎡
  - 174 - 65   110.87㎡
  - 174 - 99   665.16㎡
- 산정기준: 1,392.1평 × @400천 원 = 556,843천 원
- 직접공사비, 폐기물처리비, 차단막설치비, 민원 등(석면처리 비용은 반영되지 않았음)

나. 신축비

: 31,008,955,916원(부가세 제외)

- 산정기준: '2023.3.1. 국토교통부 고시 제2023-109호 분양가상한제 적용주택의 기본형건축비 및 가산비용'을 기준으로 한다. 여기서는 이중 '주거전용면적 50㎡ 초과 60㎡ 이하'의 건축비를 기준으로 한다.

- 지상

주거전용면적 50㎡ 초과 60㎡ 이하	주택공급면적기준	건축비(천 원/㎡)(부가가치세 포함)
5층 이하	3065.097 : 476.929㎡ + (647.042 × 4)	3065.097 × 2,002천 원/㎡ = 6,136,324,194원
6~10층 이하	3235.210 : (647.042 × 5)	3235.21 × 2,142천 원/㎡ = 6,929,819,820원
11~15층 이하	3235.210 : (647.042 × 5)	3235.210 × 2,010천 원/㎡ = 6,502,772,100원
16~19층 이하	1014.044 : 647.042 + (122.334 × 3)	1014.044 × 2,032천 원/㎡ = 2,060,537,408원
소계		21,629,453,522원(6,777,754원 / 평), 부가세면세시 **19,663,139,565원(6,161,594원 / 평)**

- 지하

용도		면적	사업비(부가가치세 포함)
지하 2층	지하주차장 외	3231.171	건축비 933천 원/㎡ × 3231.171 = 3,014,682,543원 토목비330만원/평 × 3231.171 × 0.3025 = 3,225,516,450원
지하 1층	지하주차장 외	3231.171	건축비 933천원/㎡ × 3231.171 = 3,014,682,543원 토목비330만원/평 × 3231.171 × 0.3025 = 3,225,516,450원
소계			12,480,397,986원(6,384,298원/평), 부가세면세시 **11,345,816,351원(5,803,907원/평)**

- 합계: 31,008,955,916원(부가세 제외)

다. 그 밖의 사업비

: 7,232,119천원 (아래 표 참조)

※ 아래

(단위 : 천원)

구 분		금액(천원)	산 정 내 역	비고	비율
종전자산 보상비	매입비	×		전체 토지등 소유자 설립 동의, 수분양을 전제함.	0.00%
	공과금 (취.등록세 등)	×	매입액 × 4.6%, 취득관련 제세공과금 및 수수료		
	공과금 (취.등록세 등)	×			
	매입용역비	×	일식		
	소계	×			0.00%
간접공사비	설계비	595,752	연면적 17011.903㎡(5415.9307평) × 110천 원/평		
	감리비	595,752	연면적 17011.903㎡(5415.9307평) × 110천 원/평		
	기타 용역비	300,000	지구단위 ,교평, 환평, 소방, 친환경, 측량, 지질조사, 인허가 등	일식	
	각종 인입비	216,637	연면적 17011.903㎡(5415.9307평) × 40천 원/평		
	예술장식품비	23,810	연면적(주차장 등 면적 제외) 10549.561 × 국토부 표준건축비 2,257천 원/㎡ × 1/1,000	문화예술 진흥법, 영, 조례	
	소계	1,731,951			

분양비용 등	M/H 부지 임차료				
	M/H 공사비				
	온라인 M/H 구축·운영비	60,000	온라인 M/H 구축·운영비		
	분양수수료 (아파트)	670,000	67세대[(126세대 - 59세대) × 10,000천 원		
	분양수수료 (상가)	51,455	근생매출액 1,715,175천 원 × 3%		
	광고홍보비	276,856	매출액 55,371,255천 원 × 0.5%		
	분양보증 수수료	131,457	중도금(공동주택분양대금 53,656,080천 원의 50%)의 70% × 보증요율(0.35%) × 2년(보증일/365)		
	소계	1,189,768			
기타 사업비	조합운영비	660,000	10,000천 원 × 66개월 (소송비, 감정평가비, 세무기장·회계 감사비 포함)		
	정비사업관리 용역비	541,593	연면적 17011.903㎡(5415.9307평) × 100천 원/평		
	민원처리비 (인허가, 민원)	155,045	공사비 31,008,955천 원 × 0.5%		
	기타 우발적 지출비	310,090	공사비 31,008,955천 원 × 1%		
	입주관리비	37,800	126세대 × 300천 원		
	소계	1,704,528			

제반 분담금	광역교통 부담금	×	[연면적(종전 건축물 연면적, 지하층, 부대·복리시설, 주민공동시설, 임대주택 연면적 제외) × 표준건축비 × 4/100] - 공제액	대도시권 광역교통 관리에 관한 특별법, 영	
	기반시설 분담금	×	일식	국토의계획 및 이용에 관한 법률	
	상하수도 분담금	126,000	126세대 × 1,000천 원, 일식	수도법령, 하수도법령	
	가스분담금	63,000	126세대 × 500천 원, 일식	도시가스 사업법령	
	학교용지 부담금	100,000	세대별 공동주택 분양가격 (세대수 증가분, 임대주택분양분 제외) × 8/1,000, 일식	학교용지 확보 등에 관한 특례법	
	개발부담금	×	[종료시점지가 - (개시시점지가 + 부과기간의 정상지가상승분 + 개발비용)] × 20/100	개발이익 환수에 관한 법률	
	재건축부담금	×	[종료시점주택가액 - (개시시점주택 가액 + 부과기간의 정상주택가격상승분 + 개발비용) - 30,000천 원] × 부과율	재건축초과 이익 환수에 관한 법률	
	소계	289,000			
제세 공과금	소유권보존 등기비 등	825,000	건축비용 33,000,000천 원 (철거, 설계, 감리, 관리, 직접시공비) × 2.5%	지방세법	
	종합토지세 등	133,773	2023년도 공시지가 약 1,700천 원/㎡ × 토지면적 3,934.5㎡ × 0.5% × 4년	지방세법, 종합부동산 세법	
	소계	958,773			

금융비용 등	신탁수수료	276,856	매출액 55,371,255천 원 × 0.5%	관리신탁 기준	
	종전자산 보상비 대출이자	×	×	전체 토지등 소유자 설립 동의, 수분양을 전제함.	
	이주비 대출이자	×	×	이주비 대출액 세대당 50,000천 원, 60세대 기준 3,000,000천 원이나 대출이자는 조합원 개인이 부담함을 전제함.	
	공사비 대출이자	1,033,218	시공비 31,008,956천 원의 70% × 한도소진율 40% × 7.0% × 1.7년		
	근생 중도금 (무이자)	48,025	상가 매출액 1,715,175천 원의 40% × 7.0% × 1년		
	소계	1,358,099			
	합계	7,232,119			

7장

소규모주택
정비
관리지역,
관리계획

1. 총설

소규모주택정비 관리지역이란 노후·불량건축물에 해당하는 단독주택 및 공동주택과 신축 건축물이 혼재하여 광역적 개발이 곤란한 지역에서 정비기반시설과 공동이용시설의 확충을 통하여 소규모주택정비사업을 계획적·효율적으로 추진하기 위하여 소규모주택정비 관리계획이 승인·고시된 지역을 말한다.(소규모주택정비법 제2조제1항제9호)

소규모주택정비법이 제정되면서 기존의 도시정비법상의 대규모 정비사업보다 신속하고 간편하게 사업을 시행할 수 있게 되어 사업시행의 붐을 일으키게 되었다. 그럼에도 노후·불량건축물과 신축 건축물이 혼재하는 지역에서는 사업에 필요한 노후불량건축물의 수를 채우지 못하여 지역 전체로서는 정비가 필요함에도 정비사업을 할 수 없었다. 이러한 문제점은 2021.7.20. 소규모주택정비 관리지역, 관리계획제도가 신설되고 2023.4.18. 개정을 거쳐 해소되었다.

2021.7.20. 소규모주택정비 관리지역, 관리계획제도가 신설되면서 노후·불량건축물과 신축 건축물이 혼재되어 있는 지역의 정비를 위하여 종전의 개별 소규모주택정비사업 시행요건 중 노후·불량건축물의 수 3분의 2 이상 요건을 조례로 100분의 15, 100분의 25 범위 내에서 줄일 수 있도록 하였고 이와 함께 해당 용도지역의 종상향을 할 수 있도록 하여 신축 건축물 소유자들의 참여도 쉽게 될 수 있어 혼재지역에서의 사업을 할 수 있는 토대는 마련되었다. 그렇지만 2023.4.18. 개정 전에는 시장·군수등이 소규모주택정비 관리계획을 수립하여 시·도지사에게 승인을 신청하거나 토지주택공사등이 시장·군수등에게 관리계획의 수립을 제안하여 하는 경우만을 두고 있어 관리지역, 관리계획제도가 제대로 작동되지 않은 면이 있었다. 이 점을 2023.4.18. 개정에 의해 토지등소유자도 시장·군수등에게 관리계획의 수립을 제안할 수 있도록 하여 해결하고 있다.

소규모주택정비 관리지역, 관리계획제도가 제대로 자리 잡기를 바라나 소규모주택정비사업을 하고자 하는 토지등소유자가 관리계획수립제안에 수반되는 금전적인 문제를 해결할 수 있을는지 의구심이 든다. 2023.4.18. 개정된 내용은 2023.10.19.부터 시행되고 제안절차에 관한 내용이 대통령령, 국토교통부령 등으로 보완될 예정이다. 토지등소유자 제안절차를 입법화한 마당에 실질적으로 관리지역, 관리계획제도가 활성화될 수 있도록 돈 없는 토지등소유자를 배려하는 내용이 정해지기 기대한다.

2. 소규모주택정비 관리계획 수립대상 지역

다음의 가. 나. 다. 어느 하나에 해당하는 경우로서 대통령령으로 정하는 요건을 갖춘 지역에 대하여 관리계획을 수립한다.(소규모주택정비법 제43조의2)

가. 노후·불량건축물에 해당하는 단독주택 및 공동주택과 신축 건축물이 혼재하여 광역적 개발이 곤란한 지역에서 노후·불량건축물을 대상으로 소규모주택정비사업이 필요한 경우

나. 빈집밀집구역으로서 안전사고나 범죄발생의 우려가 높아 신속히 소규모주택정비사업을 추진할 필요가 있는 경우

다. 재해 등이 발생할 경우 위해의 우려가 있어 신속히 소규모주택정비사업을 추진할 필요가 있는 경우

대통령령으로 정하는 요건을 갖춘 지역이란 다음의 가. 나. 다. 요건을 모두 갖춘 지역을 말한다.(소규모주택정비법 시행령 제38조의2)
가. 대상 지역의 면적이 10만제곱미터 미만일 것
나. 다음 ①②③④의 어느 하나에 해당할 것
　① 노후·불량건축물 수가 해당 지역의 전체 건축물 수의 2분의 1 이상일 것

② 「건축법」에 따른 지하층의 전부 또는 일부를 주거용도로 사용하는 건축물의 수가 해당 지역의 전체 건축물 수의 2분의 1 이상일 것

③ 「국토의 계획 및 이용에 관한 법률」 제37조제1항제4호에 따른 방재지구가 해당 지역의 전체 면적의 2분의 1 이상일 것

④ 상습적으로 침수되거나 침수가 우려되는 지역으로서 시장·군수등이 해당 지역의 재해 예방이 필요하다고 인정하는 경우일 것

다. 다음 ①②③④에 따른 구역·지구에 해당하지 않을 것

① 「도시 및 주거환경정비법」 제2조제1호의 정비구역과 같은 법 제5조제9호의 정비구역으로 지정할 예정인 구역. 다만, 같은 법 제23조제1항제1호에 해당하는 방법(공공시행자가 정비구역에서 정비기반시설 및 공동이용시설을 새로 설치하거나 확대하고 토지등소유자가 스스로 주택을 보전·정비하거나 개량하는 방법 - 재정사업 및 자율적 보전·정비사업)으로 시행하는 주거환경개선사업의 정비구역과 정비구역으로 지정할 예정인 구역은 제외한다.

② 「도시재정비 촉진을 위한 특별법」 제2조제1호의 재정비촉진지구. 다만, 같은 법 제2조제6호의 존치지역은 제외한다.

③ 「도시개발법」 제2조제1항제1호의 도시개발구역

④ 그 밖에 광역적 개발이 필요한 구역·지구로서 시·도조례(인천광역시의 경우 해당 사항을 정하는 조례가 없음)로 정하는 구역·지구

3. 소규모주택정비 관리계획 수립 절차(소규모주택정비법 제43조의2)

가. 시장·군수등은 소규모주택정비 관리계획을 수립(변경수립을 포함한다)하여 시·도지사에게 승인을 신청할 수 있다.
이 경우 주민(이해관계자를 포함한다) 또는 토지주택공사등은 국토교통부령으로 정하는 바에 따라 시장·군수등에게 관리계획의 수립을 제안할 수 있다.

소규모주택정비 관리계획의 수립을 제안하는 경우에는 다음 ①②③④⑤의 사항을 포함해야 한다.(소규모주택정비법 시행규칙 제10조의2)

① 관리계획의 수립 필요성

② 소규모주택정비 관리지역의 규모와 정비방향

③ 소규모주택정비 관리계획 수립대상 지역에 해당함을 증명하는 내용(법 제43조의2제1항 각 호의 어느 하나에 해당하는 경우로서 영 제38조의2 각 호의 요건을 모두 갖추었음을 증명하는 내용)

④ 소규모주택정비사업에 대한 추진계획

⑤ 그 밖에 시·도조례로 정하는 사항

나. 시·도지사의 절차

시장·군수등은 관리계획을 수립하려는 경우에는 14일 이상 주민에게 공람하여 의견을 들어야 하며, 제시된 의견이 타당하다고 인정되면 이를 관리계획에 반영하여야 한다. 다만, 대통령령으로 정하는 경미한 사항을 변경하는 경우에는 주민 공람을 거치지 아니할 수 있다.

시·도지사가 관리계획을 승인하려면 지방도시계획위원회의 심의 또는 「도시재생활성화 및 지원에 관한 특별법」에 따른 지방도시재생위원회의 심의(통합심의를 포함한다)를 거쳐야 한다. 다만, 대통령령으로 정하는 경미한 사항을 변경하는 경우에는 심의를 거치지 아니할 수 있다.

시·도지사는 관리계획을 승인한 경우에는 지체 없이 해당 지방자치단체의 공보에 고시하여야 하며, 이를 국토교통부장관에게 보고하여야 한다.

4. 소규모주택정비 관리계획의 내용(소규모주택정비법 제43조의3)

관리계획에는 관리지역의 규모와 정비방향, 토지이용계획·정비기반시설·공동이용시설 설치계획 및 교통계획, 소규모주택정비사업에 대한 추진계획, 건폐율·용적률 등 건축물의 밀도계획이 포함되어야 한다.

위의 내용 외에 필요한 경우 다음 가. 나. 다. 라. 사항이 포함되어야 한다.

가. 관리지역 내의 일정 지역에 대한 용도지구·용도지역의 지정 및 변경이 필요한 경우 그에 관한 계획

나. 관리지역 내의 일정 지역의 용도지역이 변경되어 소규모주택정비법 제43조의5에 따라 의무적으로 임대주택을 일정 비율 이상 건설하여야 하는 경우 또는 사업시행자가 소규모주택정비사업을 하면서 소규모주택정비법 제49조제1항에 따라 초과용적률을 받아 의무적으로 공공임대주택 또는 공공지원 민간임대주택을 일정 비율 이상 건설하여야 하는 경우 임대주택의 공급 및 인수 계획

다. 「건축법」 제69조에 따른 특별건축구역 및 같은 법 제77조의2에 따른 특별가로구역에 관한 계획

라. 그 밖에 대통령령으로 정하는 사항
대통령령으로 정하는 사항이란 다음 (1)(2)(3)의 사항을 말한다.(소규모주택정비법 시행령 제38조의4)

(1) 시장·군수등이나 토지주택공사등이 시행하는 「공공주택 특별법」 제2조제3호의 공공주택사업 시행계획, 「도시재생 활성화 및 지원에 관한 특별법」 제2조제1항제7호의 도시재생사업 시행계획

(2) 정비기반시설·공동이용시설의 설치를 위한 재원조달에 관한 사항

(3) 그 밖에 소규모주택정비사업 시행에 필요한 사항으로서 시·도조례(인천광역시의 경우 해당 사항을 정하는 조례없음)로 정하는 사항

5. 소규모주택정비 관리계획 및 관리지역 승인·고시의 효력, 효과

가. 관리계획과 지구단위계획의 관계

관리계획의 수립에 대한 승인·고시가 있은 경우 해당 관리지역 및 관리계획 중「국토의 계획 및 이용에 관한 법률」상 지구단위계획 내용에 포함될 어느 하나에 해당하는 사항은 같은 법에 따라 지구단위계획구역 및 지구단위계획으로 결정·고시된 것으로 본다.(소규모주택정비법 제43조의4제1항)

나. 종변경, 용적률의 상향

(1) 관리계획에 용도지구·용도지역의 지정 및 변경에 관한 계획이 포함된 경우 관리지역은 관리계획이 고시된 날부터 「국토의 계획 및 이용에 관한 법률」에 따라 주거지역을 세분하여 정하는 지역 중 종전 용도지역이 제1종일반주거지역인 경우 제2종일반주거지역, 종전 용도지역이 제2종일반주거지역인 경우 제3종일반주거지역으로 결정·고시된 것으로 본다. (소규모주택정비법 제43조의4제2항, 동법 시행령 제38조의 5)

(2) 관리지역에서 소규모주택정비사업의 시행으로 건축물 또는 대지의 일부에 공동이용시설을 설치하는 경우 제48조제2항에도 불구하고 「국토의 계획 및 이용에 관한 법률」 제78조에 따라 해당 지역에 적용되는 용적률에 공동이용시설의 용적률을 더한 범위에서 용적률을 정할 수 있다.(소규모주택정비법 제43조의4제3항)

다. 관리지역 내에서 시행하는 개별 소규모주택정비사업에 관한 특칙

(1) 소규모재개발사업을 하는 경우의 특칙

- '노후·불량건축물의 수' 요건에 관한 특칙

소규모재개발사업의 대상지역은 노후·불량건축물의 밀집 등 대통령령으로 정하는 요건에 해당하는 역세권 또는 준공업지역이다.(소규모주택정비법 제2조제1항제3호, 동법 시행령 제3조제1항제4호)

이 경우 노후·불량건축물의 수가 해당 사업시행구역의 전체 건축물 수의 3분의2 이상일 것을 요하나 다만, 지역 여건 등을 고려해 100분의 25 범위에서 시·도 조례로 정하는 비율로 증감할 수 있다.[소규모주택정비법 제2조제1항제3호, 동법 시행령 제3조제1항제4호가목2)]

(법문에서 직접 소규모주택정비 관리지역의 경우에는 100분의 25 범위에서 시·도조례로 정하는 비율로 증감할 수 있다는 문언을 두고 있지 않지만, 여기의 지역여건 등에 소규모주택정비 관리지역 고시가 된 경우를 생각해 볼 수 있다)

(2) 가로주택정비사업을 시행하는 경우의 특칙

- '도로 및 시설로 둘러싸인 일단의 지역' 요건에 대한 특칙

해당 가로구역은 국토교통부령으로 정하는 도로 및 시설(소규모주택정비법 시행규칙 제2조제3항)로 둘러싸인 지역이어야 하지만 소규모주택정비법 제43조의2에 따라 소규모주택정비관리계획이 승인·고시된 지역인 경우는 제외한다.(소규모주택정비법 제2조제1항제3호, 동법 시행령 제3조제2항제1호)

- '면적' 요건에 대한 특칙

해당 가로구역의 면적은 1만제곱미터 미만으로 하고 있지만 소규모주택정비법 제43조의2에 따라 소규모주택정비관리계획이 승인·고시된 지역인 경우 2만제곱미터 미만으로 할 수 있다.

소규모주택정비 관리지역으로서 다음의 ①②의 요건을 모두 갖춘 경우에는 4만 제곱미터 미만으로 할 수 있다.(소규모주택정비법 시행령 제3조제1항제2호가목단서)

① 특별자치시장·특별자치도지사·시장·군수 또는 자치구의 구청장 또는 토지주택공사등이 소규모주택정비법 제17조제3항 또는 제18조제1항에 따라 공동 또는 단독으로 사업을 시행할 것

② 가로주택정비사업으로 건설하는 건축물의 전체 연면적 대비 공공임대주택 연면적의 비율 또는 건설하는 주택의 전체 세대수 대비 공공임대주택 세대수의 비율이 10퍼센트 이상일 것

- '통과도로' 요건에 대한 특칙

가로구역이 되기 위해서는 폭이 4미터를 초과하는 도로가 해당 가로구역을 통과하지 않을 것을 요하나 소규모주택정비관리계획이 승인·고시된 지역으로서 사업시행구역의 면적이 1만제곱미터 이상 4만제곱미터 미만인 지역의 경우에는 6미터를 초과하는 도로가 해당 가로구역을 통과하지 않을 것을 요한다.(소규모주택정비법 시행령 제3조제2항제3호, 신설 2023.10.18.)

- '노후·불량건축물의 수' 요건에 대한 특칙

노후·불량건축물의 수가 해당 사업시행구역 전체 건축물 수의 3분의 2 이상일 것을 요하나 소규모주택정비 관리지역의 경우에는 100분의 15 범위에서 시·도조례로 정하는 비율로 증감할 수 있다.(소규모주택정비법 시행령 제3조제1항2호나목)

(3) 자율주택정비사업을 하는 경우의 특칙

- '노후·불량건축물의 수' 요건에 대한 특칙

자율주택정비사업은 노후·불량건축물의 밀집 등 대통령령으로 정하는 요건에 해당하는 지역에서 단독주택, 다세대주택 및 연립주택을 스스로 개량 또는 건설

하기 위한 사업을 말한다.(소규모주택정비법 제2조제1항제3호, 동법 시행령 제3조제1항제1호)

이 경우 노후·불량건축물의 수가 해당 사업시행구역의 전체 건축물 수의 3분의 2 이상일 것을 요하나 <u>소규모주택정비 관리지역의 경우에는 100분의 15 범위에서 시·도조례로 정하는 비율로 증감할 수 있다.</u>(소규모주택정비법 제2조제1항제3호, 동법 시행령 제3조제1항제1호가목)

- 주민합의체 구성요건에 대한 특칙

토지등소유자가 자율주택정비사업을 시행하는 경우 토지등소유자 전원의 합의를 거쳐 주민합의체를 구성하여야 하나(소규모주택정비법 제22조제1항), <u>관리지역에서 시행하는 자율주택정비사업의 경우에는 토지등소유자의 10분의 8 이상 및 토지면적의 3분의 2 이상의 토지소유자 동의를 받아 주민합의체를 구성할 수 있다.</u>(소규모주택정비법 제22조제3항)

(4) 통합시행(소규모주택정비법 제48조제5항, 제6항)

<u>사업시행자는 소규모주택정비사업 관리지역에서 소규모주택정비사업을 시행하는 경우 대통령령으로 정하는 바에 따라 서로 연접한 사업시행구역을 하나의 사업시행구역으로 통합하여 시행할 수 있다.</u>

소규모주택정비 관리지역에서 서로 연접한 사업시행구역을 하나의 사업시행구역으로 통합하여 소규모주택정비사업을 시행하려는 경우에는 다음 ①②의 요건을 <u>모두</u> 갖추어야 한다.(소규모주택정비법 시행령 제40조의2제1항)

① 연접한 사업시행구역 각각에 대하여 법 제29조에 따른 사업시행계획인가를 신청하기 전일 것

② 통합하여 시행하려는 하나의 사업시행구역이 소규모주택정비법 시행령 제3조제1항 각 호의 구분에 따른 요건(소규모주택정비사업 대상지역 요건)을 모두 갖출 것

통합하여 소규모주택정비사업을 시행하는 경우 서로 연접하는 사업시행구역의 토지등소유자는 주민합의체, 법 제23조에 따른 조합, 법 제25조제2항에 따른 주민대표회의 또는 같은 조 제3항에 따른 토지등소유자 전체회의(이하 "주민합의체등"이라 한다)를 통합하여 구성하거나 설립해야 한다. 이 경우 종전의 주민합의체의 대표자 또는 조합은 시장·군수등에게 법 제22조제9항에 따른 해산신고 또는 법 제23조의2제1항에 따른 조합의 해산 요청을 해야 하며, 종전의 주민대표회의 및 토지등소유자 전체회의는 해산해야 한다.

주민합의체등(법 제25조제3항에 따른 토지등소유자 전체회의는 제외한다)을 통합하여 구성하거나 설립하기 위해 토지등소유자의 동의를 받으려는 경우에는 미리 통합 시행의 필요성, 통합 시행 사업의 개요, 통합 시행 전까지 소요된 비용, 그 밖에 시·도조례로 정하는 사항을 토지등소유자에게 설명·고지해야 한다.

(서로 연접한 사업시행구역을 하나의 사업시행구역으로 통합하여 시행하는 방법과 절차 등에 관한 세부사항은 시·도조례로 정한다)

서로 연접한 사업시행구역을 하나의 사업시행구역으로 통합하여 시행하는 경우 공공임대주택 또는 공공지원민간임대주택을 임대주택 비율(건축물의 전체 연면적 대비 임대주택 연면적의 비율 또는 전체 세대수 대비 임대주택 세대수의 비율)이 100분의 20 미만의 범위에서 시·도조례로 정하는 비율(서울특별시의 경우 100분의 10) 이상이 되도록 공급하여야 한다.

이 경우 소규모주택정비법 제49조제1항에 따른 공공임대주택의 임대주택 비율을 해당 사업시행구역마다 적용하지 아니하고 전체 사업시행구역의 전부 또는 일부를 대상으로 통합하여 적용할 수 있다.

(5) 분양받을 권리의 산정기준일

관리지역에서 소규모주택정비사업의 시행으로 건축물을 분양하는 경우 다음의 어느 하나에 해당하는 경우에는 관리계획의 승인·고시가 있은 날 또는 시·도지사가 투기를 억제하기 위하여 관리계획승인·고시 전에 따로 정하는 날의 다음 날을 기준으로 건축물을 분양받을 권리를 산정한다.(소규모주택정비법 43조의4제4항, 제28조의 2 소규모재발사업을 하는 경우의 분양받을 권리의 산정 기준일, 준용)

(1) 1필지의 토지가 여러 개의 필지로 분할되는 경우

(2) 단독주택 또는 다가구주택이 다세대주택으로 전환되는 경우

(3) 하나의 대지 범위에 속하는 동일인 소유의 토지 및 주택 등 건축물을 토지 및 주택 등 건축물로 각각 분리하여 소유하는 경우

(4) 나대지에 건축물을 새로 건축하거나 기존 건축물을 철거하고 다세대주택, 그밖의 공동주택을 건축하여 토지등소유자의 수가 증가하는 경우

6. 관리지역에서의 임대주택의 공급 및 인수(소규모주택정비법 제43조의5)

사업시행자(주민합의체 또는 조합)는 관리지역에서 소규모주택정비사업의 시행으로 용도지역이 변경된 경우 변경된 용도지역에서의 용적률에서 종전의 용도지역에서의 시·군조례로 정한 용적률을 뺀 용적률의 100분의 50 이하로서 시·도조례(인천광역시 빈집 및 소규모주택정비에 관한 조례 제22조의2제1항 100분의 50)로 정하는 비율에 해당하는 면적에 임대주택을 건설하여 시·도지사, 시장·군수등 또는 토지주택공사등에 공급하여야 한다.

(이 경우 사업시행자는 건축설계가 확정되기 전에 미리 주택에 관한 사항을 시·도지사, 시장·군수등 또는 토지주택공사등과 협의한 후 이를 사업시행계획서에 반영하여야 한다)

(시·도지사, 시장·군수등 또는 토지주택공사등에 공급되는 임대주택의 공급가격은 「공공주택

특별법」 제50조의4에 따라 국토교통부장관이 고시하는 <u>공공건설임대주택의 표준건축비</u>로 하며, 부속토지는 시·도지사, 시장·군수등 또는 토지주택공사등에게 기부채납한 것으로 본다)

위에도 불구하고 <u>시장·군수등 또는 토지주택공사등이</u> 관리지역에서 가로주택정비사업, 소규모재건축사업 또는 소규모재개발사업을 시행하는 주민합의체 또는 조합과 <u>공동으로 사업시행자가 되는 경우</u> 또는 가로주택정비사업, 소규모재건축사업 또는 소규모재개발사업의 <u>공공시행자로</u> 단독으로 소규모주택정비사업을 시행하는 경우 변경된 용도지역에서의 용적률에서 종전의 용도지역의 용적률을 뺀 용적률의 100분의 15 이상 100분의 30 이하의 범위에서 시·도조례(인천광역시 빈집 및 소규모주택정비에 관한 조례 제22조의2제2항 <u>100분의 30)로</u> 정하는 비율 이상이 되도록 임대주택을 건설하여야 한다.

7. 소규모주택정비 관리지역의 해제 등(소규모주택정비법 제43조의 6)

시·도지사는 다음 가. 나. 다.의 어느 하나에 해당하는 경우에는 지방도시계획위원회의 심의 또는 「도시재생 활성화 및 지원에 관한 특별법」 제8조에 따른 지방도시재생위원회의 심의를 거쳐 관리지역을 해제할 수 있다.

가. 소규모주택정비사업의 추진상황으로 보아 <u>관리계획의 수립 목적을 달성하였다고</u> 인정하는 경우
나. 관리계획을 고시한 날부터 3년 이내에 소규모주택정비법 제18조 또는 제19조에 따른 사업시행자의 지정, 제22조에 따른 주민합의체 구성의 신고 또는 제23조에 따른 조합설립인가의 신청이 없는 경우 등 <u>관리계획의 수립 목적을 달성할 수 없다고</u> 인정하는 경우
다. 시장·군수등이 위 가. 나.에 해당한다고 판단하여 관리지역의 해제를 요청한 경우

관리지역을 해제하려는 시·도지사는 위 지방도시계획위원회 등의 심의 전에 14일 이상 지역 주민에게 공람하여 의견을 수렴하여야 한다.

시·도지사는 관리지역을 해제한 경우에는 지체 없이 해당 지방자치단체의 공보에 고시하여야 하며, 이를 국토교통부장관에게 보고하여야 한다.

관리지역이 해제된 경우 관리계획 결정의 효력은 상실된 것으로 본다.

관리지역을 해제하는 경우 주민합의체 구성, 조합의 설립 또는 사업시행자 지정에 동의한 토지등소유자의 과반수가 해당 소규모주택정비사업을 계속 시행하기를 원하는 사업시행구역에서는 종전의 지정·인가·허가·승인·신고·등록·협의·동의·심사 등이 유효한 것으로 본다. 이 경우 시장·군수등 또는 사업시행자는 종전의 인가등을 변경하여야 한다.

2편

소규모주택정비사업의
큰 흐름

1장

사업의
준비

※ 정비사업의 시행은 주민합의체, 조합, 공공사업시행자, 지정개발자가 단독 또는 공동으로 한다. 여기서는 <u>조합이 사업시행자인 사업</u>을 전제하여 설명한다. 사업준비 과정의 본질적인 내용은 대동소이하다.

1. 사업준비의 과정

구분	내용
정비사업을 하고자 하는 의지의 확인	• 정비사업을 하는 데에는 돈이 필요하고 내 돈이 들어가야 한다는 인식이 필요함, 시공자, 정비사업전문관리업자로부터 돈을 빌리는 것이 먼저라는 의식의 배제 • '염불보다 잿밥'에 관심 갖는 자의 배제
사업대상지역 요건의 확인과 사업시행방식의 확정	• 토지조서 작성- 면적확정 등, 특이한 권리관계의 조사 • 노후·불량건축물의 수 확인 • 소규모재개발사업, 가로주택정비사업, 소규모재건축사업 간의 선택 (자율주택정비사업은 조합, 공공사업시행자, 지정개발자가 사업시행자가 되는 경우는 없음)
건축설계	• 기획설계, 개념설계 • 사업대상지역 및 선택된 사업시행방식에 따른 건축법상의 건축규제 반영 • 사업시행계획서 작성의 기초
사업시행계획서의 작성	• 총수입액, 총사업비, 이익, 종전자산의 가액, 조합이익의 각 조합원에게의 배분액(권리가액), 개별 조합원의 분양평형 별 분담금액(위 금액은 전부 추정액임) • 종전자산의 가액은 국토교통부 고시 공동주택등 가격의 1.5배에서 1.8배 기준으로 작성하거나 실 감정평가를 하여 결정함
정관의 작성	• 표준 정관을 기초로 사업현장 별 특수성을 반영하고 소규모주택정비법의 개정사항을 반영해야 함.
조합임원진 선임에 관한 사항	• 조합의 대표자(조합장) 및 이사, 감사는 조합원총회에서 조합 정관에 따라 선출된 자로 한다. • 임원은 조합원으로서 사업시행구역에 위치한 건축물 또는 토지를 소유한 자[하나의 건축물 또는 토지의 소유권을 다른 사람과 공유한 경우에는 가장 많은 지분을 소유한 경우로 한정한다] 중 일정한 거주기간 또는 소유기간 요건을 갖춘 자로 한다.

신축 건축물의 소유권 귀속에 관한 사항	• 개별 정비사업의 특성에 맞게 정한다. 다만, 신축 건축물의 배정은 토지소 유자의 의사가 최대한 반영되도록 하되, 같은 면적의 주택 분양에 경합이 있는 경우에는 종전 토지 및 건축물의 가격 등을 고려하여 우선순위를 정 하거나 추첨에 따르는 등 구체적인 배정방법을 정하여 향후 관리처분계획 을 수립할 때 분양면적별 배분의 기준이 되도록 한다.
정비사업비 부담에 관한 사항	1) 조합정관에 따라 경비를 부과·징수하고, 관리처분 시 임시청산하며, 조합 청산 시 청산금을 최종 확정한다. 2) 조합원 소유 자산의 가치를 조합 정관에서 정하는 바에 따라 산정하여 그 비율에 따라 비용을 부담한다.
동의서 연번부여 및 검인 신청	• 조합을 설립하는 경우의 동의서는 국토교통부령에 정하는 동의서에 시 장·군수등이 대통령령으로 정하는 방법에 따라 검인(檢印)한 서면동의서 를 사용하여야 하며, 검인을 받지 아니한 서면동의서는 그 효력이 발생되 지 아니한다.
조합설립 동의서 및 대표자 선임 동의서 설명과 징구	• 동의(동의한 사항의 철회를 포함한다)는 서면동의서에 토지등소유자가 성명을 적고 지장(指章)을 날인하는 방법으로 하며, 주민등록증, 여권 등 신원을 확인할 수 있는 신분증명서의 사본을 첨부하여야 한다. • 법이 정한 동의자수를 충족하여야 한다. • 토지등소유자는 창립총회를 개최하려는 경우 토지등소유자 과반수의 동 의로 대표자를 선임해야 한다.
창립총회 개최, 의결	• 창립총회는 대표자의 직권 또는 토지등소유자 5분의 1 이상의 요구로 대 표자가 소집한다. 다만, 토지등소유자 5분의 1 이상의 소집요구에도 불구 하고 대표자가 2주 이상 소집요구에 응하지 않는 경우에는 소집을 요구한 자의 대표자가 소집할 수 있다. 　대표자는 창립총회 개최일의 14일 전까지 창립총회의 목적, 일시, 장소, 상 정 안건, 참석자격 및 참석자 구비사항 등을 토지등소유자에게 통지해야 한다. • 창립총회에서는 다음 각 호의 사항을 의결한다. 1. 정관의 확정 2. 임원의 선임 3. 대의원의 선임 4. 그 밖에 통지한 사항으로서 창립총회에서 의결하기로 한 사항 • 창립총회의 경우에는 조합원의 100분의 20 이상이 직접 출석하여야 한다. • 창립총회의 의사결정은 토지등소유자(소규모재건축사업의 경우에는 조합 설 립에 동의한 자로 한정한다) 과반수의 출석과 출석한 토지등소유자 과반수의 찬성으로 의결한다. 다만, 위 임원의 선임, 대의원의 선임의 사항에 관한 의결방법을 정관으로 달리 정한 경우에는 그에 따른다.

조합설립인가신청	조합을 설립하는 경우 다음 각 호의 사항을 첨부하여 시장·군수등의 인가를 받아야 한다. 1. 정관 2. 조합원 명부(조합원 자격을 증명하는 서류를 포함한다) 3. 토지·건축물 또는 지상권이 수인의 공유에 속하는 경우에는 그 대표자의 선임 동의서 (하나의 건축물 또는 토지의 소유권을 다른 사람과 공유한 경우 조합원이 되는 경우에는 지분의 대소와 관계없이 대표자로 선임되어 조합원이 될 수 있으나, 임원이 되기 위해서는 가장 많은 지분을 소유한 자이어야 한다) 4. 공사비 등 소규모주택정비사업에 드는 비용 등이 기재된 토지등소유자의 조합설립 동의서 및 동의사항을 증명하는 서류 5. 창립총회 회의록(창립총회 참석자 명부를 포함한다) 6. 창립총회에서 선임된 임원 및 대의원의 자격을 증명하는 서류 7. 주택건설예정세대수, 사업시행구역의 지번·지목 및 등기명의자, 도시·군관리계획상의 용도지역, 대지(가로주택정비사업의 경우 해당 가로구역의 범위를 포함한다) 및 주변현황을 기재한 사업계획서 8.. 그 밖에 시·도조례로 정하는 서류
조합설립등기	

2. 조합설립추진대표자

위의 준비과정을 조합설립추진대표자가 주도한다. 이 조직을 세칭 '조합설립준비위원회' '조합설립추진위원회'라 한다.

이 조직은 도시정비법상의 '조합설립추진위원회'와 본질적으로 같은 기능을 수행하지만, 도시정비법상의 조합설립추진위원회는 정비구역 지정·고시 후 위원장을 포함한 5명 이상의 추진위원회위원과 추진위원회 운영규정에 대하여 토지등소유자 과반수의 동의를 받고 시장·군수등의 승인을 받아 구성되는 법상의 기구(도시정비법 제31조제1항)인데 비해, 소규모정비사업을 할 때 구성되는 세칭 '조합설립준비위원회' '조합설립추진위원회'는 임의적 기구(소규모주택정비법 제56조에 의한 「도시 및 주거환경정비법」의 조합설립추진위원회 구성에 관한 규정이 준용되지 않음)에 불과하다. 따라서 도시정비법상의 조합설립추진위원회가 행한 행위의 효력은 당연히 이후 설립되는 조합에 승계되는 등 토지등소유자를 구속하지만, 소규모정비사업을 할 때 구성되는 세칭 '조합설립준비위원회' '조합설립추진위원회'가 행한 행위의 효력은 당연히 이후 설립되는 조합에 승계되는 등 토지등소유자를 구속하지 못한다는 차이가 있다.

이하에서는 위 두 조직을 비교하면서 소규모정비사업을 할 때 구성되는 세칭 '조합설립준비위원회' '조합설립추진위원회'에 관한 문제점을 살펴본다.

소규모주택정비법이 도시정비법상의 추진위원회에 관한 규정을 준용하지 않는 이유는 소규모주택정비사업이 소규모이기도 하고 조직의 구성에 시장·군수등의 관여가 있게 된다면 오히려 소규모정비사업의 신속한 진행을 저해할 수 있다는 고려가 있었기 때문이라고 하겠다.

그런데 준비위원회의 구성에 시장·군수등의 관여가 있다 해서 사업의 신속한 진행을 저해하지도 않는다.

뿐만 아니라 소규모사업이라 해서 위의 사업준비과정이 필요하지 않은 것은 아니고 그 과정에 전문가의 도움이 필요하지 않은 것도 아니다. 실제로 조합설립추진대표자는 필요한 전문가의 도움을 받는데 어려움을 겪는다. 전문가의 입장에서 볼 때 조합설립인가 후에나 계약할 수 있고, 다 도와주고도 자신이 계약당사자가 되리라는 보장도 할 수 없기 때문이다.

오히려 <u>소규모주택정비법상의 정비사업에 도시정비법상의 추진위원회 규정을 준용하는 것이 사업을 신중하고 내실있게 계획할 수 있어 좋다고 생각한다.</u>

구분	도시정비법상의 조합설립추진위원회	소규모정비사업을 할 때 구성되는 조합설립추진대표자
구성	정비구역 지정·고시 후 위원장을 포함한 5명 이상의 추진위원회위원과 추진위원회 운영규정에 대하여 토지등소유자 과반수의 동의를 받고 시장·군수등의 승인을 받아 구성	임의 구성
운영규정	추진위원회 운영규정에 대해 토지등소유자 과반수 동의를 받고 시장·군수등의 승인을 얻어 효력을 발생한다. 이후 추진위원회의 기능·조직 및 운영에 관하여는 추진위원회 운영규정에 의한다. 운영규정은 도시정비법 제34조제1항, 영 제28조에 따라 국토교통부장관이 정한 것으로(정비사업 조합설립추진위원회 운영규정, 국토교통부고시 제2018-102호, 2018.2.9., 별표) 추진위원회의 조직, 업무범위, 운영 등에 관한 법 및 영, 시행규칙, 관련 행정기관의 처분의 내용을 망라하여 규정하고 있다. 운영규정에 따른 추진위원회의 행위는 토지등소유자를 구속한다. 추진위원회가 수행한 행위는 향후 설립되는 조합에 승계된다. (도시정비법 제34조3항)	조합설립준비위원회의 내부규율을 목적으로 하는 규정을 작성하여 운영할 수 있으나, 그 규정으로 조합설립준비위원회 외부의 토지등소유자를 구속하지 못한다.
기능	추진위원회는 다음의 업무를 수행할 수 있다.(도시정비법 제32조제1항)(도시정비법 시행령 제26조)[정비사업 조합설립추진위원회 운영규정. 별표(표준)운영규정 제5조제1항] - 정비사업전문관리업자의 선정 및 변경 - 설계자의 선정 및 변경 - 개략적인 정비사업 시행계획서의 작성 - 조합 정관의 초안 작성 - 토지등소유자의 동의서의 접수 - 조합의 설립을 위한 창립총회의 개최 - 조합의 설립인가를 받기 위한 준비업무 - 그 밖에 추진위원회 운영규정으로 정하는 업무 [추진위원회에서 선정 및 변경할 수 있는 협력업체는 정비사업전문관리업자와 설계자이다. 시공자(철거작업포함), 감정평가업자의 선정 등 조합업무에 속하는 부분은 추진위원회의 업무에 포함되지 아니한다. 다만, 추진위원회가 조합설립 동의를 위하여 추정분담금 등 정보를 토지등소유자에게 제공하기 위하여 필요한 경우 감정평가업자를 선정할 수 있다.(도시정비법 제32조제1항, 표준운영규정 제5조제4항)]	사업을 준비하는데 필요한 모든행위를 할 수 있어 도시정비법상의 조합설립추진위원회가 행하는 기능을 수행할 수 있으나, 정비사업전문관리업자, 설계자, 시공자(철거작업포함), 감정평가업자의 선정 등은 조합업무에 속하므로 설계자 등을 선정하였다 하더라도 그 행위의 효력이 조합에 승계되지 않는다. 오히려 소규모주택정비법 제60조제2호, 제2의2호에서와 같이 처벌된다. 사업을 준비하는 과정에서 소위 PM업체가 사업시행계획을 수립하는 과정에 참여하는 등의 상황이 발생한다. 이 때 PM업체는 등록된 정비사업전문관리업자가 아니므로 소규모주택법 제61조제1호에 따라 처벌될 수 있으므로 주의를 요한다.

해산	추진위원회의 운영기간은 조합설립인가 후 조합에 회계장부 및 관계서류를 인계하는 날짜까지로 하므로 이후 해산한다.(도시정비법 제34조제4항) 추진위원회가 행한 업무는 총회에 보고하여야 하며 추진위원회가 그 업무범위 내에서 행한 업무와 관련된 권리와 의무는 조합이 포괄적으로 승계한다.(도시정비법 제34조제3항, 표준운영규정 제36조제2항) 추진위원회의 업무범위를 초과하는 업무나 계약, 용역업체의 선정 등은 조합에 승계되지 않는다.(정비사업 조합설립추진위원회 운영규정, 국토교통부고시 제2018-102호, 제6조) 추진위원회는 조합설립인가 전에 추진위원회를 해산하고자 하는 경우에는 추진위원회 구성에 동의한 토지등소유자의 2/3 이상 또는 토지등소유자의 과반수 동의를 얻어 시장·군수등에게 신고함으로써 해산할 수 있다.(정비사업 조합설립추진위원회 운영규정, 국토교통부 고시 제2018-102호, 제5조제3항)	준비위원회의 운영기간도 조합설립인가 후 조합에 관계서류 등을 인계하는 날까지이다. 준비위원회가 행한 업무는 도시정비법상의 추진위원회의 경우와 달라 당연히 조합이 포괄적으로 승계하는 것은 아니다. 다만, 이와 같은 효과를 보기 위하여 정관에 조합설립준비위원회의 적법한 업무는 조합에 승계되는 것으로 규정하거나, 창립총회 시에 조합설립준비위원회가 행한 적법한 업무 등을 조합이 승계하는 것으로 하는 의결을 거치기도 한다. 준비위원회는 임의기구로서 해산절차에 관한 규정의 적용도 없다.

3. 예시 - 특정 현장의 사업시행계획서 작성의 예시

□ 사업시행 예정구역

대지 위치 (인천광역시 ○○구 ○○○동)	지목/면적(㎡)	용도지역 지구
174-13	대/2008.80	준공업지역, 가로구역별 최고높이 제한지역
174-14	대/287.30	준공업지역, 가로구역별 최고높이 제한지역
174-9	대/606.5	준공업지역, 가로구역별 최고높이 제한지역
174-99	대/270.5	준공업지역, 가로구역별 최고높이 제한지역
174-10	대/242.2	준공업지역, 가로구역별 최고높이 제한지역
174-64	대/202.8	준공업지역, 가로구역별 최고높이 제한지역
174-65	대/197.5	준공업지역, 가로구역별 최고높이 제한지역
174-66	도/65.10	준공업지역, 가로구역별 최고높이 제한지역
174-98	도/4.50	준공업지역, 가로구역별 최고높이 제한지역
174-12	대/49.3	준공업지역, 가로구역별 최고높이 제한지역
면적 합계	3,934.5	- - -

※ 도로관계: 20m, 4m 도로에 접함

※ 준공업지역 안에서 건축할 수 없는 건축물

　준공업지역 안에서는 원칙적으로 공동주택을 건축할 수 없다.(인천광역시 도시계획

조례 제43조)

다만, 다음의 어느 하나에 해당하는 공동주택은 건축할 수 있다.

- 군수·구청장이 도시계획 및 주거환경 등에 지장이 없다고 인정하여 해당 도시
계획위원회의 심의를 거쳐 지정·공고하는 구역에 <u>연립 및 다세대주택을 신축하</u>
<u>는 경우</u>

- 아파트를 신축하는 것은 원칙적으로 할 수 없으나 다음 ①②의 경우에는 아파
트를 건축할 수 있다.

① <u>기존 아파트의 재건축</u> 및 기존 아파트의 재건축 시 해당 군·구 도시계획위원
회 심의를 거쳐 일단의 단지를 형성하는 것이 토지이용에 합리적이라고 판단되
어 <u>인접한 연립·다세대·단독주택을 포함하는 경우</u>

② 일단의 단지로 구획할 수 있는 <u>기존 연립·다세대·단독주택지역에 대해</u>「도시
및 주거환경정비법」에 따른 정비계획 또는 지구단위계획을 수립하여 아파트를
건축하는 <u>재개발사업을 하는 경우</u>(구역 안에 공장부지가 포함된 경우에는 기존 공장
부지 비율을 유지하여야 한다),「빈집 및 소규모주택 정비에 관한 특례법」제2조제1
항제3호라목에 따른 <u>소규모재개발사업</u> 또는 「공공주택 특별법」제2조제3호마
목에 따른 <u>도심 공공주택 복합사업</u>으로 아파트를 건축하는 경우

※ 사업시행예정구역에 관한 법률적 문제

- ○○연립 집합건물 등기부등본상 대지권의 목적인 토지는 ○○동 174-13(면적
2,008.8㎡) 및 174-14(면적 287.3㎡)로 되어 있으나,

가, 나, 라, 마, 바동은 ○○동 174-13 토지를 기준으로 각 구분소유자의 대지권
비율이 기재되어 있고

다동은 ○○동 174-14 토지를 기준으로 각 구분소유자의 대지권 비율이 기재되
어 있음.

□ 건설되는 건축물의 설계개요

※ '건설되는 건축물의 설계개요'는 개략적인 안으로 조합원과 설계자, 시공자와의 협의과정 및 건축심의, 사업시행계획인가에 따라 변경될 수 있습니다.

1. 설계개요

구 분	개 요		
사 업 명	○○동 174-13번지 일원 소규모재개발정비사업		
대지위치	인천광역시 ○○구 ○○동 174-13번지 외 9필지		
지역/지구	준공업지역, 가로구역별 최고높이 제한지역		
대지면적	3,934.5㎡(1,190.19평)		
건축면적	1090.362㎡(329.84평)		
연면적	지상면적		10549.561㎡(3191.24평)
	지하면적		6462.342㎡((1954.85평)
	합계		17011.903㎡(5146.10평)
건폐율	27.71% (1,090.362 / 3,934.5 × 100 = 27.71%,　법정 : 70% 이하)		
용적율	**268.13%** (10,549.561 / 3,934.5 × 100 = 268.13%, **법정 : 300% 이하**)		
건설규모/ 최고높이	아파트 126세대 및 근생, 지하2층, 지상16, 19층(1층 피로티)		
구조	철근콘크리트조		
주차대수	법정대수	128	공동주택 126대, 근생시설 2대
	계획대수	150	지하 자주식 주차 공동주택 142대, 지상 자주식 주차 5대 지상 자주식 주차 근생 3대
정화조	본 설계시 적용 예정		

2. 평형별 세대수 및 분양면적

(단위 : ㎡)

타입	세대수	전용 면적 (평)	공용 면적	공급 면적 (평)	주차장 등 면적	계약 면적 (등기면적)	발코니 면적	공사 면적
A	36	45.649 (13.81)	16.288	61.937 (18.74)	37.934	99.871	22.600	122.471
B	30	56.792 (17.18)	20.264	77.056 (23.31)	47.193	124.249	25.220	149.469
C	30	59.747 (18.07)	21.318	81.065 (24.52)	49.649	130.714	25.233	155.947
D	30	84.997 (25.71)	30.328	115.325 (34.89)	70.631	185.956	33.616	219.572
근생		189.00		189.00				189.00
합계	126	7689.444	2743.641	10433.085	6389.818	16822.903	3335.670	20158.573
	근생			116.476				189.000
				10549.561				**20347.573**

□ 사업완료 후 예상 분양수입금

※ 분양수입금은 건축계획(안)을 근거로 층별 차등 없이, 조합원분양분 분양가액과 일반분양분 분양가액을 같게 하여 산정한 추정금액입니다.
※ 분양단가 추산액은 인천지역 공동주택 분양가, KB은행 부동산시세, 감정평가법인 및 현장 인근의 부동산 중개업소의 의견을 참고하여 추정한 것입니다.

(단위 : ㎡)

타입	세대수	전용 면적	공용 면적	공급 면적 (평)	분양대금 (아파트 평당 분양가 1,700만 원 × 평수, 근생 평당 분양가 3,000만 원 × 평수) 분양수입(분양대금 × 세대수)
A	36	45.649 (13.81)	16.288	61.937 (18.74)	318,580,000
					11,468,880,000
B	30	56.792 (17.18)	20.264	77.056 (23.31)	396,270,000
					11,888,100,000
C	30	59.747 (18.07)	21.318	81.065 (24.52)	416,840,000
					12,505,200,000
D	30	84.997 (25.71)	30.328	115.325 (34.89)	593,130,000
					17,793,900,000
근 생				189.000 (57. 1725)	1,715,175,000
					1,715,175,000
	아파트				53,656,080,000
	근생				1,715,175,000
	합계액				55,371,255,000

□ **사업에 소요되는 비용 - 정비사업비 : 38,797,918천원**

※ 정비사업비는 위 건축물의 설계개요를 기준으로 2023년 7월 현재 예상되는 철거
   비용과 건축비 및 제 사업비용(정비사업에 따른 법인세, 부가가치세 등 제세공과금은 제
   외한 것임)을 개략적으로 산출한 추정금액으로, 항목별 비용은 실제 소요될 비용
   과 다를 수 있습니다.

   이후 조합원과 설계자, 시공자와의 협의과정 및 건축심의, 사업시행계획인가에 따른
   건축규모의 변경, 공사비 변경, 물가변동 및 관계법령의 변경 등에 따라 변경될 수 있
   고 사업현장의 여건에 따라 산출내역이 변경될 수 있으며, 관리처분계획인가 시 임시청
   산하여 준공 및 이전고시와 청산절차를 거쳐 최종 확정됩니다.
   (사업에 소요되는 사업비용은 사업시행계획수립 시 대비 결산 시에 많은 금액의 차
   이가 발생될 수 있습니다. 따라서 조합은 예상되는 사업비증가에 따라 입주 시 조합원
   분담금 증가로 인한 심각한 민원발생을 사전에 방지하기 위해 관리처분계획의 수립 및
   수정 등에 대한 세심한 주의를 할 것입니다.)

1. 철거비 : 556,843천원

- 철거되는 건축물의 연면적 4,602.01㎡(1,3912.1평)
  - 174-13, 14 2,374.86㎡
  - 174-9   621.12㎡
  - 174-10   723.65㎡
  - 174-64   106.35㎡
  - 174-65   110.87㎡
  - 174-99   665.16㎡
- 산정기준: 1,392.1평 × @400천 원 = 556,843천 원
- 직접공사비, 폐기물처리비, 차단막설치비, 민원 등(석면처리 비용은 반영되지 않았음)

2. 신축비 : 31,008,955,916원(부가세 제외)

- 산정기준: '2023.3.1. 국토교통부 고시 제2023-109호 분양가상한제 적용주택의 기본형건축비 및 가산비용'을 기준으로 한다. 여기서는 이중 '주거전용면적 50㎡ 초과 60㎡ 이하'의 건축비를 기준으로 한다. <u>구조형식에 따른 가산비율은 적용하지 않았음.</u>

- 지상

주거전용면적 50㎡ 초과 60㎡ 이하	주택공급면적기준	건축비(천원/㎡)(부가가치세 포함)
5층 이하	3065.097 : 476.929㎡ + (647.042 × 4)	3065.097 × 2,002천 원/㎡ = 6,136,324,194원
6~10층 이하	3235.210 : (647.042 × 5)	3235.21 × 2,142천 원/㎡ = 6,929,819,820원
11~15층 이하	3235.210 : (647.042 × 5)	3235.210 × 2,010천 원/㎡ = 6,502,772,100원
16~19층 이하	1014.044 : 647.042 + (122.334 × 3)	1014.044 × 2,032천 원/㎡ = 2,060,537,408원
소계		21,629,453,522원(6,777,754원/평), 부가세면세시 **19,663,139,565원(6,161,594원/평)**

- 지하

용도		면적	사업비(부가가치세 포함)
지하2층	지하주차장 외	3231.171	건축비 933천 원/㎡ × 3231.171 = 3,014,682,543원 토목비 330만 원/평 × 3231.171 × 0.3025 = 3,225,516,450원
지하1층	지하주차장 외	3231.171	건축비 933천 원/㎡ × 3231.171 = 3,014,682,543원 토목비 330만 원/평 × 3231.171 × 0.3025 = 3,225,516,450원
소계			12,480,397,986원(6,384,298원/평), 부가세면세시 **11,345,816,351원(5,803,907원/평)**

- 합계: 31,008,955,916원(부가세 제외)

※ 건축공사, 토목공사, 조경공사, 전기공사, 설비공사, 간선설치 인입공사(전기, 통신, 상하수도, 가스 등), 사업시행인가 시 부여된 이행조건에 관련된 제반공사, 기타비용 등

※ 공사내역 및 금액은 시공사 선정 후 조합원총회의 의결을 거쳐 확정됨

3. 그 밖의 사업비

  - 7,232,119천원 (아래 표 참조)

※ 아래

(단위 : 천원)

	구 분	금액(천원)	산 정 내 역	비고	비율
종전자산 보상비	매입비	×		전체 토지등 소유자 설립동의, 수분양을 전제함.	0.00%
	공과금 (취,등록세 등)	×	매입액 × 4.6%, 취득관련 제세공과금 및 수수료		
	공과금 (취,등록세 등)	×			
	매입용역비	×	일식		
	소계	×			0.00%
간접공사비	설계비	595,752	연면적 17011.903㎡(5415.9307평) × 110천 원/평		
	감리비	595,752	연면적 17011.903㎡(5415.9307평) × 110천 원/평		
	기타 용역비	300,000	지구단위, 교평, 환평, 소방, 친환경, 측량, 지질조사, 인허가 등	일식	
	각종 인입비	216,637	연면적 17011.903㎡(5415.9307평) × 40천 원/평		
	예술장식품비	23,810	연면적(주차장 등 면적 제외)10549.561 × 국토부 표준건축비 2,257천 원/㎡ × 1/1,000	문화예술 진흥법, 영, 조례	
	소계	1,731,951			

분 양 비 용 등	M/H 부지 임차료				
	M/H 공사비				
	온라인 M/H 구축· 운영비	60,000	온라인 M/H 구축·운영비		
	분양수수료 (아파트)	670,000	67세대(126세대 - 59세대) × 10,000천 원		
	분양수수료 (상가)	51,455	근생매출액 1,715,175천 원 × 3%		
	광고홍보비	276,856	매출액 55,371,255천 원 × 0.5%		
	분양보증 수수료	131,457	중도금(공동주택분양대금 53,656,080천 원의 50%)의 70% × 보증요율(0.35%) × 2년(보증일/365)		
	소계	1,189,768			
기 타 사 업 비	조합운영비	660,000	10,000천 원 × 66개월 (소송비, 감정평가비, 세무기장·회계감사비 포함)		
	정비사업관리 용역비	541,593	연면적 17011.903㎡(5415.9307평) × 100천 원/평		
	민원처리비 (인허가, 민원)	155,045	공사비 31,008,955천 원 × 0.5%		
	기타 우발적 지출비	310,090	공사비 31,008,955천 원 × 1%		
	입주관리비	37,800	126세대 × 300천 원		
	소계	1,704,528			

제반 분담금	광역교통 부담금	×	[연면적(종전 건축물 연면적, 지하층, 부대 ·복리시설, 주민공동시설, 임대주택연면적 제외) × 표준건축비 × 4/100] - 공제액	대도시권 광역교통 관리에 관한 특별법, 영	
	기반시설 분담금	×	일식	국토의계획 및 이용에 관한 법률	
	상하수도 분담금	126,000	126세대 × 1,000천 원, 일식	수도법령, 하수도법령	
	가스분담금	63,000	126세대 × 500천 원, 일식	도시가스 사업법령	
	학교용지 부담금	100,000	세대별 공동주택 분양가격(세대수 증가분, 임대주택분양분 제외) × 8/1,000, 일식	학교용지 확보 등에 관한 특례법	
	개발부담금	×	[종료시점지가 - (개시시점지가 + 부과 기간의 정상지가상승분 + 개발비용)] × 20/100	개발이익 환 수에 관한 법 률	
	재건축부담금	×	[종료시점주택가액 - (개시시점주택가 액 + 부과기간의 정상주택가격상승분 + 개발비용) - 30,000천 원] × 부과율	재건축초과 이익 환수에 관한 법률	
	소계	289,000			
제세공과금	소유권보존 등기비 등	825,000	건축비용 33,000,000천 원(철거, 설계, 감리, 관리, 직접시공비) × 2.5%	지방세법	
	종합토지세 등	133,773	2023년도 공시지가 약 1,700천 원/㎡ × 토지면적 3,934.5㎡ × 0.5% × 4년	지방세법, 종합 부동산세법	
	소계	958,773			

금 융 비 용 등	신탁수수료	276,856	매출액 55,371,255천 원 × 0.5%	관리신탁기준	
	종전자산 보상비 대출이자	×	×	전체 토지등 소유자 설립 동의, 수분양을 전제함.	
	이주비 대출이자	×	×	이주비 대출액 세대당 50,000천 원, 60세대 기준 3,000,000 천 원이나 대출이자는 조합원 개인이 부담함을 전제함.	
	공사비 대출이자	1,033,218	시공비 31,008,956천 원의 70% × 한도소진율 40% × 7.0% × 1.7년		
	근생 중도금 (무이자)	48,025	상가 매출액 1,715,175천 원의 40% × 7.0% × 1년		
	소계	1,358,099			
	합계	7,232,119			

□ **정비사업비의 부담기준**

1. 조합의 정관과 법이 정하는 바에 따라 사업비용을 부과하고 징수합니다.

   신축비용 등의 조달은 조합원에게 분양하고 남는 아파트분양 수입금과 조합원 분담금(중도금)으로 우선 충당하되, 부족분은 사업에 참여한 조합원(승계의 경우 승계인) 소유 자산의 가치를 토지 및 주택의 면적, 위치 등을 고려하여 조합 정관에서 정하는 바에 따라 산정하여 그 비율에 따라 공평하게 부담하게 됩니다.

2. 특정 조합원 추정분담금의 산출(□ 사업이익 계산의 예 등, 참조)은 사업계획수립일

현재를 기준으로 산출한 예상수지분석에 의하여 작성하였으며, 추후 조합 정관이 정하는 기준에 따라 수립되는 '관리처분계획'에 의해 임시청산하며, 입주 후 조합 청산 시 분담금이 최종 확정됩니다.

3. 조합원 분담금(청산금) 납부 또는 지급절차

건축심의 완료	○○구 건축심의 결과 통지받은 날
조합원 개별 종전자산 및 종후자산의 평가	• 조합원 개별 소유 건물과 토지 등 가격을 건축심의 결과를 통지받은 날을 기준으로 감정평가업자 2인 이상의 감정평가 • 가격산정: 평가한 금액을 산술평균
조합원 분양신청	• 조합은 건축심의 결과를 통지 받은 날부터 90일 이내에 조합원 분양공고 • 조합원 분양신청기간: 30일~60일 이내(20일 연장가능) • 조합원의 분양신청 • 조합원 분양신청을 하지 아니한 자 등에 대한 조치 1. 사업시행계획인가(관리처분계획 포함) 고시된 날로부터 90일 이내 협의 2. 협의가 성립되지 않은 경우 협의기간 만료일부터 60일 이내 매도청구소송 제기
비례율 산출	• [(총수입 - 총비용) / 전체 종전의 토지 및 건축물의 가액] × 100, • 총수입 - 총비용은 총개발이익, 전체 종전자산 평가액은 투자원가 • 비례율은 조합의 종전자산 투자 대비 사업수익성을 나타내는 지표로서 개발이익률이라고도 함.
조합원 개별 권리가액 결정	• 비례율 × 특정조합원의 종전자산 평가액
조합원 개별 분담금 결정	• 조합원 개별 분양신청 아파트분양가액과 조합원 개별 권리가액 간의 차액 (분양 예정자산 추산액- 권리가액) • (-)인 경우 환급, (+)인 경우 납부 • 조합원 분담금은 일반분양자와 같이 은행대출 가능함
청산	• 정관에 따라 사업시행계획인가 후부터 소유권 이전고시일까지 조합원 개별분담금을 분할납부 또는 분할 지급

□ 사업완료 후 소유권의 귀속에 관한 사항

이 소규모재개발정비사업시행계획(안)에 표시되지 않은 사항은 조합 정관 및 관계법령에서 정하는 관리처분계획의 수립기준에 따릅니다.

사업시행 후 분양받을 주택의 면적은 분양면적(주거전용면적+주거공용면적)을 기준으로 하고, 대지권 비율은 분양받은 주택 등의 전용면적에 비례하여 공유지분으로 분양합니다.

토지는 사업완료 후 지분 등기하며 건축물은 입주 조합원 각자 보존등기합니다

신축건축물은

① 조합원에게 우선분양하며, 조합원에 대한 평형배정은 조합원의 분양신청에 의하되, 조합 정관이 정하는 분양신청방법에 의해 배정합니다.

② 경합이 있는 경우에는 현 종전자산의 가격이 큰 조합원에게 우선권을 부여하고, 가격이 동일한 경우의 평형선택과 동·호수의 결정은 추첨으로 정합니다.

③ 조합원에게 우선분양하고 남는 공동주택 잔여세대는 관계 법령과 조합 정관이 정하는 바에 따라 일반분양합니다.

□ 조합 정관과 동의서 제출에 관한 사항

1. 조합 정관에 관하여

조합 정관(안)은 **국토교통부의 '조합 표준규약'을 기준으로 작성**하며, 일부 내용은 우리 현장의 실정에 맞도록 수정·보완하였습니다. 조합의 조직과 운영에 관한 사항 등을 정하는 정관규정은 조합원 모두가 숙지하셔야 할 사항입니다.

조합원의 권리를 확보하고 조합집행부의 권리남용을 방지하는 방향으로 정관이 제정되어야 마땅하나, 이를 지나치게 강조하다 보면 효율적인 정비사업의 추진에 걸림돌이 될 수 있다는 점도 배제할 수 없습니다.

'조합 정관'의 확정을 위해서는 조합원 모두가 확인 날인을 하여야 하나, 편의상 생략하고 설립준비위원회 위원장 또는 조합장이 조합을 대표하여 확인 날인 합니다.

2. 창립총회와 조합설립인가신청

토지등소유자의 10분의 8 이상 및 토지면적 3분의 2 이상의 동의와 사업시행구역의 공동주택은 각 동별(상가 등 복리시설 동은 전체를 하나의 동으로 간주한다) 소유자의 과반수 동의(공동주택의 각 동별 구분소유자가 5명 이하인 경우는 제외함)를, 공동주택 외의 건축물은 해당 건축물이 소재하는 전체 토지면적의 2분의 1 이상의 토지소유자의 동의를 받아 조합 창립종회를 개최하여 『사업시행계획』, 『조합 정관 승인』, 『임원 선출』, 『사업비 예산(안) 승인』, 『기타 안건』등에 대한 의결을 받은 수 사업추진을 위한 조합설립과 정비사업을 수행하게 됩니다.

조합 창립총회 후 조합설립인가신청을 위한 제반 서류를 구비하여 인가승인권자인 인천광역시○○구청장에게 신청하게 됩니다.

□ 사업이익 계산의 예 등

1. 조합에 귀속되는 사업이익

구분	①수입	②비용		손익(①-②)	비고
조합원 분양가 = 일반분양가	55,371,255천원	철거비	556,843천 원	16,573,337 천 원	건축연면적 17011.903㎡ (5146.1평) 평당 사업비 7,539천 원 평당 공사비 6,134천 원 (발코니 확장공사 수입, 비용 제외)
		신축비	31,008,956천 원		
		그 밖의 사업비	7,232,119천 원		
		합계	38,797,918천 원		

2. 조합원 개인에 귀속되는 사업이익과 추정분담금 - 비례율, 권리가액, 추정분담금

(1) 전제

- 사업이익이 귀속되는 조합원은 59명[○○연립 40세대, ○○연립 12세대, 상가 2세대, 단독주택 2세대, 토지소유자 3명 중 조합설립에 반대하거나 분양을 받지 아니하는 자를 0으로 봄]으로 가정

- 특정 조합원이 소유하고 있는 부동산의 가액은 위치, 층별 등을 감안하여 관리처분계획 인가 시 2개의 감정평가법인등의 감정으로 결정됩니다. 이 건 <u>사업시행계획서 작성시는 사업시행계획서 작성시 현재의 과세시가표준액(국토교통부 공동주택가격 등)으로</u> 합니다.

- **조합원 개인에 귀속되는 사업이익**은 다음과 같이 조합에 귀속되는 사업이익에 '특정조합원이 소유하는 종전 부동산의 가액이 전체 조합원이 소유하는 종전 부동산 가액의 합에서 차지하는 비율'을 곱한 금액입니다. 이 비율은 특정 조합원이 이 건 정비사업을 하여 발생하는 총사업비의 부담비율이고 동시에 이 건 정비사업을 하여 발생하는 총수입의 분배비율을 의미합니다.

다음

조합원 개인에 귀속되는 사업이익
= (총수입액 - 총사업비액)
× (특정조합원이 소유하는 종전 부동산의 가액 ÷ 전체 조합원이 소유하는 종전 부동산 가액의 합)
= [(총수입액 - 총사업비액)
÷ 전체 조합원이 소유하는 종전 부동산 가액의 합]
× 특정조합원이 소유하는 종전 부동산의 가액

- **비례율(개발이익률)**은 다음과 같이 계산됩니다.

다음

  - 총수입액 - 총사업비액 = 개발이익
  - [개발이익 ÷ 투자원가(전체 조합원의 종전자산가액)] × 100
    = 비례율(%)

- **권리가액**은 사업을 통해서 조합원 개인에게 귀속되는 사업이익을 말합니다. 산식은 다음과 같습니다.

다음

  - 권리가액 = 비례율 × 특정 조합원의 종전자산의 가액

- **무상분양평수:**
  이 권리가액을 조합원분양분 분양가로 나눈 값이 신축건물 무상분양평수에 해당합니다.

- **추정분담금**은 특정 조합원이 분양받은 주택가액에서 특정 조합원의 권리가액을 제한 금액을 말합니다. 산식은 다음과 같습니다.

다음

  - 추정분담금 = 조합원 분양가액 - 권리가액

(2) 예시 - 용적률 268.13%, 분양가 1,700만원인 경우의 비례율, 권리가액, 추정분담 금액

위 1. 조합에 귀속되는 사업이익에 관한 비례율, 권리가액, 추정분담금액을 계산합니다.

비례율(개발이익률)을 계산하면 다음과 같습니다.

다음

- **총수입액(55,371,255천 원) - 총사업비액(38,797,918천 원)**

  = 개발이익(16,573,337천 원)

- **개발이익(16,573,337천 원)**

  ÷ 투자원가(아래 <u>전체 조합원의 종전자산가액 = 전체 과세시가표준액, 6,646,969천 원 ×</u>

  <u>1.8배 = 11,964,544천 원)</u> × 100

  = 비례율(138.52%)

구분	동	호수	① 과세시가 표준액 × 1.8(원)	② 비례율 (%) = 138.52%	③ 권리가액 (①×②) (원) (무상분양 평형 = 권리가액 ÷ 조합원분양가격 1,700만 원)	④ 분양대금(원)	추정분담금(원) (④-③) (+인 경우 조합에 납부, -인 경우 조합으로부터 받음)
○○ 연립	가	지1 지2	121,168,296 × 1.8		302,116,183 (17.7715평)	분양평수 18.74평, 318,580천 원	16,464천 원
						분양평수 23.31평, 396,270천원	94,154천 원
						분양평수 34.89평 593,130천 원	291,014천 원
		101 101 -1	60,752,869 × 1.8		151,478,773 (8.9105평)	분양평수 18.74평, 318,580천원	167,102천 원
						분양평수 23.31평, 396,270천 원	244,792천 원
						분양평수 34.89평 593,130천 원	441,652천 원
		102 102 -1	60,411,319 × 1.8	138.52%	150,627,166 (8.8604평)	분양평수 18.74평, 318,580천 원	167,953천 원
						분양평수 23.31평, 396,270천 원	245,643천 원
						분양평수 34.89평 593,130천 원	442,503천 원
		103 103 -1	60,410,750 × 1.8		150,625,747 (8.8603평)	분양평수 18.74평, 318,580천 원	167,955천 원
						분양평수 23.31평, 396,270천 원	245,645천 원
						분양평수 34.89평 593,130천 원	442,505천원

○○연립	가/나/다	호수	산정액	비율	권리가액	분양평수	분담금
○○연립	가	201 202 203	100,000,000 × 1.8	138.52%	249,336,000 (14.6668평)	분양평수 18.74평, 318,580천 원	69,244천 원
						분양평수 23.31평, 396,270천 원	146,934천 원
						분양평수 34.89평 593,130천 원	343,794천 원
	나	101 102	120,822,638 × 1.8		301,254,332 (17.7208평)	분양평수 18.74평, 318,580천 원	17,326천 원
						분양평수 23.31평, 396,270천 원	95,016천 원
						분양평수 34.89평 593,130천 원	291,876천 원
	나	103 103 -1	60,410,750 × 1.8		150,625,747 (8.8603평)	분양평수 18.74평, 318,580천 원	167,955천 원
						분양평수 23.31평, 396,270천 원	245,645천 원
						분양평수 34.89평 593,130천 원	442,505천 원
		201 202 203	100,000,000 × 1.8		249,336,000 (14.6668평)	분양평수 18.74평, 318,580천 원	69,244천 원
						분양평수 23.31평, 396,270천 원	146,934천 원
						분양평수 34.89평 593,130천 원	343,794천 원
	다	101	76,200,000 × 1.8		189,994,032 (11.1761평)	분양평수 18.74평, 318,580천 원	128,586천 원
						분양평수 23.31평, 396,270천 원	206,276천 원
						분양평수 34.89평 593,130천 원	403,136천 원
	다	102 103	78,200,000 × 1.8		194,980,752 (11.4695평)	분양평수 18.74평, 318,580천 원	123,600천 원
						분양평수 23.31평, 396,270천 원	201,290천 원
						분양평수 34.89평 593,130천 원	398,150천 원

○○연립	다	201	80,800,000 × 1.8	138.52%	201,463,488 (11.8508평)	분양평수 18.74평, 318,580천 원	117,117천 원
						분양평수 23.31평, 396,270천 원	194,807천 원
						분양평수 34.89평 593,130천 원	391,667천 원
		202	83,500,000 × 1.8		208,195,560 (12.2468평)	분양평수 18.74평, 318,580천 원	110,385천 원
						분양평수 23.31평, 396,270천 원	188,075천 원
						분양평수 34.89평 593,130천 원	384,935천 원
	라	101 102 103	78,200,000 × 1.8		194,980,752 (11.4695평)	분양평수 18.74평, 318,580천 원	123,600천 원
						분양평수 23.31평, 396,270천 원	201,290천 원
						분양평수 34.89평 593,130천 원	398,150천 원
		201 202	91,500,000 × 1.8		228,142,440 (13.4201평)	분양평수 18.74평, 318,580천 원	90,438천원
						분양평수 23.31평, 396,270천 원	168,128천 원
						분양평수 34.89평 593,130천 원	364,988천 원
	마	101 102 103	78,200,000 × 1.8		194,980,752 (11.4695평)	분양평수 18.74평, 318,580천 원	123,600천 원
						분양평수 23.31평, 396,270천 원	201,290천 원
						분양평수 34.89평 593,130천 원	398,150천 원
		201 202 203	91,500,000 × 1.8		228,142,440 (13.4201평)	분양평수 18.74평, 318,580천 원	90,438천 원
						분양평수 23.31평, 396,270천 원	168,128천 원
						분양평수 34.89평 593,130천 원	364,988천 원

○○ 연립	바	101 102 103	87,000,000 × 1.8	138.52%	216,922,320 (12.7601평)	분양평수 18.74평, 318,580천 원	101,658천 원
						분양평수 23.31평, 396,270천 원	179,348천 원
						분양평수 34.89평 593,130천 원	376,208천 원
		201 202 203	91,500,000 × 1.8		228,142,440 (13.4201평)	분양평수 18.74평, 318,580천 원	90,438천 원
						분양평수 23.31평, 396,270천 원	168,128천 원
						분양평수 34.89평 593,130천 원	364,988천 원

= 비례율(138.52%)

○○ 연립	101 102 103 105	62,100,000 × 1.8	138.52%	154,837,656 (9.1081평)	분양평수 18.74평, 318,580천 원	163,743천 원
					분양평수 23.31평, 396,270천 원	241,433천 원
					분양평수 34.89평 593,130천 원	438,293천 원
	201 202 203 205	66,100,000 × 1.8		164,811,096 (9.6948평)	분양평수 18.74평, 318,580천 원	153,769천 원
					분양평수 23.31평, 396,270천 원	231,459천 원
					분양평수 34.89평 593,130천 원	428,319천 원
	301 302 303 305	62,100,000 × 1.8		154,837,656 (9.1081평)	분양평수 18.74평, 318,580천 원	163,743천 원
					분양평수 23.31평, 396,270천 원	241,433천 원
					분양평수 34.89평 593,130천 원	438,293천 원

토지·건물	174-10 상가	1,052,597,306 × 1.8	138.52%	2,624,504,018	상가 1층 189㎡ × 0.3025 × 3,000만 원/평 = 1,715,175천 원	-909,329천 원
					분양평수 34.89평 593,130천 원	-2,031,374천 원
	174-99 상가	690,408,582 × 1.8		1,721,437,142	상가 1층 189㎡ × 0.3025 × 3,000만 원/평 = 1,715,175천 원	-6,262천 원
					분양평수 34.89평 593,130천 원	-1,128,307천 원
	174-64 주택	314,542,800 × 1.8		784,268,435 (46.1334평)	분양평수 18.74평, 318,580천 원	-465,688천 원
					분양평수 23.31평, 396,270천 원	-387,998천 원
					분양평수 34.89평 593,130천 원	-191,138천 원
	174-65 주택	305,857,200 × 1.8		762,612,108 (44.8595평)	분양평수 18.74평, 318,580천 원	-444,032천 원
					분양평수 23.31평, 396,270천 원	-366,342천 원
					분양평수 34.89평 593,130천 원	-169,482천 원

토지	174-12/대	63,153,300 × 1.8	138.52%	157,463,912 (9.2626평)	분양평수 18.74평, 318,580천 원	161,116천 원
					분양평수 23.31평, 396,270천 원	238,806천 원
					분양평수 34.89평 593,130천 원	435,666천 원
	174-66/도	29,535,870 × 1.8		73,643,556 (4.3320평)	분양평수 18.74평, 318,580천 원	×
					분양평수 23.31평, 396,270천 원	
					분양평수 34.89평 593,130천 원	

토지	174 -98 /도	2,620,800 × 1.8	138.52%	6,534,597 (0.3844평)	분양평수 18.74평, 318,580천 원	×
					분양평수 23.31평, 396,270천 원	
					분양평수 34.89평 593,130천 원	

□ **기타 - 토지등소유자의 의문사항**

1. 조합원분양가와 일반분양가의 책정에 관한 사항

정비사업은 다음의 산식에 따라 조합 전체에 귀속되는 이익을 특정 조합원에게 나누어주게 됩니다.

다음

(수입-비용) ×

(특정 조합원 종전자산의 가액 ÷ 전체 조합원 종전자산의 가액의 합)

그런데 이 때 조합원분양가를 일반분양가의 90% 수준으로 변경한다면 조합 전체의 입장에서는 비용은 같은데 총수입액이 줄게 되고 조합 전체에 귀속되는 이익이 작아지게 됩니다.

이 경우의 특정 조합원 간에 미치는 영향을 보면 다음과 같습니다.

[전제: 전체 조합원 종전자산가액의 합을 100억이라 하고 특정 조합원 A의 종전 자산가액을 2억, 특정 조합원 B의 종전 자산가액을 1억이라 하고 조합원분양가와 일반분양가를 같게 하였을 때의 수입을 400억 원, 비용을 250억 원, 조합원분양가를 일반분

양가의 90%로 했을 때의 수입을 380억 원(이 때의 비용은 변화가 없는 250억임) 이라 함.]

다음

구분	조합원분양가 = 일반분양가	조합원분양가가 일반분양가의 90%
		영향
특정인 A	권리가액 300,000,000원 [(400억 원 - 250억 원) × (2억 원 ÷ 100억 원)]	권리가액 260,000,000원 (380억 원 - 250억 원) × (2억 원 ÷ 100억 원)
		260,000,000 / 300,000,000 × 100 = 86.67%
특정인 B	권리가액 150,000,000원 [(400억 원 - 250억 원) × (1억 원 ÷ 100억 원)]	권리가액 130,000,000원 (380억 원 - 250억 원) × (1억 원 ÷ 100억 원)
		130,000,000 / 150,000,000 × 100 = 86.67%
	300,000,000 / 150,000,000 = 2	260,000,000 / 130,000,000 = 2

위 표는 조합원분양가를 일반분양가보다 작게 하더라도 특정인 A와 B에 미치는 영향은 권리가액은 줄어들지만 특정인 A와 B가 조합에서 차지하는 출자자로서의 지위의 변화는 없다는 것을 보여 줍니다.

그런데 위와 같은 상황에서 특정인A, 특정인B가 20평 아파트를 분양받았을 때의 분담금의 변화를 보겠습니다.

구분	분양대금 340,000,000원 (분양단가 1,700만 원/평)	분양대금 306,000,000원 (분양단가 1,700만 원/평 × 90%)
	분담금(분양대금 - 권리가액)	분담금(분양대금 - 권리가액)
특정인 A	40,000,000원 (340,000,000원 - 300,000,000원)	46,000,000원 (306,000,000 - 260,000,000) 46,000,000 / 40,000,000 × 100 = 115%
특정인 B	190,000,000원 (340,000,000원 - 150,000,000원)	176,000,000원 (306,000,000 - 130,000,000) 176,000,000 / 190,000,000 × 100 = 92.63%
	40,000,000 / 190,000,000 = 0.2105	46,000,000 / 176,000,000 = 0.2614

위 표는 조합원분양가를 일반분양가보다 작게 하는 경우 특정인 A와 B에 미치는 영향은 극명하게 갈리고 있음을 보여줍니다.

앞으로 관리처분계획수립 시에 이 점에 대한 조합원의 의사결정을 요합니다. 양자의 주요 장점을 표로 표기하면 다음과 같습니다.

구분	장점	단점
조합원분양가 일반분양가의 90%	조합원들은 당장의 시세차익을 보고 있다고 느낍니다.	서로 다른 액수의 종전자산을 소유하는 토지등소유자 간에 갈등을 유발할 수 있어 신속한 사업 진행에 바람직하지 않을 수 있습니다.

2. 종전 부동산 추정가액에 관한 오해의 해소

조합원이 소유하고 있는 부동산의 가액은 위치, 층별 등을 감안하여 관리처분계획 인가 시 2개의 감정평가법인등의 감정으로 결정됩니다.

그런데 특정 조합원이 소유하고 있는 부동산의 가액이 공개되면 너무 낮다는 등의 불만을 표출하는 경우가 있습니다. 그런데 이는 잘못된 것입니다.

이에 대하여 다음과 같이 설명드립니다.

위 설명에서는 특정 조합원의 평균 종전 부동산 가액을 112,660천 원 × 1.8 = 202,788천 원으로 가정하여 산출하였습니다. 이 경우 전체 조합원을 59명으로 가정할 때 전체 조합원의 종전 부동산의 가액의 합은 11,964,492천 원(59 × 202,788천 원)입니다.

만일 조합원들의 요구대로 평균 종전 부동산 가액을 300,000천 원으로 가정한다면 이 경우 전체 조합원의 종전 부동산의 가액의 합은 17,700,000천 원(59 × 300,000,000원)입니다.

아래의 표는 이럴 때 특정 조합원이 정비사업을 하여 얻는 이익에 변화가 있는지 설명합니다.

(단위: 천 원)

구분	비례율(%)	종전자산의 평균가액	종전 부동산의 평균 권리가액
변경 전	154.93	202,788	314,179
변경 후	104.72 (총수입액56,297,334천 원 - 총사업비액 37,761,120천 원) ÷ 17,700,000천 원	300,000	314,160 (산출식 : 300,000 × 104.72%)

위 표는 조합원들의 요구대로 평균 종전 부동산 가액을 상향하였다 하더라도 비례율에 변동이 생길 뿐 '특정 조합원이 정비사업을 통해서 얻는 이익은 대동소이하다'는 것을 보여줍니다.

특정 조합원이 소유하는 종전 부동산의 가액을 정하는 이유는 조합원에게 귀속되는 전체이익을 각 특정조합원에게 분배하는 비율을 정하기 위함입니다. 이 비율은 특정 조합원이 소유하는 종전 부동산의 가액이 전체 조합원이 소유하는 종전 부동산 가액의 합에서 차지하는 것으로, 특정 조합원이 이 건 정비사업을 하여 발생하는 총사업비의 부담비율이고 동시에 이 건 정비사업을 하여 발생하는 총수입의 분배비율을 의미합니다.

따라서 감정평가과정에서 특정 조합원의 종전자산가액을 잘못 산출한 경우가 아니면 전체로서의 종전자산가액 산출을 두고 "잘했다 못했다" 하는 것은 분쟁만을 야기하여 신속한 사업의 진행을 저해하는 것이 됩니다. <u>이와 관련된 오해로 신속한 사업의 진행에 저해되는 일이 없어야 합니다.</u>

3. 설계도면에 관하여- 계획도면, 실시설계도, 시공도면

배치도 및 평형별 단위평면도는 공사를 시행하기 위한 시공도면이 아니라 배치계획 및 단위평면의 기본계획을 수립하기 위한 계획도면으로서 사업시행계획 수립 및 시공자 선정을 위한 용도로 쓰이는 하나의 기본 계획설계(Concep Drawing) 즉, 설계의 방향이나 개념만을 잡기 위한 도면입니다.

이후 이 도면을 기초로 하여 시공도면의 기본안이 작성되고 이 안을 기준으로 하여 설계자가 시행자인 조합과 많은 토의를 거친 후 공사를 위한 실시설계도가 확정되며, 인·허가기관의 허가를 받으면 본공사를 착수할 수 있는 시공도면이 확정됩니다.

4. 사업시행계획변경의 주된 요인

※ 관계 법규 등의 개정으로 용적률 등이 완화되거나 사업시행계획에 대한 심의나 인·허가 과정에서 건축규모나 사업추진일정 등이 조정 및 변경될 수 있습니다.
※ 사업시행계획(안)에 제시된 수입과 지출경비 등의 수치는 모두 사업시행계획 수립 당시의 시점에서 예상한 수치로 추후 시공자와의 계약조건, 협력사에 대한 입찰 및 계약조건 그리고 분양 시 결정되는 분양금액과 사업추진기간 등에 따라 변경될 수 있습니다.
※ 조합원의 의견수렴과 조합 내부 및 총회결의, 시공자를 포함한 사업추진을 위한 협력회사와의 업무협의 과정에서 변경될 수 있습니다.

□ 사업 추진일정

※ 아래의 일정은 법령상의 준수기간을 기초로 일반적인 예상 소요기간을 추정하였으로 조합원과의 협의, 인가과정, 현장사정 등에 따라 변경될 수 있습니다.

2장

조합

1. 총설

가. 조합의 개념

시장·군수등, 토지주택공사등 또는 지정개발자가 아니 자가 소규모재개발사업, 가로주택정비사업, 소규모재건축사업을 시행하려는 경우에는 토지등소유자로 구성된 조합을 설립하여야 한다.(다만 20인 미만의 토지등소유자가 소규모재개발사업, 가로주택정비사업, 소규모재건축사업을 시행하려는 경우에는 주민합의체를 구성하여 할 수 있다. 소규모주택법 제17조제3항)

따라서 조합은 소규모재개발정비사업조합과 가로주택정비사업조합, 소규모재건축정비사업조합이 있다.

나. 조합의 법적인 지위

(1) 공법상의 사단법인으로서의 사업시행자

조합은 소규모주택정비법에 의해 설립에 관한 절차가 규율되며 법에 의해 정비사업의 시행자로서 사업과 관련한 모든 권리·의무를 가진다.(소규모주택정비법 제56조, 도시정비법 제38조제1항)

조합은 사업대상지역의 토지등소유자로 구성되며 조합원의 자격은 법에 의해 규율된다.

조합은 정비사업의 시행에 따른 자료제출 등의 의무를 가지며 사업시행에 대해 국가·지방자치단체의 감독을 받는다.

(2) 행정주체로서의 조합

사업시행자인 조합은 사업을 시행하는데 큰 역할을 하는 행정계획에 대한 입안권을 가지게 된다. 조합은 정비사업의 사업시행계획(관리처분계획 포함)을 작성할 수 있으며 이는 시장·군수등의 인가 후 확정된다.(소규모주택정비법 제29조) 이렇게 확정된 사업시행계획은 조합이 사업을 시행하는데 필요한 제반 행정처분의 기초가 된다.

조합은 행정주체로서의 행정청이며 그 행정처분에 불복하고자 하는 경우에는 행정소송을 통해서 그에 대한 하자의 치유를 구해야 한다.

(3) 조합원, 행정청, 사업관계자와의 관계

(가) 조합과 조합원과의 관계

조합은 토지등소유자인 조합원으로 구성되며 조합원은 조합에 대해 법과 정관이 정한 권리와 의무가 있다.
조합과 조합원과의 관계는 이해관계가 서로 일치하는 경우가 대부분이겠지만 대립하는 경우가 함께 존재하는 관계이다. 조합원은 조합원 총회를 통하여 의사결정에 참여하지만 다른 한편으로 조합은 행정청의 지위에서 사업시행에 필요한 행정처분을 행함으로써 조합원에게 의무를 부과하게 된다. 따라서 조합원이 조합이 내린 행정처분에 불복하는 경우에는 조합을 피고로 하는 행정소송을 제기하게 된다.

(나) 조합과 행정청과의 관계

조합은 행정청과 서로 협의·협력하면서도 다른 한편으로는 행정청의 감독을 받거나 행정처분을 구하기도 한다. 조합은 위 (가)에서와 같은 행정처분의 시행자이면서도 행정처분의 적용대상이 되는 이중적인 지위에 있는 것이다.
행정청이 조합의 사업시행계획인가 신청, 관리처분계획인가 신청, 준공인가 신청에 대해 거부하는 경우 조합은 행정청을 피고로 거부처분 취소소송을 제기할 수 있다.

(다) 조합과 사업관계자와의 관계

조합은 사업시행자로서 사업관계자와의 관계에서 사법(私法)상의 '건축주'의 지위에 있다. 조합과 사업관계자 간에 체결된 계약은 민법 등에 의한 계약으로 보기 때문에 법에서는 조합과 사업관계자 간의 법률관계에 대해서는 특별히 관여하지 않는다. 다만, 계약체결의 방법, 시기, 내용 등에 대해 일부 제한규정을 두고 있다. 따라서 당사자 간에 분쟁이 발생하는 경우에는 민사소송으로 해결하게 된다.

2. 조합원

가. 조합원의 개념과 자격
(1편 5장 토지등소유자, 조합원, 분양대상자, 참조)

나. 조합원의 권리와 의무

조합원의 권리는 총회에 출석하여 발언 및 의결권을 행사할 수 있는 권리, 임원 및 대의원의 선출권과 피선출권 및 관련 자료의 공람 요청권 등이 있다.

조합원 의무사항은 정관이나 법령에 의해 조합원에게 부여된다. 조합원은 정비사업에 필요한 비용의 부과금, 청산금 및 지연손실금 등을 납부할 의무가 있다. 또한 관계법령, 조합정관 및 총회 등의 의결사항을 준수할 의무를 진다. 이러한 의무를 이행하지 않을 경우 제명되기도 한다.

3. 조합의 설립

가. 총설(소규모주택정비법 제23조)

　소규모재개발사업, 가로주택정비사업의 토지등소유자는 조합을 설립하는 경우 토지등소유자의 10분의 8 이상 및 토지면적의 3분의 2 이상의 토지소유자 동의를 받은 후 조합설립을 위한 창립총회를 개최하고 시장·군수등의 인가를 받아야 한다. 이 경우 사업시행구역의 공동주택은 각 동(복리시설의 경우에는 주택단지의 복리시설 전체를 하나의 동으로 취급함)별 구분소유자의 과반수 동의(공동주택의 각 동별 구분소유자가 5명 이하인 경우는 제외함)를, 공동주택 외의 건축물은 해당 건축물이 소재하는 전체 토지면적의 2분의 1 이상의 토지소유자 동의를 받아야 한다.(소규모재개발사업의 경우 소규모주택정비법에 이에 관한 규정이 없으나 소규모주택정비법 제22조제4항에서와 같이 주민합의체를 구성하여 소규모재개발사업을 하는 경우에도 이 내용이 적용되므로 소규모재개발사업에도 적용되는 것으로 해석된다. 입법의 불비가 아닌가?)

　소규모재건축사업의 토지등소유자는 조합을 설립하는 경우 주택단지의 공동주택의 각 동(복리시설의 경우에는 주택단지의 복리시설 전체를 하나의 동으로 본다)별 구분소유자의 과반수 동의(공동주택의 각 동별 구분소유자가 5명 이하인 경우는 제외한다)와 주택단지의 전체 구분소유자의 4분의 3 이상 및 토지면적의 4분의 3 이상의 토지소유자 동의를 받아 시장·군수등의 인가를 받아야 한다. 주택단지가 아닌 지역이 사업시행구역에 포함된 경우 주택단지가 아닌 지역의 토지 또는 건축물 소유자의 4분의 3 이상 및 토지면적의 3분의 2 이상의 토지소유자의 동의를 받아야 한다.

나. 토지등소유자의 동의, 철회

(1) 동의의 대상(소규모주택정비법 시행령 제20조제1항)

조합의 설립에 관하여 토지등소유자의 동의를 받아야 하는 사항은 다음과 같다.

　　(가) 건축되는 건축물의 설계 개요

　　(나) 공사비 등 소규모주택정비사업에 드는 비용(정비사업비)

　　(다) 정비사업비의 분담기준

　　(라) 사업 완료 후 소유권의 귀속에 관한 사항

　　(마) 정관[조합설립인가 절차에 소요되는 비용에 관한 사항은 정관으로 정한다.

　　　(소규모주택정비법 시행령 제20조제4항, 신설 2023. 10. 18.)]

(2) 동의의 방법 - 동의서의 검인신청 등

동의서에 기재할 사항을 기재한 후 관련서류를 첨부하여 시장·군수등에게 검인을 신청하여야 한다. 신청을 받은 시장·군수등은 동의서 기재사항의 기재여부 등 형식적인 사항을 확인하고 해당 동의서에 연번을 부여한 후 검인을 하여야 한다. 시장·군수등은 신청을 받은 날로부터 20일 이내에 신청인에게 검인한 동의서를 내주어야 한다.(소규모주택정비법 시행령 제22조의2)

검인을 받지 아니한 서면동의서는 그 효력이 발생하지 아니한다.(소규모주택정비법 제25조제1항)

토지등소유자의 동의는 검인을 받은 동의서에 토지등소유자가 성명을 적고 지장(指章)을 날인하는 방법으로 하며, 주민등록증, 여권 등 신원을 확인할 수 있는 신분증명서의 사본을 첨부하여야 한다.(소규모주택정비법 제25조제1항)

토지등소유자가 해외에 장기체류하거나 법인인 경우 등 불가피한 사유가 있다고 시장·군수등이 인정한 경우에는 토지등소유자의 인감도장을 찍은 후 서면동의서에 인

감증명서를 첨부하는 방법으로 할 수 있다.(소규모주택정비법 제56조제1항, 도시정비법 제36조제2항)

이 경우 동의를 받기 전에 <u>건축되는 건축물의 설계 개요, 공사비 등 소규모주택정비사업에 드는 비용(정비사업비), 정비사업비의 분담기준, 사업 완료 후 소유권의 귀속에 관한 사항, 정관, 토지등소유자별 분담금 추산액 및 산출근거의 사항을 토지등소유자에게 서면으로 제공해야 한다.</u>(소규모주택정비법 시행령 제20조제2항, 개정 2023. 10. 18.)

(3) 동의자 수 산정(소규모주택정비법 시행령 제23조, 도시정비법 시행령 제33조)

토지등소유자(토지면적에 관한 동의자 수를 산정하는 경우에는 토지소유자를 말함)의 동의는 다음의 (가)에서 (마)까지의 기준에 따라 산정한다.

(가) 가로주택정비사업, 소규모재개발사업의 경우에는 다음 ①②③④의 기준에 의한다.

① 1필지의 토지 또는 하나의 건축물을 여럿이서 공유할 때에는 그 여럿을 대표하는 1인을 토지등소유자로 산정할 것.

(참조: 사업구역이 「전통시장 및 상점가 육성을 위한 특별법」에 따른 전통시장 및 상점가로서 1필지의 토지 또는 하나의 건축물을 여럿이서 공유하는 경우에 는 해당 토지 또는 는 건축물의 토지등소유자의 4분의 3 이상의 동의를 받아 이를 대표하는 1인을 토지등소유자로 산정할 수 있다. 그러나 「전통시장 및 상점가 육성을 위한 특별법」에 따른 전통시장 및 상점가 정비사업은 도시정비법상의 재개발사업으로 취급된다)

[<u>하나의 건축물 또는 토지의 소유권을 다른 사람과 공유한 경우 조합원이 되는 경우에는 지분의 대소와 관계없이 대표자로 선임되어 조합원이 될 수 있으나, 임원이 되기 위해서는 가장 많은 지분을 소유한 자이어야 한다.</u>(소규모주택정비 법 제56조제1항, 도시정비법 제41조제1항)]

② 토지에 지상권이 설정되어 있는 경우 토지의 소유자와 해당 토지의 지상권

자를 대표하는 1인을 토지등소유자로 산정할 것

③ 1인이 다수 필지의 토지 또는 다수의 건축물을 소유하고 있는 경우에는 필지나 건축물의 수에 관계없이 토지등소유자를 1인으로 산정할 것.

④ 둘 이상의 토지 또는 건축물을 소유한 공유자가 동일한 경우에는 그 공유자 여럿을 대표하는 1인을 토지등소유자로 산정할 것

(나) 소규모재건축사업의 경우에는 다음 ①②③의 기준에 의한다.

① 소유권 또는 구분소유권을 여럿이서 공유하는 경우에는 그 여럿을 대표하는 1인을 토지등소유자로 산정할 것

[하나의 건축물 또는 토지의 소유권을 다른 사람과 공유한 경우 조합원이 되는 경우에는 지분의 대소와 관계없이 대표자로 선임되어 조합원이 될 수 있으나, 임원이 되기 위해서는 가장 많은 지분을 소유한 자이어야 한다.(소규모주택정비법 제56조제1항, 도시정비법 제41조제1항)]

② 1인이 둘 이상의 소유권 또는 구분소유권을 소유하고 있는 경우에는 소유권 또는 구분소유권의 수에 관계없이 토지등소유자를 1인으로 산정할 것

③ 둘 이상의 소유권 또는 구분소유권을 소유한 공유자가 동일한 경우에는 그 공유자 여럿을 대표하는 1인을 토지등소유자로 할 것

(다) 조합의 설립에 동의한 자로부터 토지 또는 건축물을 취득한 자는 조합의 설립에 동의한 것으로 볼 것

(라) 토지등기부등본·건물등기부등본·토지대장 및 건축물관리대장에 소유자로 등재될 당시 주민등록번호의 기록이 없고 기록된 주소가 현재 주소와 다른 경우로서 소재가 확인되지 아니한 자는 토지등소유자의 수 또는 공유자 수에서 제외할 것

(마) 국·공유지에 대해서는 그 재산관리청 각각을 토지등소유자로 산정할 것

(4) 동의의 철회 또는 반대의사의 표시(소규모주택정비법 시행령 제23조, 도시정비법 시행령 제33조)

동의를 철회하거나 반대의 의사표시를 하려는 토지등소유자는 철회서에 토지등 소유자가 성명을 적고 지장(指章)을 날인한 후 주민등록증 및 여권 등 신원을 확인할 수 있는 신분증명서 사본을 첨부하여 동의의 <u>상대방 및 시장·군수등에게 내용증명의 방법</u>으로 발송하여야 한다.(실무상 상대방 또는 시장·군수등 중 어느 하나에게만 보내는 경우가 있다. 모두에게 보내야 철회로서의 효력을 인정하고 있음에 주의를 요한다) 이 경우 시장·군수등이 철회서를 받은 때에는 지체 없이 동의의 상대방에게 철회서가 접수된 사실을 통지하여야 한다.

동의의 철회나 반대의 의사표시는 철회서가 동의의 상대방에게 도달한 때 또는 시장·군수등이 동의의 상대방에게 철회서가 접수된 사실을 통지한 때 중 빠른 때에 효력이 발생한다.

동의의 철회 또는 반대의사 표시는 일반적인 경우 해당 동의에 따른 인·허가 등을 신청하기 전까지 할 수 있으나, 조합설립에 대한 동의[동의 후 건축되는 건축물의 설계 개요, 공사비 등 소규모주택정비사업에 드는 비용(정비사업비), 정비사업비의 분담기준, 사업 완료 후 소유권의 귀속에 관한 사항, 정관 등 동의의 대상인 사항이 변경되지 아니한 경우로 한정함]는 최초로 동의한 날부터 30일까지만 철회할 수 있고 최초로 동의한 날부터 30일이 지나지 아니한 경우에도 조합설립을 위한 창립총회 후에는 철회할 수 없다.

(5) 토지등소유자의 동의서 재사용의 특례(소규모주택정비법 제56조, 도시정비법 제37조, 도시정비법 시행령 제35조)

조합설립인가(변경인가를 포함함)를 받은 후에 동의서 위조, 동의 철회, 동의율 미달 또는 동의자 수 산정방법에 관한 하자 등으로 다툼이 있는 경우로서 다음의 (가) (나) 어느 하나에 해당하는 때에는 <u>동의서의 유효성에 다툼이 없는 토지등소유자의 동의서</u>를 <u>다시 사용할 수 있다.</u>

(가) 조합설립인가의 무효 또는 취소<u>소송 중</u>에 일부 동의서를 추가 또는 보완하여 <u>조합설립 변경인가를 신청</u>하는 때로서 다음 ①②와 같은 요건 모두를 충족하는 경우
　① 토지등소유자에게 기존 동의서를 다시 사용할 수 있다는 취지와 반대의사표시의 절차방법을 서면으로 설명·고지할 것
　② 60일 이상의 반대의사표시 기간을 위의 서면에 명백히 적어 부여할 것

(나) 법원의 판결로 조합설립인가의 <u>무효 또는 취소가 확정</u>되어 <u>조합설립인가를 다시 신청</u>하는 때로서 다음 ①②③④⑤⑥과 같은 요건 모두를 충족하는 경우
　① 토지등소유자에게 기존동의서를 다시 사용할 수 있다는 취지와 반대의사표시의 절차 및 방법을 서면으로 설명·고지할 것
　② 90일 이상의 반대의사표시 기간을 위의 서면에 명백히 적어 부여할 것
　③ 사업시행구역, 조합정관, 정비사업비, 개인별 추정분담금, 신축되는 건축물의 연면적 등 <u>정비사업의 변경내용</u>을 위의 서면에 포함할 것
　④ 다음의 <u>변경의 범위가 모두 100분의 10 미만</u>일 것
　　a. 사업시행구역 면적의 변경
　　b. 정비사업비의 증가(생산자물가상승률분 및 분양신청을 하지 않은 자 등에 지급되는 현금청산 금액은 제외)
　　c. 신축되는 건축물의 연면적 변경
　⑤ 조합설립인가의 무효 또는 취소가 확정된 조합과 새롭게 설립하려는 조합이 추진하려는 정비사업의 목적과 방식이 동일할 것
　⑥ 조합설립의 무효 또는 취소가 확정된 날부터 <u>3년 내에 새로운 조합을 설립하기 위한 창립총회를 개최</u>할 것

다. 창립총회

(1) 창립총회 개최를 위한 동의자수 - 조합설립에 대한 동의자 수

조합설립에 대한 동의를 받은 후 조합설립인가를 신청하기 전에 조합설립을 위한 창립총회를 개최하여야 한다.

창립총회의 개최는 <u>조합설립에 대한 동의율이 충족된 상태에 따라 개최</u>하여야 하며 충족되지 않은 상태에서의 창립총회는 그 효력이 없다.

(2) 창립총회 개최절차 등(소규모주택정비법 시행령 제20조의 2, 2022.8.2. 신설, 개정 2023. 10. 18)

토지등소유자는 창립총회를 개최하려는 경우 <u>토지등소유자 과반수의 동의로 대표자를 선임해야 한다.</u> 보통 조합설립동의서를 징구할 때 같이 받는다.

창립총회는 선임된 대표자의 직권 또는 토지등소유자 5분의 1 이상의 요구로 대표자가 소집한다. 다만, 토지등소유자 5분의 1 이상의 소집요구에도 불구하고 대표자가 2주 이상 소집요구에 응하지 않는 경우에는 소집을 요구한 자의 대표자가 소집할 수 있다.

대표자는 창립총회 개최일의 <u>14일</u> 전까지 창립총회의 목적, 일시, 장소, 상정 안건, 참석자격 및 참석자 구비사항 등을 인터넷 홈페이지 등 「정보통신망 이용촉진 및 정보보호 등에 관한 법률」에 따른 <u>정보통신망을 통해 공개</u>하고, 토지등소유자에게 <u>등기우편으로 통지</u>해야 한다.

(3) 창립총회의 의결안건 및 의결방법(소규모주택정비법 시행령 제20조의3)

조합설립에 대한 서면동의를 받은 후 개최되는 조합 창립총회에서는 조합 정관의 확정, 조합 임원과 대의원의 선임, 그 밖에 필요한 사항으로서 사전에 통지한 사항만을 의결할 수 있다.

창립총회의 의사결정은 토지등소유자(소규모재건축의 경우에는 조합설립에 동의한 토지등소유자로 한정함) 과반수 출석과 토지등소유자의 과반수의 찬성으로 결의한다. 다만, 조합임원 및 대의원의 선임은 확정된 정관에서 정하는 바에 따라 선출한다.

창립총회 진행시 상정안건의 결의 순서는 조합정관의 확정 및 조합장선출, 조합 임원의 선임안건을 먼저 결의하는 것이 적법한 총회진행을 위해 바람직하다.

토지등소유자는 서면으로 의결권을 행사할 수 있다. 이 경우 서면의결권을 행사하는 자가 본인인지를 확인하여야 하고 서면으로 의결권을 행사하는 경우에는 정족수를 산정할 때에 출석한 것으로 본다.

다음 ①②③의 어느 하나에 해당하는 경우에는 대리인을 통하여 의결권을 행사할 수 있다.(소규모주택정비법 제56조제1항, 도시정비법 제45조제5항, 제6항의 준용)

　　① 토지등소유자가 권한을 행사할 수 없어 배우자, 직계존비속 또는 형제자매 중에서 성년자를 대리인으로 정하여 위임장을 제출하는 경우

　　② 해외에 거주하는 토지등소유자가 대리인을 지정하는 경우

　　③ 법인인 토지등소유자가 대리인을 지정하는 경우.

창립총회의 경우에는 조합원의 20/100 이상이 직접 출석하여야 한다.(소규모주택정비법 제56조제1항, 도시정비법 제45조제7항의 준용) 위에 따라 대리인을 통하여 의결권을 행사하는 경우 직접 출석한 것으로 본다.

라. 시장·군수등의 조합설립인가

(1) 조합설립인가란 토지등소유자의 정비사업을 목적으로 하는 조합설립행위(동의서 작성. 정관 승인. 임원의 선출 등 행위)를 심사하여 그 요건이 충족되면 발하여지는 행정처분으로 토지등소유자의 조합설립이라는 법률행위(합동행위)를 완성시키는 동의행위(보충행위)이다.

조합설립인가와 관련하여 행정청이 심사해야 하는 대상은 조합정관의 적법성 등을 포함한 조합설립요건의 충족 여부이다. 조합정관은 총회에서 조합원들의 결의가 있으면 효력을 발생하는 것이지만 조합설립인가 신청서를 시장·군수등에 제출하여 조합설립인가를 받으면 법적인 효력이 확정되는 것이다.

토지등소유자의 조합설립행위가 불성립 또는 무효일 때에는 인가가 있어도 유효로 되지 않는다.

(2) 조합설립인가신청 시 제출서류(소규모주택정비법 제23조, 동법 시행규칙 제9조)

조합설립인가 신청시 제출하여야 하는 서류는 다음 ①에서 ⑨까지와 같다.

① 주택건설예정세대수, 사업시행구역의 지번·지목 및 등기명의자, 도시·군관리계획상의 용도지역, 대지(가로주택정비사업의 경우 해당 가로구역의 범위를 포함함) 및 주변현황을 기재한 <u>사업계획서</u>
② 가로주택정비사업이 시행되는 가로구역의 일부나 소규모재개발사업 부지의 일부가 도로에 둘러싸여야 하는 요건을 충족하기 위하여 <u>도로예정지를 두어야할 경우 도로예정지를 입증하는 서류</u>로서 다음의 어느 하나에 해당하는 서류
    a. 너비 6미터 이상의 도시계획도로의 설치에 관한 <u>도시·군관리계획의 입안</u>을 제안하기 위한 「국토의 계획 및 이용에 관한 법률」에 따른 도시·군관리계 획도서와 계획설명서

b. 너비 6미터 이상의 「사도법」에 따른 <u>사도의 개설허가 신청에 필요한</u> 서류

c. 그 밖의 관계 법령에 따라 너비 6미터 이상의 도로를 신설·변경하려는 경우 해당 법령에서 정한 계획도서와 계획설명서

③ 조합원 명부(조합원 자격을 증명하는 서류를 포함함)

④ 토지·건축물 또는 지상권이 수인의 공유에 속하는 경우 그 대표자의 선임 동의서

⑤ 공사비 등 소규모주택정비사업에 드는 비용 등이 기재된 토지등소유자의 조합 설립 동의서 및 동의사항을 증명하는 서류

⑥ 정관

⑦ 창립총회에서 선임된 임원 및 대의원의 자격을 증명하는 서류

⑧ 창립총회 회의록(창립총회 참석자 명부를 포함함)

⑨ 그 밖에 시·도조례로 정하는 다음의 서류

a. 사업시행구역의 위치도 및 현황사진

b. 사업시행구역 안의 토지 및 건축물의 지형이 표시된 지적현황도

c. 매도청구대상명부 및 매도청구계획서

(3) 시장·군수등은 조합설립인가를 하는 때에는 14일 이상 주민 공람을 거쳐 의견을 수렴하고 사업시행구역 등 대통령령으로 정하는 사항을 해당 지방자치 단체의 공보에 고시하여야 한다.

조합은 조합설립인가를 받은 때에는 정관으로 정하는 바에 따라 토지등소유자에게 그 내용을 통지하고, 이해관계인이 열람할 수 있도록 해야 한다.(소규모주택정비법 시행령 제20조)

조합이 가로주택정비사업, 소규모재건축사업 또는 소규모재개발사업을 시행하는 경우 「주택법」 제54조를 적용할 때에는 해당 조합을 같은 법 제2조제10호에 따른 사업주체로 보며, 조합설립인가를 받은 날에 같은 법 제4조에 따른 주택건설사업 등의 등록

을 한 것으로 본다.(소규모주택정비법 제23조)

(4) 조합설립인가 절차에 소요되는 비용에 관한 사항은 정관으로 정한다.(소규모주택
정비법 시행령 제20조제4항, 신설 2023. 10. 18.)

(5) 조합설립인가·고시 후의 행위 제한(소규모주택정비법 제23조의 3)

조합설립인가가 고시되면 고시일의 다음날부터 건축물의 건축, 공작물의 설치, 토지
의 형질변경, 토석의 채취, 토지의 분할·합병, 물건을 쌓아놓는 행위 등 그밖에 대통령
령으로 정하는 행위를 하려는 자는 시장·군수등의 허가를 받아야 한다.(소규모주택정비
법 제18조제2항 및 제19조제2항에 따른 공공시행자 및 지정개발자의 지정 고시가 있은 날, 소규모주
택정비법 제22조제10항에 따른 주민 합의체 구성 고시가 있은 날의 다음 날부터도 마찬가지이다.)
2022.2.3. 소규모주택정비법에 신설된 내용으로서 도시정비법상의 정비구역 지
정·고시 후의 정비구역 등에서의 행위제한에 상응하는 내용이다.
시장·군수등은 위 사항을 위반한 자에게 원상회복을 명할 수 있다. 이 경우 명령을
받은 자가 그 의무를 이행하지 아니하는 때에는 시장·군수등은 「행정대집행법」에 따
라 대집행할 수 있다.

마. 조합설립등기

조합은 법인으로 하며 조합에 관하여는 소규모주택정비법에 규정된 것을 제외하고는
「민법」 중 사단법인에 관한 규정을 준용한다.(소규모주택정비법 제23조)

조합의 설립등기란 등기사항을 당사자의 신청에 의하여 등기관이 등기소에 비치된 법
인등기부에 이를 기재하는 것을 말한다.
조합은 일정한 사항을 등기하는 때에 성립한다. 조합설립인가를 받게 되면 조합 설
립행위의 효력이 완성되며 조합은 등기함으로써 법인격을 취득하게 된다.(소규모주택정비

법 제56조제1항, 도시정비법 제38조제2항)

(1) 등기신청인

등기신청 당사자는 정비조합 법인을 말하며 등기를 신청하는 자는 조합장(조합을 대표할 사람)이다.

(2) 등기신청기간 및 관할

조합설립인가를 받은 날로부터 30일 이내에 주된 사무소의 소재지에서 설립등기를 하여야 한다.

(3) 등기사항

다음 사항을 기재하도록 규정되어 있다.

- 설립목적 : 설립목적으로 정관에 규정된 사항을 기재한다.
- 조합의 명칭 : 조합의 명칭을 정할 때에는 <u>정비사업의 시행방식을 포함</u>하여야 하며, '<u>정비사업조합</u>'이라는 <u>문자</u>를 사용하여야 한다.
- 주된 사무소의 소재지
- 설립인가일
- 임원의 성명 및 주소 : 조합장은 성명, 주소 및 주민등록번호를 기재하고, 이사 및 감사 등 기타 임원은 성명과 주민등록번호를 기재한다.
- 임원의 대표권을 제한하는 경우에는 그 내용 : 조합을 대표하고 조합의 사무를 총괄하는 자는 조합장이므로 '조합장 ○○○외에는 대표권이 없음'이라고 기재한다.

(4) 등기신청 시 첨부서류

첨부서류는 등기신청서에 기재된 사항을 증명하는 기능을 하는 것으로 등기신청시 제출할 서류는 다음과 같다.

- 주무관청의 설립인가서
- 정관
- 창립총회 의사록

    법인 등기를 할 때 그 신청서류에 첨부되는 법인 총회 등의 의사록은 공증인의 인증을 받아야 한다.(공증인법 제66조의2제1항)

    인증은 공증인이 법인 총회 등의 결의의 절차 및 내용이 진실에 부합한다는 <u>사실을 확인하고, 촉탁인이나 그 대리인으로 하여금 공증인 앞에서 의사록의 서명 또는 기명날인을 확인하게 한 후 그 사실을 적는 방법</u>으로 한다. (공증인법 제66조의2제2항)

    사실의 확인은 다음의 어느 하나에 해당하는 방법으로 한다.(공증인법 제66조의2제3항)

    ① 공증인이 <u>해당 법인의 의결장소에 참석</u>하여 결의의 절차 및 내용을 검사한 후 그 검사 결과와 의사록의 내용이 부합하는지를 대조하는 방법
    ② 공증인이 해당 의결을 한 자 중 그 의결에 필요한 정족수 이상의 자 또는 그 대리인으로부터 진술을 듣고 그 진술과 의사록의 내용이 부합하는지를 대조하는 방법
- 임원취임승락서, 인감증명서
- 임원의 주소와 주민등록번호를 증명하는 서류
- 지방세 납부 및 통지용 등록세 영수증, 등기신청수수료로서 대법원 증지
- 조합장의 인감신고서 및 인감증명서
- 법인인감 발급카드신청서

4. 조합의 정관

가. 원시정관

정관은 조합설립추진대표자가 초안을 작성하여 토지등소유자로부터 조합설립에 관한 동의를 받고 창립총회 시에 결의를 받아 확정된다. 이를 원시정관이라 한다. 정관은 조합의 근본규칙이다.

조합의 정관은 다음의 사항이 포함되어야 한다.(소규모주택정비법 제56조제1항, 도시정비법 제40조제1항, 도시정비법 시행령 제38조, 인천광역시 도시 및 주거환경정비 조례 제20조제1항)
- 정비사업의 종류, 조합의 명칭 및 사무소의 소재지
- 정비사업의 시행연도 및 시행방법
- 소규모주택정비법 제17조에 따른 정비사업의 공동시행에 관한 사항
- 사업시행구역의 위치 및 면적
- 공고·공람 및 통지의 방법
- 조합원의 자격
- 토지등소유자 중 공유자인 경우 등 대표자 선정에 관하여 필요한 사항
- 조합원의 권리·의무에 관한 사항
- 조합원의 제명·탈퇴 및 교체
- 조합의 임원의 수 및 업무의 범위
- 임원의 임기, 업무의 분담 및 대행 등에 관한 사항
- 조합임원의 권리·의무·보수·선임방법·변경 및 해임
- 이사회의 설치 및 소집, 사무, 의결방법 등 이사회 운영에 관한 사항
- 임원 중 상근(常勤)임원의 지정 및 조합직원의 채용에 관한 사항과 상근임원 및 직원의 보수에 관한 사항
- 대의원의 수, 선임방법, 선임절차 및 대의원회의 의결방법
- 대의원회의 구성, 개회와 기능 및 그 밖에 회의의 운영에 관한 사항

- 총회의 의결을 거쳐야 할 사항의 범위

- 총회의 소집 절차·시기 및 의결방법

[총회의 의결방법, 서면의결권 행사 및 본인확인방법 등에 필요한 사항은 정관으로 정한다.(소규모주택정비법 제56조제1항, 도시정비법 제45조제9항)]

- 총회의 개최 및 조합원의 총회소집 요구

[총회는 조합장이 직권으로 소집하거나 조합원 5분의 1 이상(정관의 기재사항 중 조합임원의 권리·의무·보수·선임방법·변경 및 해임에 관한 사항을 변경하기 위한 총회의 경우는 10분의 1 이상으로 한다) 또는 대의원 3분의 2 이상의 요구로 조합장이 소집하며, 조합원 또는 대의원의 요구로 총회를 소집하는 경우 조합은 소집을 요구하는 자가 본인인지 여부를 대통령령으로 정하는 기준에 따라 정관으로 정하는 방법으로 확인하여야 하므로 그 확인 방법을 정관에 규정하여야 한다(소규모주택정비법 제56조제1항, 도시정비법 제44조제2항, 2023.7.18. 개정, 2024.1.19. 시행)]

- 조합의 회계 및 계약에 관한 사항

- 사업시행계획서의 변경에 관한 사항

- 임대주택의 건설 및 처분에 관한 사항

- 기존무허가건축물의 소유권, 면적 등의 사실관계 확인에 관하여 필요한 사항

- 허가 또는 신고내용과 다르게 건축하여 사용승인을 받지 못한 건축물의 소유권과 그 권리면적 및 추산액 산정 등에 관하여 필요한 사항

- 토지 및 건축물 등에 관한 권리의 평가방법에 관한 사항

- 관리처분계획 및 청산(분할징수 또는 납입에 관한 사항을 포함한다)에 관한 사항

- 조합원 분양신청 등을 하지 아니한 자에 대한 법정 기간을 넘겨서 수용재결을 신청하거나 매도청구소송을 제기한 경우 해당 토지등소유자에게 지연일수(遲延日數)에 따라 지급할 이자에 관한 사항

- 시공자·설계자의 선정 및 계약서에 포함될 내용

- 정비사업전문관리업자에 관한 사항

- 조합의 비용부담

- 정비기반시설 및 공동이용시설의 부담에 관한 개략적인 사항

- 정비사업비의 부담 시기 및 절차
- 조합의 합병 또는 해산에 관한 사항
- 정비사업이 종결된 때의 청산절차
- 청산금의 징수·지급의 방법 및 절차
- 정관의 변경절차
- 그 밖에 정비사업의 추진 및 조합의 운영 등을 위하여 필요한 사항
- 조합설립인가 절차에 소요되는 비용에 관한 사항

　　[소규모주택정비법 시행령 제20조제4항의 신설로(신설 2023. 10. 18.) 조합설립인가 절차에 소요되는 비용에 관한 사항도 정관의 기재사항이 되었다. 세칭 'PM' 업체와 관련한 부조리를 해결하기 위한 방편으로 신설된 것으로 비용의 내역 및 액수를 밝히고 총회의 의결을 거치도록 하는 내용으로 하는 규정하는 것이 바람직하다]

　　위 정관의 기재사항은 소규모주택정비법, 도시정비법의 강행규정을 그대로 반영하여야 하고 임의규정은 현장의 사정을 참작하여 반영하여야 할 것이다. 세칭 표준정관을 구하여 참조하는 것이 일반적이다.

나. 정관의 변경 및 경미한 사항의 변경

　　조합은 정관(원시정관, 변경된 정관)을 변경할 수 있다. 조합이 정관을 변경하려는 경우에는 총회를 개최하여 조합원 과반수의 찬성으로 시장·군수 등의 인가를 받아야 한다. 다만, 조합원의 자격, 조합원의 제명·탈퇴 및 교체, 사업시행구역의 위치 및 면적, 조합의 비용부담 및 조합의 회계, 정비사업비의 부담 시기 및 절차, 시공자·설계자의 선정 및 계약서에 포함될 내용은 조합원 3분의 2 이상의 찬성으로 하고 시장·군수등의 인가를 받아야 한다.(소규모주택정비법 제56조제1항, 도시정비법 제40조제3항)

　　그러나 대통령령이 정하는 경미한 사항을 변경하고자 하는 때에는 법 또는 정관으로 정하는 방법에 따라 변경하고 시장·군수등에게 신고하여야 한다.(소규모주택정비법

제56조제1항, 도시정비법 제40조제4항)

　대통령령으로 정하는 정관의 경미한 사항은 다음과 같다.(소규모주택정비법 제56조제1항, 도시정비법 제40조제1항, 도시정비법 시행령 제39조, 인천광역시 도시 및 주거환경정비 조례 제20조제2항)

　　- 조합의 명칭 및 사무소의 소재지에 관한 사항
　　- 조합의 임원의 수 및 업무의 범위에 관한 사항
　　- 총회의 소집 절차. 시기 및 의결방법에 관한 사항
　　- 임원의 임기, 업무의 분담 및 대행 등에 관한 사항
　　- 대의원회의 구성, 개회와 기능, 의결권의 행사방법, 그 밖에 회의의 운영에 관한 사항
　　- 정비사업전문관리업자에 관한 사항
　　- 공고·공람 및 통지의 방법에 관한 사항
　　- 임대주택의 건설 및 처분에 관한 사항
　　- 총회의 의결을 거쳐야 할 사항의 범위에 관한 사항
　　- 조합직원의 채용 및 임원 중 상근임원의 지정에 관한 사항과 직원 및 상근임원의 보수에 관한 사항
　　- 착오·오기 또는 누락임이 명백한 사항
　　- 이사회의 설치 및 소집, 사무, 의결방법 등 이사회 운영에 관한 사항
　　- 기존무허가건축물의 소유권, 면적 등의 사실관계 확인에 관하여 필요한 사항
　　- 토지등소유자 중 공유자인 경우 등 대표자 선정에 관하여 필요한 사항
　　- 허가 또는 신고내용과 다르게 건축하여 사용승인을 받지 못한 건축물의 소유권과 그 권리면적 및 추산액 산정 등에 관하여 필요한 사항
　　- 그 밖에 정비사업의 추진 및 조합의 운영 등을 위하여 필요한 사항

5. 조합의 조직과 운영

가. 조합임원

(1) 조합임원의 수 등

조합임원의 구성은 조합장 1명과 이사 및 감사로 구성된다.

조합에 두는 이사의 수는 3명 이상으로 하되 토지등소유자의 수가 100인을 초과하는 경우에는 5명 이상으로 하며 감사의 수는 1명 이상 3명 이하의 범위에서 정관으로 정한다.(소규모주택정비법 제56조제1항, 도시정비법 제41조제2항, 도시정비법 시행령 제40조)

조합임원의 선출방법 등은 정관으로 정한다.(소규모주택정비법 제56조제1항, 도시정비법 제41조제5항)

조합은 총회 의결을 거쳐 조합임원의 선출에 관한 선거관리를 「선거관리위원회법」 제3조에 따라 선거관리위원회에 위탁할 수 있다.(소규모주택정비법 제56조제1항, 도시정비법 제41조제3항)

조합임원의 임기는 3년 이하의 범위에서 정관으로 정하되, 연임할 수 있다.(소규모주택정비법 제56조제1항, 도시정비법 제41조제4항)

(2) 조합임원의 결격사유와 자격요건 및 당연퇴임

(가) 조합임원의 결격사유와 자격요건

다음의 어느 하나에 해당하는 자는 조합임원이 될 수 없다.(소규모주택정비법 제56조제1항, 도시정비법 제43조제1항)
- 미성년자·피성년후견인 또는 피한정후견인

- 파산선고를 받고 복권되지 아니한 자
- 금고 이상의 실형을 선고받고 그 집행이 종료(종료된 것으로 보는 경우를 포함한다) 되거나 집행이 면제된 날부터 2년이 지나지 아니한 자
- 금고 이상의 형의 집행유예를 받고 그 유예기간 중에 있는 자
- 「도시 및 주거환경정비법」, 「빈집 및 소규모주택정비에 관한 특례법」을 위반하여 벌금 100만원 이상의 형을 선고받고 10년이 지나지 않은 자
- <u>조합설립 인가권자에 해당하는 지방자치단체의 장, 지방의회의원 또는 그 배우 자·직계존속·직계비속</u>(도시정비법 제43조제1항제6호, 2023.7.18. 개정)

조합임원은 <u>조합원으로서</u> 사업시행구역에 위치한 건축물 또는 토지(재건축사업의 경우에는 건축물과 그 부속토지를 말한다)를 소유한 자[하나의 건축물 또는 토지의 소유권을 다른 사람과 공유한 경우에는 가장 많은 지분을 소유한 경우로 한정한 다] 중 <u>다음의 어느 하나의 요건</u>을 갖추어야 한다. 이 경우 조합장은 선임일부터 소규모주택정비법 제29조의 사업시행계획인가(관리처분계획인가 포함)를 받을 때까 지는 해당 정비구역에서 거주(영업을 하는 자의 경우 영업을 말한다)하여야 한다.(소규 모주택정비법 제56조제1항, 도시정비법제41조제1항, 2023.7.18. 개정)
- 사업시행구역에 위치한 건축물 또는 토지를 5년 이상 소유할 것
- 사업시행구역에서 거주하고 있는 자로서 선임일 직전 3년 동안 1년 이상 거주 할 것

(나) 조합임원의 당연퇴임

조합임원에 선출되기 전에 위의 임원의 결격사유 중 하나에 해당하는 자나 조합 임원에 선출된 후에 해당된 자는 당연퇴임 사유에 해당한다. 조합임원이 거주요 건, 소유요건을 갖추지 못한 경우도 마찬가지이다.(소규모주택정비법 제56조제1항, 도 시정비법제43조제2항)
당연퇴임은 해임절차가 필요없이 자동적으로 자격이 상실되나 퇴임된 임원이 퇴

임 전에 관여한 행위는 그 효력을 잃지 아니한다.(소규모주택정비법 제56조제1항, 도시
정비법제43조제3항)

(3) 조합임원의 해임

조합임원은 조합원 10분의 1 이상의 요구로 소집된 총회에서 조합원 과반수의 출석
과 출석 조합원 과반수의 동의를 받아 해임할 수 있다. 이 경우 요구자 대표로 선출된
자가 해임 총회의 소집 및 진행을 할 때에는 조합장의 권한을 대행한다.(소규모주택정비
법 제56조제1항, 도시정비법제43조제4항)

(4) 이사회

국토교통부 제정 정비사업조합 표준정관에서는 이사회가 수행할 사무를 다음과 같
이 정하고 있다.
 - 조합의 예산 및 통상업무의 집행에 관한 사항
 - 총회 및 대의원회의 상정안건의 심의·결정에 관한 사항
 - 업무규정 등 조합 내부 규정의 제정 및 개정안 작성에 관한 사항
 - 그 밖에 조합의 운영 및 사업시행에 관하여 필요한 사항

(5) 조합임원의 직무(소규모주택정비법 제56조제1항, 도시정비법제42조)

조합장은 조합을 대표하고, 그 사무를 총괄하며, 총회 또는 대의원회의 의장이 된다.
조합장이 대의원회의 의장이 되는 경우에는 대의원으로 본다.

조합장 또는 이사가 자기를 위하여 조합과 계약이나 소송을 할 때에는 감사가 조합
을 대표한다.

조합임원은 같은 목적의 정비사업을 하는 다른 조합의 임원 또는 직원을 겸할 수 없다.

(6) 시장·군수등의 전문조합관리인 선정

시장·군수등은 다음의 어느 하나에 해당하는 경우 시·도조례로 정하는 바에 따라 변호사 등으로서 대통령령으로 정하는 요건을 갖춘 자를 전문조합관리인으로 선정하여 조합임원의 업무를 대행하게 할 수 있다.(소규모주택정비법 제56조제1항, 도시정비법 제41조제5항, 도시정비법 시행령 제41조, 인천광역시 도시 및 주거환경정비 조례 제22조)
- 조합임원이 사임, 해임, 임기만료, 그 밖에 불가피한 사유 등으로 직무를 수행할 수 없는 때부터 6개월 이상 선임되지 아니한 경우
- 총회에서 조합원 과반수의 출석과 출석 조합원 과반수의 동의로 전문조합관리인의 선정을 요청하는 경우
시장·군수등이 전문조합관리인을 선정한 경우 전문조합관리인이 업무를 대행할 임원은 당연 퇴임한다.(소규모주택정비법 제56조제1항, 도시정비법 제43조제5항)
(전문조합관리인에 대해 상세는 3편5장 전문조합관리인에서 후술한다)

나. 조합원 총회

조합은 조합원 전원으로 구성되는 총회를 두어야 한다.
총회는 최고의 의사결정기관으로 조합의 전년도 업무와 결산의 승인, 금년도의 사업계획과 예산의 승인, 정관개정, 임원의 선출 등 중요한 사안들을 처리한다.

(1) 총회의 종류

(가) 정기총회
정기총회는 조합의 정관에서 정하는 바대로 적어도 매년 1회 이상 일정한 시기에 소집되는 회의로서 정기적으로 개최된다. 정기총회에서는 예산과 결산의 승인이

이루어지기 때문에 회계연도 말부터 연초인 3월 이내에 개최되는 것이 보통이다.

(나) 임시총회
임시총회란 정기총회와 정기총회 사이에 발생하는 긴급한 현안을 처리하기 위하여 임시로 소집하는 총회이다.
정기총회와 소집 시기만 다를 뿐이고 총회의 권한, 의결방법 등 모든 절차는 동일하다.

(2) 소집절차

총회는 조합장이 직권으로 소집하거나 조합원 5분의 1 이상(정관의 기재사항 중 조합임원의 권리·의무·보수·선임방법·변경 및 해임에 관한 사항을 변경하기 위한 총회의 경우는 10분의 1 이상으로 한다) 또는 대의원 3분의 2 이상의 요구로 조합장이 소집하며, 조합원 또는 대의원의 요구로 총회를 소집하는 경우 조합은 소집을 요구하는 자가 본인인지 여부를 대통령령으로 정하는 기준[총회의 소집을 요구하는 조합원 또는 대의원은 요구서에 성명을 적고 서명 또는 지장날인을 하며, 주민등록증, 여권 등 신원을 확인할 수 있는 신분증명서의 사본을 첨부하여야 하나, 총회의 소집을 요구하는 조합원 또는 대의원이 해외에 장기체류하는 등 불가피한 사유가 있다고 인정되는 경우에는 해당 조합원 또는 대의원의 인감도장을 찍은 요구서에 해당 인감증명서를 첨부하여야 함(소규모주택정비법 시행령 제41조의2, 본조신설 2023. 12. 5.)]에 따라 정관으로 정하는 방법으로 확인하여야 한다.(소규모주택정비법 제56조제1항, 도시정비법 제44조제2항, 2023.7.18. 개정, 2024.1.19. 시행)

문제는 조합원 또는 대의원의 요구에도 불구하고 조합장이 총회를 소집하지 않은 때의 경우에 관한 규정이 없다는 점이다. 정관으로 이에 관하여 규정을 두는 것이 바람직하다.

[이 경우 소규모주택정비법 제56조제1항에 따른 도시정비법 제44조제5항의 준용하여 '총회의 소집청구가 있으나 조합장이 위의 소집청구가 있은 날부터 14일 이내에 정당한 이유없이 총회를 소집하지 않은 때에는 감사가 지체없이 이를 소집하여야 하며

감사가 소집하지 않은 때에는 위에 따라 <u>소집을 청구한 자의 대표</u>가 이를 소집한다. 이 경우 미리 시장·군수등의 승인을 얻어야 한다. 소집주체에 따라 감사 또는 소집을 청구한 자의 대표가 의장의 직을 대행한다.'라는 내용으로 정관을 작성하는 것을 생각해 볼 수 있다.

<u>조합임원의 사임, 해임 또는 임기만료 후 6개월 이상 조합임원이 선임되지 아니한 경우에는 시장·군수등이 조합임원 선출을 위한 총회를 소집할 수 있다.</u>(소규모주택정비법 제56조제1항, 도시정비법 제44조제3항)

총회를 소집하려는 자는 총회가 개최되기 7일 전까지 회의 목적·안건·일시 및 장소와 <u>서면의결권의 행사기간 및 장소 등 서면의결권 행사에 필요한 사항을 정하여</u> 조합원에게 통지하여야 한다.(소규모주택정비법 제56조제1항, 도시정비법 제44조제4항)

총회의 소집 절차·시기 등에 필요한 사항은 정관으로 정한다.(소규모주택정비법 제56조제1항, 도시정비법 제44조제5항)

(3) 의결사항 (소규모주택정비법 제56조제1항, 도시정비법 제45조)

총회의 의결사항은 법 및 정관에 의하여 정하여진다. 법 또는 정관에 따라 <u>조합원의 동의가 필요한 사항은 총회에 상정하여야 한다.</u>

다음의 사항은 총회의 의결을 거쳐야 한다.
- 정관의 변경(경미한 사항의 변경은 법 또는 정관에서 총회 의결사항으로 정한 경우로 한정함)
- 자금의 차입과 그 방법·이자율 및 상환방법
- 정비사업비의 세부 항목별 사용계획이 포함된 예산안 및 예산의 사용내역
- 예산으로 정한 사항 외에 조합원에게 부담이 되는 계약
- 시공자·설계자 또는 감정평가업자의 선정 및 변경

- 정비사업전문관리업자의 선정 및 변경
- 조합임원의 선임 및 해임
- 대의원의 선임 및 해임에 관한 사항
- 정비사업비의 조합원별 분담내역
- 정비사업비의 변경
- 건설되는 건축물의 설계개요의 변경
- 사업시행계획서의 작성 및 변경(관리처분계획, 정비사업의 중지 또는 폐지에 관한 사항을 포함하며 경미한 변경은 제외함)
- 청산금의 징수. 지급(분할징수. 분할지급 포함)과 조합 해산 시의 회계보고
- 정비사업비용의 금액 및 징수방법
- 조합의 합병 또는 해산에 관한 사항
- 그 밖에 조합원에게 경제적 부담을 주는 사항

(4) 의결방법

총회의 의결방법, 서면의결권 행사 및 본인확인방법 등에 필요한 사항은 정관으로 정한다.(소규모주택정비법 제56조제1항, 도시정비법 제45조제9항)

총회의 의결은 법 또는 정관에 다른 규정이 없으면 조합원 과반수의 출석과 출석 조합원의 과반수 찬성으로 한다.(소규모주택정비법 제56조제1항, 도시정비법 제45조제3항)

건축심의의 신청, 사업시행계획(관리처분계획 포함)의 수립 및 변경을 위한 총회의 결의요건은 다른 사항의 결의요건(조합원 과반수 출석, 출석한 조합원 과반수의 찬성)보다 강화하여 조합원 과반수의 의결을 받아야 한다. 다만, 사업비가 100분의 10(생산자물가 상승률분, 조합원 분양신청 등을 하지 아니한 자에 대한 손실보상금액은 제외함) 이상이 늘어나는 경우에는 조합원 3분의 2 이상의 찬성으로 의결하여야 한다.(소규모주택정비법 제56조제1항, 도시정비법 제45조제4항)

조합원은 서면으로 의결권을 행사하거나 다음의 어느 하나에 해당하는 경우에는 대리인을 통하여 의결권을 행사할 수 있다. 서면으로 의결권을 행사하는 경우에는 정족수를 산정할 때에 출석한 것으로 본다. 조합은 서면의결권을 행사하는 자가 본인인지를 확인하여야 한다.(소규모주택정비법 제56조제1항, 도시정비법 제45조제5항,6항)

- 조합원이 권한을 행사할 수 없어 배우자, 직계존비속 또는 형제자매 중에서 성년자를 대리인으로 정하여 위임장을 제출하는 경우
- 해외에 거주하는 조합원이 대리인을 지정하는 경우
- 법인인 토지등소유자가 대리인을 지정하는 경우. 이 경우 법인의 대리인은 조합 임원 또는 대의원으로 선임될 수 있다.

총회의 의결은 조합원의 100분의 10 이상이 직접 출석(대리인을 통하여 의결권을 행사하는 경우 직접 출석한 것으로 본다)하여야 한다. 다만, <u>시공자의 선정을 의결하는 총회의 경우에는 조합원의 과반수가 직접 출석</u>하여야 하고, 창립총회, <u>시공자 선정 취소를 위한 총회</u>, 사업시행계획서의 작성 및 변경, 관리처분계획의 수립 및 변경을 의결하는 총회 등 대통령령으로 정하는 총회의 경우에는 조합원의 100분의 20 이상이 직접 출석하여야 한다.(소규모주택정비법 제56조제1항, 도시정비법 제45조제7항)

즉, 서면만으로는 조합원의 의결권을 행사할 수 없으며 원칙적으로 100분의 10 이상의 조합원이 총회에 직접 출석하여야 한다. 다만, 「재난 및 안전관리 기본법」 제3조제1호에 따른 재난의 발생 등 대통령령으로 정하는 사유가 발생하여 시장·군수등이 조합원의 직접 출석이 어렵다고 인정하는 경우에는 전자적 방법(「전자문서 및 전자거래 기본법」 제2조제2호에 따른 정보처리시스템을 사용하거나 그밖의 정보통신기술을 이용하는 방법을 말한다)으로 의결권을 행사할 수 있다. 이 경우 정족수를 산정할 때에는 직접 출석한 것으로 본다.(소규모주택정비법 제56조제1항, 도시정비법 제45조제8항)

(5) 토지등소유자 전체회의, 주민대표회의와의 비교

(가) 토지등소유자 전체회의와의 비교

토지등소유자 전체회의는 정비사업의 토지등소유자 전원으로 구성되는 회의체로서 조합을 사업시행자로 하는 정비사업의 조합원총회와 같은 기능을 수행한다.

소규모주택정비법 제19조에 따라 사업시행자로 지정된 신탁업자는 다음의 사항에 관하여 해당 정비사업의 토지등소유자(재건축사업의 경우에는 신탁업자를 사업시행자로 지정하는 것에 동의한 토지등소유자를 말한다) 전원으로 구성되는 회의의 의결을 거치도록 할 필요가 있다.(소규모주택정비법 제56조제1항, 도시정비법 제48조제1항)
- 시행규정의 확정 및 변경
- 정비사업비의 사용 및 변경
- 정비사업전문관리업자와의 계약 등 토지등소유자의 부담이 될 계약
- 시공자의 선정 및 변경
- 정비사업비의 토지등소유자별 분담내역
- 정비사업비용의 금액 및 징수방법
- 자금의 차입과 그 방법·이자율 및 상환방법
- 사업시행계획서의 작성 및 변경(정비사업의 중지 또는 폐지에 관한 사항을 포함하며, 같은 항 단서에 따른 경미한 변경은 제외한다)
- 관리처분계획의 수립 및 변경(경미한 변경은 제외한다)
- 청산금의 징수·지급(분할징수·분할지급을 포함한다)
- 그 밖에 토지등소유자에게 부담이 되는 것으로 시행규정으로 정하는 사항

토지등소유자 전체회의는 신탁업자가 사업시행자인 경우에 구성된다는 점에서 조합이 사업시행자인 경우 구성되는 조합원 총회와 다를 뿐 사업시행자(신탁업자 또는 조합)의 최고의사결정기구로서의 역할을 수행하는 점에서 같다.

〔이 점은 토지등소유자 전체회의의 소집 절차·시기 및 의결방법 등에 관하여는 조합원 총회에 관한 규정을 준용하고 이 경우 "총회"는 "토지등소유자 전체 회의"로, "정관"은 "시행규정"으로, "조합원"은 "토지등소유자"로 본다고 하고 있는 점에서 잘 나타난다.〕

(나) 주민대표회의와의 비교

주민대표회의는 소규모주택정비법 제18조에 따라 시장·군수등 또는 토지주택공사등이 사업시행자가 되는 정비사업의 경우 사업시행자가 다음의 사항에 대하여 <u>의견을 듣고자</u> 구성되는 회의체를 말한다.(소규모주택정비법 제56조제1항, 도시정비법 제47조제5항, 도시정비법 시행령 제45조제2항)
- 건축물의 철거
- 주민의 이주(세입자의 퇴거에 관한 사항을 포함한다)
- 토지 및 건축물의 보상(세입자에 대한 주거이전비 등 보상에 관한 사항을 포 함한다)
- 정비사업비의 부담
- 세입자에 대한 임대주택의 공급 및 입주자격
- 그 밖에 정비사업의 시행을 위하여 필요한 사항으로서 대통령령으로 정하는 사항

주민대표회의는 시장·군수등 또는 토지주택공사등이 사업시행자인 정비사업을 시행할 때 구성된다는 점에서 토지등소유자 전체회의와 조합총회와 다를 뿐 사업시행자의 기관으로서의 성격을 가지고 있는 점은 같다.
다만, 토지등소유자 전체회의와 조합원 총회가 사업시행자의 최고의사결정기관으로서의 역할을 수행하고 있는데 비해 <u>주민대표회의는 위의 사항에 대한 의견제시로 만족할 수 밖에 없는</u> 점에서 다르다.

다. 대의원회(소규모주택정비법 제56조제1항, 도시정비법 제46조, 도시정비법 시행령 제43조, 44조)

(1) 대의원회의 구성 등

조합원의 수가 100인 이상인 조합에는 대의원회의를 두어야 한다.

대의원회는 조합원의 1/10 이상으로 구성하되 조합원의 1/10이 100인을 넘는 경우에는 조합원의 1/10 범위 안에서 100인 이상의 범위에서 정관으로 정한다.

대의원은 조합원 중에서 선출한다. 조합장은 대의원회의 의장으로서 대의원직을 겸직할 수 있으나 <u>이사, 감사는 대의원이 될 수 없다.</u> 대의원의 선임 및 해임에 관하여는 정관으로 정하는 바에 따른다.

대의원의 수, 선임방법, 선임절차 및 대의원회의 의결방법 등은 대통령령으로 정하는 범위에서 정관으로 정한다.

(2) 소집절차

대의원회를 소집하는 자는 원칙적으로 조합장이다. 그러나 예외적으로 감사나 대의원회 소집청구자가 소집청구요건을 갖춘 때 소집할 수 있다.

대의원회의 소집은 집회 7일 전까지 그 회의의 목적·안건·일시 및 장소를 기재한 서면을 대의원에게 통지하는 방법에 따른다. 이 경우 정관으로 정하는 바에 따라 소집내용을 공고하여야 한다.

(가) 조합장에 의한 소집

대의원회는 조합장이 필요하다고 인정하는 때에 소집한다. 다만, 다음의 어느 하나에 해당하는 때에는 조합장은 해당 일부터 14일 이내에 대의원회를 소집해야 한다.

- 정관이 정하는 바에 따라 소집청구가 있을 때
- 대의원의 1/3 이상(정관으로 달리 정하는 경우에는 그에 따름)이 회의의 목적 사항을 제시하여 청구하는 때

(나) 감사 등에 의한 소집

대의원회의 소집청구가 있으나 조합장이 위의 소집청구가 있은 날부터 14일 이내에 정당한 이유없이 대의원회를 소집하지 않은 때에는 감사가 지체없이 이를 소집하여야 하며 감사가 소집하지 않은 때에는 위에 따라 소집을 청구한 자의 대표가 이를 소집한다. 이 경우 미리 시장·군수등의 승인을 얻어야 한다.
소집주체에 따라 감사 또는 소집을 청구한 자의 대표가 의장의 직을 대행한다.

(3) 의결사항

대의원회의는 총회의 권한을 대행할 수 있다. 다만, 총회의 의결사항 중 다음의 사항은 그러하지 아니하다.
- 정관의 변경(경미한 사항의 변경은 법 또는 정관에서 총회의결사항으로 정한 경우로 한정함)
- 자금의 차입과 그 방법·이자율 및 상환방법
- 예산으로 정한 사항 외에 조합원에게 부담이 되는 계약
- 시공자·설계자 또는 감정평가업자의 선정 및 변경.
- 정비사업전문관리업자의 선정 및 변경
- 조합임원의 선임 및 해임, 대의원의 선임 및 해임[다만, 정관으로 정하는 바에 따라 임기 중 궐위된 자(조합장은 제외)를 보궐선임하는 경우는 제외함]
- 사업시행계획서의 작성 및 변경(관리처분계획, 정비사업의 중지 또는 폐지에 관한 사항을 포함하며 경미한 변경은 제외함)
- 조합원의 동의가 필요한 경우로서 총회에 상정하여야 하는 사항
- 조합의 합병 또는 해산에 관한 사항, 다만, 사업완료로 인한 해산의 경우는 제외함.

- 건설되는 건축물의 설계개요의 변경에 관한 사항
- 정비사업비의 변경에 관한 사항

현장에서는 대의원회를 두지 않아도 되는 경우 <u>대의원회가 총회의 권한을 대행할 수 있는 사항에 대하여 이사회에서 의결할 수 있도록 정관에 정하는 경우가 많다.</u>

(4) 의결방법

대의원회는 사전에 통지한 안건에 관하여만 의결할 수 있다. 다만, 사전에 통지하지 아니한 안건으로서 대의원회의 회의에서 정관으로 정하는 바에 따라 채택된 안건의 경우에는 예외로 한다.

대의원회는 재적대의원 과반수의 출석과 출석대의원 과반수의 찬성으로 의결한다. 다만, 그 이상의 범위에서 정관으로 달리 정하는 경우에는 그에 따른다.

특정한 대의원의 이해와 관련된 사항에 대해서는 그 대의원은 의결권을 행사할 수 없다.

6. 조합설립인가 변경 및 취소

가. 조합설립 변경신고 및 변경인가

(1) 일반적인 변경 사항의 경우(소규모주택정비법 제23조제5항)

설립된 조합은 인가받은 사항을 변경하는 경우 조합 총회에서 조합원의 3분의 2 이상의 찬성으로 의결한 후 시장·군수등의 인가를 받아야 한다. 다만, 대통령령으로 정하는 경미한 사항을 변경하는 경우에는 조합 총회의 의결 없이 시장·군수등에게 신고한 후 변경할 수 있다.

대통령령으로 정하는 경미한 사항이란 다음의 사항을 말한다.(소규모주택정비법 시행령 제21조)

- 착오·오기 또는 누락임이 명백한 사항
- 조합의 명칭 및 주된 사무소의 소재지와 조합장의 성명 및 주소(조합장의 변경이 없는 경우로 한정한다)
- 토지 또는 건축물의 매매 등으로 조합원의 권리가 이전된 경우의 조합원의 교체 또는 신규가입
- 조합임원 또는 대의원의 변경(법 제56조에 따라 준용되는 「도시 및 주거환경정비법」 제45조에 따른 총회의 의결 또는 같은 법 제46조에 따른 대의원회의 의결을 거친 경우로 한정한다)
- 건설되는 건축물의 설계 개요
- 정비사업비의 변경
- 현금 청산으로 인하여 정관에서 정하는 바에 따라 조합원이 변경되는 경우
- 사업시행구역 면적의 10퍼센트 범위의 가감(2023. 10. 18. 신설)
- 그 밖에 시·도조례로 정하는 사항

시·도조례로 정하는 사항이란 다음 ①에서 ⑤까지의 사항을 말한다.(「인천광역시 빈집 및 소규모주택정비에 관한 조례」 제12조)

① 법령 또는 조례 등의 개정에 따라 단순한 정리를 요하는 사항
② 법령 및 조례에서 구체적으로 그 기준이 정해진 경우 그 기준의 범위 안에서의 변경
③ 사업시행인가의 변경에 따라 변경되어야 하는 사항
④ 관리처분계획의 변경인가에 따라 변경되어야 하는 사항
⑤ 매도청구대상자가 추가로 조합에 가입함에 따라 변경되어야 하는 사항

(2) 사업시행방식의 변경이 있는 경우(소규모주택정비법 제23조제6항, 신설 2023. 4. 18)

설립된 조합은 다음 ①② 의 요건을 모두 갖춘 때에는 조합 총회에서 조합원의 3분의 2 이상의 찬성으로 의결한 후 시장·군수등의 변경인가를 받아 이 법에 따른 소규모주택정비사업(자율주택정비사업은 제외한다)으로 전환하여 시행할 수 있다.

    ① 소규모주택정비법 제29조에 따른 사업시행계획인가를 신청하기 전일 것
    ② 시행 중인 사업이 전환하려는 사업에 관하여 소규모주택정비법 제2조제1항 제3호에서 정하는 요건을 모두 충족할 것

법이 인정하는 <u>정비사업 시행방식</u>은 자율주택정비사업, 가로주택정비사업, 소규모재개발사업, 소규모재건축사업이다.(소규모주택정비법 제2조제1항제3호)

정비사업 시행방식의 선택은 기본적으로 토지등소유자의 의사에 달려 있다. 그런데 예컨대, 주택단지 내의 공동주택의 토지등소유자가 소규모재건축정비사업조합을 결성하여 사업을 진행 중 주택단지 외의 지역을 사업시행구역에 편입시켜 사업을 하여야 하는데 그 지역이 가로구역에도 해당한다거나 또는 그 지역이종상향도 가능한 역세권인 경우 그에 따라 가로주택정비사업으로 또는 소규모재개발사업으로 사업시행방식을 변경할 필요가 있게 된다.

<u>2023. 4. 18. 소규모주택정비법이 개정되어 사업시행방식의 전환에 관한 규정이 신설되었다. 이 규정이 신설되기 전에는 위 사례의 소규모재건축정비사업조합은 시장·군수등에 조합설립인가를 취소시켜 달라고 요청하고 조합설립인가처분 취소처분이 있은 후 처음부터 가로주택정비사업조합 또는 소규모재개발정비사업조합설립에 필요한 절차를 진행하여 해당 조합설립인가를 받아야 할 것으로 해석되었다.</u>

사업시행방식의 전환에 관한 규정이 신설되어 번거로움이 많이 해소되었다.

(3) 시장·군수등은 조합설립인가를 변경하는 때에는 14일 이상 주민 공람을 거쳐 의견을 수렴하고 사업시행구역 등 대통령령으로 정하는 사항을 해당 지방자치단체의 공

보에 고시하여야 한다.

나. 조합설립인가의 취소(소규모주택정비법 제23조의2, 2022.2.3. 신설)

시장·군수등은 조합이 설립된 사업시행구역에서 <u>조합원 과반수의 동의로 조합의 해산을 요청하는 경우</u>(사업시행계획인가를 신청하지 아니한 경우로 한정한다) 조합설립인가를 <u>취소하여야</u> 하고, 다음의 어느 하나에 해당하는 경우 업무의 시정, 조합의 해산 등 필요한 조치를 명하거나 <u>조합설립인가를 취소할 수 있다.</u>

- 조합설립인가를 받은 날부터 2년 이내에 소규모주택정비법 제26조, 제27조에 따른 건축심의 또는 통합심의를 신청하지 아니한 경우
- 조합설립인가를 받은 날부터 3년 이내에 소규모주택정비법 제29조에 따른 사업시행계획인가를 신청하지 아니한 경우
- 소규모주택정비법 제40조제2항에 따른 이전고시가 있은 날부터 1년이 되는 날까지 청산절차를 이행하지 아니하는 경우

시장·군수등은 위에 따라 조합설립인가를 취소하려는 경우에는 14일 이상 주민에게 공람하여 의견을 들어야 하고(소규모주택정비법 시행령 제21조의4) 시장·군수등은 조합설립인가를 취소하는 경우에는 그 내용을 해당 지방자치단체의 공보에 고시하여야 한다.

3장

건축심의

I 총설 : 건축심의와 사업시행계획(관리처분계획 포함) – 도시정비법상의 사업시행계획인가와 관리처분계획인가

서로 다른 여러 명의 토지등소유자는 시행하는 사업방식이 무엇이든 기존의 건축물을 철거하고 <u>새로 조성되는 대지 및 건축물을 어떻게 축조할 것인가</u>에 관한 계획과 <u>새로 조성된 대지 및 건축물을 어떻게 이해관계인에게 분배할 것인가</u>에 관한 계획을 가지고 있어야 한다.

<u>도시정비법</u>은 새로 조성되는 대지 및 건축물을 어떻게 축조할 것인가에 관한 물리적 형상 계획을 <u>사업시행계획</u>이라 하고 이것을 전제로 새로 조성된 대지 및 건축물을 어떻게 이해관계인에게 분배할 것인가의 권리배분에 관한 계획을 <u>관리처분계획</u>이라 한다.

따라서 사업시행계획은 관리처분계획의 논리적 전제로서의 성격을 가지고 있어 각 계획수립 시기가 다를 수밖에 없다.

한편, 사업시행계획은 서로 다른 토지등소유자 뿐만 아니라 공중의 이해관계와도 관련이 있는 내용을 담고 있고 관리처분계획은 서로 다른 여러 명의 토지등소유자의 공평한 처우를 하여야 하는 내용을 담고 있기 때문에 각 관계 행정청의 관여를 인정하지 않을 수 없다. 사업시행자가 작성하는 사업시행계획과 관리처분계획에 대해 행정청의 인가를 받도록 하는 이유가 여기에 있다.

이렇게 도시정비법은 서로 다른 시점에 사업시행계획인가와 관리처분계획인가를 받도록 하고 있으며, 사업시행계획인가 시점을 기초로 사업시행자에게 수용권을 인정하고 재건축사업의 경우에는 조합설립에 반대하는 토지등소유자를 사업에서 배제하는 수단으로 매도청구도 할 수 있도록 하고 있다.

그런데 <u>소규모주택정비법</u>은 도시정비법상의 정비사업의 경우와 다르게 서로 다른 시점에 사업시행계획인가와 관리처분계획인가를 받도록 하는 점을 고쳐 <u>사업시행계획과 관리처분계획을 합쳐 사업시행계획이라는 명칭으로 인가를</u> 받도록 하고 있다. 그렇게 해서 신속한 사업을 진행할 수 있도록 하기 위함이다.

그런데 실제 사업의 신속한 진행을 가능하게 할 수 있는지는 의문이다. 소규모주택정비법은 도시정비법상의 사업시행계획인가의 자리에 건축심의 절차를 두고 있는데, 이 건축심의절차는 도시정비법상의 사업시행계획인가를 받기에 앞서 거쳐야 했던 건축심의 등 절차를 별도로 입법화한 것에 불과함에도 불구하고 <u>이 절차를 거치기에 앞서 조합총회 등의 의결을 얻어야 한다는 점</u>과 관리처분계획이 포함된 사업시행계획인가를 받기에 앞서 조합총회 등의 의결을 얻어야 한다는 점에서 도시정비법상의 사업시행계획인가 및 관리처분계획인가 절차와 크게 달라진 점은 없기 때문이다.

위에 관한 도시정비법과 소규모주택정비법의 관련 규정의 체계를 살펴보면 다음과 같다.

다 음

도시정비법	소규모주택정비법
사업시행계획인가 - 관련 법령에 정한 건축심의 등 절차 - 인가 신청 전 조합총회 등의 의결	건축심의 - 관련 법령에 정한 건축심의 등 절차 - 심의신청 전 조합총회 등의 의결
수용권, 재건축사업의 매도청구권 발생	가로주택정비사업·소규모재건축사업의 매도청구권 발생(법 제35조의 문언 상으로는 소규모재개발사업의 경우 매도청구권을 행사할 수 없는 듯이 보이지만 소규모재개발사업의 경우에도 매도청구권을 행사할 수 있다. 이에 관하여는 3편3장에서 후술한다)
조합원 분양신청	조합원 분양신청
관리처분계획인가 - 인가 신청 전 조합총회 등의 의결	사업시행계획(관리처분계획 포함)인가 - 인가 신청 전 조합총회 등의 의결

따라서 소규모주택정비법의 건축심의절차는 도시정비법상의 사업시행계획인가 절차를 대체하는 성격을 갖고 있으며, 사업시행계획인가절차는 건축심의 절차를 거쳐 확정된 새로 조성되는 대지 및 건축물을 어떻게 축조할 것인가에 관한 물리적 형상 계획을 정리하여 작성하는 절차와 그를 전제로 하여 새로 조성된 대지 및 건축물을 어떻게 이해관계인에게 분배할 것인가의 권리배분에 관한 계획, 즉 관리처분계획을 수립하여 조합총회의 의결을 받는 절차로 구성되어 있음을 알 수 있다.

이러한 의미에서 이하에서는 다음과 같이 새로 조성된 대지 및 건축물을 어떻게 이해관계인에게 분배할 것인가의 권리배분에 관한 계획은 소규모주택정비법상의 사업시행계획이라는 용어사용에도 불구하고 관리처분계획이라 하고, 도시정비법상의 사업시행계획이라는 용어는 건축심의와 좁은 의미의 사업시행계획이라는 용어를 사용한다.

다 음

구분	도시정비법상의 용어	소규모주택정비법상의 용어
새로 조성되는 대지 및 건축물을 어떻게 축조할 것인가에 관한 물리적 형상 계획	사업시행계획	건축심의
		사업시행계획(좁은 의미의 사업시행계획)
새로 조성된 대지 및 건축물을 어떻게 이해관계인에게 분배할 것인가의 권리배분에 관한 계획	관리처분계획	관리처분계획

II 건축심의

1. 건축심의의 성격

소규모주택정비법상의 건축심의 절차는 도시정비법상의 사업시행계획인가를 받기에 앞서 거쳐야 했던 건축심의 등 절차를 별도로 입법화한 것에 불과하지만 건축심의 결과 통지를 받은 후 사업시행자에게 조합설립 등에 반대하는 토지등소유자를 사업에서 배제하는 수단으로 매도청구도 할 수 있도록 하고 있어 도시정비법상의 사업시행계획인가 절차를 대체하는 절차로서의 의미를 갖는다.

한편, 소규모주택정비법상 건축심의는 사업시행자가 새로 조성하는 대지 및 건축물을 건설하는 방향을 제시하는 역할을 한다. 따라서 사업시행자는 건축심의를 받은 내용에 적합하게 사업시행계획서를 작성하여야 하고 건축심의를 받은 내용과 다른 사업시행계획은 위법하다. 이 점은 도시정비법상 사업시행자가 정비계획수립권자에 의해 수립된 정비계획에 적합하게 사업시행계획서를 작성하여야 하고 정비계획에서 규정하는 내용과 다른 사업시행계획이 위법한 점과 같다. 다만, 정비계획상의 내용은 특별시장 등 정비계획수립권자가 결정한 도시관리계획으로서의 지위를 가지고 있는데 반해, 건축심의를 받을 내용은 지방도시계획위원회가 법령상에 규정된 추상적인 건축행위의 방향을 기초로 지역실정에 맞는 건축행위의 방향을 확인 또는 설정하는 행정처분이라는 점에서 다르다.

2. 건축심의 일반(소규모주택정비법 제26조 27조, 소규모주택정비법 시행령 제24조, 인천광역시 빈집 및 소규모주택정비에 관한 조례 제13조)

가. 건축심의 대상

(1) 지방건축위원회의 심의

사업시행자가 시장·군수등인 경우를 제외한 가로주택정비사업, 소규모재개발사업 또는 소규모재건축사업의 사업시행자는 사업시행계획서를 작성하기 전에 사업시행에 따른 건축물의 높이·층수·용적률 등 다음의 사항에 대하여 <u>시장·군수등</u> 지방건축위원회의 심의를 거쳐야 한다.

다만, 사업시행구역이 「국토의 계획 및 이용에 관한 법률」에 따라 지정된 지구단위계획구역인 경우로서 같은 법에 따라 중앙도시계획위원회 또는 시·도도시계획위원회의 심의(건축위원회와 도시계획위원회가 공동으로 하는 심의를 포함함)를 거친 사항은 제외한다.
- 사업시행구역이 가로주택정비사업을 시행하는 가로구역일 경우 소규모주택정비법 시행령 제3조제1항제2호의 요건을 충족하는지 여부에 관한 사항
- 건축물의 주용도·건폐율·용적률 및 높이에 관한 계획(「건축법」에 따라 건축협정을 체결한 경우 건축협정의 내용을 포함함)
- 건축물의 건축선에 관한 계획
- 「건축법」에 따른 특별건축구역과 특별가로구역의 지정에 관한 사항
- 소규모주택정비법 제32조에 따른 주택의 규모 및 건설비율에 관한 사항
- 소규모주택정비법 제49조에 따른 임대주택 건설에 관한 사항
- 정비기반시설의 설치계획
- 공동이용시설의 설치계획
- 환경보전 및 재난방지에 관한 계획
- 안전 및 범죄예방환경설계에 관한 계획

(2) 통합심의

　시장·군수등은 소규모주택정비사업과 관련된 다음 중 둘 이상의 심의가 필요한 경우에는 이를 통합하여 심의하여야 한다.
　- 「건축법」에 따른 건축심의(건축법 제26조의 건축 과정에서 부득이하게 발생하는 오차의 허용범위 및 건축법 제48조제1항의 구조내력 등 심의를 포함한다)
　- 「국토의 계획 및 이용에 관한 법률」에 따른 도시·군관리계획 및 개발행위 관련 사항
　- 그 밖에 시장·군수등이 필요하다고 인정하여 통합심의에 부치는 사항

　다만, 시장·군수등은 위 「국토의 계획 및 이용에 관한 법률」에 따른 도시·군 관리계획 및 개발행위 관련 사항에 관한 것으로 다음의 경우에는 시·도지사에게 통합심의를 요청하여야 하며, 시·도지사의 통합심의를 거친 경우에는 시장·군수 등의 통합심의를 거친 것으로 본다.
　- 도시·군관리계획 중 용도지역·용도지구를 지정 또는 변경하는 경우
　- 소규모주택정비법 제49조제1항, 제49조의2제1항·제3항에 따라 법적상한용적률까지 건축하거나 소규모주택정비법 제49조의2제4항에 따라 법적상한용적률을 초과하여 건축하는 경우

　사업시행자는 시장·군수등이 통합심의를 하는 경우 관련된 서류를 제출하여야 한다. 이 경우 시장·군수등은 통합심의를 효율적으로 처리하기 위하여 제출기한 등을 정할 수 있다.

　통합심의를 거친 경우에는 심의대상에 대한 검토·심의·조사·협의·조정 또는 재정을 거친 것으로 본다.

나. 심의를 위한 동의요건 충족

사업시행자(시장·군수등 또는 토지주택공사등 단독 공공시행자인 경우 제외함)는 지방건축위원회의 심의를 신청하기 전에 다음의 어느 하나에 해당하는 동의 또는 의결을 거쳐야 한다.

- 사업시행자가 토지등소유자인 경우에는 주민합의서에서 정하는 토지등소유자의 동의
- 사업시행자가 조합인 경우에는 조합 총회(시장·군수등 또는 토지주택공사등과 공동으로 사업을 시행하는 경우에는 조합원의 과반수 동의로 조합 총회 의결을 갈음할 수 있음)에서 조합원 과반수의 찬성으로 의결. 다만, 정비사업비가 100분의 10(생산자물가상승률분 및 분양신청을 하지 아니한 자 등에 대한 손실보상 금액은 제외함) 이상 늘어나는 경우에는 조합원 3분의 2 이상의 찬성으로 의결
- 사업시행자가 지정개발자인 경우에는 토지등소유자의 과반수 동의 및 토지면적 2분의 1 이상의 토지소유자의 동의

다. 사전결정

토지등소유자는 시장·군수등에게 주민합의체를 구성하여 주민합의서를 신고하거나 조합설립인가를 신청하기 전에 다음의 구분에 따른 사항에 관한 사전결정을 신청할 수 있다.

- 소규모주택정비법 시행령 제3조제1항제1호나목1)부터 3)까지 외의 부분 단서에 따라 같은 목 1)부터 3)까지의 규정에서 정한 기준을 초과하는 자율주택정비사업을 시행하려는 경우:
  사업시행구역 내 기존주택의 호수·세대수의 적정성 여부
- 소규모주택정비법 시행령 제3조제2항제2호가목 및 나목에 따라 같은 호 각 목 외의 부분 본문에서 정한 기준을 초과하는 가로구역에서 가로주택정비사업을 시행하려는 경우:

사업시행구역의 규모와 정비기반시설 및 공동이용시설의 적정성 여부

사전결정을 신청하는 자는 서식의 사전결정신청서에 관련도서를 첨부하여 시장·군수등에게 제출하여야 하고 시장·군수등은 사전결정을 한 후 서식의 사전결정서를 사전결정일부터 7일 이내에 사전결정을 신청한 자에게 송부하여야 한다. 사전결정서에는 법·영 또는 해당 지방자치단체의 조례 등에의 적합 여부를 표시하여야 한다.

3. 소규모재개발사업의 용적률 등에 관한 특례(소규모주택정비법 제49조의2제1항, 2항)
- 통합심의와 종상향 및 초과용적률의 일정부분에 임대주택건설·공급, 토지부분의 기부채납

가. 종상향

소규모주택정비법 제2조제1항제3호라목에 따른 역세권에서 시행하는 소규모재개발사업의 사업시행구역은 소규모주택정비법 제29조에 따른 사업시행계획인가가 있는 날부터 「국토의 계획 및 이용에 관한 법률」제36조제1항제1호가목 및 같은 조 제2항에 따라 주거지역을 세분하여 정하는 지역 중 다음의 (1)(2)(3) 지역으로 결정·고시된 것으로 보아 법적상한용적률까지 용적률을 정할 수 있으며, 이 경우 소규모주택정비법 제27조에 따른 시·도지사의 통합심의를 거쳐야 한다. 다만, 시장·군수등이 지역여건 등을 고려하여 시·도조례에서 정하는 바에 따라 해당 사업시행구역의 일부를 종전 용도지역으로 그대로 유지하는 내용으로 사업시행자의 지정, 주민합의체의 구성 또는 조합설립인가 고시를 한 경우에는 그러하지 아니하다.

(1) 종전 용도지역이 「국토의 계획 및 이용에 관한 법률 시행령」의 제1종일반주거 지

역인 경우: 제2종일반주거지역 또는 제3종일반주거지역 중 시·도조례로 정하는 용도지역, 인천광역시의 경우 제2종일반주거지역 또는 제3종일반주거지역으로서 소규모주택정비법 제27조제1항에 따른 통합심의에서 인정하는 경우에 한한다.

(2) 종전 용도지역이 「국토의 계획 및 이용에 관한 법률 시행령」의 제2종일반주거지역인 경우: 제3종일반주거지역 또는 준주거지역 중 시·도조례로 정하는 용도지역, 인천광역시의 경우 제3종일반주거지역 또는 준주거지역으로서, 소규모주택정비법 제27조제1항에 따른 통합심의에서 인정하는 경우에 한한다.

(3) 종전 용도지역이 「국토의 계획 및 이용에 관한 법률 시행령」의 제3종일반주거지역인 경우: 준주거지역

나. 초과용적률의 일정부분에 공공임대주택 등 건설·공급 등

사업시행자는 용도지역이 변경되어 「국토의 계획 및 이용에 관한 법률」 제78조에 따라 시·도조례로 정한 용적률이 종전의 용도지역의 용적률을 초과한 경우 그 초과한 용적률의 100분의 50 이하로서 시·도조례(인천광역시의 경우 100분의 50을 말한다)로 정하는 비율에 해당하는 면적에 다음의 주택 등 건축물을 건설하여 시·도지사, 시장·군수 등 또는 토지주택공사등에 공급하여야 한다.

이 경우 사업시행자는 건축설계가 확정되기 전에 미리 주택 등 건축물에 관한 사항을 시·도지사, 시장·군수등 또는 토지주택공사등과 협의한 후 이를 사업시행계획서에 반영하여야 한다.

- 「공공주택 특별법 시행령」의 국민임대주택·행복주택·통합공공임대주택 및 장기전세주택
- 공동이용시설
- 그 밖에 지역의 주거환경을 고려해 시·도조례(인천광역시의 경우 조문에서 위임한 사항을 규정하는 조례가 없음)로 정하는 건축물

위에 따른 주택 등의 공급가격은 「공공주택 특별법」에 따라 국토교통부장관이 고시하는 공공건설임대주택의 표준건축비로 하며, 부속토지는 시·도지사, 시장·군수등 또는 토지주택공사등에게 기부채납한 것으로 본다.

4. 소규모재건축사업의 용적률 등에 관한 특례(소규모주택정비법 제49조의2제3항, 4항, 5항, 신설 2023. 4. 18)

- 통합심의와 법적상한용적률 또는 법적상한용적률의 100분의 120까지 건축 및 초과용적률의 일정부분 국민주택규모주택건설·공급, 토지부분의 기부채납

가. 일반 소규모재건축사업의 경우

(1) 시·군조례로 정한 용적률에도 불구하고 법적상한용적률까지 건축

소규모재건축사업을 시행하는 사업시행자는 「국토의 계획 및 이용에 관한 법률」 제78조에 따라 시·군조례로 정한 용적률에도 불구하고 소규모주택정비법 제27조에 따른 통합심의를 거쳐 법적상한용적률까지 건축할 수 있다.

법적상한용적률이란 「국토의 계획 및 이용에 관한 법률」 제78조 및 관계 법령에 따른 용적률의 상한을 말한다.

(2) 초과용적률의 일정부분에 공공임대주택 등 건설·공급 등

이 경우 사업시행자(소규모주택정비법 제18조제1항제1호에 따라 소규모재건축사업을 시행하는 경우의 사업시행자는 제외한다)는 시·군조례로 정한 용적률을 초과하는 용적률의 100분의 20 이상 100분의 50 이하로서 시·도조례로 정하는 비율(서울특별시의 경우 100분의 50)에 해당하는 면적에 국민주택규모 주택을 건설하여 국토교통부장관, 시·도지사, 시

장·군수등 또는 토지주택공사등에 공급하여야 한다.

나. 공공소규모재건축사업의 경우

(1) 공공소규모재건축사업은 소규모주택정비법 제2조제1항제3호다목 후문의 <u>도심내 주택공급을 활성화하기 위하여 신설된</u> 공공참여 소규모재건축활성화사업에 토지주택공사등이 소규모주택법 제17조제3항에 따른 공동시행자, 제18조제1항에 따른 공공시행자 또는 제56조에 따른 사업대행자로 참여하는 사업을 말한다.

[소규모주택정비법 제18조의 공공사업시행자인 토지주택공사등(「한국토지주택공사법」에 따라 설립된 한국토지주택공사 또는 「지방공기업법」에 따라 주택사업을 시행하기 위하여 설립된 지방공사)이 가로주택정비사업, 소규모재개발사업, 소규모재건축사업의 시행자(주민합의체, 조합)에게 법정의 후견적 개입필요가 발생한 경우 지정되는 사업과 다르다]

(2) 법적상한용적률의 100분의 120까지 건축

공공소규모재건축사업을 시행 또는 대행하는 공공시행자등은 <u>법적상한용적률에도 불구하고</u> 소규모주택정비법 제27조에 따른 통합심의를 거쳐 법적상한용적률의 100분의 120까지 건축할 수 있다.

법적상한용적률이란 「국토의 계획 및 이용에 관한 법률」 제78조 및 관계 법령에 따른 용적률의 상한을 말한다.

(3) 초과용적률의 일정부분에 국민주택규모 주택 건설·공급 등

공공시행자등은 법적상한용적률을 초과하여 건축하는 경우 그 <u>초과한 용적률의 100분의 20 이상 100분의 50 이하로서</u> 시·도조례로 정하는 비율(서울특별시의 경우 100분의 50)에 해당하는 면적에 국민주택규모 주택을 건설하여 국토교통부장관, 시·도지사, 시장·군수등 또는 토지주택공사등에 공급하여야 한다.

다. 위에 따른 주택 등의 공급가격은 「공공주택 특별법」 제50조의4에 따라 국토교통부
　장관이 고시하는 공공건설임대주택의 표준건축비로 하며, 부속토지는 시·도지사, 시
　장·군수등 또는 토지주택공사등에게 기부채납한 것으로 본다.

위에 따라 인수된 주택 등은 대통령령으로 정하는 임대주택 등으로 활용하여야 한
다. 이 경우 주택 등의 인수를 위한 절차와 방법 등에 필요한 사항은 대통령령으로 정
한다.

사업시행자는 위에 따라 「국토의 계획 및 이용에 관한 법률」 제78조에 따른 시·군조
례로 정한 용적률을 초과하여 건축하려는 경우에는 건축설계가 확정되기 전에 미리
주택 등 건축물에 관한 사항을 시·도지사, 시장·군수등 또는 토지주택공사등과 협의
한 후 이를 사업시행계획서에 반영하여야 한다.

5. 소규모주택정비사업 관리지역에서의 특례

가. 종변경, 용적률의 상향(소규모주택정비법 제43조의4제2항, 3항, 제43조의5) – 관리계획
　고시에 따른 종상향과 초과용적률의 일정부분에 임대주택건설·공급, 토지 부분의
　기부채납

(1) 관리계획에 용도지구·용도지역의 지정 및 변경에 관한 계획이 포함된 경우 관리
지역은 관리계획이 고시된 날부터 「국토의 계획 및 이용에 관한 법률」에 따라 주거지역
을 세분하여 정하는 지역 중 종전 용도지역이 제1종일반주거지역인 경우 제2종일반주
거지역, 종전 용도지역이 제2종일반주거지역인 경우 제3종일반주거지역으로 결정·고시
된 것으로 본다. (소규모주택정비법 제43조의4제2항, 동법 시행령 제38조의 5)

관리지역에서 소규모주택정비사업의 시행으로 건축물 또는 대지의 일부에 공동이용

시설을 설치하는 경우 제48조제2항에도 불구하고 「국토의 계획 및 이용에 관한 법률」 제78조에 따라 해당 지역에 적용되는 용적률에 공동이용시설의 용적률을 더한 범위에서 용적률을 정할 수 있다.(소규모주택정비법 제43조의4제3항)

(2) 초과용적률의 일정부분에 공공임대주택 등 건설·공급 등(소규모주택정비법 제43조의5)

사업시행자(주민합의체 또는 조합)는 관리지역에서 소규모주택정비사업의 시행으로 용도지역이 변경된 경우 변경된 용도지역에서의 용적률에서 종전의 용도지역에서의 시·군조례로 정한 용적률을 뺀 용적률의 100분의 50 이하로서 시·도조례(인천광역시 빈집 및 소규모주택정비에 관한 조례 제22조의2제1항 100분의 50)로 정하는 비율에 해당하는 면적에 임대주택을 건설하여 시·도지사, 시장·군수등 또는 토지주택공사등에 공급하여야 한다.

(이 경우 사업시행자는 건축설계가 확정되기 전에 미리 주택에 관한 사항을 시·도지사, 시장·군수등 또는 토지주택공사등과 협의한 후 이를 사업시행계획서에 반영하여야 한다)

(시·도지사, 시장·군수등 또는 토지주택공사등에 공급되는 임대주택의 공급가격은 「공공주택 특별법」 제50조의4에 따라 국토교통부장관이 고시하는 공공건설임대주택의 표준건축비로 하며, 부속토지는 시·도지사, 시장·군수등 또는 토지주택공사등에게 기부채납한 것으로 본다)

위에도 불구하고 시장·군수등 또는 토지주택공사등이 관리지역에서 가로주택정비사업, 소규모재건축사업 또는 소규모재개발사업을 시행하는 주민합의체 또는 조합과 공동으로 사업시행자가 되는 경우 또는 가로주택정비사업, 소규모재건축사업 또는 소규모재개발사업의 공공시행자로 단독으로 소규모주택정비사업을 시행하는 경우 변경된 용도지역에서의 용적률에서 종전의 용도지역의 용적률을 뺀 용적률의 100분의 15 이상 100분의 30 이하의 범위에서 시·도조례(인천광역시 빈집 및 소규모주택정비에 관한 조례 제22조의2제2항 100분의 30)로 정하는 비율 이상이 되도록 임대주택을 건설하여야 한다.

나. 통합시행(소규모주택정비법 제48조제5항, 제6항)- 임대주택건설·공급, 기부채납 없음

사업시행자는 소규모주택정비사업 관리지역에서 소규모주택정비사업을 시행하는 경우 대통령령으로 정하는 바에 따라 서로 연접한 사업시행구역을 하나의 사업시행구역으로 통합하여 시행할 수 있다.

소규모주택정비 관리지역에서 서로 연접한 사업시행구역을 하나의 사업시행구역으로 통합하여 소규모주택정비사업을 시행하려는 경우에는 다음 ①②의 요건을 모두 갖추어야 한다.(소규모주택정비법 시행령 제40조의2제1항)

① 연접한 사업시행구역 각각에 대하여 법 제29조에 따른 사업시행계획인가를 신청하기 전일 것
② 통합하여 시행하려는 하나의 사업시행구역이 소규모주택정비법 시행령 제3조제1항 각 호의 구분에 따른 요건(소규모주택정비사업 대상지역 요건)을 모두 갖출 것

서로 연접한 사업시행구역을 하나의 사업시행구역으로 통합하여 시행하는 경우 공공임대주택 또는 공공지원민간임대주택을 임대주택 비율(건축물의 전체 연면적 대비 임대주택 연면적의 비율 또는 전체 세대수 대비 임대주택 세대수의 비율)이 100분의 20 미만의 범위에서 시·도조례로 정하는 비율(서울특별시의 경우 100분의 10) 이상이 되도록 공급하여야 한다.

이 경우 소규모주택정비법 제49조제1항에 따른 공공임대주택의 임대주택 비율을 해당 사업시행구역마다 적용하지 아니하고 전체 사업시행구역의 전부 또는 일부를 대상으로 통합하여 적용할 수 있다.

6. 위 3. 4. 5. 외의 사업에서 임대주택을 건설하는 경우의 특례(소규모주택정비법 제49조, 인천광역시 빈집 및 소규모주택정비에 관한 조례 제26조)
- 임대주택비율, 법적상한용적률, 토지부분의 가격 포함

가. 용적률 상향, 임대주택건설·공급, 인수가격은 건축비와 부속토지의 가격을 합한 금액

사업시행자는 소규모주택정비사업의 시행으로 다음 (1) (2)와 같이 임대주택을 건설하는 경우 「국토의 계획 및 이용에 관한 법률」 제78조에 따라 시·군조례로 정한 용적률에도 불구하고 다음 (1) (2)에 따른 용적률의 상한까지 건축할 수 있다.

(1) 공공임대주택 또는 공공지원민간임대주택을 임대주택 비율이 100분의 20 이상의 범위에서 시·도조례로 정하는 비율(인천광역시의 경우 100분의 20, 다만, 준주거지역 및 상업지역의 경우에는 100분의 30) 이상이 되도록 건설하는 경우: 「국토의 계획 및 이용에 관한 법률」 제78조 및 관계 법령에 따른 용적률의 상한(법적상한용적률)

(2) 공공임대주택을 임대주택 비율이 100분의 10 이상 100분의 20 미만이 되도록 건설하는 경우: 임대주택 비율에 비례하여 시·도조례로 정하는 방법에 따라 산정된 용적률의 상한

[인천광역시의 경우 다음 산식을 말한다. 다만, 준주거지역 및 상업지역의 경우는 제외한다.

용적률의 상한 = a + (b - a) × c / 20

a: 「인천광역시 도시계획 조례」제65조에 따른 해당 용도지역의 용적률

b: 「국토의 계획 및 이용에 관한 법률」 제78조 및 관계 법령에 따른 용적률의 상한

c: 해당 임대주택 비율]

사업시행자가 공공임대주택을 임대주택 비율이 100분의 10 이상이 되도록 건설하고 위에 따라 용적률을 완화받은 경우 그 공공임대주택을 국토교통부장관, 시·도지사, 시장·군수등, 토지주택공사등 또는 주택도시기금이 총지분의 100분의 50을 초과하여

출자한 「부동산투자회사법」에 따른 부동산투자회사에 공급하여야 한다.

위에 따른 공공임대주택의 인수가격은 건축비와 부속토지의 가격을 합한 금액을 기초로 산정하되, 사업여건 등을 고려하여 사업시행자와 인수자 간 협의로써 조정할 수 있다

(사업시행자는 공공임대주택을 건설하는 경우, 전체 세대수의 10퍼센트 이상을 임대주택으로 건설하고 용적률을 완화받아 그 임대주택을 인수자에게 공급하는 경우 건축설계가 확정되기 전에 미리 세대면적, 세대수 등 임대주택에 관한 사항을 인수자와 협의한 후 이를 사업시행계획서에 반영하여야 한다)

나. 주차장 설치기준 완화

소규모주택정비사업의 사업시행자가 자신이 소유한 주택을 개량한 후 의무임대기간, 최초 임대료 및 연간 인상률 등 대통령령으로 정하는 조건을 갖춘 임대주택을 다세대주택이나 다가구주택으로 건설하는 경우 주차장 설치기준은 「주택법」 제35조에도 불구하고 세대당 주차대수 0.6대(세대당 주거전용면적이 30제곱미터 미만인 경우에는 0.5대) 이상이다.

7. 건축규제의 완화 등에 관한 특례(소규모주택정비법 제48조, 소규모주택정비법 시행령 제40조, 인천광역시 빈집 및 소규모주택정비에 관한 조례 제24조, 제25조)

가. 「건축법」「주택법」 상의 규제 및 시설설치기준 등의 완화

사업시행자는 자율주택정비사업(「도시재생 활성화 및 지원에 관한 특별법」 제2조제1항제6호 나목에 따른 근린재생형 활성화계획에 따라 시행하거나 빈집밀집구역, 관리지역에서 시행하는 경우 또는 인천광역시의 경우 「도시재정비 촉진을 위한 특별법」 제2조제6호에 따른 존치지역, 「도시 및

주거환경정비법」제20조·제21조에 따라 정비예정구역·정비구역이 해제된 지역, 「도시 및 주거환경정비법」제23조제1항제1호에 따른 방법으로 시행하는 주거환경개선사업의 정비구역으로 한정한다), 소규모재개발사업, 가로주택정비사업, 소규모재건축사업 또는 취약주택정비사업의 시행으로 건설하는 건축물에 대하여 다음의 어느 하나에 해당하는 사항은 다음 각 범위에서 <u>지방건축위원회의 심의를 거쳐 그 기준을 완화받을 수 있다.</u>

(1) 「건축법」 제42조에 따른 대지의 조경기준: 2분의 1 범위

(2) 「건축법」 제55조에 따른 건폐율의 산정기준: <u>건축면적에서 주차장 면적 제외</u>

(3) 「건축법」 제58조에 따른 대지 안의 공지기준: 2분의 1 범위

(4) 「건축법」 제60조에 따른 건축물의 높이 제한 기준: 2분의 1 범위

(5) 「건축법」 제61조제2항제1호에 따른 건축물(7층 이하의 건축물과 <u>소규모주택정비 관리지역에 위치하는 15층 이하의 건축물로 한정한다)의 높이 제한 기준: 2분의 1 범위</u>

(6) 「건축법」 제61조제2항제2호에 따른 건축물(소규모주택정비 관리지역에 위치하는 건축물로 한정한다)의 높이 제한기준: 같은 법 시행령 제86조제3항제2호 가목 및 나목에도 불구하고 같은 목에 따라 건축조례로 정할 때 적용되는 같은 목에 따른 거리의 하한 기준 이상

(7) 「주택법」 제35조제1항제3호 및 제4호에 따른 부대시설 및 복리시설의 설치기준
  - 「주택법」 제2조제14호가목의 어린이놀이터의 설치기준: 「주택건설기준 등에 관한 규정」 제55조의2제7항제2호 다목의 적용배제
  - 「주택법」 제2조제14호의 복리시설의 설치기준: 같은 법 제35조제1항제4호 및 「주택건설기준 등에 관한 규정」에 따른 복리시설별 설치기준에도 불구하고 <u>설치대상 복리시설(어린이놀이터는 제외한다)의 면적의 합계 범위에서 필요한 복리시설을 설치할 수 있다.</u>

(8) 「주택건설기준 등에 관한 규정」 제6조제2항제2호에 따른 단지안의 시설 설치 기준에도 불구하고 폭 6미터 이상인 일반도로에 연접하여 주택을 「건축법 시행령」 별표 <u>1 제3호에 따른 제1종 근린생활시설과 복합건축물로 건설할 수 있다.</u>

나. 용적률의 상향

(1) 사업시행자는 소규모주택정비사업 시행구역 내 건축물 또는 대지의 일부에 다음의 어느 하나에 해당하는 시설을 설치하는 경우에는 「국토의 계획 및 이용에 관한 법률」 제78조에 따라 해당 지역에 적용되는 용적률에 그 시설에 해당하는 용적률을 더한 범위에서 시·도조례로 정하는 용적률을 적용받을 수 있다.

(가) 정비기반시설

(나) 공동이용시설

(다) 「주택건설기준 등에 관한 규정」의 해당 공동주택의 거주자가 공동으로 사용하거나 거주자의 생활을 지원하는 시설로서 다음의 시설.

① 경로당

② 어린이놀이터

③ 어린이집

④ 주민운동시설

⑤ 도서실(정보문화시설과 「도서관법」에 따른 작은도서관을 포함함)

⑥ 주민교육시설(영리를 목적으로 하지 아니하고 공동주택의 거주자를 위한 교육장소를 말함)

⑦ 청소년 수련시설

⑧ 주민휴게시설

⑨ 독서실

⑩ 입주자집회소

⑪ 공용취사장

⑫ 공용세탁실

⑬ 「공공주택 특별법」에 따른 공공주택의 단지 내에 설치하는 사회복지시설

⑭ 「아동복지법」의 다함께돌봄센터

⑮ 「아이돌봄 지원법」 제19조의 공동육아나눔터

⑯ 그 밖에 ①부터 ⑮까지의 시설에 준하는 시설로서 「주택법」에 따른 사업

계획의 승인권자가 인정하는 시설

(2) 이 경우 용적률의 산정방법은 다음 (가) (나)와 같다.

　(가) 정비기반시설을 설치하는 경우: 해당 지역에 적용되는 용적률의 200퍼센트 이하의 범위에서 해당 시설의 면적이 해당 사업시행구역의 전체 면적에서 차지하는 비율을 기준으로 시·도조례가 정하는 바에 따라 산정함.
　　인천광역시의 경우 사업시행구역 면적에 「인천광역시 도시계획 조례」로 정한 해당 지역에 적용되는 용적률을 곱하여 정비기반시설 설치면적을 제외한 대지면적으로 나눈 용적률로 하되, 「국토의 계획 및 이용에 관한 법률」제78조 및 관계법령에 따른 용적률의 상한을 초과하여 적용받을 수 없다.

　(나) 공동이용시설, 경로당 등 주민공동시설을 설치하는 경우: 해당 지역에 적용되는 용적률에 해당 시설의 용적률을 더한 범위에서 해당 시설의 건축 연면적이 해당 사업시행구역의 전체 건축 연면적에서 차지하는 비율을 기준으로 시·도조례가 정하는 바에 따라 산정함
　　인천광역시의 경우 「인천광역시 도시계획 조례」로 정한 해당 지역에 적용되는 용적률에 공동이용시설 등에 해당하는 용적률을 더한 용적률로 하되, 「국토의 계획 및 이용에 관한 법률」제78조 및 관계 법령에 따른 용적률의 상한을 초과하여 적용받을 수 없다.

다. 주차장설치기준의 완화

(1) 노상 및 노외주차장 사용권의 확보

시장·군수등은 사업시행자가 소규모주택정비사업의 시행으로 건설하는 건축물에 대하여 「주차장법」에 따라 해당 건축물에 설치해야 하는 부설주차장의 주차단

위구획 총수에도 불구하고 다음의 (가) (나) 어느 하나에 해당하는 주차장을 각 구분에 따른 비율 미만으로 확보하는 경우 그에 상응하는 범위에서 <u>해당 건축물에 설치해야 하는 부설주차장의 주차단위구획 총수를 완화할 수 있다.</u> 이 경우 주차장을 사용할 수 있는 권리를 확보하는 주차단위구획의 총수는 <u>주차장 설치기준의 100분의 50 미만이어야 한다.</u>

다 음

(가) <u>특별시장, 광역시장, 시장·군수등 또는 토지주택공사등이 직접 또는 위탁하여 관리·운영하는 주차장으로서 그 위치가 사업시행구역 안인 경우</u>(「도시재생활성화 및 지원에 관한 특별법」에 따른 도시재생활성화지역에서 시행하는 소규모주택정비사업인 경우에는 도시재생활성화계획에 따라 설치되어 주차장의 위치가 사업시행구역 밖인 경우를 포함함): 주차장 설치기준의 100분의 50

　(특별시장, 광역시장, 시장·군수등 또는 토지주택공사등이 직접 또는 위탁하여 관리·운영하는 주차장으로서 그 위치가 사업시행구역 안인 경우의 노상주차장은 당해 주차장을 주차장인 상태로 이용하는 경우를 전제로 하는 것이다. <u>사업시행구역 안의 노상주차장을 당해 정비사업의 목적인 부지로 편입하는 경우는 소규모주택정비법 제43조의 정비기반시설의 설치 및 토지 등의 귀속 등에 관한 문제이다</u>)

(나) <u>주차장의 위치가 시설물 부지의 경계선으로부터 부설주차장의 경계선까지의 직선거리 300미터 또는 도보거리 600미터 이내에 있는 경우 등</u>(「주차장법 시행령」 제7조제2항 각 호의 어느 하나에 해당하는 경우): 주차장 설치기준의 100분의 30

　주차장 사용권의 확보 방법은 <u>노상 및 노외주차장의 설치에 드는 비용을 시장 또는 구청장에게 납부</u>하는 것으로 노상 및 노외주차장의 사용권을 확보할 수 있다.(인천광역시 빈집 및 소규모주택정비에 관한 조례 제25조)
　주차장의 설치비용은 다음의 방법으로 산정한다.

- <u>주차장 설치비용의 총액</u>은 노상 및 노외주차장의 주차구획 1면당 설치비용에 설치의무를 면제할 주차장의 주차대수를 곱하여 산정한다.
- <u>노상 및 노외주차장의 주차구획 1면당 설치비용</u>은 해당 노상 및 노외주차장 설치비용에서 주차구획이 된 부분의 비용(토지가액과 건축비를 포함한다)을 주차구획수로 나누어 산정한다.
- <u>토지가액</u>은 「부동산 가격공시에 관한 법률」 제3조제7항에 따른 토지가격비준표에 따라 산정하되, 구청장등이 필요하다고 인정하는 경우에는 「감정평가 및 감정평가사에 관한 법률」 제3조에 따른 감정평가업자가 6개월 이내에 평가한 가액으로 할 수 있다.

(2) 자율주택정비사업의 경우 주차장 설치기준의 완화

자율주택정비사업의 사업시행자(소규모주택정비법 제17조제1항제1호 시장군수등 또는 제2호 토지주택공사등과 공동으로 시행하는 경우에 한한다)는 「주차장법」에 따라 해당 건축물에 설치해야 하는 부설주차장의 주차단위구획 총수를 완화 받으려는 경우 해당 주차장의 설치계획에 대하여 지방건축위원회 심의를 거쳐 전체 주차대수(「주차장법 시행령」 제7조제1항 각 호에 해당하는 경우에는 같은 법 별표1의 부설주차장 설치기준에 따라 산정한 주차대수를 말한다) 100분의 10 미만의 범위에서 완화할 수 있다.

8. 주택의 규모 및 건설비율에 관한 사항

가. 소규모주택정비사업을 하는 경우 새로 조성하는 대지 및 건물의 규모 및 건설
비율은 다음과 같다.(소규모주택정비법 제32조, 소규모주택정비법 시행령 제29조)

다 음

- 가로주택정비사업의 사업시행자는 사업시행구역에 있는 기존 단독주택의 호수(戶
數)와 공동주택의 세대수를 합한 수 이상의 주택을 공급하여야 하고 이 경우 건설
하는 건축물의 층수는 「국토의 계획 및 이용에 관한 법률」 제76조(용도지역 및 용도지
구에서의 건축물의 건축제한 등) 및 같은 법 시행령 제71조(용도지역 안에서의 건축제한)에
따른다. 다만, 「국토의 계획 및 이용에 관한 법률」에 따른 용도지역 중 제2종일반주
거지역인 경우 15층 이하의 범위에서 가로구역의 규모와 도로 너비 등을 고려하여
시·도조례(인천광역시의 경우 위임받은 사항을 규정하는 조례가 없음)로 층수제한을 따로
정하여 적용할 수 있다.

- 소규모재건축사업을 하는 경우 건설하는 주택에 대하여 전체 세대수의 100분의
60 범위에서 국민주택규모〔주거의 용도로만 쓰이는 면적(주거전용면적)이 1호 또는 1
세대당 85제곱미터 이하인 주택, 「수도권정비계획법」에 따른 수도권을 제외한 도시
지역이 아닌 읍 또는 면 지역은 100제곱미터 이하인 주택을 말함〕의 주택을 건설하
여야 한다.
다만, 「수도권정비계획법」에 따른 과밀억제권역에서 시행하는 재건축사업의 사업
시행자는 건설하는 주택 전체 세대수의 60퍼센트 이상을 85제곱미터 이하 규모의
주택으로 건설하여야 한다. 이 경우에도 다음 ①②를 모두 충족하는 경우에는 그
러하지 아니하다.
① 조합원에게 분양하는 주택의 주거전용면적의 합이 종전 주택(재건축하기 전의 주
택을 말한다)의 주거전용면적의 합보다 작거나 30퍼센트의 범위에서 클 것

② 조합원 이외의 자에게 분양하는 주택을 모두 85제곱미터 이하 규모로 건설할 것

나. 소규모주택정비법 제33조제4항, 소규모주택정비법 시행령 제31조제1항제1호에 따라 인천광역시의 경우(인천광역시 빈집 및 소규모주택 정비에 관한 조례 제18조) 가로주택정비사업 및 소규모재개발사업으로 분양하는 주택은 다음 (1)(2)의 기준에 적합하여야 한다.

(1) 「주택법」 제2조제6호에 따른 국민주택규모의 주택을 전체 세대수의 80퍼센트 이상 건설하여야 한다.

(2) 종전의 주택규모(다가구주택으로서 가구별 분양대상인 경우에는 가구별 주택 지분면적을 말한다)가 국민주택규모를 초과한 경우, 그 초과한 세대수에 대하여는 위 (1)에도 불구하고 주거전용면적 165제곱미터의 범위에서 종전 주택의 규모 이하로 건설할 수 있다.

※ 참고: 법적상한용적률, 시·도조례로 정한 용적률, 초과용적률에 관하여

가. 용적률
용적률은 대지면적에 대한 지상 건축연면적의 비율을 말한다.
용도지역에서 용적률의 최대한도는 관할 구역의 면적과 인구 규모, 용도지역의 특성 등을 고려하여 다음의 범위에서 대통령령(국토계획법 시행령 제85조제1항)으로 정하는 기준에 따라 특별시·광역시·특별자치시·특별자치도·시 또는 군의 조례(인천광역시 도시계획 조례 제65조제1항)로 정한다.

1) 도시지역
  가) 주거지역: 500퍼센트 이하
  나) 상업지역: 1천500퍼센트 이하
  다) 공업지역: 400퍼센트 이하
  라) 녹지지역: 100퍼센트 이하
2) 관리지역
  가) 보전관리지역: 80퍼센트 이하
  나) 생산관리지역: 80퍼센트 이하
  다) 계획관리지역: 100퍼센트 이하
3) 농림지역: 80퍼센트 이하
4) 자연환경보전지역: 80퍼센트 이하

세분된 용도지역에서의 용적률에 관한 기준은 위의 범위에서 대통령령(국토계획법 시행령 제85조제1항)(인천광역시 도시계획 조례 제65조제1항)으로 따로 정한다.

세분된 용도지역	국토계획법 시행령 제85조제1항에 따른 용적률 (법적상한용적률)	인천광역시 도시계획 조례 제65조제1항에 따른 용적률	서울특별시 도시계획 조례 제55조제1항에 따른 용적률
제1종 전용주거지역	50% 이상 100% 이하	80% 이하	100% 이하
제2종 전용주거지역	50% 이상 150% 이하	120% 이하	120% 이하
제1종 일반주거지역	100% 이상 200% 이하	200% 이하	150% 이하
제2종 일반주거지역	100% 이상 250% 이하	250% 이하	200% 이하
제3종 일반주거지역	100% 이상 300% 이하	300% 이하	250% 이하
준주거지역	200% 이상 500% 이하	500% 이하 (다만, 순수 주거용 공동주택의 경우에는 300퍼센트)	400% 이하
중심상업지역	200% 이상 1천500% 이하	1300% 이하	1000% 이하 (단, 역사도심 800)
일반상업지역	200% 이상 1천300% 이하	1000% 이하	800% 이하 (단, 역사도심 600)
근린상업지역	200% 이상 900% 이하	700% 이하	600% 이하 (단, 역사도심 500)
유통상업지역	200% 이상 1천100% 이하	800% 이하	600% 이하 (단, 역사도심 500)
전용공업지역	150% 이상 300% 이하	300% 이하	200% 이하
일반공업지역	150% 이상 350% 이하	350% 이하	200% 이하
준공업지역	150% 이상 400% 이하	400% 이하	400% 이하
보전녹지지역	50% 이상 80% 이하	50% 이하	50% 이하
생산녹지지역	50% 이상 100% 이하	80% 이하	50% 이하
자연녹지지역	50% 이상 100% 이하	80% 이하	50% 이하

보전관리지역	50% 이상 <u>80%</u> 이하	80% 이하	×
생산관리지역	50% 이상 <u>80%</u> 이하	80% 이하	×
계획관리지역	50% 이상 <u>100%</u> 이하	100% 이하	×
농림지역	50% 이상 <u>80%</u> 이하	80% 이하	×
자연환경 보전지역	50% 이상 <u>80%</u> 이하	80% 이하	×

나. <u>법적상한용적률</u>은 위 가. 표상의 국토계획법 시행령 제85조제1항에 따른 용적률의 최대치를 말한다. <u>시·도조례로 정한 용적률</u>은 국토계획법 시행령 제85조제1항으로 정하는 기준에 따라 특별시·광역시·특별자치시·특별자치도·시 또는 군의 조례로 정하여진 용적률을 말한다. 따라서 <u>시·도조례로 정한 용적률</u>은 법적상한용적률을 초과할 수 없는 것이 원칙이다. 위 가. 표상의 인천광역시, 서울특별시 도시계획 조례로 정하여진 용적률을 말한다.

<u>초과용적률</u>이란 기준이 되는 용적률을 초과하여 부여되는 용적률을 말한다. 초과용적률이란 개념은 국가가 일정한 정책적 목표를 달성하기 위하여 사업시행자에게 용적률 상향의 이익을 주되 그 초과된 용적률의 범위 내에서 사업시행자에게 부담을 주기 위한 개념이다.
기준이 되는 용적률은 시·도조례로 정한 용적률이지만 용적률의 최대치인 <u>법적상한용적률을 넘어서 건축을 허용하는 경우도 있다.</u>

이에 관하여 구체적으로 살펴보면 다음과 같다.

- 2023. 4. 18 신설된 소규모주택정비법 제49조의2제3항, 4항, 5항에 따라 <u>일반 소규모재건축사업의 경우</u> 「국토의 계획 및 이용에 관한 법률」 제78조에 따라 시·군조례로 정한 용적률에도 불구하고 소규모주택정비법 제27조에 따른 통합심의를 거쳐 법적상한용적률까지 국민주택규모 주택을 건설하여 <u>시·군조례로 정한 용적률을 초과하는 용적률</u>의 100분의 20 이상 100분의 50 이하로서 시·도조례로 정하는 비율에 해당하는 면적을 국토교통부장관, 시·도지사, 시장·군수등 또는 토지주택공사등에 공급하여야 하고, 공공소규모재건축사업을 시행 또는 대행하는 공공시행자등은 법적상한용적률에도 불구하고 소규모주택정비법 제27조에 따른 통합심의를 거쳐 <u>법적상한용적률의 100분의 120까지</u> 국민주택규모 주택을 건설하여 <u>그 초과한 용적률</u>(법적상한용적률의 100분의 120에서 종전의 시·도조례로 정하는 용적률을 제한 용적률)의 100분의 20 이상 100분의 50 이하로서 시·도조례로 정하는 비율에 해당하는 면적을 국토교통부장관, 시·도지사, 시장·군수등 또는 토지주택공사등에 공급하도록 하고 있고,

- 2021.7.20. 신설된 소규모주택정비법 제49조의2제1항, 2항에 따라 역세권에서 시행하는 소규모재개발사업의 사업시행구역은 소규모주택정비법 제29조에 따른 사업시행계획인가가 있은 날부터 「국토의 계획 및 이용에 관한 법률」 제36조제1항제1호가목 및 같은 조 제2항에 따라 <u>주거지역을 세분하여 정하는 지역 중 일정한 지역으로 종상향 결정·고시</u>된 것으로 보아 해당 용도지역의 <u>법적상한용적률까지 용적률을 정할 수 있으며</u>, 사업시행자는 종상향 되어 「국토의 계획 및 이용에 관한 법률」 제78조에 따라 시·도조례로 정한 용적률이 종전의 용도지역의 용적률을 초과한 경우 <u>그 초과한 용적률</u>(변경된 용도지역에서의 시·도조례로 정하는 용적률에서 종전의 용도지역에서의 시·도조례로 정한 용적률을 제한 용적률)의 100분의

50 이하로서 시·도조례로 정하는 비율에 해당하는 면적에 임대주택 등을 건설하여 시·도지사, 시장·군수등 또는 토지주택공사등에 공급하도록 하고 있다.

다. 법적상한용적률= 시·도조례로 정한 용적률인 경우의 문제

소규모주택정비법 제49조는 사업시행자가 소규모주택정비사업을 시행하면서 자발적으로 일정비율 이상의 공공임대주택 등을 건설하는 경우 최대 법적상한용적률까지 건축할 수 있도록 하고 있고, 2023. 4. 18 신설된 소규모주택정비법 제49조의2제3항, 4항, 5항에 따라 일반 소규모재건축사업의 경우 법적상한용적률까지 국민주택규모 주택을 건설할 수 있도록 하고 있으나 해당 사업시행구역이 소재하는 시·도의 조례가 이미 법적상한용적률의 최대치를 용적률로 정하고 있는 경우 임대주택을 건설하더라도 용적률을 상향할 수 없게 된다.

위 1. 가. 의 서울특별시와 인천광역시 조례가 정하는 용적률 표에서 보는 바와 같이 인천광역시의 경우는 소규모주택정비법 제49조, 49조의2 규정의 입법취지를 달성할 수 없게 된다. 다만, 인천광역시의 경우에도 공공재건축사업을 시행하는 경우만 의의가 있다 하겠다. 공공소규모재건축사업을 시행 또는 대행하는 경우 법적상한용적률에도 불구하고 법적상한용적률의 100분의 120까지 국민주택규모 주택을 건설하여 그 초과한 용적률(법적상한용적률의 100분의 120에서 종전의 시·도조례로 정하는 용적률을 제한 용적률)의 100분의 20 이상 100분의 50 이하로서 시·도조례로 정하는 비율에 해당하는 면적을 국토교통부장관, 시·도지사, 시장·군수등 또는 토지주택공사등에 공급할 수 있기 때문이다.

2. 소규모주택정비법 제49조와 49조의 2 적용관계

소규모주택정비법 제49조는 사업시행자가 소규모주택정비사업을 시행하면서 자발적으로 일정비율 이상의 공공임대주택 등을 건설하는 경우 최대 법적상한용적률까지 건축하여 이때 건설된 공공임대주택을 국토교통부장관, 시·도지사, 시장·군수등, 토지주택공사등 또는 「부동산투자회사법」에 따른 부동산투자회사에게 공급할 수 있도록 하며, 그 가격도 건축비와 부속토지의 가격을 합한 금액을 기초로 산정할 수 있도록 사업시행자에게 이익을 주고자 하는데 의의가 있다.

따라서 해석상 소규모주택정비법 제49조의 2 규정에 따라 시행되는 역세권에서의 소규모재개발사업, 소규모재건축사업의 사업시행자에게도 소규모주택정비법 제49조를 중첩적으로 적용할 수 있다. 다만, 소규모재건축사업의 경우는 소규모주택정비법 제49조에서 부여되는 용적률의 최대치는 법적상한용적률인데 비해 소규모주택정비법 제49조의 2에서는 그것을 초과하는 용적률을 부여하고 있어 실제 중첩적으로 적용되는 예가 없을 것이다.

Ⅲ 건축심의 직후의 절차

1. 매도청구(소규모주택정비법 제35조의 매도청구)

가로주택정비사업 또는 소규모재건축사업의 사업시행자(법 제35조의 문언 상으로는 소규모재개발사업의 경우 매도청구권을 행사할 수 없는 듯이 보이지만 소규모재개발사업의 경우에도 매도청구권을 행사할 수 있다. 이에 관하여는 3편3장에서 후술한다)는 <u>건축심의 결과를 받은 날부터 30일 이내</u>에 조합설립에 동의하지 아니한 자 또는 시장·군수등, 토지주택공사등 또는 지정개발자 지정에 동의하지 아니한 자에게 조합설립 또는 사업시행자의 지정에 동의할 것인지 여부를 회답할 것을 서면으로 촉구하여야 한다.

소규모주택정비 관리지역에서 시행하는 자율주택정비사업의 사업시행자는 주민합의체 구성에 동의하지 아니한 자에 대하여 주민합의체 구성에 동의할 것인지 여부를 회답할 것을 서면으로 촉구하여야 한다.

위의 촉구를 받은 토지등소유자는 촉구를 받은 날부터 60일 이내에 회답하여야 한다. 동 기간 내에 회답하지 아니한 토지등소유자는 주민합의체 구성, 조합설립 또는 사업시행자의 지정에 동의하지 아니하겠다는 뜻을 회답한 것으로 본다.

사업시행자는 토지등소유자가 촉구를 받은 날부터 60일 이내의 기간이 만료된 때부터 60일 이내에 주민합의체 구성, 조합설립 또는 사업시행자 지정에 동의하지 아니하겠다는 뜻을 회답한 토지등소유자와 건축물 또는 토지만 소유한 자에게 건축물 또는 토지의 소유권과 그 밖의 권리를 매도할 것을 청구할 수 있다.

소규모주택정비법 제35조의 매도청구에 관하여 자세한 내용은 3편제3장에서 자세히 설명한다.

2. 조합원 분양공고·통지, 신청(소규모주택정비법 제28조)

　가로주택정비사업, 소규모재건축사업 또는 소규모재개발사업의 사업시행자는 건축심의 결과를 통지받은 날부터 90일 이내에 조합원 분양신청에 필요한 사항을 토지등소유자에게 통지하고, 해당 지역에서 발간되는 일간신문에 공고하여야 한다.

　조합원 분양신청기간은 토지등소유자에게 통지한 날부터 30일 이상 60일 이내로 하여야 한다. 대지 또는 건축물에 대한 분양을 받으려는 토지등소유자는 분양신청기간에 대통령령으로 정하는 방법 및 절차에 따라 분양신청을 하여야 한다.

　이 절차는 2편제4장의 관리처분계획을 수립하기 위한 것으로서 해당 장에서 자세히 설명한다

4장

사업시행계획
인가
(관리처분계획
포함)

2편3장 Ⅰ. 총설에서 언급한 바와 같이 서로 다른 여러 명의 토지등소유자는 시행하는 사업방식이 무엇이든 기존의 건축물을 철거하고 새로 조성되는 대지 및 건축물을 어떻게 축조할 것인가에 관한 물리적 형상계획과 새로 조성된 대지 및 건축물을 어떻게 이해관계인에게 분배할 것인가에 관한 권리배분계획을 가지고 있어야 하고, 도시정비법은 새로 조성되는 대지 및 건축물을 어떻게 축조할 것인가에 관한 물리적 형상 계획을 사업시행계획이라 하고, 이것을 전제로 새로 조성된 대지 및 건축물을 어떻게 이해관계인에게 분배할 것인가의 권리배분에 관한 계획을 관리처분계획이라 하는 데 비해, 소규모주택정비법의 건축심의절차는 도시정비법상의 사업시행계획인가 절차를 대체하는 성격을 갖고 있으며 사업시행계획인가절차는 건축심의 절차를 거쳐 확정된 새로 조성되는 대지 및 건축물을 어떻게 축조할 것인가에 관한 물리적 형상 계획을 정리하여 작성하는 절차와 그를 전제로 하여 새로 조성된 대지 및 건축물을 어떻게 이해관계인에게 분배할 것인가의 권리배분에 관한 계획, 즉 관리처분계획을 수립하여 조합총회의 의결을 받는 절차로 구성되어 있다.

따라서 이하에서는 새로 조성된 대지 및 건축물을 어떻게 이해관계인에게 분배할 것인가의 권리배분에 관한 계획은 소규모주택정비법상의 사업시행계획이라는 용어사용에도 불구하고 관리처분계획이라 하고 도시정비법상의 사업시행계획이라는 용어는 건축심의와 좁은 의미의 사업시행계획이라는 용어를 사용한다.

그렇지만 소규모주택정비법상 건축심의 절차를 거쳐 확정된 새로 조성되는 대지 및 건축물을 어떻게 축조할 것인가에 관한 물리적 형상 계획을 정리하여 작성하는 절차와 그를 전제로 하여 새로 조성된 대지 및 건축물을 어떻게 이해관계인에게 분배할 것인가의 권리배분에 관한 계획을 수립하는 절차는 하나의 조합총회의 의결을 거쳐 인가를 받는다.

◆ 좁은 의미의 사업시행계획서의 작성

1. 소규모주택정비법 제26조, 27조의 건축심의 절차를 거쳐 확정된 새로 조성되는 대지 및 건축물을 어떻게 축조할 것인가에 관한 물리적 형상 계획 및 이에 부수하는 사항을 등을 정리하여 작성하는 절차이다.

2. 사업시행계획서의 내용(소규모주택정비법 제30조, 동법 시행령 제27조, 인천광역시 빈집 및 소규모주택정비에 관한 조례 제16조)

   가. 건축심의의 대상인 내용

   건축위원회 등의 심의결과 통보내용을 반영한 사업시행계획서를 작성하여야 한다. 신청에 대한 원안의결이 있는 경우는 그대로, 조건부 의결인 경우 조건 내용을 반영하여 사업시행계획서를 작성하여야 한다.

   건축심의의 대상인 내용을 정리하면 다음과 같다.
   - 사업시행구역이 가로주택정비사업을 시행하는 가로구역일 경우 소규모주택정비법 시행령 제3조제1항제2호의 요건을 충족하는지 여부에 관한 사항
   - 도시·군관리계획 중 용도지역·용도지구를 지정 또는 변경하는 경우 그에 관한 사항
   - 소규모주택정비법 제49조제1항, 제49조의2제1항·제3항에 따라 법적상한용적률까지 건축하거나 소규모주택정비법 제49조의2제4항에 따라 법적상한용적률을 초과하여 건축하는 경우 그에 관한 사항
   - 소규모주택정비법 제49조에 따른 임대주택 건설에 관한 사항
   - 소규모주택정비법 제48조 건축규제의 완화 등에 관한 특례를 정하는 경우 그에

관한 사항

- 기타 「국토의 계획 및 이용에 관한 법률」에 따른 도시·군관리계획 및 개발행위 관련 사항

- 소규모주택정비법 제32조에 따른 주택의 규모 및 건설비율에 관한 사항

- 토지이용계획(건축물배치계획을 포함한다)(토지이용계획에 포함된 건축물의 설계도서 포함)

- 건축물의 주용도·건폐율·용적률 및 높이에 관한 계획(「건축법」에 따라 건축협정을 체결한 경우 건축협정의 내용을 포함함)

- 건축물의 건축선에 관한 계획

- 「건축법」에 따른 특별건축구역과 특별가로구역의 지정에 관한 사항

- 「건축법」에 따른 건축심의(건축법 제26조의 건축 과정에서 부득이하게 발생하는 오차의 허용범위 및 건축법 제48조제1항의 구조내력 등 심의를 포함한다)

- 정비기반시설의 설치계획(소규모주택정비법 제43조제2항에 따라 새로 설치되는 정비기반시설 및 종래의 정비기반시설의 조서 및 도면 포함)

- 공동이용시설의 설치계획

- 환경보전 및 재난방지에 관한 계획

- 안전 및 범죄예방환경설계에 관한 계획

- 그 밖에 시장·군수등이 필요하다고 인정하여 통합심의에 부치는 사항

※ 사업시행자가 사업시행계획서에 「공공주택 특별법」 제2조제1호에 따른 공공주택 건설계획을 포함하는 경우에는 공공주택의 구조·기능 및 설비에 관한 기준과 부대시설·복리시설의 범위, 설치기준 등에 필요한 사항은 「공공주택 특별법」 제37조에 따른다.

나. 기타 사항

기타 소규모주택정비법 제30조, 동법 시행령 제27조, 인천광역시 빈집 및 소규모주택정비에 관한 조례 제16조 규정에 따라 사업시행계획서에 반영하여야 하는 사

항은 다음과 같다.

- 사업의 종류·명칭 및 시행기간
- 사업시행구역 및 그 면적
- 사업시행자의 성명 및 주소
- 해당 사업의 토지 또는 건축물 등에 관한 명세와 권리자의 성명 및 주소

- 기존 건축물의 철거계획서(석면이 함유된 건축자재가 사용된 경우 그 현황과 해당 자재의 철거 및 처리계획을 포함한다)
- 철거할 필요는 없으나 보수할 필요가 있다고 인정되는 기존 건축물의 명세 및 보수계획
- 사업시행과정에서 발생하는 폐기물의 처리계획
- 「물의 재이용 촉진 및 지원에 관한 법률」제8조에 따른 빗물이용시설의 설치·운영 등 빗물처리계획

- 임시거주시설을 포함한 주민이주대책

- 사업시행자에게 무상으로 양여되는 국유지·공유지의 조서[사업시행자(사업시행자가 시장·군수등인 경우는 제외한다)는 사업시행계획서의 내용에 국유재산이나 공유재산의 처분 등에 관한 내용을 포함하려는 경우에는 미리 시장·군수등에게 국유재산 또는 공유재산의 처분 방법 등에 관한 협의를 요청할 수 있다. 이 경우 시장·군수등은 특별한 사유가 없으면 요청에 따라야 한다.]
- 「국토의 계획 및 이용에 관한 법률」제2조제9호의 공동구 설치

- 사업의 시행에 지장이 있다고 인정되는 사업시행구역 내 건축물 또는 공작물 등의 명세
- 소규모주택정비법 제35조의2에 따라 수용 또는 사용하여 사업을 시행하는 경우 수용 또는 사용할 토지·물건 또는 권리의 세목과 그 소유자 및 권리자의 성

명·주소

- 분양설계 등 관리처분계획
- 사업의 완료 후 상가세입자에 대한 우선 분양 등에 관한 사항
- 정비사업비
- 사업의 자금확보계획

위 사항 중 분양설계 등 관리처분계획, 사업의 완료 후 상가세입자에 대한 우선 분양 등에 관한 사항, 정비사업비는 관리처분계획 수립에 관한 문제이므로 □ 관리처분계획에서 자세히 설명한다.

◆ 관리처분계획의 수립

I. 관리처분계획서 작성 전 절차

1. 조합원의 종전자산 및 종후자산의 감정평가(소규모주택정비법 제56조제2항, 도시정비법 제74조제4항)

가. 관리처분계획을 수립하기 위해서는 조합원의 분양신청 현황을 알아야 한다. 따라서 아래 2.의 조합원 분양신청 절차는 관리처분계획 수립의 핵심이 된다.

그런데 조합원이 분양신청을 하기 위해서는 <u>자신이 매입하는 새로 건축되는 종후 자산의 가격(분양대금)</u>은 얼마이고 <u>자신의 종전자산이 사업에 제공되어 어느 정도의 이익 (권리가액)</u>을 형성하고 있는지를 알아야 한다. 이 점을 명확히 하기 위하여 소규모주택법 제28조는 <u>분양대상자별 분담금 추산액(분양대금 - 권리가액)</u>을 각 조합원에게 통지·공고하도록 하고 있다.

따라서 조합원 분양신청 통지·공고에 앞서 조합원의 종전자산 및 종후자산의 감정평가를 위한 감정평가법인등의 선정, 감정평가실시 등 절차를 거쳐야 한다.

신속한 사업시행을 위해 조합원 분양신청을 위한 통지·공고에 앞서 감정평가법인 등의 선정, 감정평가실시 등 절차를 <u>미리 준비하여야 한다</u>는 점을 주의하여야 한다.

나. 소규모주택정비법 제56조제2항은 재산 또는 권리 평가 등에 관하여는 도시정비법 제74조를 준용한다고 하면서 이 경우 "재건축사업"은 "소규모주택정비사업"으로 본다고 하고 있다. 그러므로 소규모재개발사업, 가로주택정비사업의 경우도 도시정비법 제74조의 재건축사업에 관한 규정이 적용된다.

따라서 조합원의 종전자산 및 종후자산의 평가는 다음과 같이 한다.

- 「감정평가 및 감정평가사에 관한 법률」에 따른 감정평가법인등 중 시장·군수등이 선정·계약한 1인 이상의 감정평가법인등과 조합총회의 의결로 선정·계약한 1인 이상의 감정평가법인등이 평가한 금액을 산술평균하여 산정한다.
- 사업시행자는 감정평가를 하려는 경우 시장·군수등에게 감정평가법인등의 선정·계약을 요청하고 감정평가에 필요한 비용을 미리 예치하여야 한다. 시장·군수등은 감정평가가 끝난 경우 예치된 금액에서 감정평가 비용을 직접 지급한 후 나머지 비용을 사업시행자와 정산하여야 한다.

2. 조합원 분양신청을 위한 분양공고·통지(소규모주택정비법 제28조, 동법 시행령 제25조, 인천광역시 빈집 및 소규모주택정비에 관한 조례 제14조, 소규모주택정비법 제36조)

소규모재개발사업, 가로주택정비사업, 소규모재건축사업의 사업시행자는 소규모주택정비법 제26조에 따른 심의 결과를 통지받은 날부터 90일 이내에 일정한 사항을 토지등소유자에게 통지하고, 분양의 대상이 되는 대지 또는 건축물의 내역 등 일정한 사항을 해당 지역에서 발간되는 일간신문에 공고하여야 한다.

가. 통지사항

토지등소유자에게 통지하여야 할 사항은 다음과 같다.
- 사업의 종류·명칭 및 사업시행구역의 위치·면적
- 건축물의 주용도·건폐율·용적률 및 높이에 관한 계획(「건축법」 제77조의4에 따라 건축협정을 체결한 경우 건축협정의 내용을 포함한다)
- 건축물의 건축선에 관한 계획
- 「건축법」 제69조에 따른 특별건축구역과 같은 법 제77조의2에 따른 특별가로구역의 지정에 관한 사항
- 정비기반시설의 설치계획

- 공동이용시설의 설치계획
- 철거 및 이주예정일
- 분양대상 대지 또는 건축물의 내역
- 분양신청 자격 및 방법
- 분양대상자별 종전의 토지 또는 건축물의 명세 및 소규모주택정비법 제26조에 따른 심의 결과를 통지받은 날을 기준으로 한 가격(소규모주택정비법 제26조에 따른 심의 전에 소규모주택정비법 제37조제3항에 따라 철거된 건축물은 시장·군수등에게 허가를 받은 날을 기준으로 한 가격)
- <u>분양대상자별 분담금의 추산액</u>
- 분양신청기간 및 장소
- 분양신청 안내문
- 분양신청서
- 분양신청을 하지 아니한 자에 대한 조치
- 토지등소유자 외 권리자의 권리신고 방법

나. 공고사항

공고하여야 할 사항은 다음과 같다.
- 사업의 종류·명칭 및 사업시행구역의 위치·면적
- 건축물의 주용도·건폐율·용적률 및 높이에 관한 계획(「건축법」 제77조의4에 따라 건축협정을 체결한 경우 건축협정의 내용을 포함한다)
- 건축물의 건축선에 관한 계획
- 「건축법」 제69조에 따른 특별건축구역과 같은 법 제77조의2에 따른 특별가로구역의 지정에 관한 사항
- 정비기반시설의 설치계획
- 공동이용시설의 설치계획
- 철거 및 이주예정일

- 분양대상 대지 또는 건축물의 내역
- 분양신청 자격 및 방법
- 분양신청 기간 및 장소
- 분양신청을 하지 아니한 자에 대한 조치
- 토지등소유자 외 권리자의 권리신고 방법

다. 분양신청

(1) 분양신청기간

분양신청기간은 <u>토지등소유자에게 통지한 날부터 30일 이상 60일 이내</u>로 하여야 한다. 다만, 사업시행자는 관리처분계획의 수립에 지장이 없다고 판단하는 경우에는 분양신청기간을 20일 범위에서 한 차례만 연장할 수 있다.

(2) 분양신청방법

대지 또는 건축물에 대한 분양을 받으려는 <u>토지등소유자는 위에 따른 분양신청기간에 분양신청서에 소유권의 내역을 적어 사업시행자에게 제출</u>하여야 한다. 이 경우 우편에 의한 분양신청은 분양신청기간 내에 발송된 것임을 증명할 수 있는 우편으로 하여야 한다.

분양신청서를 받은 사업시행자는 「전자정부법」 제36조제1항에 따른 행정정보의 공동이용을 통하여 신청서에 기재된 소유권에 관한 토지등기사항증명서 및 건물등기사항증명서를 확인하여야 한다. 다만, 사업시행자가 같은 법 제37조에 따른 행정정보 공동이용센터의 이용기관이 아닌 경우에는 그 증명서를 첨부하도록 하여야 한다.

(3) 재분양

소규모주택정비법 제28조제4항은 사업시행자는 조합원 분양신청 공고·통지에 따른 분양신청기간 종료 후에 사업시행계획인가의 변경으로 세대수 또는 주택규모가 달라지는 경우(대통령령으로 정하는 경미한 사항의 변경은 제외한다) 조합원 분양신청 공고·통지 및 분양신청절차를 다시 거칠 수 있다.'고 하고 있고, 소규모주택정비법 제28조제5항은 사업시행자는 정관등에서 조합원 분양신청 공고·통지에 따른 분양신청기간 내에 분양신청을 하지 아니한 자, 분양신청기간내에 분양 신청을 철회한 자를 대상으로 분양신청을 다시할 수 있도록 정하고 있거나 이를 위한 별개의 총회의 의결을 거친 경우 분양신청기간 내에 분양신청을 하지 아니한 자, 분양신청기간내에 분양신청을 철회한 자를 대상으로 분양신청을 다시 하게 할 수 있다고 하고 있다.

소규모주택정비법 제28조제4항은 사업시행계획인가 후 사업시행계획인가의 변경으로 대통령령으로 정하는 경미한 사항의 변경이 아닌 세대수 또는 주택규모가 달라지는 경우 전체로서의 조합원 분양신청 공고·통지 및 분양신청절차를 다시 거칠 수 있다는 점을 규정하는 것이고(다시 조합원 분양신청 공고·통지 및 분양신청절차를 거쳐 사업시행계획변경인가를 다시 받아야 하는 것은 물론이다), 소규모주택정비법 제28조제5항은 정관 등에서 조합원 분양신청 공고·통지에 따른 분양신청기간 내에 분양신청을 하지 아니한 자, 분양신청기간내에 분양신청을 철회한 자를 대상으로 분양신청을 다시할 수 있도록 정하고 있거나, 이를 위한 별개의 총회의 의결을 거친 경우 그에 따를 수 있다는 점을 규정한 것이다.(이 경우 재분양이 사업시행계획인가신청 전이면 재분양결과를 정리하여 사업시행계획인가신청을 하여야 할 것이고, 재분양이 사업시행계획인가 후이면 재분양결과를 정리하여 조합총회의 의결을 거쳐 사업시행계획 변경인가신청을 하여야 할 것이다)

라. 분양신청을 하지 아니한 자 등에 대한 조치(소규모주택정비법 제36조)

소규모재개발사업, 가로주택정비사업, 소규모재건축사업의 사업시행자는 소규모주택정비법 제29조에 따라 사업시행계획이 인가·고시된 날부터 90일 이내에 분양 신청을 하지 아니한 자, 분양신청기간 종료 이전에 분양신청을 철회한 자, 인가된 관리처분계획에 따라 분양대상에서 제외된 자와 토지, 건축물 또는 그 밖의 권리의 손실보상에 관한 협의를 하여야 한다. 다만, 사업시행자는 분양신청기간 종료일의 다음 날부터 협의를 시작할 수 있다.

사업시행자는 위에 따른 협의가 성립되지 않은 경우에는 그 기간의 만료일 다음날부터 60일 이내에 수용재결을 신청하거나 소규모주택정비법 제35조에 따른 매도청구소송을 제기하여야 한다. 사업시행자가 위 60일을 넘겨서 수용재결을 신청하거나 매도청구소송을 제기한 경우 대통령령으로 정하는 바에 따라 해당 토지등 소유자에게 지연일수(遲延日數)에 따른 이자를 지급하여야 한다.

이에 관하여 자세한 내용은 3편3장에서 설명한다.

II. 관리처분계획서의 작성

1. 총설

정비사업의 시행으로 조성된 대지 및 건축물을 토지등소유자에게 분양하는 경우 서로 다른 토지등소유자 간의 형평을 기하여 분양대상자를 정하여야 한다. 이 점과 관련하여 소규모주택정비법 제33조제3항제1호는 종전의 토지 또는 건축물의 면적, 이용상황, 환경, 그 밖의 사항을 종합적으로 고려하여 새로 조성된 대지 또는 건축물이 균형 있게 분양신청자에게 배분되어야 한다고 천명하고 있다.

이와 같이 토지등소유자에게 새로 조성된 대지 및 건축물을 분양하는 경우 서로 다른 토지등소유자 간의 형평을 기하여 분양대상자 등을 정하는 일을 분양설계라 하고 개별 현장의 상황에 맞는 기준을 정하는 일을 <u>분양설계 계획</u>이라 한다. 개별 현장의 분양설계계획은 <u>법령 및 정관 규정에서 정한 기준의 범위 내에서 관리처분계획 수립에 필요한 항목별 세부기준을 포함한 논리체계</u>를 말한다.

관리처분계획 수립에 필요한 항목별 세부기준(분양기준)에 관한 문제는 <u>서로 다른 토지등소유자 간 차이를 공평하게 취급하기 위하여 어떠한 차이를 다르게 취급하는지에 관한 것</u>이다. 소유권자와 지상권자를 다르게 취급할 수 있고, 토지와 건물의 소유권, 주택과 상가의 소유권을 다르게 취급할 수 있고, 단독소유자와 공유자를 다르게 취급해야 하는지, 소유권의 수, 서로 다른 소유권의 가격과 면적을 다르게 취급해야 하는지 등에 관한 문제로서 공급대상자를 정하고 <u>공급대상자</u> 간의 경합이 있는 경우의 <u>공급우선순위</u>는 어떻게 할 것인지에 관한 것이다.

여기의 서로 다른 토지등소유자를 다르게 취급하는 개별요인을 <u>분양설계요소</u>라 한다. 그런데 이 분양설계요소는 시간의 경과에 따라 달라질 수 있다. 이 때 어떠한 시점의 분양설계요소를 기준으로 서로 다른 토지등소유자를 다르게 취급할 것이냐의 문제가 발생하고 이를 해결하기 위한 기준일을 정하는 것이 권리산정기준일에 관한 것이다.

특별한 경우가 아니면 기준일은 <u>관리처분계획 수립을 위한 기준일, 즉 조합원 분양신청기간이 만료하는 날을 기준</u>으로 한다.(소규모주택정비법 제33조제3항제5호) 관리처분계획은 조합원 분양신청기간이 만료하는 날의 분양신청 현황을 기초로 작성되기 때문이다.

그렇지만 <u>사업에 대한 특별한 정책적 고려가 필요한 경우에는 이 권리산정기준일을 달리 정할 수 있다.</u>

이하에서는 다음과 같이 위에 관한 문제를 정리하여 각 분양기준을 설명하고 그 내용을 종합한다.

분양설계기준			소규모재개발사업, 가로주택정비사업	소규모재건축 사업
권리산정기준일	설계내용	세부 설계요소		
....	공급대상자 선정	지상권자의 배제와 소유권 배제의 경우	....	....
		소유권의 용도	....	....
		소유권의 가격과 면적	....	....
		공유	....	....
		소유권의 수	....	....
		최소분양단위규모액	....	....
	공급순위	주택	....	....
		부대시설 및 복리시설	....	....

2. 권리산정기준일(분양받을 권리의 산정 기준일)

원칙적으로 소규모주택정비사업의 분양받을 권리의 산정은 새로 조성된 대지 및 건축물에 대한 조합원 분양신청기간이 만료하는 날(관리처분계획기준일)을 기준으로 그때 조합원인 자는 전부 분양대상자가 되어야 할 것이다. 관리처분계획은 조합원 분양신청 기간이 만료하는 날의 분양신청 현황을 기초로 작성되고, 정비사업을 하는 데에 주도적인 역할을 하는 조합원이 분양대상자가 되는 일은 정비사업의 궁극적인 목적이기 때문이다.

그렇지만 다음의 가. 나. 다. 라. 등과 같이 사업에 대한 특별한 정책적 고려가 필요한 경우 조합원 분양신청기간이 만료하는 날 외의 어떤 날을 기준으로 일정한 사유가 있는 경우에는 조합원이라 하더라도 분양대상자(공급대상자)가 되지 못하도록 하고 있다.(조합원의 자격에 관하여는 1편5장 참조)

권리산정기준일에 관한 문제는 조합원인 자격을 갖고 있는 자라도 일정한 날을 기준으로 그 날에 일정한 사유가 있으면 분양대상자(공급대상자)가 되지 못한다는 것에 관한 것이다.

이하에서는 법령에서 정하고 있는 내용을 살펴본다.

가. 소규모주택정비 관리계획이 수립된 관리지역에서의 소규모주택정비사업의 분양받을 권리의 산정 기준일(소규모주택정비법 제43조의 4제4항, 소규모주택정비법 제28조의 2)

소규모주택정비 관리계획이 고시된 지역에서 개별 소규모주택정비사업의 시행으로 새로 조성되는 건축물을 분양받을 권리에 관하여는 다음 (1) (2) (3) (4)의 어느 하나에 해당하는 경우 관리계획의 고시가 있은 날 또는 시·도지사가 투기를 억제하기 위하여 관리계획 승인·고시 전에 따로 정하는 날의 다음 날을 기준으로 건축물을 분양받을 권리를 산정한다.

(1) 1필지의 토지가 여러 개의 필지로 분할되는 경우

(2) 단독주택 또는 다가구주택이 다세대주택으로 전환되는 경우

(3) 하나의 대지 범위에 속하는 동일인 소유의 토지 및 주택 등 건축물을 토지 및 주택 등 건축물로 각각 분리하여 소유하는 경우

(4) 나대지에 건축물을 새로 건축하거나 기존 건축물을 철거하고 다세대주택, 그 밖의 공동주택을 건축하여 토지등소유자의 수가 증가하는 경우

이 규정은 건전한 정비사업 시행을 저해하거나 정비사업 현장을 투기의 장으로 전락하는 경우를 방지하여 정비사업 질서를 바로잡고자 둔 것이다. 위의 (1)(2)(3)의 경우 소유권의 수, (4)의 경우 소유자의 수가 증가한다. 이 경우에 이 규정이 없었더라면 그 증가한 소유자 모두가 조합원이 되는 경우 그 모두는 분양받을 수 있는 지위에 있을 수 있었고 증가한 소유권의 수에 따라 새로 조성되는 대지 및 건축물 여러 개를 공급받을 수도 있었다.

조합원 분양신청기간이 만료하는 날(관리처분계획기준일)을 권리산정기준일로 하는 일

반의 경우와 비교할 때 관리계획이 수립된 관리지역에서는 거래에 주의할 필요가 있음을 알 수 있다.

나. 소규모재개발사업의 분양받을 권리의 산정 기준일(소규모주택정비법 제28조의2)

소규모재개발사업을 통하여 분양받을 건축물이 다음 (1) (2) (3) (4)의 어느 하나에 해당하는 경우에는 소규모주택정비법 제18조제2항, 제19조제2항의 사업시행자의 지정, 제22조제10항의 주민합의체의 구성 또는 제23조제9항의 조합설립인가 <u>고시가 있</u><u>은 날</u> 또는 시장·군수등이 투기를 억제하기 위하여 사업시행자의 지정, 주민합의체의 <u>구성 또는 조합설립인가 고시 전에 따로 정하는 날</u>의 다음 날을 기준으로 건축물을 분양받을 권리를 산정한다.

(1) 1필지의 토지가 여러 개의 필지로 분할되는 경우

(2) 단독주택 또는 다가구주택이 다세대주택으로 전환되는 경우

(3) 하나의 대지 범위에 속하는 동일인 소유의 토지 및 주택 등 건축물을 토지 및 주택 등 건축물로 각각 분리하여 소유하는 경우

(4) 나대지에 건축물을 새로 건축하거나 기존 건축물을 철거하고 다세대주택, 그밖의 공동주택을 건축하여 토지등소유자의 수가 증가하는 경우

다. <u>소규모주택법 제33조제3항제3호후문</u>

소규모주택정비법 제18조에 따른 공공시행자 또는 제19조에 따른 지정개발자의 지정·고시, 소규모주택정비법 제22조에 따른 주민합의체 구성의 신고, 소규모주택정비법 제23조에 따른 <u>조합설립인가</u> 후 사업시행구역 내의 <u>분할</u>된 토지를 취득한 자는 현금 <u>으로 청산할 수 있다.</u>(소규모주택법 제33조제3항제3호후문)

라. 조례상의 분양받을 권리의 산정기준일에 관하여

인천광역시 빈집 및 소규모주택 정비에 관한 조례 제19조제2항은 가로주택정 비사업 및 소규모재개발사업의 분양대상과 관련하여 <u>위 가.나.의 (1) (2) (3) (4)의 경우</u>에 관하여 다음 (1)(2)와 같이 정하고 있다.

다 음

(1) 1필지의 토지가 여러 개의 필지로 분할되는 경우 그 행위가 권리산정기준일 후 이루어진 경우, 단독주택 또는 다가구주택이 다세대주택으로 전환되는 경우 그 행위가 권리산정기준일 후 이루어진 경우, 나대지에 건축물을 새로 건축하거나 기존 건축물을 철거하고 다세대주택, 그 밖의 공동주택을 건축하여 토지등소유자의 수가 증가하는 경우 그 행위가 권리산정기준일 후 이루어진 경우 <u>각 여러 명의 분양신청자가 있다 하더라도 그 중 1인만을 분양대상자로 본다</u>고 하고 있으며,

(2) 하나의 대지 범위에 속하는 동일인 소유의 토지 및 주택 등 건축물을 토지 및 주택 등 건축물로 각각 분리하여 소유하는 경우에 관하여 그 <u>분리행위가 준공 이후 이기만 하면 그 행위가 권리산정기준일 전후를 막론하고 각 여러 명의 분양신청자가 있다 하더라도 그 중 1인만을 분양대상자로 본다</u>고 하여 분리행위가 권리산정기준일 후에 이루어진 경우보다 강한 규제를 하면서, 권리산정기준일 현재 해당 토지를 <u>3년 이상 소유한 자로서 토지의 면적(해당 필지를 기준으로 한다)이 90제곱미터 이상인 경우는 그러하지 아니하다</u>고 하여 규제를 완화하고 있다.

<u>위에서 말하는 권리산정기준일</u>은 인천광역시 빈집 및 소규모주택 정비에 관한 조례 제2조제1항제3호에서 토지등소유자가 사업시행자가 되는 경우에는 「빈집 및 소규모주택 정비에 관한 특례법」 제22조에 따른 주민합의체 구성을 신고한 날, 조합이 사업시행자가 되는 경우에는 「빈집 및 소규모주택 정비에 관한 특례법」 제23조에 따른 조합설립인가일, 군수·구청장 또는 토지주택공사등이 사업시행자가 되는 경우에는 「빈집

및 소규모주택 정비에 관한 특례법」 제18조제2항에 따른 고시일, 「빈집 및 소규모주택 정비에 관한 특례법」 제19조에 따른 지정개발자가 사업시행자로 지정되는 경우에는 제 19조제2항에 따른 고시일로 정하고 있다.

3. 조합원 분양분 주택 및 시설의 세부적 분양기준(소규모주택정비법 제33조제3항, 소규모주택정비법 시행령제31조)

가. '조합원 분양분 주택 및 시설의 합리적 이용'기준

분양될 대지 또는 건축물이 합리적으로 이용되도록 한다.(소규모주택정비법 제33조제3 항제1호)(소규모주택정비법 제33조제4항, 동법 시행령 제31조제2항제1호, 동법 시행령 제31조제1항 제5, 6호)

- 분양대상자가 공동으로 취득하게 되는 건축물의 공용부분은 각 권리자의 공유로 하되, 해당 공용부분에 대한 각 권리자의 지분비율은 그가 취득하게 되는 전용부분의 위치 및 바닥면적 등의 사항을 고려하여 정할 것
- 하나의 필지로 된 대지에 2인 이상에게 분양될 건축물이 설치된 경우 건축물의 분양면적 비율에 따라 그 대지의 소유권이 주어지도록 하되, 토지의 소유관계는 공유로 할 것. 다만, 대지에 건축된 건축물이 주택과 그 밖의 용도의 건축물로 구성된 경우 건축물의 용도 및 규모 등을 고려하여 대지의 소유권이 합리적으로 배분되도록 한다.

나. 소규모재건축사업의 경우

소규모재건축사업의 경우 조합원 분양분 주택 및 시설의 분양기준은 이하에서 설명하는 바와 같으나 조합이 조합원 전원의 동의를 받아 그 기준을 따로 정하는 경우에는 그에 따른다.(소규모주택정비법 시행령 제31조제2항단서)

(1) 공급대상자의 선정

(가) 소규모재건축사업의 경우 지상권자는 처음부터 조합원이 아니므로 분양대상자가 되지 못한다. 조합원의 자격이 없는 건물 및 부속토지의 소유자는 분양대상자가 될 수 없다.(조합원의 자격에 관하여는 1편5장 토지등소유자, 조합원, 분양대상자, 참조)

(나) 소유권의 용도

건축물 중 <u>주택을 소유한 자</u>는 새로 조성된 공동주택을 분양받을 수 있고 <u>부대시설·복리시설도 분양받을 수 있다.</u> 다만, 종전 건축물의 <u>용도</u>가 분양건축물 용도와 동일하거나 유사한 시설의 소유자보다 공급순위에서 후순위이다.[이에 관하여는 (2) 공급순위에서 후술함]

건축물 중 <u>부대시설·복리시설의 소유자</u>에게는 부대시설·복리시설을 공급하는 것을 원칙으로 하나 <u>예외적으로 다음의 어느 하나</u>에 해당하는 경우에는 <u>1주택</u>을 공급할 수 있다.(소규모주택정비법 시행령 제31조제2항제2호가,나,다목)
- 새로운 부대시설·복리시설을 건설하지 아니하는 경우로서 기존 부대시설·복리시설의 가액이 분양주택 중 최소분양단위규모의 추산액에 정관등으로 정하는 비율<u>(정관등으로 정하지 아니하는 경우에는 1로 한다. 이하 같다)</u>을 곱한 가액보다 클 것
- 기존 부대시설·복리시설의 가액에서 새로 공급받는 부대시설·복리시설의 추산액을 뺀 금액이 분양주택 중 최소분양단위규모의 추산액에 정관등으로 정하는 비율을 곱한 가액보다 클 것
- 새로 건설한 부대시설·복리시설 중 최소분양단위규모의 추산액이 분양주택 중 <u>최소분양단위규모의 추산액보다 클 것</u>
그렇지만 이 경우 기존 부대시설·복리시설의 가액이 분양주택 중 최소분양단 위규모의 추산액에 정관등으로 정하는 비율을 곱한 가액보다 클 것을 요한다고 해

석된다.

(건축물 중 주택에 관한 분양기준에 관한 소유권의 수에 관한 제한, 공유의 경우의 제한, 소유권의 가격과 면적에 따른 제한이 부대시설·복리시설도 소유자에게도 적용되는지 문제된다. 부대시설·복리시설의 소유자에게는 부대시설·복리시설을 공급하는 것을 원칙으로 하고 있고 주택과 부대시설·복리시설에 대해 형성된 사회·경제적 의미 의 차이를 고려할 때 소유권의 수에 관한 제한, 소유권의 가격과 면적에 따른 제한은 부대시설·복리시설 공급에는 적용되지 않는 것으로 해석되고, 공유의 경우의 제한은 정비사업의 분양질서에 관한 기술적인 내용이므로 적용될 수 있 다고 본다.)

(다) 소유권의 가격과 면적

분양대상자별 종전의 토지 또는 건축물의 건축심의 결과를 받은 날을 기준으로 한 가격(건축심의 전에 철거된 건축물은 시장·군수등에게 허가를 받은 날을 기준으로 한 가격)의 범위 또는 종전주택의 주거전용면적의 범위에서 2주택을 공급할 수 있다.(소규모주택법 제33조제3항제7호제다목)
〔다만, 이중 1주택은 주거전용면적을 60제곱미터 이하로 하고 60제곱미터 이하로 공급받은 1주택은 이전고시일 다음 날부터 3년이 지나기 전에는 주택을 전매(매매·증여나 그 밖에 권리의 변동을 수반하는 모든 행위를 포함하되 상속의 경우는 제외한다)하거나 전매를 알선할 수 없다.〕

(라) 공유

같은 세대에 속하지 아니하는 2명 이상이 1주택 및 토지를 공유한 경우에는 1주택만 공급한다.(소규모주택법 제33조제3항제6호후문)

(마) 소유권의 수 - 과밀억제권역, 투기과열지구

1세대 또는 1명이 하나 이상의 주택 및 부속토지를 소유한 경우 소유한 주택수만큼 공급하는 것을 원칙으로 하나(소규모주택법 제33조제3항제7호나목1),
과밀억제권역에서 투기과열지구에 위치하지 아니한 소규모재건축사업의 경우에는 토지등소유자가 소유한 주택 수의 범위에서 3주택 이하로 한정하여 공급할 수 있다.(소규모주택법 제33조제3항제7호마목) 따라서 과밀억제권역에서 투기과열지구에 위치한 소규모재건축사업의 경우에는 소유한 주택수에도 불구하고 1주택만을 공급하는 것으로 해석된다.

그러나 근로자(공무원인 근로자를 포함한다)숙소·기숙사 용도로 주택을 소유하고 있는 토지등소유자, 국가·지방자치단체 및 토지주택공사등, 「국가균형발전특별법」 제18조에 따른 공공기관지방이전 및 혁신도시 활성화를 위한 시책 등에 따라 이전하는 공공기관이 소유한 주택을 양수한 자가 하나 이상의 주택 및 부속토지를 소유하는 경우에는 과밀억제권역에서 투기과열지구에서 하는 사업이라 하더라도 소유한 주택 수만큼 공급할 수 있다.(소규모주택법 제33조제3항제7호나목),

(2) 공급순위 - 권리가액 기준

주택 및 부대시설·복리시설의 공급순위는 기존 토지 또는 건축물의 가격을 고려하여 정한다. 이 경우 공급순위 선정의 구체적 기준은 시·도조례로 정한다.(소규모주택법 시행령 제31조제1항제7호)

(가) 주택공급에 관한 기준

소규모재건축사업의 주택공급에 관한 기준은 다음 ①②와 같다.(인천광역시 빈집 및 소규모주택 정비에 관한 조례 제20조제1항)

① 분양대상자가 소유한 기존의 건축물의 권리가액에 가장 근접한 가격의 분양대상주택을 해당 분양대상자에게 공급한다. 이 경우 권리가액에 근접한 가격의 분양대상주택이 둘 이상인 때에는 분양신청내용에 따른다.

② 위에도 불구하고 정관 등으로 정하는 경우 다음의 기준에 따라 주택을 분양할 수 있다.

    i. 국민주택규모 주택은 분양대상자의 권리가액이 많은 순으로 분양할 수 있다.

    ii. 국민주택규모를 초과하는 주택은 분양대상자에게 권리가액이 많은 순으로 분양할 수 있으며, 분양대상자가 분양받을 국민주택규모의 주택이 부족한 경우에는 그 부족분에 한하여 권리가액이 많은 순으로 추가 공급할 수 있다.

    iii. 동일한 규모의 주택에 분양신청자가 분양대상주택의 물량보다 많은 경우 권리가액이 많은 순으로 분양하고, 권리가액이 동일한 경우에는 공개추첨에 따른다. 다만, 정관등으로 동·층 및 호의 결정을 따로 정하는 경우에는 총회의 의결을 거쳐 정관등에서 정하는 바에 따라 동·층 및 호를 결정할 수 있다.

(나) 상가 등 부대·복리시설에 관한 기준- 용도, 사업자등록, 권리가액, 공동주택 수분양 여부

소규모재건축사업으로 조성되는 상가 등 부대시설·복리시설은 관리처분계획 기준일 현재 다음의 순위를 기준으로 공급한다.(인천광역시 빈집 및 소규모주택정비에 관한 조례 제20조제2항)

① 제1순위: 종전 건축물의 용도가 분양건축물 용도와 동일하거나 유사한 시설이며 사업자등록(인가·허가 또는 신고 등을 포함한다. 이하 같다)을 필한 건축물의 소유자로서 권리가액(공동주택을 분양받은 경우에는 그 분양가격을 제외한 가액을 말한

다. 이하 같다)이 <u>분양건축물의 최소분양단위규모 추산액</u> 이상인 자

② 제2순위: 종전 건축물의 용도가 분양건축물 용도와 동일하거나 유사한 시설인 건축물의 소유자로서 권리가액이 분양건축물의 최소분양단위규모 추산액 이상인 자

③ 제3순위: 종전 건축물의 용도가 분양건축물 용도와 동일하거나 유사한 시설이며 사업자등록을 필한 건축물의 소유자로서 권리가액이 분양건축물의 최소분양단위규모 추산액에 미달되나 공동주택을 분양받지 아니한 자

④ 제4순위: 종전 건축물의 용도가 분양건축물 용도와 동일하거나 유사한 시설인 건축물의 소유자로서 권리가액이 분양건축물의 최소분양단위규모 추산액에 미달되나 공동주택을 분양받지 아니한 자

⑤ 제5순위: 공동주택을 분양받지 아니한 자로서 권리가액이 분양건축물의 최소분양단위규모 추산액 이상인 자

⑥ 제6순위: 공동주택을 분양받은 자로서 권리가액이 분양건축물의 최소분양 단위규모 추산액 이상인 자

⑦ 제7순위: 그 밖에 분양을 희망하는 토지등소유자

(3) 조합원 분담금 납부능력을 고려한 분양대상자(공급대상자) 제외
   - 권리가액과 최소분양단위규모액의 비교

조합원은 분양대상 건축물을 분양받는 경우 그 분양대금에서 조합원이 갖고 있는 종전자산의 권리가액을 뺀 금액을 납부하여야 한다. 그리하여 분양받는 건축물의 분양가액이 권리가액보다 클 경우 그 차액을 내지 못하면 조합사업에 지장을 초래할 수 있다.

이 경우를 대비하여 소규모주택정비법은 소규모재건축사업을 하는 경우 소규모주택정비법 시행령 제31조제2항제2호가,나,다목을 두고 있다.

이 규정의 적용에 의해 건축물 중 <u>부대시설·복리시설의 소유자</u>는 부대시설·복리시설을 공급받는 것을 원칙으로 하고 예외적으로 <u>1주택을 공급받을</u> 수 있지만 예컨대

새로운 부대시설·복리시설을 건설하지 아니하는 경우로서 기존 부대시설·복리시설의 가액이 분양주택 중 최소분양단위규모의 추산액에 정관등으로 정하는 비율(정관등으로 정하지 아니하는 경우에는 1로 한다. 이하 같다)을 곱한 가액보다 작을 경우 부대·복리시설의 분양대상자가 될 수 없음은 물론이고 주택의 분양대상자도 되지 못하고, 새로운 부대시설·복리시설을 건설하는 경우에도 새로 건설한 부대시설·복리시설 중 최소분양단위규모의 추산액이 분양주택 중 최소분양단위규모의 추산액보다 클 경우 기존 부대시설·복리시설의 가액이 분양주택 중 최소분양단위규모의 추산액에 정관등으로 정하는 비율을 곱한 가액보다 작은 경우 주택의 분양대상자가 되지 못한다.

여기서 '기존 부대시설·복리시설의 가액'은 권리가액을 의미한다. 기존 토지 및 건축물은 조합원 또는 토지등소유자가 출연한 것으로서 조합원 또는 토지등소유자는 사업을 시행하면서 형성된 조합에 귀속된 이익을 분배받기 때문이다.

[소규모재건축사업을 하는 경우 위에서 보는 바와 같이 기존 부대·복리시설의 소유자가 공동주택을 분양받는 경우에 기존 부대·복리시설의 권리가액이 분양하는 주택의 최소분양단위규모의 가액에 정관 등으로 정하여진 비율(이 경우 정관등에서 따로 정하는 경우를 제외하고는 권리가액의 100퍼센트를 기준으로 정한다)을 곱한 가액보다 큰 경우에 주택의 분양대상자가 되는 것과 다르게, 소규모재개발사업·가로주택정비사업을 하는 경우 주택을 소유하는 자 또는 상가를 소유하는 자는 새로 건축되는 주택 또는 부대·복리시설을 분양받을 수 있지만, 소규모주택정비법 시행령 제31조제1항제4호, 제30조3호에 따라 조합원 또는 토지등소유자가 갖고 있는 종전자산의 권리가액에 정관등으로 정하여진 비율(이 경우 정관등에서 따로 정하는 경우를 제외하고는 권리가액의 50퍼센트를 기준으로 정한다)을 곱한 가액을 더한 금액이 새로 건설된 대지 및 건축물(주택 또는 부대시설·복리시설)의 최소분양단위규모의 가액에 이르지 못하는 경우 분양대상자에서 제외한다는 것이다. 이에 관하여 후술하는 다(1)(나), 다(3)에서 구체적으로 설명함]

다. 소규모재개발사업, 가로주택정비사업의 경우

소규모재개발사업, 가로주택정비사업의 경우 조합원 분양분 주택 및 시설의 분양 기준은 이하에서 설명하는 바와 같으나 소규모재건축사업의 경우와 달리 조합이 조합원 전원의 동의를 받아 그 기준을 따로 정하는 경우 그에 따른다는 규정을 두지 않고 있다는 점이 다르다. (소규모주택정비법 시행령 제31조제2항단서)

(1) 공급대상자 선정

(가) 지상권자의 배제

사업시행구역의 종전 토지 또는 건축물의 소유자에게 분양한다. 따라서 지상권자는 조합원이라 하더라도 분양대상에서 제외된다.(소규모주택법 시행령 제31조제1항 제3호본문)

(나) 소유권의 용도

건축물 중 주택(주거용으로 사용하고 있는 기존무허가건축물을 포함한다)을 소유한 자 또는 토지를 소유한 자는 새로 조성된 공동주택을 분양받을 수 있다. 주택 또는 토지의 소유자는 새로 조성된 상가 등 부대·복리시설을 분양받을 수 있다. 다만, 종전 건축물의 용도가 분양건축물 용도와 동일하거나 유사한 시설의 소유자보다 공급순위에서 후순위이다.[이에 관하여는 (2) 공급순위에서 후술함]

소규모재건축사업의 경우와 다르게 건축물 중 상가 등 부대시설·복리시설의 소유자는 부대시설·복리시설을 분양받을 수 있고 새로 조성된 공동주택을 분양받을 수 있다. 이 경우 소규모주택정비법 시행령 제31조제2항제2호가,나,다목의 규정이 적용되지 않기 때문이다.

(건축물 중 주택에 관한 분양기준에 관한 소유권의 수에 관한 제한, 공유의 경우의 제한, 소유권의 가격과 면적에 따른 제한이 상가 등 부대시설·복리시설도 소유자에게도 적용되는지 문제된다.

상가 등 부대시설·복리시설의 소유자에게는 우선적으로 부대시설·복리시설을 공급받고, 주택과 부대시설·복리시설에 대해 형성된 사회·경제적 의미의 차이 를 고려할 때 소유권의 수에 관한 제한, 소유권의 가격과 면적에 따른 제한은 부대시설·복리시설 공급에는 적용되지 않는 것으로 해석되고, 공유의 경우의 제한은 정비사업의 분양질서에 관한 기술적인 내용이므로 적용될 수 있다고 본다.)

(다) 소유권의 가격과 면적

① 토지 또는 건축물의 소유자라 하더라도 너무 좁은 토지 또는 건축물의 소유자는 분양대상자에서 제외할 수 있다.(소규모주택정비법 제33조제3항제3호)

② 토지의 소유자가 공동주택을 분양받는 경우 인천광역시의 경우 종전 토지의 면적이 30제곱미터 이상이어야 하고(인천광역시 빈집 및 소규모주택 정비에 관 한 조례 제19조제1항)(소규모주택법 제33조제4항, 동 시행령 제31조제1항제3 호단서), 상가 등 부대시설·복리시설의 소유자(주택 또는 토지면적 30제곱미터 이상을 소유한 자를 제외한 소유자)가 공동주택을 분양받는 경우 권리가액이 분양용 최소규모 공동주택 1가구의 추산액 이상이어야 한다.(다만, 분양신청자 가 동일한 세대인 경우의 권리가액은 세대원 전원의 가액을 합산하여 산정할 수 있음)(인천광역시 빈집 및 소규모주택 정비에 관한 조례 제19조제1항)(소규 모주택법 제33조제4항, 동 시행령 제31조제1항제3호단서)

[위의 종전 토지의 면적 및 권리가액을 산정함에 있어 다음 i. ii. iii.의 어느 하나에 해당하는 토지는 포함하지 아니한다.(인천광역시 빈집 및 소규모주택 정 비에 관한 조례제19조제3항)

i. 「건축법」 제2조제1항제1호에 따른 하나의 대지범위 안에 속하는 토지가 여

러 필지인 경우 권리산정기준일 후에 그 토지의 일부를 취득하였거나 공유
지분 으로 취득한 토지

ii. 하나의 건축물이 하나의 대지범위 안에 속하는 토지를 점유하고 있는 경
우 로서 권리산정기준일 후 그 건축물과 분리하여 취득한 토지

iii. 1필지의 토지를 권리산정기준일 후 분할하여 취득하거나 공유로 취득한
토지

여기서 말하는 권리산정기준일은 다음 i. ii. iii. iv.에 정한 날을 말한다.(인천광
역시 빈집 및 소규모주택 정비에 관한 조례제2조제1항3호)

i. 토지등소유자가 사업시행자가 되는 경우에는 소규모주택정비법 제22조에
따른 주민합의체 구성을 신고한 날

ii. 조합이 사업시행자가 되는 경우에는 소규모주택정비법 제23조에 따른 조
합 설립인가일

iii. 군수·구청장(이하 "구청장등" 이라 한다) 또는 토지주택공사등이 사업시행
자가 되는 경우에는 소규모주택정비법 제18조제2항에 따른 고시일

iv. 소규모주택정비법 제19조에 따른 지정개발자가 사업시행자로 지정되는 경
우에는 법 제19조제2항에 따른 고시일]

③ 1세대 또는 1명이 하나의 주택 또는 토지를 소유한 경우 1주택을 공급하나 분
양대상자별 종전의 토지 또는 건축물의 건축심의 결과를 받은 날을 기준으로
한 가격(건축심의 전에 철거된 건축물은 시장·군수등에게 허가를 받은 날을 기준으로
한 가격)의 범위 또는 종전주택의 주거전용면적의 범위에서 2주택을 공급할 수
있다.(소규모주택법 제33조제3항제7호제다목)

〔다만, 이중 1주택은 주거전용면적을 60제곱미터 이하로 하고 60제곱미터 이
하 로 공급받은 1주택은 이전고시일 다음 날부터 3년이 지나기 전에는 주택을
전 매(매매·증여나 그 밖에 권리의 변동을 수반하는 모든 행위를 포함하되 상속의 경우
는 제외한다)하거나 전매를 알선할 수 없다.〕

④ 다가구주택을 소유한 자에 대하여는 종전의 토지 또는 건축물 가격을 분양주택 중 최소분양단위 규모의 추산액으로 나눈 값(소수점 이하는 버린다)만큼 주택을 공급할 수 있다.(소규모주택법 제33조제3항제7호제라목)

(라) 소유권의 공유

같은 세대에 속하지 아니하는 2명 이상이 1주택 또는 1토지를 공유한 경우에는 1주택만 공급한다.(소규모주택법 제33조제3항제6호후문)

위에도 불구하고 2인 이상이 <u>1토지를 공유</u>한 경우로서 시·도조례로 주택공급을 따로 정하고 있는 경우에는 시·도조례로 정하는 바에 따라 주택을 공급할 수 있다.(소규모주택법 제33조제3항제7호가목)

인천광역시의 경우 1주택 또는 1필지의 토지를 여러 명이 소유하고 있는 경우에도 권리산정기준일(소규모주택정비법 제18조에 따른 공공시행자 또는 제19조에 따른 지정개발자의 지정·고시, 소규모주택정비법 제22조에 따른 주민합의체 구성의 신고, 소규모주택정비법 제23조에 따른 조합설립인가·고시일) 현재 해당 토지를 3년 이상 공유로 소유한 자로서 <u>토지 지분의 합이 90제곱미터 이상</u>인 경우 또는 <u>권리가액이 분양용 최소규모 공동주택 1가구의 추산액 이상</u>인 경우에는 그 여러 명 모두를 분양대상자로 한다.(인천광역시 빈집 및 소규모주택 정비에 관한 조례 제19조제2항제3호)(소규모주택법 제33조제4항, 동 시행령 제31조제1항제3호단서)

[1주택 또는 1필지의 토지를 여러 명이 소유하고 있는 경우 조합원의 자격은 공유자 중 공유자를 대표하는 1인이 갖는다. 그런데 권리산정기준일(소규모주택정비법 제18조에 따른 공공시행자 또는 제19조에 따른 지정개발자의 지정·고시, 소규모주택정비법 제22조에 따른 주민합의체구성의 신고, 소규모주택정비법 제23조에 따른 조합설립인가·고시일) 현재 해당 토지를 3년 이상 공유로 소유한 자로서 <u>토지 지분의 합이 90제곱미터 이상</u>인 경우 또는 <u>권리가액이 분양용 최소규모 공동주택 1가구의 추산액 이상</u>인 경우에는 그 여러 명 중 조합원자격이 없는 자도 모두가 분양대상자가 된다]

(마) 소유권의 수

1세대 또는 1명이 하나 이상의 주택 또는 토지를 소유한 경우 1주택을 공급(소규
모주택정비법 제33조제3항제6호)하는 것을 원칙으로 하되(여기의 1세대란 동일한 세대별
주민등록표상에 등재되어 있는 경우를 말한다. 이 경우 동일한 세대별 주민등록표상에 등재
되어 있지 아니한 배우자 및 미혼인 19세 미만의 직계비속은 1세대로 본다),
가로주택정비사업의 경우에는 3주택 이하로 한정(소규모주택정비법 제33조제3항제7
호라목)하고 다음 어느 하나에 해당하는 토지등소유자에게는 소유한 주택 수만
큼 공급할 수 있다.(소규모주택정비법 제33조제3항제7호나목2)3)4))
- 근로자(공무원인 근로자를 포함함)숙소, 기숙사 용도로 주택을 소유하고 있는 토
  지등소유자
- 국가, 지방자치단체 및 토지주택공사등
- 「국가균형발전 특별법」 제18조에 따른 공공기관지방이전 및 혁신도시 활성화를
  위한 시책 등에 따라 이전하는 공공기관이 소유한 주택을 양수한 자

(2) 공급순위

주택 및 부대시설·복리시설의 공급순위는 기존 토지 또는 건축물의 가격을 고려하
여 정한다. 이 경우 공급순위 선정의 구체적 기준은 시·도조례로 정한다.(소규모주택정
비법 제33조제4항, 소규모주택법 시행령 제31조제1항제7호)

(가) 주택공급에 관한 기준

소규모재개발사업, 가로주택정비사업의 주택공급에 관한 기준은 다음과 같다.
(인천광역시 빈집 및 소규모주택 정비에 관한 조례 제20조제1항)
① 분양대상자가 소유한 기존의 토지 또는 건축물의 권리가액에 가장 근접한 가
   격의 분양대상주택을 해당 분양대상자에게 공급한다. 이 경우 권리가액에 근

접한 가격의 분양대상주택이 둘 이상인 때에는 분양신청내용에 따른다.

② 위에도 불구하고 정관 등으로 정하는 경우 다음의 기준에 따라 주택을 분양할 수 있다.

    i. 국민주택규모 주택은 분양대상자의 권리가액이 많은 순으로 분양할 수 있다.

    ii. 국민주택규모를 초과하는 주택은 분양대상자에게 권리가액이 많은 순으로 분양할 수 있으며, 분양대상자가 분양받을 국민주택규모의 주택이 부족한 경우에는 그 부족분에 한하여 권리가액이 많은 순으로 추가 공급할 수 있다.

    iii. 동일한 규모의 주택에 분양신청자가 분양대상주택의 물량보다 많은 경우 권리가액이 많은 순으로 분양하고, 권리가액이 동일한 경우에는 공개추첨에 따른다. 다만, 정관등으로 동·층 및 호의 결정을 따로 정하는 경우에는 총회의 의결을 거쳐 정관등에서 정하는 바에 따라 동·층 및 호를 결정할 수 있다.

(나) 상가 등 부대·복리시설에 관한 기준

소규모재개발사업, 가로주택정비사업으로 조성되는 상가 등 부대시설·복리시설은 관리처분계획기준일 현재 다음의 순위를 기준으로 공급한다.(인천광역시 빈집 및 소규모주택 정비에 관한 조례 제20조제2항)

① 제1순위: 종전 건축물의 용도가 분양건축물 용도와 동일하거나 유사한 시설이며 사업자등록(인가·허가 또는 신고 등을 포함한다. 이하 같다)을 필한 건축 물의 소유자로서 권리가액(공동주택을 분양받은 경우에는 그 분양가격을 제외 한 가액을 말한다. 이하 같다)이 분양건축물의 최소분양단위규모 추산액 이상인 자

② 제2순위: 종전 건축물의 용도가 분양건축물 용도와 동일하거나 유사한 시설인 건축물의 소유자로서 권리가액이 분양건축물의 최소분양단위규모 추산액

이상인 자

③ 제3순위: 종전 건축물의 용도가 분양건축물 용도와 동일하거나 유사한 시설이며 사업자등록을 필한 건축물의 소유자로서 권리가액이 분양건축물의 최소분양단위규모 추산액에 미달되나 공동주택을 분양받지 아니한 자

④ 제4순위: 종전 건축물의 용도가 분양건축물 용도와 동일하거나 유사한 시설인 건축물의 소유자로서 권리가액이 분양건축물의 최소분양단위규모 추산액에 미달되나 공동주택을 분양받지 아니한 자

⑤ 제5순위: 공동주택을 분양받지 아니한 자로서 권리가액이 분양건축물의 최소분양단위규모 추산액 이상인 자

⑥ 제6순위: 공동주택을 분양받은 자로서 권리가액이 분양건축물의 최소분양단위규모 추산액 이상인 자

⑦ 제7순위: 그 밖에 분양을 희망하는 토지등소유자

(3) 조합원 분담금 납부능력을 고려한 분양대상자(공급대상자) 제외(소규모주택정비법 제33조제4항, 동법 시행령제31조제1항제4호, 제30조3호) - 권리가액과 최소분양단위규모액의 비교

소규모주택정비법은 다음과 같이 조합원 분담금 납부에 관한 특칙을 두어 조합원 또는 토지등소유자가 갖고 있는 종전자산의 권리가액에 정관등으로 정하여진 비율을 곱한 가액을 더한 금액이 새로 건설된 대지 및 건축물의 최소 분양단위규모의 가액에 이르지 못하는 경우 분양대상자에서 제외하도록 하고 있다.

다 음

(가) 하나의 필지로 된 대지 및 그 대지에 건축된 건축물(소규모주택정비법 제34조제4항 전단에 따라 잔여분을 보류지로 정하거나 조합원 또는 토지등소유자 외의 자에게 분양하는 부분은 제외한다)을 2인 이상에게 분양하는 경우 기존 토지 및 건축물의 가격과 소규모주택정비법 시행령 제30조제3호에 따라 토지등소유자가 부담하는 비용의

비율에 따라 분양할 것(소규모주택정비법 제33조제4항, 동법 시행령제31조제1항제4호)을 정하면서

소규모주택정비법 시행령 제30조3호는 소규모주택정비법 시행령 제31조제1항제4호에 따른 비용의 부담비율에 의한 대지 및 건축물의 분양계획과 그 비용부담의 한도·방법 및 시기를 정하도록 하고 있다. 이 경우 비용부담에 의하여 분양받을 수 있는 한도는 정관등에서 따로 정하는 경우를 제외하고는 기존 토지 또는 건축물의 가격의 비율에 따라 부담할 수 있는 비용의 50퍼센트를 기준으로 정한다(소규모주택정비법 시행령 제30조3호)고 하고 있다.(이에 관한 자세한 내용은 4. 사.에서 후술한다)

이 규정이 규율하는 내용을 정리하면 다음과 같다.

다 음

① 새로 조성된 대지 및 건축물을 조합원 또는 토지등소유자에게 분양하는 경우 관리처분계획으로 정하여진 공급가액으로 한다. 조합원 또는 토지등소유자가 위 공급가액을 조합에 납부할 때 조합원 또는 토지등소유자가 출연한 종전자산의 가액을 제한 금액(부족분)을 내어야 한다

② 소규모주택정비법 제33조제4항, 동법 시행령제31조제1항제4호의 '기존 토지 및 건축물의 가격'은 권리가액을 의미한다. 기존 토지 및 건축물은 조합원 또는 토지등소유자가 출연한 것으로서 조합원 또는 토지등소유자는 사업을 시행하면   서 형성된 조합에 귀속된 이익을 분배받기 때문이다.

③ 낼 수 있는 부족금액은 기존 토지 또는 건축물의 권리가격을 기준으로 권리가액에 대한 비율로 정한다. 이 경우 정관등에서 따로 정하는 경우를 제외하고는 권리가액의 50퍼센트를 기준으로 정한다.(소규모주택정비법 시행령 제30조3호) 따라서 조합원 또는 토지등소유자가 갖고 있는 종전자산의 권리가액에 정관 등으로 정하여진 비율을 곱한 가액을 더한 금액이 새로 건설된 대지 및 건축물의 최소분양단위

<u>규모의 가액에 이르지 못하는 경우 분양대상자에서 제외된다.</u>

(5) 기타(소규모주택정비법 제33조제3항제2호,4호, 소규모주택정비법 제33조제4항, 동법 시행령 제31
조제1항제5, 6호)

- 지나치게 좁거나 넓은 토지 또는 건축물은 넓히거나 좁혀 대지 또는 건축물이 적
정 규모가 되도록 한다.
- 재해상 또는 위생상의 위해를 방지하기 위하여 토지의 규모를 조정할 특별한 필요
가 있는 때에는 너무 좁은 토지를 넓혀 토지를 갈음하여 보상을 하거나 건축물의
일부와 그 건축물이 있는 대지의 공유지분을 교부할 수 있다.

4. 관리처분계획의 내용

소규모재개발사업, 가로주택정비사업, 소규모재건축사업의 사업시행자는 소규모주택
정비법 제28조에 따른 분양신청기간이 종료된 때에는 분양신청의 현황을 기초로 소규
모주택정비법 제30조제1항제10호에 따른 관리처분계획을 수립하여야 한다. 관리처분
계획의 내용을 정리하면 다음과 같다.(소규모주택정비법 제33조, 동법 시행령 제30조, 인천광
역시 빈집 및 소규모주택정비에 관한 조례 제17조)

가. 분양설계 계획

위의 Ⅱ. 사업시행자의 관리처분계획의 작성 1. 총설에서 언급한 바와 같이 토지등
소유자에게 새로 조성된 대지 및 건축물을 분양하는 경우 서로 다른 토지등소유자 간
의 형평을 기하여 분양대상자 등을 정하는 일을 <u>분양설계</u>라 하고, 법령 및 정관 규정
에서 정한 기준의 범위 내에서 해당 현장의 상황에 맞는 항목별 세부기준을 찾아 해당
현장의 관리처분계획 수립에 필요한 내용을 정하게 하는 논리체계를 작성하는 일을
<u>분양설계 계획</u>이라 한다.

관리처분계획 수립에 필요한 항목별 세부기준(분양기준)에 관한 문제는 서로 다른 토지등소유자 간 차이를 공평하게 취급하기 위하여 어떠한 차이를 다르게 취급하는지에 관한 것이다.

여기의 서로 다른 토지등소유자를 다르게 취급하는 개별요인을 분양설계요소라 한다.

그런데 이 분양설계요소는 시간의 경과에 따라 달라질 수 있다. 이 때 어떠한 시점의 분양설계요소를 기준으로 서로 다른 토지등소유자를 다르게 취급할 것이냐의 문제가 발생하고 이를 해결하기 위한 기준일을 정하는 것이 권리산정기준일에 관한 것이다. 특별한 경우가 아니면 기준일은 관리처분계획 수립을 위한 기준일, 즉 조합원 분양신청기간이 만료하는 날을 기준으로 한다.

그렇지만 사업에 대한 특별한 정책적 고려가 필요한 경우에는 이 권리산정기준일을 달리 정할 수 있다.

따라서 개별 현장의 분양설계계획을 작성하는 일은 법령 및 정관 규정에서 정한 기준의 범위 내에서 개별 현장의 상황에 맞는 분양설계요소를 찾아 해당 현장의 관리처분계획 수립에 필요한 내용을 정할 수 있게 하는 논리체계를 보여주는 것이다.

법이 분양설계 계획을 관리처분계획 수립시에 작성하도록 하는 이유는 법이 정하는 분양설계요소가 다양하므로 개별 현장의 분양설계요소가 법 또는 정관이 정하고 있는 분양기준에 적합하게 채택되었는지를 점검하기 위함이다.

분양설계요소를 정리하면 다음과 같다.

- 사업시행방식: 소규모재개발사업, 가로주택정비사업과 소규모재건축사업인지 여부
- 분양받을 권리산정기준일의 확정
- 공급대상자를 정하는 요소의 확정:
    · 지상권자와 소유자
    · 소유권의 용도: 주택과 토지, 기타
    · 소유권의 가격과 면적

　　　　・ 공유와 1세대

　　　　・ 소유권의 수

　　　　・ 권리가액과 최소분양단위규모액의 비교

　　- 공급순위: 주택 및 부대·복리시설

[인천광역시 빈집 및 소규모주택정비에 관한 조례 제17조는 분양설계와 관련한 다음의 사항을 첨부하도록 하고 있다.

- 종전 토지의 지적 또는 임야도면

- 관리처분계획대상물건 조서 및 도면

- 임대주택의 부지명세와 부지가액·처분방법 및 임대주택공급대상세입자 명부 (임대주택을 건설하는 소규모주택정비사업에 한정한다)]

나. 분양대상자의 주소 및 성명

분양설계계획에 따라 위Ⅱ. 2. 3.에 의하여 공급대상자로 정하여진 자의 주소 및 성명을 기재하여야 한다.

[인천광역시 빈집 및 소규모주택정비에 관한 조례 제17조는 이와 관련하여 분양신청서(권리신고사항을 포함한다) 사본을 첨부하도록 하고 있다]

다. 정비사업의 수입 추산액(소규모주택정비법 제33조제1항제3호, 4호)

관리처분계획에는 다음의 수입 추산액 등이 기재되어야 한다.

- 조합원 분양분 수입추산액: 분양대상자별 분양예정인 대지 또는 건축물의 추산액 (임대관리 위탁주택에 관한 내용을 포함한다)

- 일반 분양분 수입추산액 등: 일반분양분 주택(임대주택 포함) 및 부대시설·복리시설, 그 밖의 보류지 등의 명세와 추산액

　[일반분양분 주택(임대주택 포함) 및 부대시설·복리시설, 그 밖의 보류지 등의 처분

방법에 관하여는 소규모주택정비법 제34조에서 규정하고 있는바 자세한 내용은 후술함]

새로 조성되는 대지 및 건축물의 가액(종후자산의 가액)은 「감정평가 및 감정평가사에 관한 법률」에 따른 감정평가법인등 중 시장·군수등이 선정·계약한 1인 이상의 감정평가법인등과 조합총회의 의결로 선정·계약한 1인 이상의 감정평가법인등이 평가한 금액을 산술평균하여 산정한다.(소규모주택정비법 제56조제2항, 도시정비법 제74조제4항)

문제는 종후자산의 가액을 산정하는 기준시점이다. 어느 시점의 가격을 기준으로 종후자산의 가액을 산정할 것이냐의 문제이다. 이에 관하여 소규모주택정비법은 직접적인 규정을 두지 않고 있다. 따라서 사업시행자는 시행하는 사업의 일정 계획상 일반분양분을 분양하고자 하는 시점의 예측가액을 정하면 될 것이다.

사업시행자는 이렇게 정하여진 종후자산가액을 기초로 관리처분계획 수립 시 조합원분양분과 일반분양분(보류지 포함)으로 나누어 조합원분양분의 가격과 일반분 양분의 가격을 동일하게 계획할 수도 있고 조합원분양분의 가격을 일반분양분의 가격보다 저렴하게 계획할 수도 있다. 이러한 계획하에 총수입액이 추산된다.

라. 정비사업비 추산액(소규모주택정비법 제33조제1항제6호)

관리처분계획에는 정비사업비의 추산액(소규모재건축사업의 경우에는 「재건축초과이익 환수에 관한 법률」에 따른 재건축분담금에 관한 사항을 포함한다)을 기재하여야 한다.

마. 분양대상자의 종전자산의 가격(소규모주택정비법 제33조제1항제5호)

관리처분계획에는 분양대상자별 종전의 토지 또는 건축물 명세 및 소규모주택정비제26조에 따른 심의 결과를 받은 날을 기준으로 한 가격(건축심의 전에 소규모주택정비법 제37조제3항에 따라 철거된 건축물은 시장·군수등에게 허가를 받은 날을 기준으로 한 가격)을 기재하여야 한다.

종전의 토지 또는 건축물의 소규모주택정비법 제26조에 따른 심의 결과를 받은 날 등을 기준으로 한 가격(종전자산의 가격)은 「감정평가 및 감정평가사에 관한 법률」에 따른 감정평가법인등 중 시장·군수등이 선정·계약한 1인 이상의 감정평가법인등과 조합 총회의 의결로 선정·계약한 1인 이상의 감정평가법인등이 평가한 금액을 산술평균하여 산정한다.(소규모주택정비법 제56조제2항, 도시정비법 제74조제4항)

바. 분양대상자별 분담금추산액(소규모주택정비법 제33조제1항제6호)

관리처분계획에는 분양대상자별 분담금 추산액 및 분담시기를 기재하여야 한다.

분양대상자인 조합원 또는 토지등소유자는 두 개의 지위를 갖는다.

하나는 조합에 자신이 갖고 있는 종전자산을 출자함으로써 갖게 되는 출자자로서의 지위이다. 출자자의 지위에서 조합원은 조합에 귀속되는 수입액을 분배받고 조합이 부담하는 비용을 부담하여야 한다.

다른 하나는 조합이 조성하는 종후자산을 매입하는 지위이다. 매수자로서의 조합원은 조합에 자신이 매입하는 종후자산의 공급가액을 납부하여야 한다.

위 두 개의 지위에서 조합원은 조합으로부터 받는 수입분배액에서 조합에 납부하여야 하는 비용부담액과 매수자로서 조합에 납부하여야 할 종후자산의 공급가액을 제한 금액을 조합에 납부하거나 조합으로부터 받는다.

위 분양대상자별 분담금추산액이 산출되는 과정을 자세히 살펴보면 다음과 같다.

다 음

(1) 조합원 분양대금 추산액 - 조합원의 매수자로서의 지위

정비사업에 참여한 토지등소유자는 종후자산의 수분양자(매수자) 지위에 있게 된다. 종후자산 수분양자는 정비사업시행자에게 분양대금을 납부하여야 한다. 토지등 소유자 또는 조합원이 수분양자 지위에서 납부해야 할 금액은 그가 분양받고자 신청한 종후자산의 가액이다.

(2) 비례율과 권리가액 - 조합원의 출자자로서의 지위

정비사업시행자는 정비사업에 참여하는 서로 다른 다수의 토지등소유자를 공평하게 처우하여야 한다.

먼저 사업을 함으로써 발생하는 수입의 분배기준과 비용의 부담기준은 같아야 한다.

다음으로 수입의 분배기준, 비용의 부담기준은 특정 토지등소유자가 가지고 있는 종전자산의 가액이 전체 토지등소유자가 가지고 있는 종전자산의 가액에서 차지하는 비율이 되어야 공평하다.

말하자면, 정비사업시행자가 정비사업에 참여하는 서로 다른 다수의 토지등소유자를 공평하게 처우하기 위해서는 다음의 산식에 따라 수입을 분배하고 비용을 부담시켜 그 차액에 해당하는 금액을 교부하거나 징수하여야 한다.

다 음

- 수입의 분배액 = 총수입액(위 다. 정비사업의 수입 추산액)
  × 특정 종전자산가액 ÷ 전체 종전자산가액
- 비용의 부담액 = 총비용액(위 라. 정비사업비 추산액)
  × 특정 종전자산가액 ÷ 전체 종전자산가액

(여기서 말하는 전체 종전 자산가액은 조합원 분양신청을 하지 않은 자, 분양대 상에서 제외된 자 등의 종전자산가액을 제한 <u>나머지 조합원의 종전자산가액</u>의 합을 말한다)

- 차 액 = (총수입액 - 총비용액)

× 특정 종전자산가액 ÷ 전체 종전자산가액

= [(총수입액 - 총비용액) ÷ 전체 종전자산가액]

× 특정 종전자산가액

(위 산식 중 수입의 분배액은 정비사업에 참여하는 특정 토지등소유자가 정비 사업을 시행하는 과정에서 창출된 수입을 분배받을 금액이고, 비용의 부담액은 정비사업에 참여하는 특정 토지등소유자가 정비사업을 시행하는 과정에서 발생 할 비용을 부담할 금액이다)

위 산식에서 [(총수입액 - 총비용액) ÷ 전체 종전자산가액]을 <u>비례율</u>이라 하고 비례율에 특정 조합원이 가지고 있는 종전자산가액을 곱한 금액을 권리가액이라 한다.[권리가액은 조합원이 자신의 종전자산을 출자하여 사업을 시행함으로써 조합에 귀속되는 사업이익(수입액- 비용액)을 나누어 갖게 되는 액수를 말한다. 다른 말로 표현하면 특정 조합원이 정비사업에 참여함으로써 창출할 수 있는 이익을 말한다]

(3) 조합원 분담금 추산액 [위 (1) 조합원 분양대금 추산액- 위 (2) 권리가액]

조합원 분담금이란 정비사업에 참여한 토지등소유자가 종후자산의 수분양자 지위에서 정비사업시행자에게 내야 하는 분양대금에서 출자자의 지위에서 정비사업 시행 과정 중 창출된 수입과 발생한 비용의 차액에 그가 가지고 있는 종전자산의 가액이 전체 토지등소유자가 가지고 있는 종전자산의 가액에서 차지하는 비율을 곱하여 산출된 금액을 제한 금액을 말한다.

말하자면, 토지등소유자가 종후자산의 수분양자 지위에서 납부해야 하는 <u>분양대금</u>에서 토지등소유자가 출자자의 지위에서 분배받을 수입액과 부담할 비용액의 차액, 즉 <u>권리가액</u>을 뺀 금액을 말한다.

그 금액은 각 토지등소유자 별로 자신이 종전에 가지고 있는 자산의 권리가액이 다르고 무엇보다도 구입하고자 하는 종후자산의 가액이 다르기 때문에 (+)일 수도 (-)일 수도 있다. (-)일 경우 정비사업시행자로부터 금전을 교부받을 것이고 (+)일 경우는 정비사업시행자가 징수권한을 갖는다.

그 금액이 0이면 조합도 조합원에게 돈 내라고 하지 않고 조합원도 돈 내지 않고 입주할 수 있다.(이 때의 권리가액에 해당하는 분양평수를 무상분양평수라 하고, 무상분양평수를 알고자 한다면 조합에 자신의 권리가액이 얼마인지, 신축건물의 평당 분양가가 얼마인지 알아보고 권리가액을 평당 분양가로 나눈 값을 계산하면 된다. 이렇게 산출된 값이 무상분양평수가 되는 것이다.)

이를 산식으로 표시하면 다음과 같다.

다 음

분담금

= 특정 토지등소유자가 조합에 내야 할 금액

  -

  특정 토지등소유자가 조합으로부터 받아야 할 금액(총수입 × 특정 종전자산가액 ÷ 전체 종전자산가액)

= [특정 토지등소유자가 분양받은 종후자산가액

  +

  (총비용 × 특정 종전자산가액 ÷ 전체 종전자산가액)]

  -

  (총수입 × 특정 종전자산가액 ÷ 전체 종전자산가액)

= 특정 토지등소유자가 분양받은 종후자산가액

  -

  [(총수입 × 특정 종전자산가액 ÷ 전체 종전자산가액)

-

(총비용 × 특정 종전자산가액 ÷ 전체 종전자산가액)]

= 특정 토지등소유자가 분양받은 종후자산가액

-

[(총수입-총비용) × 특정 종전자산가액 ÷ 전체 종전자산가액]

= 특정 토지등소유자가 분양받은 종후자산가액

-

[(총수입-총비용) ÷ 전체 종전자산가액] × 특정 종전자산가액

= 특정 토지등소유자가 분양받은 종후자산가액

-

(비례율 × 특정 종전자산가액)

= 특정 토지등소유자가 분양받은 종후자산가액 - 권리가액

※ 참고

1. 종전자산가액에 대한 감정평가액의 변경과 관련하여

정비사업에서 조합원 자신이 소유하는 부동산에 대한 감정평가가 이루어진 후 에 많은 불만이 나오는 경우가 있다.
특정 조합원이 가지고 있는 부동산에 대한 감정평가가 잘못되었다면 고쳐야 하겠지만 모든 조합원을 대상으로 하는 종전자산 평가액의 변경은 조합원의 권리가액에 영향을 주지 않으므로 재감정해야 조합원에 돌아가는 이익은 없다.

이 점을 다음의 산식으로 확인한다.

다 음

• 종후자산평가액: 2,000억원
• 총사업비 : 1,200억원
• 종전자산평가액:

변경 전	변경 후
총액 800억원/조합원 250명	총액 1,000억원/조합원250명
특정조합원A 3억2천만원	특정조합원A 4억원

- 비례율 산출

  (2,000억 - 1,200억)/800억 = 1   (2,000억 - 1,200억) / 1,000억 = 0.8

- 특정조합원A의 권리가액

  3.2억 × 1 = 3.2억   4억 × 0.8 = 3.2억

2. 조합원분양분 공급가액과 일반분양분 공급가액을 달리하는 경우의 문제

새로 조성되는 대지 및 건축물의 가액(종후자산의 가액)은 「감정평가 및 감정평가사에 관한 법률」에 따른 감정평가법인등 중 시장·군수등이 선정·계약한 1인 이상의 감정평가법인등과 조합총회의 의결로 선정·계약한 1인 이상의 감정평가법인등이 평가한 금액을 산술평균하여 산정한다.(소규모주택정비법 제56조 제2항, 도시정비법 제74조제4항)
사업시행자는 이렇게 정하여진 종후자산가액을 기초로 관리처분계획 수립 시 조합원분양분과 일반분양분(보류지 포함)으로 나누어 조합원분양분의 가격과 일반분양분의 가격을 동일하게 계획할 수도 있고 조합원분양분의 가격을 일반분양분의 가격보다 저렴하게 계획할 수도 있다. 이러한 계획하에 총수입액이 추산된다.

이하에서는 조합원분양분의 가격과 일반분양분의 가격을 동일하게 하는 경우와 조합원분양분의 가격을 일반분양분의 가격보다 저렴하게 하는 경우에 서로 다른 종전자산을 소유한 특정조합원에 어떤 영향이 있는지 살펴본다.

조합원분양가를 일반분양가의 90% 수준으로 변경하는 경우 다음과 같은 전제하에 서로 다른 액수의 종전자산을 소유한 특정인 A, B에 미치는 영향을 살펴본다.

[전제:
 전체 조합원 종전자산가액의 합을 100억이라 하고 특정 조합원 A의 종전 자산가액을 2억, 특정 조합원 B의 종전 자산가액을 1억이라 하고 조합원분양가와 일반분양가를 같게 하였을 때의 수입을 400억원, 비용을 250억원, 조합원분양가를 일반분양가의 90%로 했을 때의 수입을 380억원(이 경우 종후자산이 모두 조합원분양분이라 한다면 수입은 360억원으로 줄겠지만 그렇지 않은 경우를 가정하기 때문이다)이라 전제 함. 조합원분양가를 일반분양가의 90%로 정하였다고 비용의 변화가 없음은 당연하므로 비용은 250억원임]

구분	수입	비용	특정인A,B의 종전자산가액	수입의 분배비율 (특정인의 종전자산가액 ÷ 전체종전자산가액)	비용의 부담비율(특정인의 종전자산가액÷전체종전자산가액)	권리가액 (수입액×수입의 분배비율) - (비용액×비용의 부담비율)
조합원분양가=일반분양가	400억원	250억원	A 2억원	2/100	2/100	3억원 [(400억-250억)×2/100]
			B 1억원	1/100	1/100	1.5억원 [(400억-250억)×1/100]
조합원분양가가 일반분양가의 90%	380억원	250억원	A 2억원	2/100	2/100	2.6억원 [(380억-250억)×2/100]
			B 1억원	1/100	1/100	1.3억원 [(380억-250억)×1/100]

위 표는 조합원분양가를 일반분양가보다 작게 하더라도 특정인 A와 B가 조합에서 차지하는 출자자로서의 지위를 나타내는 특정인의 종전자산가액 ÷ 전체종전자산가액의 값의 변화는 없지만 특정인 A와 B의 각 권리가액은 줄어든다는 것을 보여준다.

그런데 위와 같은 상황에서 특정인A, 특정인B가 각 20평 아파트를 분양받았을 때의 분담금의 변화를 살펴보면 문제가 있음을 알 것이다.

구분	분양대금 340,000,000원 (조합원분양단가 = 일반분양단가 1,700만원/평)	분양대금 306,000,000원 (조합원분양단가 = 일반분양단가 1,700만원/평×90%)
	분담금(분양대금-권리가액)	분담금(분양대금-권리가액)
특정인 A	40,000,000원 (340,000,000원-300,000,000원)	46,000,000원 (306,000,000-260,000,000)
특정인 B	190,000,000원 (340,000,000원-150,000,000원)	176,000,000원 (306,000,000-130,000,000)
	40,000,000/190,000,000=0.2105	46,000,000/176,000,000=0.2614

위 표는 조합원분양가를 일반분양가보다 작게 하는 경우 특정인 A와 B에 미치는 영향은 극명하게 갈리고 있음을 보여준다.

종전자산가액이 큰 특정인 A는 조합원분양가와 일반분양가를 같게 하였을 때 40,000,000원을 내면 20평 아파트에 입주하였지만 조합원분양가를 일반분양가의 90%로 한 경우에는 46,000,000원을 내야 입주하게 되어 조합원분양가와 일반분양가가 같은 경우보다 <u>600만원을 더 내야</u> 하는데, 종전자산가액이 작은 특정인 B는 조합원분양가와 일반분양가를 같게 하였을 때 190,000,000원을 내면 20평 아파트에 입주하였지만 조합원분양가를 일반분양가의 90%로 한 경우에는 176,000,000원을 내면 입주할 수 있어 조합원분양가와 일반분양가가 같은 경우보다 <u>1400만원을 덜 내고도 입주할</u> 수 있음을 보여준다.

 이와 같은 현상을 보이는 이유는 다음과 같다.

다 음

- 특정인 간의 비용부담액의 변화:

조합원분양가를 일반분양가보다 작게 하는 경우든 같게 하는 경우든 전체 조합이 부담하는 비용액은 같아서 특정인 A와 B는 전체 조합의 비용부담액의 A의 경우 100분의 2, B의 경우 100분의 1의 비율로 부담한다.

- 특정인 간의 수입분배액의 변화

전체 조합의 수입분배는 조합원분양가와 일반분양가가 같을 때 A의 경우 400억 원 × 100분의 2인 8억 원 B의 경우 400억 원 × 100분 1인 4억 원인데 비해, 조합원분양가가 일반분양가의 90%인 경우에는 A의 경우 380억 원 × 100분의 2인 7.6억 원 B의 경우 380억 원 × 100분 1인 3.8억으로 <u>특정인AB 간에 수입분배액이 줄어드는 비율이 A의 경우 8억 원 ÷ 7.6억 = 0.95으로 0.05 줄었고 B의 경우 4억 원 ÷ 3.8 억 원 = 0.95로 같지만,</u>
<u>그 절대액이</u> A의 경우 조합원분양가와 일반분양가가 같을 때의 권리가액 3억원 × 0.95 = 2.85억으로 1500만 원이 줄었는데 비해 B의 경우 조합원분양가와 일반분양가가 같을 때의 권리가액 1.5억 원 × 0.95 = 1.425억 원으로 750만 원이 줄었기 때문이다.

앞으로 관리처분계획수립 시에 이 점에 대한 조합원의 의사결정을 요한다. 양자의 주요 장점을 표로 표기하면 다음과 같다.

구분	장점	단점
조합원분양가 일반분양가의 90%	조합원들은 당장의 시세차익을 보고 있다고 느낌.	서로 다른 액수의 종전자산을 소유하는 토지등소유자 간에 갈등을 유발할 수 있어 신속한 사업진행에 바람직하지 않을 수 있다.

사. 분담금추산액 납부에 관한 사항(소규모주택정비법 제33조제1항제9호, 동법 시행령제30조 제3호)(소규모주택정비법 제33조제4항, 동법 시행령제31조제1항제4호)

(1) 소규모주택정비법은 소규모재개발사업, 가로주택정비사업을 시행하는 경우 조합 원분양분의 공급가액과 기존 토지 또는 건축물의 가격과의 차액이 있는 경우에 관하여 비용의 부담비율에 의한 대지 및 건축물의 분양계획과 그 비용부담의 한 도·방법 및 시기를 관리처분계획수립 시 정하도록 규정하고 있다.

그에 관한 규정은 다음과 같다.

다 음

- 하나의 필지로 된 대지 및 그 대지에 건축된 건축물(소규모주택정비법 제34조제4항 전 단에 따라 잔여분을 보류지로 정하거나 조합원 또는 토지등소유자 외의 자에게 분양하는 부분 은 제외한다)을 2인 이상에게 분양하는 경우 기존 토지 및 건축물의 가격과 소규모 주택정비법 시행령 제30조제3호에 따라 토지등소유자가 부담하는 비용의 비율에 따라 분양할 것(소규모주택정비법 제33조제1항제9호, 동법 시행령제30조제2호)

  소규모주택정비법 시행령 제30조3호는 소규모주택정비법 시행령 제31조제1항제4호 에 따른 비용의 부담비율에 의한 대지 및 건축물의 분양계획과 그 비용부담의 한 도·방법 및 시기. 이 경우 비용부담에 의하여 분양받을 수 있는 한도는 정관등에서 따로 정하는 경우를 제외하고는 기존 토지 또는 건축물의 가격의 비율에 따라 부담 할 수 있는 비용의 50퍼센트를 기준으로 정한다.(소규모주택정비법 시행령 제30조3호)

  (이 규정의 문언으로만 보면 규정의 체계가 순환논법적으로 되어 있어 정확한 의미를 이해하는 데 지장을 준다. 입법적으로 문언을 손질하여야 한다고 생각한다.

  이 규정은 도시정비법 제74조제6항, 동법 시행령 제63조제1항제4호, 동법 시행령 제59조제4항, 동법 시행령 제62조제3호의 규정체계를 원용한 것인데 마찬가지로 규정의 체계가 순환논법적 으로 되어 있어 정확한 의미를 이해하는데 지장을 준다.)

이 규정이 규율하는 내용을 정리하면 다음과 같다.

다 음

(가) 새로 조성된 대지 및 건축물을 조합원 또는 토지등소유자에게 분양하는 경우 관리처분계획으로 정하여진 공급가액으로 하는 것은 당연하다. 조합원 또는 토지등소유자가 위 공급가액을 조합에 납부할 때 조합원 또는 토지등소유자가 출연한 종전자산의 가액을 제한 금액(부족분)을 내어야 하는 것도 당연하다.

(나) 소규모재개발사업, 가로주택정비사업을 하는 경우와 관련하여 입법자가 소규모 주택정비법 제33조제4항, 동법 시행령제31조제1항제4호, 소규모주택정비법시행령 제30조3호와 같은 규정을 둔 취지는 아래와 같다.

- 정비사업을 하는 경우 새로 조성되는 대지 및 건축물을 분양하는 경우 그 공급가액을 정해진 시기에 제대로 내야 하는 것은 사업의 성패를 가름하는 중요한 일이다.

- 따라서 조합원 및 토지등소유자가 출연하는 종전자산의 가액이 새로 조성되는 대지 및 건축물의 공급가액과 비교하여 차액이 있는 경우 부족금액을 언제 납부하여야 하는지 등의 계획을 수립할 필요가 있다.

- 이 계획을 수립하라는 것이 소규모주택정비법 시행령 제30조3호의 내용이고 이 내용에 따라 조합원 또는 토지등소유자에게 분양하라는 것이 소규모주택정비법 제33조제4항, 동법 시행령제31조제1항제4호의 취지이다.

  [위에서 언급한 내용은 소규모재건축사업을 시행하는 경우에도 마찬가지로 필요하다. 그런데 법은 소규모재건축사업을 시행하는 경우에는 조합원 중 부대복리시설의 소유자가 주택을 공급받는 경우에만 기존 부대복리시설의 가액이 분양주택 중 최소분양단위규모의 추산액에 정관 등으로 정하는 비율(정관 등으로 정하지 아니하는 경우에는 1로 한다)을 곱한 가액보다 작을 경우 주택의 분양대상자가 되지 못한다고 하는데(263쪽, 264쪽 참조) 비해 유독 비용의 부담비율에 의한 대지 및 건축물의 분양계획과 그 비용부담의 한도·방법 및 시기에 관한 계획수립을 소규모

재개발사업, 가로주택정비사업의 경우에만 강조하고 있다. 일반적으로 소규모재개발사업, 가로주택정비사업을 시행하는 현장의 종전자산의 가치가 소규모재건축사업을 시행하는 현장의 종전자산의 가치보다 낮다는 점을 반영한 것이라 하겠다.

한편, 이와 관련한 규정을 도시정비법상으로도 재개발사업의 경우에 두고 있는데 재개발사업의 경우에는 주택을 제외한 대지 및 건축물을 분양받는 경우(도시정비법 제74조제6항, 동법 시행령 제63조제1항제4호 및 제59조제4항)로 제한하고 있는데 비해 소규모재개발사업, 가로주택정비사업의 경우는 그 범위를 주택으로까지 넓혔다는 차이가 있다.]

(다) 이 규정에 따라 사업시행자가 관리처분계획 수립시 작성하여야 하는 내용은 아래와 같다.

- 소규모주택정비법 제33조제4항, 동법 시행령제31조제1항제4호의 '기존 토지 및 건축물의 가격'은 권리가액을 의미한다. 기존 토지 및 건축물은 조합원 또는 토지등소유자가 출연한 것으로서 조합원 또는 토지등소유자는 사업을 시행하면서 형성된 조합에 귀속된 이익을 분배받기 때문이기도 하지만 도시정비법 제74조제6항, 동법 시행령 제63조제1항1제4호에서 '사업시행방식이 전환된 경우에는 환지예정지의 권리가액을 말한다'고 하여 이 점을 명확히 하고 있기 때문이다.

- 내야 할 부족금액은 기존 토지 또는 건축물의 권리가격을 기준으로 권리가액에 대한 비율로 정한다. 이 경우 정관등에서 따로 정하는 경우를 제외하고는 권리가액의 50퍼센트를 기준으로 정한다.(소규모주택정비법 시행령 제30조3호) 따라서 조합원 또는 토지등소유자가 갖고 있는 종전자산의 권리가액에 정관등으로 정하여진 비율을 곱한 가액을 더한 금액이 새로 건설된 대지 및 건축물의 최소 분양단위규모의 가액에 이르지 못하는 경우 분양대상자에서 제외된다.

- 부족금액 납부방법 등:
  소규모주택정비법 제56조제2항에 따라 도시정비법 시행령 제59조제4항, 63조제1

항제4호, 제62조제3호, 도시정비법 제74조제1항제9호의 규정 내용이 준용된다. 따라서 조합원 또는 토지등소유자가 정비사업에 제공되는 종전의 토지 또는 건축물에 따라 분양받을 수 있는 것 외에 공사비 등 사업시행에 필요한 비용의 일부를 부담하고 그 대지 및 건축물을 분양받으려는 때에는 분양신청을 하는 때에 그 의사를 분명히 하고, 건축심의 결과 통보시를 기준으로 한 종전자산에 대한 감정평가액의 10퍼센트에 상당하는 금액을 사업시행자에게 납입하여야 한다. 이 경우 그 금액은 납입하였으나 정관등으로 정하여진 비용부담액을 정하여진 시기에 납입하지 아니한 자는 그 납입한 금액의 비율에 해당하는 만큼의 대지 및 건축물만 분양을 받을 수 있다.(소규모주택정비법 제56조제2항, 도시정비법 시행령 제59조제4항, 63조제1항제4호, 제62조제3호, 도시정비법 제74조제1항제9호)

- 부족금액의 납부시기

사업시행자는 대지 또는 건축물을 분양받은 자가 종전에 소유하고 있던 토지 또는 건축물의 가격과 분양받은 대지 또는 건축물의 가격 사이에 차이가 있는 경우 이전고시가 있은 후에 그 차액에 상당하는 금액을 분양받은 자로부터 징수하거나 분양받은 자에게 지급하여야 한다.

그럼에도 불구하고 사업시행자는 정관등에서 분할징수 및 분할지급을 정하고 있거나 총회의 의결을 거쳐 따로 정한 경우에는 사업시행계획인가 후부터 소규모주택정비법 제40조제2항에 따른 이전고시가 있은 날까지 일정기간별로 분할징수하거나 분할지급할 수 있다. (소규모주택정비법 제41조)

(2) 분양대상자의 종전 토지 또는 건축물에 관한 소유권 외의 권리명세(소규모주택정비법 제33조제1항제7호)

관리처분계획에는 분양대상자의 종전 토지 또는 건축물에 관한 소유권 외의 권리명세를 기재하여야 한다.

정비사업을 하는 경우 새로 조성되는 대지 및 건축물을 분양하는 경우 그 공급가액을 정해진 시기에 제대로 내야 하는 것은 사업의 성패를 가름하는 중요한 것이다. 조합원 및 토지등소유자가 출연하는 종전자산의 권리가액이 크더라도 분양대상자의 종전 토지 또는 건축물에 관한 소유권 외의 권리가 존재하는 경우 그만큼 권리가액이 감소되는 것을 의미한다.

법은 종전 토지 또는 건축물에 관한 소유권 외의 권리가 존재하는 경우 분양 대상자에서 제외하는 사유로 정하고 있지 않지만, 사업시행자는 이 점에 대하여 주목할 필요가 있음을 환기시키고 있다.

아. 일반분양분 주택(임대주택 포함) 및 부대시설·복리시설, 그 밖의 보류지 등의 명세와 처분방법(소규모주택정비법 제33조제1항제4호, 소규모주택정비법 제34조, 동법 시행령 제32조, 34조)

관리처분계획에는 일반분양분 주택(임대주택 포함) 및 부대시설·복리시설, 그 밖의 보류지 등의 명세와 처분방법을 기재하여야 한다.

정비사업의 사업시행자(주민합의체·조합, 공공시행자, 지정개발자)는 사업의 시행으로 조성된 대지 및 건축물을 처분하여 수입을 얻는다.

이 때 처분의 상대방인 자를 분양대상자라 하나, 여기서 말하고자 하는 분양대상자는 위에서 언급한 토지등소유자 또는 조합원의 종전자산이 사업으로 인하여 새로 조성된 토지 및 건축물로 교환·분합되는 경우(공용환권 되는 경우)의 분양자의 지위를 갖게 되는 토지등소유자 또는 조합원을 제외한 그 밖의 사유로 사업으로 신축된 토지 및 건축물을 분양받는 자를 말한다.

분양대상자는 다음과 같고 그 분양대상자가 분양받는 근거, 분양방식 등에 대하여 개괄적으로 살펴본다.

다 음

구분	분양의 근거되는 법률 등	비고
일반분양	소규모주택정비법 §34①, §34④·§34③	사업시행자가 조합원 분양분을 제외한 부분을 시장·군수등의 승인을 받아 주택법§54에 따라 입주자 모집 조건·방법·절차, 입주금(계약금·중도금 및 잔금을 말한다)의 납부 방법·시기·절차, 주택공급 방법·절차 등을 정하여 분양함.
임대주택분양	소규모주택정비법 §34①, §34⑥·§34⑤	사업시행자가 사업의 시행으로 임대주택을 건설하는 경우 임차인의 자격·선정방법, 임대보증금, 임대료 등 임대조건에 관한 기준 및 무주택 세대주에게 우선 매각하도록 하는 기준 등에 관하여 「민간임대주택에 관한 특별법」, 「공공주택 특별법」에도 불구하고 대통령령으로 정하는 범위에서 시장·군수등의 승인을 받아 따로 정하여 분양함.
기타분양	소규모주택정비법 §34①, §34⑦	사업시행자는 조합원분양, 일반분양, 임대주택분양을 공급대상자에게 주택을 공급하고 남은 주택을 공급대상자 외의 자에게 공급할 수 있다. 분양은 주택법 제54조를 준용하여 한다.
보류지분양	소규모주택정비법 §34①, §34④	보류지는 주택법§54에 따라 입주자 모집 조건·방법·절차, 입주금(계약금·중도금 및 잔금을 말한다)의 납부 방법·시기·절차, 주택공급 방법·절차 등을 정하여 분양함. ※보류지란 사업을 환권의 방식으로 시행할 때 시행자가 사업에 필요한 경비에 충당하거나 분양대상의 누락, 착오 등의 사유로 향후 추가분양이 예상되는 등의 사유가 있는 경우 신축건물의 일부를 그에 공여하기 위하여 정하여 놓은 건축물을 말한다.

자. 기타

(1) 소규모주택정비법 제36조에 따라 손실보상에 관한 협의를 하여야 하는 토지등소유자별 기존 토지·건축물 또는 그 밖의 권리의 명세와 처분방법(소규모주택정비법 제33조제1항제9호, 동법 시행령제30조제2호)

관리처분계획에는 소규모주택정비법 제36조에 따라 손실보상에 관한 협의를 하여야 하는 토지등소유자별 기존 토지·건축물 또는 그 밖의 권리의 명세와 <u>처분방법</u>을 기재하여야 한다.

조합원 분양신청절차에서 조합원 분양신청을 하지 아니한 자, 분양신청기간 종료 이전에 분양신청을 철회한 자는 최종적으로 시행하고 있는 정비사업을 반대하여 하지 않겠다는 의사를 표명한 자이고, 인가된 관리처분계획에 따라 분양대상에서 제외된 자는 법에 정하여진 분양대상자가 되기에 적합하지 않은 자이다.

정비사업시행자는 이들과 함께 사업을 시행할 수도 없을뿐더러 조합원 또는 그외의 분양대상자에게 새로 조성되는 대지 및 건축물을 합법적으로 공급하기 위해서는 완전한 소유권을 확보하여야 한다.(소규모주택정비법 제34조제8항 등)

이를 위하여 소규모주택정비법은 제36조를 두어 분양신청을 하지 아니한 자 등을 사업에서 강제적으로 배제하되 그들이 갖고 있는 종전자산에 대한 보상을 하도록 하고 있다.

이 과정을 조합회계의 관점에서 볼 때 분양신청을 하지 아니한 자 등이 갖고 있는 종전자산의 소유권을 확보하기 위한 비용(매입비용과 그를 차용한 경우의 이자)이 발생하고 분양신청을 하지 아니한 자 등이 갖고 있는 종전자산의 소유권은 조합의 자산이 된다. 이것이 갖고 있는 의미를 살펴보면 다음과 같다.

다 음

- 분양신청을 하지 아니한 자 등이 갖고 있는 종전자산의 소유권을 확보하기 위한 비용(매입비용과 그를 차용한 경우의 이자)은 <u>위 라. 정비사업비의 추산액</u>에 기재된다.
- 분양신청을 하지 아니한 자 등이 갖고 있는 종전자산의 소유권은 조합의 자산이 된다는 의미는 분양신청을 하지 아니한 자 등이 가지고 있는 종전자산의 가격은 <u>위 마.의 분양대상자의 종전자산의 가격</u>에 기재되지 않는다는 것을 말하며,

- 그렇게 되어 분양신청을 하지 아니한 자 등이 가지고 있는 종전자산의 가격이 기재되는 경우와 비교하여 개별 조합원의 분담금 추산액을 계산하는 산식 상의 전체 조합원의 종전자산가액을 낮추어 비례율이 높아지고 그에 따라 개별 조합원의 권리가액을 높이는 기능을 하게 된다.(분양신청을 하지 아니한 자 등이 가지고 있는 종전자산의 처분방법의 문제)

(위의 내용과 같은 문제가 조합설립에 동의하지 아니한 자 등의 강제적 배제와 손실보상에 관한 소규모주택정비법 제35조의 적용과 관련하여서도 발생한다. 다만, 소규모주택정비법 제35조의 적용에 따라 사업에서 배제된 자는 처음부터 관리처분계획 수립과정에서 정하는 분양대상자에서 제외되어 있다는 점만 다르다.)

(2) 세입자별 손실보상을 위한 권리명세 및 그 평가액(취약주택정비사업의 경우로 한정한다)(소규모주택정비법 제33조제1항제8호)

관리처분계획에는 취약주택정비사업을 하는 경우 세입자별 손실보상을 위한 권리명세 및 그 평가액을 기재하여야 한다.

(3) 사업의 시행으로 인하여 용도가 폐지되는 정비기반시설 및 새로 설치되는 정비기반시설의 명세(소규모주택정비법 제33조제1항제9호, 동법 시행령제30조제4호, 소규모주택정비법 제43조제3항, 소규모주택정비법 제56조제1항, 도시정비법제97조)

시장·군수등 또는 토지주택공사등이 아닌 사업시행자가 소규모주택정비사업의 시행으로 새로 설치한 정비기반시설은 그 시설을 관리할 국가 또는 지방자치단체에 무상으로 귀속되고, 소규모주택정비사업의 시행으로 용도가 폐지되는 국가 또는 지방자치단체 소유의 정비기반시설은 사업시행자가 새로 설치한 정비기반시설의 설치 비용에 상당하는 범위에서 그에게 무상으로 양도된다. 이 경우 사업시행자는 용도가 폐지되는 종래의 정비기반시설의 가액과 새로이 설치한 정비기반시설의 설치 비용 사이에 차이가 있는 때에는 그 차액에 상당하는 금액에 대하여 국가 또는 지방자치단체와 정산하여야 한다.(소규모주택정비법 제43조제3항)

따라서 사업시행자 입장에서의 회계처리는 새로 설치한 정비기반시설 설치에 들어가는 비용의 발생, 사업시행자에게 무상으로 귀속되는 국가 또는 지방자치단체 소유의 용도가 폐지되는 정비기반시설의 가액에 해당하는 금액의 수입과 용도가 폐지되는 종래의 정비기반시설의 가액에서 새로이 설치한 정비기반시설의 설치비용을 제한 금액이 +일 경우 비용, -일 경우 수입이 발생한다.

시장·군수등은 정비기반시설의 귀속 및 양도에 관한 사항이 포함된 정비사업을 시행하거나 그 시행을 인가하려는 경우에는 미리 그 관리청의 의견을 들어야 한다. 인가받은 사항을 변경하려는 경우에도 또한 같다.

사업시행자는 관리청에 귀속될 정비기반시설과 사업시행자에게 귀속 또는 양도될 재산의 종류와 세목을 정비사업의 준공 전에 관리청에 통지하여야 하며, 해당 정비기반시설은 그 정비사업이 준공인가되어 관리청에 준공인가통지를 한 때에 국가 또는 지방자치단체에 귀속되거나 사업시행자에게 귀속 또는 양도된 것으로 본다.

위와 같은 사유로 관리처분계획에는 사업의 시행으로 인하여 용도가 폐지되는 정비기반시설 및 새로 설치되는 정비기반시설의 명세를 기재하여야 한다.

(4) 기존 건축물의 철거 예정시기(소규모주택정비법 제33조제1항제9호, 동법 시행령제30조제5호)

기존 건축물의 철거계획서(석면이 함유된 건축자재가 사용된 경우 그 현황과 해당 자재의 철거 및 처리계획을 포함한다)(소규모주택정비법 제30조제1항제11호, 동법 시행령제27조제1항제6호)

(5) 그 밖의 관리처분계획 내용을 증빙하는 서류(소규모주택정비법 제33조제1항제9호, 동법 시행령 제30조제6호, 인천광역시 빈집 및 소규모주택정비에 관한 조례 제17조제3호)

차. 소규모주택정비법 제29조제3항에 따른 동의서 또는 의결서 사본(소규모주택정비
법 제33조제1항제9호, 동법 시행령 제30조제6호, 인천광역시 빈집 및 소규모주택정비에 관한
조례 제17조제2호, 소규모주택정비법 제29조제3항, 제26조제2항 33조제2항)

관리처분계획에는 소규모주택정비법 제29조제3항에 따른 동의서 또는 의결서 사본
을 첨부하여야 한다.

[사업시행자는 소규모주택정비법 제29조에 따라 사업시행계획인가를 신청하기 전에
미리 다음의 어느 하나에 해당하는 동의 또는 의결을 거쳐야 한다.(소규모주택정비법 제
29조제3항, 제26조제2항)

- 사업시행자가 토지등소유자인 경우에는 주민합의서에서 정하는 토지등소유자의
동의
- 사업시행자가 조합인 경우에는 조합 총회(시장·군수등 또는 토지주택공사등과 공동으
로 사업을 시행하는 경우에는 조합원의 과반수 동의로 조합 총회 의결을 갈음할 수 있음)에서
조합원 과반수의 찬성으로 의결. 다만, 정비사업비가 100분의 10(생산자물가상승률분
및 분양신청을 하지 아니한 자 등에 대한 손실보상 금액은 제외함) 이상 늘어나는 경우에는
조합원 3분의 2 이상의 찬성으로 의결
- 사업시행자가 지정개발자인 경우에는 토지등소유자의 과반수 동의 및 토지면적 2
분의 1 이상의 토지소유자의 동의]

◆ 소규모주택정비법 제30조의 사업시행계획의 인가

1. 사업시행계획인가 신청 전의 절차(소규모주택정비법 제29조제3항, 제26조제2항, 제33조제2항)

가. 사업시행자는 소규모주택정비법 제29조에 따라 사업시행계획인가를 신청하기 전에 미리 다음의 (1) (2) (3)의 어느 하나에 해당하는 동의 또는 의결을 거쳐야 하며, 인가받은 사항을 변경하거나 사업을 중지 또는 폐지하는 경우에도 같다. 다만, 대통령령으로 정하는 경미한 사항의 변경은 그러하지 아니하고 취약주택정비사업(소규모주택정비법 제18조제1항제1호)의 사업시행자는 토지등소유자의 동의를 받지 아니할 수 있다.

    (1) 사업시행자가 토지등소유자인 경우에는 주민합의서에서 정하는 토지등소유자의 동의

    (2) 사업시행자가 조합인 경우에는 조합 총회(시장·군수등 또는 토지주택공사등과 공동으로 사업을 시행하는 경우에는 조합원의 과반수 동의로 조합 총회 의결을 갈음할 수 있음)에서 조합원 과반수의 찬성으로 의결. 다만, 정비사업비가 100분의 10(생산자물가상승률분 및 분양신청을 하지 아니한 자 등에 대한 손실보상 금액은 제외함) 이상 늘어나는 경우에는 조합원 3분의 2 이상의 찬성으로 의결

    (3) 사업시행자가 지정개발자인 경우에는 토지등소유자의 과반수 동의 및 토지면적 2분의 1 이상의 토지소유자의 동의

나. 조합은 위의 의결이 필요한 경우 총회 개최일부터 30일 전에 관리처분계획 내용 중의 핵심사항인 다음 (1)(2)(3)(4)에 해당하는 사항을 조합원에게 문서로 통지하여야 한다.(소규모주택정비법 제33조제2항)

    (1) 분양대상자별 분양예정인 대지 또는 건축물의 추산액(임대관리 위탁주택에 관한 내용을 포함한다)

(2) 일반 분양분 주택, 임대주택, 그 밖에 부대시설·복리시설 등 보류지 등의 명세와 추산액 및 처분방법

(3) 분양대상자별 종전의 토지 또는 건축물 명세 및 소규모주택정비법 제26조에 따른 심의 결과를 받은 날을 기준으로 한 가격(건축심의 전에 소규모주택정비법 제37조제3항에 따라 철거된 건축물은 시장·군수등에게 허가를 받은 날을 기준으로 한 가격)

(4) 정비사업비의 추산액(소규모재건축사업의 경우에는 「재건축초과이익 환수에 관한 법률」에 따른 재건축분담금에 관한 사항을 포함한다) 및 <u>그에 따른 조합원 분담규모 및 분담시기</u>

위는 관리처분계획의 중요성에 기초하여 그 중 핵심사항에 대한 내용을 조합원들이 숙지한 후 조합총회에서의 의결을 할 수 있도록 한 것이다. 일반적인 안건에 대한 의결을 위한 조합총회의 소집에 관한 개최일 14일 전 공고와 7일 전 통지에 관한 특칙으로 해석된다.

2. 사업시행계획의 인가(소규모주택정비법 제29조)

가. 인가신청, 공람, 인가·고시

사업시행자(사업시행자가 시장·군수등인 경우는 제외함)는 소규모주택정비사업을 시행하는 경우에는 사업시행계획서(관리처분계획서 포함)에 정관등과 조합의 총회의결서 사본 등 서류를 첨부하여 시장·군수등에게 제출하고 사업시행계획인가를 받아야 한다. 인가받은 사항을 변경하는 경우도 같으나 대통령령으로 정하는 경미한 사항을 변경하는 경우에는 시장·군수등에게 신고만 하여도 된다.

시장·군수등이 사업시행계획인가를 하는 경우에는 관계 서류의 사본을 14일 이상 일반인이 공람할 수 있게 하여야 하고 토지등소유자, 이해관계인 등은 공람 기간 이내에 시장·군수등에게 서면으로 의견을 제출할 수 있다.

시장·군수등은 특별한 사유가 없으면 사업시행계획서(사업시행계획서의 변경을 포함)가 제출된 날부터 60일 이내에 인가 여부를 결정하여 사업시행자에게 통보하여야 한다.

시장·군수등은 사업시행계획인가(시장·군수등이 사업시행계획서를 작성한 경우를 포함한다)를 하거나 사업을 변경·중지 또는 폐지하는 경우에는 그 내용을 해당 지방자치단체의 공보에 고시하여야 한다. 다만, 대통령령으로 정하는 경미한 사항을 변경하는 경우에는 그러하지 아니하다.

나. 사업시행계획 인가의 효력과 효과

(1) 착공할 수 있는 지위의 발생

사업시행자가 사업시행계획 인가를 받은 경우 건축법상의 건축허가를 받은 경우와 같아 공사에 착수할 수 있는 법적인 지위가 부여된다.

(2) 다른 법령상의 인·허가 등 의제 효력(소규모주택정비법 제55조)

사업시행계획의 내용은 여러 가지 복합적인 내용으로 구성되어 있어 각 개별적인 사항을 규율하는 각 개별 법령에서 요구하는 각종 절차를 그대로 밟도록 하는 것은 사업시행의 커다란 장애가 될 수 있다. 따라서 법은 절차의 집중을 기하고자 사업시행계획의 인가를 받는 과정에서 다른 법령상의 각종 인·허가 요건을 충족하였는지도 함께 심사하도록 하되 주된 인·허가 관청이 다른 관계 행정기관과의 협의를 거치도록 하는 인·허가 의제제도를 두고 있다. 그 내용은 다음과 같다.

다 음

(가) 사업시행자가 사업시행계획인가를 받은 때(시장·군수등이 직접 소규모주택정비사업
을 시행하는 경우에는 사업시행계획서를 작성한 때를 말한다. 이하 같다)에는 다음 ①에서 ⑬
까지의 인·허가등이 있은 것으로 보며, 사업시행계획인가의 고시가 있은 때에는 다음
①에서 ⑬까지의 관계 법률에 따른 인·허가등의 고시·공고 등이 있은 것으로 본다.

① 「주택법」 제15조에 따른 사업계획의 승인

② 「공공주택 특별법」 제35조에 따른 주택건설사업계획의 승인

③ 「건축법」 제11조에 따른 건축허가, 같은 법 제20조에 따른 가설건축물의 건축
허가 또는 축조신고, 같은 법 제29조에 따른 건축협의 및 같은 법 제77조의6에
따른 건축협정 인가

④ 「도로법」 제36조에 따른 도로관리청이 아닌 자에 대한 도로공사 시행의 허가
및 같은 법 제61조에 따른 도로의 점용 허가

⑤ 「수도법」 제17조에 따른 일반수도사업의 인가 및 같은 법 제52조 또는 제54조
에 따른 전용상수도 또는 전용공업용수도 설치의 인가

⑥ 「하수도법」 제16조에 따른 공공하수도 사업의 허가 및 같은 법 제34조제2항
에 따른 개인하수처리시설의 설치신고

⑦ 「국유재산법」 제30조에 따른 사용허가

⑧ 「공유재산 및 물품 관리법」 제20조에 따른 사용·수익허가

⑨ 「공간정보의 구축 및 관리 등에 관한 법률」 제86조제1항에 따른 사업의 착
수·변경 신고

⑩ 「국토의 계획 및 이용에 관한 법률」 제30조에 따른 도시·군관리계획(같은 법 제
2조제4호가목·다목 및 마목의 계획 중 같은 법 제51조제1항에 따른 지구단위계획구역 및
지구단위계획만 해당한다)의 결정, 같은 법 제56조에 따른 개발행위의 허가, 같은
법 제86조에 따른 도시·군계획시설사업시행자의 지정 및 같은 법 제88조에 따
른 실시계획의 인가

⑪ 「전기안전관리법」 제8조에 따른 자가용전기설비공사계획의 인가 및 신고

⑫ 「소방시설 설치 및 관리에 관한 법률」 제6조제1항에 따른 건축허가등의 동의, 「위험물안전관리법」 제6조제1항에 따른 제조소등의 설치의 허가(제조소등은 공장건축물 또는 그 부속시설과 관계있는 것으로 한정한다)

⑬ 「사도법」 제4조에 따른 사도의 개설 등의 허가

(나) 사업시행자가 관리지역에서 소규모주택정비사업의 사업시행계획인가를 받은 때에는 (가)에 따른 인·허가등 외에 다음 ①②까지의 인·허가등이 있은 것으로 보며, 사업시행계획인가를 고시한 때에는 다음 ①②의 관계 법률에 따른 인·허가등의 고시·공고 등이 있은 것으로 본다.

① 「도시 및 주거환경정비법」 제9조에 따른 <u>정비계획의 수립 및 변경</u>

② 「도시재생 활성화 및 지원에 관한 특별법」 제20조에 따른 도시재생활성화계획의 수립 및 변경

(다) 사업시행자가 공장이 포함된 구역에 대하여 소규모재개발사업의 사업시행계획인가를 받은 때에는 (가)에 따른 인·허가등 외에 다음 ①②③의 인·허가등이 있은 것으로 보며, 사업시행계획인가를 고시한 때에는 다음 ①②③의 관계 법률에 따른 인·허가등의 고시·공고 등이 있은 것으로 본다.

① 「산업집적활성화 및 공장설립에 관한 법률」 제13조에 따른 공장설립등의 승인 및 같은 법 제15조에 따른 공장설립등의 완료신고

② 「폐기물관리법」 제29조제2항에 따른 폐기물처리시설의 설치승인 또는 설치 신고(변경승인 또는 변경신고를 포함한다)

③ 「대기환경보전법」 제23조, 「물환경보전법」 제33조 및 「소음·진동관리법」 제8조에 따른 배출시설 설치의 허가 및 신고

(사업시행자는 위에 따른 인·허가등의 의제를 받으려는 경우에는 사업시행계획인가를 신청하는 때에 해당 법률에서 정하는 <u>관계 서류를 함께 제출하여야 한다.</u> 다만, 사업시행계획인가를 신청한 때에 시공자가 선정되어 있지 아니하여 관계 서류를 제출할 수 없는 경우에는 시장·군수등이 정하

는 기한까지 제출할 수 있다.

시장·군수등은 사업시행계획인가를 하거나 사업시행계획서를 작성하는 경우 위에 따라 의제되는 인·허가등에 해당하는 사항이 있는 때에는 미리 관계 행정기관의 장과 협의하여야 하며, 협의를 요청받은 관계 행정기관의 장은 요청받은 날부터 20일 이내에 의견을 제출하여야 한다. 관계 행정기관의 장이 20일 이내에 의견을 제출하지 아니한 경우에는 협의된 것으로 본다.)

(3) 건축물 등의 사용·수익의 중지 및 철거 등(소규모주택정비법 제37조, 제38 조)

종전의 토지 또는 건축물의 소유자·지상권자·전세권자·임차권자 등 권리자는 사업시행계획이 인가된 때에는 소규모주택정비법 제40조에 따른 이전고시가 있는 날까지 종전의 토지 또는 건축물을 사용하거나 수익할 수 없다. 다만, 사업시행자의 동의를 받은 경우나 「공익사업을 위한 토지 등의 취득 및 보상에 관한 법률」에 따른 손실보상이 완료되지 않은 경우에는 그러하지 아니하다.

사업시행계획인가를 받은 경우 지상권·전세권 설정계약 또는 임대차계약의 계약기간은 「민법」 제280조·제281조 및 제312조제2항, 「주택임대차보호법」 제4조제1항, 「상가건물 임대차보호법」 제9조제1항을 적용하지 아니한다

(소규모주택정비사업의 시행으로 지상권·전세권 또는 임차권의 설정 목적을 달성할 수 없는 때에는 그 권리자는 계약을 해지할 수 있다.

계약을 해지할 수 있는 자가 가지는 전세금·보증금, 그 밖의 계약상의 금전의 반환청구권은 사업시행자에게 행사할 수 있다.

금전의 반환청구권의 행사로 해당 금전을 지급한 사업시행자는 해당 토지등소유자에게 구상할 수 있다. 사업시행자는 구상이 되지 아니한 경우에는 해당 토지등 소유자에게 귀속될 대지 또는 건축물을 압류할 수 있다. 이 경우 압류한 권리는 저당권과 동일한 효력을 가진다.)

사업시행자는 사업시행계획인가를 받은 후 기존의 건축물을 철거하여야 한다.

(4) 토지보상법상의 사업인정·고시, 토지등소유권에 대한 매도청구권, 수용재결신청권의 발생

(가) 가로주택정비사업, 소규모재건축사업 또는 소규모재개발사업의 사업시행자는 사업시행계획이 인가·고시된 날부터 90일 이내에 조합원 분양신청을 하지 아니한 자 등과 토지, 건축물 또는 그 밖의 권리의 손실보상에 관한 협의를 하여야 하고 협의가 성립되지 않은 경우에는 그 기간의 만료일 다음 날부터 60일 이내에 수용재결을 신청하거나 소규모주택정비법 제35조에 따른 매도청구소송을 제기하여야 한다.(소규모주택정비법 제36조)

(나) 소규모재개발사업 또는 시장·군수등 또는 공공시행자로 지정된 토지주택공사 등이 관리지역에서 가로주택정비사업을 시행하기 위하여 필요한 경우에는 「공익사업을 위한 토지 등의 취득 및 보상에 관한 법률」 제3조에 따른 토지·물건 및 권리를 수용 또는 사용할 수 있다.(소규모주택정비법 제35조의2)

[사업시행계획인가 고시가 있는 때에는 「공익사업을 위한 토지 등의 취득 및 보상에 관한 법률」 제20조제1항 및 제22조에 따른 <u>사업인정 및 사업인정의 고시</u>가 있는 것으로 본다.

수용 또는 사용에 대한 재결의 신청은 「공익사업을 위한 토지 등의 취득 및 보상에 관한 법률」 제23조제1항 및 제28조제1항에도 불구하고 사업시행계획인가(사업시행계획 변경인가를 포함한다)를 할 때 정한 사업시행기간 이내에 하여야 한다.]

(5) 기타 효력·효과

(가) 국유·공유재산의 사용료등의 면제

사업시행계획인가에 따라 다른 법률에 따른 인·허가 등이 있는 것으로 의제받은 때에는 관계 법률 또는 시·도조례에 따라 해당 인·허가등의 대가로 부과되는 수수료와

해당 국·공유지의 사용 또는 점용에 따른 사용료 또는 점용료를 면제한다.(소규모주택
정비법 법 제55조제7항)

(나) 사업부지의 국유·공유재산의 종전 용도의 폐지

사업시행자 또는 점유자 및 사용자에게 다른 사람에 우선하여 매각 또는 임대할 수
있는 국유·공유재산은 사업시행인가의 고시가 있은 날부터 종전의 용도가 폐지된 것
으로 본다.(소규모주택정비법 제56조, 도시정비법 제98조제5항)(법 제98조제5항).

(다) 국·공유재산의 금액산정 기준시점

정비사업을 목적으로 우선 매각하는 국·공유지의 평가는 '사업시행인가의 고시가
있은 날'을 기준으로 하여 행하며 다만, 사업시행 계획인가의 고시가 있는 날 부터 3년
이내에 매매계약을 체결하지 않은 국·공유지는「국유재산법」또는「공유재산 물품관
리법」에서 정한다.(소규모주택정비법 제56조, 도시정비법 제98조제6항)

※ **참고:**

1. 사업시행계획의 법적성격

① 행정처분

사업시행자가 수립한 사업시행계획은 토지등소유자에 직접적인 영향, 즉 토지등소유자에게 권리와 의무
를 발생시키는 행정처분의 성격을 갖는다.

토지등소유자가 사업시행계획에 대하여 이의가 있을 경우에는 사업시행자를 상대로 행정소송을 제기할
수 있다.

② 행정계획

사업시행계획은 행정계획이다.

좁은 의미의 사업시행계획은 사업시행자가 정비구역에서 정비기반시설을 설치·정비하거나 주택 등 건축
물을 건설하는 목표를 설정하고 이를 실현할 여러 행정수단을 조정하고 종합화하여 목표로 정한 장래의
어떤 시점에 새로운 정비기반시설, 대지 및 건축시설을 만들어 내는 것을 목적으로 하는 활동기준이다.

관리처분계획은 사업시행에 따른 결과물인 새로운 대지 및 건축시설을 조합원 등에게 공급하여 얻은 수입과 그에 소요된 비용을 사업에 참여한 여러 사람 간 합리적이고 공평하게 배분하는 것을 내용으로 하는 계획이다. 이것에 의해서만 사업실행에 따른 결과물인 대지 및 건축물이 처분 또는 관리되며 이후 있게 되는 이전고시, 비용부담 및 청산금 부과 처분의 기초가 되는 최고로 중요한 것이다.

다양한 사람들 간의 이해조정, 전체적인 통일성의 확보, 전문지식의 도입, 내용의 정당성. 합리성 보장 수당 등 여러 가지 요소가 고려되어야 할 것이다. 이를 위하여 법은 사업시행자는 시장·군수등의 사업시행계획인가를 받기 전에 토지등소유자 절대 다수의 동의를 받도록 하고 시장·군수등도 사업시행계획인가를 하기 전에 일반인에게도 공람하고 의견제출을 할 수 있도록 하고 있으며 사업시행자, 시장·군수등의 관계 행정기관과의 사전협의에 관한 규정을 다수 두고 있다. 이러한 이유로 사업시행계획 수립에 절차수행의 중요성이 강조되고 있다.

③ 인가는 보충행위

사업시행자가 작성한 사업시행계획은 시장·군수 등의 인가를 통하여 효력을 발생한다. 사업시행자의 사업시행계획의 작성은 토지등소유자의 동의에도 불구하고 사업시행계획이 다수의 이해관계인의 권리·의무를 내용으로 하고 있으므로 공익적 관점에서 그 효력발생에 시장·군수등의 동의(인가)를 요건으로 하고 있는 것이다.

인가는 사업시행자가 수립한 사업시행계획에 동의함으로써 그 효력을 완성시키는 보충적 행위임에 그치고 사업시행계획의 하자를 치유하는 효력을 갖는 것은 아니다. 따라서 사업시행계획이 불성립 또는 무효일 경우 인가가 있다고 하여 유효로 되는 것은 아니다.

사업시행계획인가처분 자체에만 하자가 있다면 그 인가처분의 무효나 취소를 주장할 수 있지만 인가처분에는 하자가 없고 기본행위(사업시행계획 수립행위)에만 하자가 있는 경우에는 그 기본행위의 하자를 다툴 수 있으나 기본행위의 하자를 내세워 그에 대한 인가처분의 취소 또는 무효확인을 구할 법률상의 이익은 없다.

2. 인·허가의제와 관련하여

인·허가의제에 의해 주된 인가와 의제되는 인·허가가 존재하게 된다. 의제되는 인·허가가 안 될 것임을 이유로 들면서 주된 인가를 하지 않는 경우에는 의제되는 인·허가는 사실상 존재하지 않는 것이기 때문에 그것을 다툴 수는 없고 주된 인가를 다투어야 한다.

그런데 이미 주된 인가와 의제된 인·허가가 있는 상태에서 알고 보니 의제된 인·허가에 하자가 있을 때 이 때는 의제된 인·허가가 실제로 존재하는 처분이므로 의제되는 인·허가 처분을 다투어야 한다. (대판 2018.7.12. 선고 2017 두 48734 판결, 참조)

5장

조합원
분양계약

1. 총설

조합원 분양계약은 법에 정하여진 관리처분계획수립 기준을 기초로 작성되어 총회의 의결과 시장·군수등의 인가를 받은 사업시행계획(관리처분계획 포함)에 따라 체결되는 공법상의 매매계약이다. 그 주된 내용은 개별 조합원 분양대금은 얼마이고 개별 조합원의 권리가액은 얼마이며 그 차액(분담금액)을 언제 납부하며, 납부 연체 시의 연체료부과 및 강제징수, 계약의 해제 및 분담금 완납시의 이전고시처분에 의한 소유권이전(소유권보존등기)이 이루어진다는 것이다.

조합원 분양계약과 관련하여 문제 되는 것은 첫째, 언제 체결하느냐, 둘째, 사업시행계획인가 후의 사정으로 인가받은 사업시행계획상 분양대상자인 조합원이 계약체결을 포기하는 경우 사업시행계획상 분양대상자의 변경이 있는 경우이므로 사업시행계획 변경인가를 받아야 하는냐와 분양대상자인 지위를 포기한 조합원은 청산대상자임은 틀림 없지만 이 자의 종전자산에 대한 토지소유권 취득절차는 어떻게 되느냐, 셋째, 조합원 분양계약을 체결한 자가 분양계약상의 채무이행을 하지 않는 경우는 어떻게 처리해야 하는냐에 관한 것이다.

이하에서는 위의 점들에 대해서 살펴본다.

2. 조합원 분양계약 체결시점

가. 조합원 분양계약은 사업시행계획(관리처분계획 포함)인가 후이면 가능하고 소규모주택정비법 제36조의 매도청구 또는 수용재결절차 종료 후일 것을 요하지 않는다.

가급적 제36조의 협의, 매도청구 또는 수용재결절차가 끝난 후에 하는 것이 바람직할 수 있다. 매도청구 또는 수용재결의 대상자 중에도 분양받겠다고 변심을 하는 자도 있을 수 있고 조합입장에서도 그 자의 분양신청을 받아들여야 할 필요가 있을 수 있기 때문이다. 이 경우에 대비하여 관리처분계획에 '보류지'를 두고 있지만 이로써도 해결이 안되는 경우도 있을 수 있기 때문이다.

[그렇지만 이 경우에 이미 실시한 조합원 분양신청의 결과를 전면적으로 바꾸는 결과가 된다면 기 형성된 다른 조합원의 이익을 침해하는 것이 되므로 '분양신청기간 종료 후 소규모주택정비법 제29조제1항에 따른 사업시행계획인가의 변경(대통령령으로 정하는 경미한 사항의 변경은 제외한다)으로 세대수 또는 주택규모가 달라지는 경우'(소규모주택정비법 제28조제4항), '분양신청을 하지 않은 자, 분양신청기간 내에 분양신청을 철회한 자에 대한 재분양을 정관등에서 정하고 있거나 총회의 의결을 거친 경우'(소규모주택정비법 제28조제4항)에 예외적으로 허용되는 것임을 주의하여야 한다.]

나. 조합원 분양계약체결 시점을 언제로 하느냐의 문제는 조합이 사업운영을 어떻게 하느냐에 관한 정책적 판단의 문제이다.

조합원 분양계약이 체결되면 조합원 분양계약에 따라 정해진 시기에 '개별 조합원 분양대금에서 개별 조합원의 권리가액을 제외한 금액'을 조합원에게 교부(현금지출)하거나 조합원으로부터 징수(현금수입)하여야 하므로 조합입장에서는 그 각 정해진 시기의 현금수지가 +일 수도 -일 수도 있기 때문이다. 즉, 각 정해진 시기의 현금수지가 + 일 경우 조합은 타인으로부터 차입한 돈을 갚을 수 있어 금융비용을 줄일 수 있다는 것을 의미하고, - 일 경우 타인으로부터 차입할 금액이 많아져 그에 따라 금융비용도 많아질 수 있다는 것을 의미하기 때문이다.

따라서 조합은 위와 같은 현금수지 흐름을 정확히 파악하여 분양계약 시점을 정하여야 할 것이다.

3. 조합원이 분양계약체결을 포기하는 경우의 처리

조합원 분양계약과 관련한 두 번째 문제는 사업시행계획인가 후의 사정으로 인가받은 사업시행계획상 분양대상자인 조합원이 계약체결을 포기하는 경우 사업시행계획상 분양대상자의 변경이 있는 경우이므로 사업시행계획 변경인가를 받아야 하는냐와 분양대상자인 지위를 포기한 조합원은 청산대상자임은 틀림 없지만 이 자의 종전자산에 대한 토지소유권 취득절차는 어떻게 되느냐에 관한 것이다.

가. 사업시행계획 변경신고

사업시행계획인가 후의 사정으로 인가받은 사업시행계획상 분양대상자인 조합원이 계약체결을 포기하는 경우 사업시행계획상 분양대상자의 변경이 있는 경우이므로 사업시행계획 변경인가를 받아야 하는냐 문제된다. 사업시행계획상 분양대상자의 변경이 사업시행계획의 경미한 변경이라면 신고로서 신속하게 절차를 마무리할 수 있는데, 사업시행계획인가사항의 <u>경미한 변경에 해당하는 사항</u>을 정하고 있는 소규모주택정비법 제26조는 명문으로 '인가받은 사업시행계획상 분양대상자인 조합원이 계약체결을 포기하는 경우'를 규정하고 있지 않기 때문이다.

사업시행계획인가사항의 <u>경미한 변경에 해당하는 사항</u>은 다음과 같다.(소규모주택정비법 제26조)

다 음

(1) 정비사업비의 20퍼센트 범위에서의 가감. 다만, 국민주택을 건설하는 사업의 경우에는 주택도시기금으로 지원받는 금액의 총액이 증가하지 아니하는 경우로 한정한다.

(2) 사업시행구역 면적의 20퍼센트 범위의 가감. 다만, 가로주택정비사업인 경우에는

다음 각 목의 어느 하나에 해당하는 경우로 한정한다.

(가) 변경 후 사업시행구역 면적이 1만제곱미터 미만인 경우

(나) 사업시행구역을 1만제곱미터 이상 2만제곱미터 미만의 범위에서 변경하는 경우로서 다음의 구분에 따른 요건에 해당하는 경우

① 국토의 계획 및 이용에 관한 법률」에 따른 지구단위계획구역 및 지구단위계획이 지정·수립되어 있는 경우: 같은 법 제30조제5항 단서에 따른 경미한 사항에 해당할 것

② 그 밖의 경우: 「국토의 계획 및 이용에 관한 법률」 제51조에 따라 지구단위 계획구역을 지정할 수 있거나 지정해야 하는 경우가 아닐 것

(3) 건축물이 아닌 부대시설 및 복리시설의 설치 규모 확대. 다만, 그 위치를 변경하는 경우는 제외한다.

(4) 세대수와 세대별 주거전용면적의 변경 없이 세대별 주거전용면적의 20퍼센트 범위에서의 내부구조의 위치 또는 면적의 변경

(5) 내장재료 또는 외장재료의 변경

(6) 사업시행계획인가 시 부과된 조건을 이행하기 위한 인가사항의 변경

(7) 건축물의 용도별 위치 및 설계를 변경하지 아니하는 범위에서의 건축물 배치 및 주택단지 안의 도로선형 변경

(8) 「건축법 시행령」 제12조제3항 각 호의 어느 하나에 해당하는 사항의 변경

(9) 사업시행자의 명칭 또는 사무소 소재지의 변경

(10) 법 제23조제5항 본문에 따른 조합설립인가 변경에 따른 사업시행계획서의 변경

(11) 법 제28조제5항에 따른 정관등(이하 "정관등"이라 한다)의 변경에 따라 관리 처분계획을 변경하는 경우

(12) 법 제35조에 따른 매도청구에 관한 확정판결에 따라 관리처분계획을 변경하는 경우

(13) 별표 1 제1호나목에 따른 임대주택 공급조건을 갖춘 사람에 대한 임대주택공급을 위하여 관리처분계획을 변경하는 경우

(14) 「민간임대주택에 관한 특별법」 제2조제7호에 따른 임대사업자의 주소와 성명(법

인인 경우에는 법인의 소재지와 대표자로 한다)을 변경하는 경우

(15) 계산착오·오기·누락 또는 이에 준하는 명백한 오류의 수정에 관한 사항(수정에 따른 불이익을 받는 자가 없는 경우로 한정한다)

(16) 그 밖에 시·도조례로 정하는 사항의 변경

인가받은 사업시행계획상 분양대상자인 조합원이 계약체결을 포기하는 경우 사업시행계획상 분양대상자의 변경이 있는 경우이므로 인가받은 사업시행계획의 변경이 있는 것은 명백하다. 그런데 인가받은 사업시행계획상 분양대상자인 조합원이 계약체결을 포기하는 경우 그 자가 분양받은 건축물 및 부속토지는 일반분양대상물 등(체비시설 등)으로 전환되어 조합 전체수입액의 변경이 수반되는 것은 아니고, 계약체결을 포기한 자의 종전자산의 소유권을 취득하기 위한 종전자산보상비가 증가되어 사업비가 증가한다 하더라도 조합 전체의 분양대상자의 종전자산가액이 감소되어 비례율이 상승하고 그에 따라 나머지 개별 조합원의 권리가액이 증가하므로, 사업시행계획의 변경으로 인해 나머지 조합원들의 기 형성된 분양관계상 이해에 영향을 주지 않을 뿐만 아니라 오히려 나머지 조합원들은 권리가액의 증가라는 이익을 보게 된다.(종전자산보상비의 증가로 인한 사업비의 증가는 소규모주택정비법 제26조제2항2호에서 보는 바와 같이 조합원에게 불이익한 사업비의 증가로 보지 않는다)

따라서 사업시행계획인가사항의 경미한 변경에 해당하는 사항을 정하고 있는 소규모주택정비법 제26조에 명문으로 '인가받은 사업시행계획상 분양대상자인 조합원이 계약체결을 포기하는 경우'가 없다 하더라도, 분양대상자인 조합원이 계약체결을 포기하여 인가받은 사업시행계획이 변경되어야 하지만 조합총회를 거치지 않고 시장·군수등에게 신고하면 되는 것으로 해석한다.

(소규모주택정비법 제26조는 경미한 변경에 해당하는 사항을 예시하고 있는 규정으로 본다. 따라서 소규모주택정비법 제26조에 해당하는 사항이 경미한 변경에 해당되는 것은 맞지만 그 외의 사항이 경미한 변경에 해당하지 않는다는 것은 아니다.

인가받은 사업시행계획의 변경이 경미한 변경이냐 아니냐의 구별실익은 그 사항의 변경을 위하여 조합총회의 의결을 거쳐야 하느냐 아니냐에 있다고 하겠다. 그런데 법이 인가받은 사업시행계획

의 변경을 원칙적으로 조합총회의 의결을 거치도록 한 이유는 변경으로 인해 전체 조합원에게 불이익이 될 수 있는 상황을 스스로 결정하도록 한 때문이다. 그러므로 인가받은 내용의 수정에 따른 불이익을 받는 자가 없는 경우에도 조합총회의 의결을 거치도록 하는 것은 정비사업의 신속한 진행을 현저히 훼손하는 것이어서 그러한 경우는 경미한 사항으로 취급하여 신고로 족한 것으로 하여야 할 것이다)

[이렇게 해석하는 것이 조합설립 후 조합설립사항 중 조합원의 교체가 있는 경우 경미한 변경으로 취급하여 조합설립 변경신고하도록 한 규정(소규모주택정비법 제56조제1항, 도시정비법 제35조제5항 및 동법 시행령 제31조제3호)에도 부합되는 것이라 하겠다]

나. 현금청산절차

(1) 사업시행계획인가 후의 사정으로 인가받은 사업시행계획상 분양대상자인 조합원이 계약을 포기하는 경우 그 자가 현금청산대상자가 되어야 할 것은 명백하지만 무엇을 근거로 어떠한 절차를 거쳐야 되느냐의 문제이다.

(2) 소규모주택정비법 제34조제8항은 사업시행자는 준공인가 신청 전까지는 해당 주택건설 대지의 소유권을 확보하여야 한다고 규정하여, 만일 사업시행자가 사업시행구역 내 토지 등에 자신의 소유권을 확보하지 못한 경우 신축 건축물 및 부속토지에 대한 소유권의 귀속을 정하는 이전고시(환지처분, 강학상의 환권처분, 이에 관한 자세한 내용은 2편8장Ⅱ. 이전고시 참조))는 법적요건이 결여된 위법한 처분이 된다는 점을 명확히 하고 있다.

사업의 시행으로 생긴 대지 및 건축물에 대한 이전고시는 법률적 관점에서 정비사업 시행의 궁극적인 목적이다. 따라서 사업시행과정에서 이전고시의 전제인 사업시행자 명의의 소유권확보에 지장을 초래할 상황이 발생한 경우 소규모주택정비법상의 사업시행자 명의의 소유권확보 수단에 관한 규정의 적용이 있는지 보아야 한다. 이 점에 대한 결론만 얘기하면 소규모주택정비법 제36조를 적용하여야 할 것이다.(이 점에 관하여 자세한 내용은 후술하는 3편3장 매도청구, 수용재결에서 살펴본다)

소규모주택정비법 제36조는 '가로주택정비사업, 소규모재건축사업 또는 소규모재개발사업의 사업시행자는 제29조에 따라 사업시행계획이 인가·고시된 날부터 90일 이내에 분양신청을 하지 아니한 자, 분양신청기간 종료 이전에 분양신청을 철회한 자, 제29조에 따라 인가된 관리처분계획에 따라 분양대상에서 제외된 자와 토지, 건축물 또는 그 밖의 권리의 손실보상에 관한 협의를 하여야 하고 협의가 성립되지 않은 경우에는 그 기간의 만료일 다음 날부터 60일 이내에 수용재결을 신청하거나 제35조에 따른 매도청구소송을 제기하여야 한다'고 하고 있는데,

여기의 <u>사업시행계획(관리처분계획 포함)에는 사업시행계획인가 후의 변경인가, 변경신고가 된 경우도 포함되는 것</u>으로 보아야 하므로 사업시행계획인가 후의 사정으로 조합원 분양계약을 체결하지 않은 자가 있어 인가받은 사업시행계획을 변경하기 위한 신고(경미한 사항의 변경)를 한 경우 <u>변경신고를 한 시점을 기준으로</u> 조합원 분양계약을 체결하지 않은 자를 <u>분양신청을 하지 않은 자로 취급</u>하여 그 자를 상대로 소규모주택정비법 제36조의 협의 등의 절차를 거쳐 수용재결신청 또는 매도청구의 소를 제기할 수 있다고 본다.

(3) 사업시행계획인가 후의 사정으로 인가받은 사업시행계획상 분양대상자인 조합원이 계약을 포기하는 경우를 대비하여 현장에 따라서 정관에 다음과 같은 규정을 두고 있는데 이 규정이 위법 무효인가가 문제될 수 있다.

다 음

- 조합원은 사업시행계획인가 후 60일 이내에 분양계약을 체결하여야 한다.
- 위 기간 내에 분양계약을 체결하지 않는 경우 조합은 해당 조합원의 종전자산에 대하여 현금으로 청산한다.

  이 경우 조합은 그 기간의 만료일 다음날부터 30일 이내에 계약체결 여부 또는 손실보상에 관한 협의를 하여야 하고 협의가 성립되지 않으면 30일 만료일 다음날부터 60일 이내에 매도청구의 소를 제기하여야 한다.

'조합원은 사업시행계획인가 후 00일 이내에 분양계약을 체결하여야 한다'는 문언의 경우는 조합이 <u>조합의 현금수지 흐름에 관한 계획을</u> 기초로 조합원 분양계약시점을 정하고 계약에서 정해진 시기에 '개별 조합원 분양대금에서 개별 조합원의 권리가액을 제외한 금액'을 조합원으로부터 <u>징수(현금수입)</u>하여 조합이 타인으로부터 <u>차입한 돈을 조속히 갚아 금융비용을 줄일 목적으로</u> 두는 것으로 법의 어느 규정에도 위반되지 않아 당연히 유효하다. 또한 '위 기간 내에 분양계약을 체결하지 않는 경우 조합은 해당 조합원의 종전자산에 대하여 현금으로 청산한다'는 문언도 <u>정비사업시행과정에서 이전고시의 전제인 사업시행자 명의의 소유권확보에 지장을 초래할 상황이 발생한 경우</u> 취하는 법의 태도에 부합하는 것으로 당연히 유효하다.

그런데 '이 경우 조합은 그 기간의 만료일 다음날부터 30일 이내에 계약체결 여부 또는 손실보상에 관한 협의를 하여야 하고 협의가 성립되지 않으면 30일 만료일 다음날부터 60일 이내에 매도청구의 소를 제기하여야 한다'는 규정은 소규모주택정비법 제36조의 매도청구 또는 수용재결신청에 관한 규정의 '협의기간 90일'을 30일로 단축하는 것이어서 문제될 수 있다.

현장에서 이러한 규정을 두고 있는 이유는 '사업시행계획인가 후 조합원 분양계약을 체결하지 않는 자'는 조합원분양신청공고에 따른 분양신청기간 내에 분양신청을 하지 않은 자와 같다는 인식하에 그러한 자로부터 소유권을 취득하는 절차를 '조합원분양신청공고에 따른 분양신청기간 내에 분양신청을 하지 않은 자로부터 소유권을 취득하는 절차'와 <u>같은 시기에 일괄적으로 처리하여</u> 조합운영의 효율을 높이겠다는 판단이 있기 때문이다.

'사업시행계획인가 후 조합원 분양계약을 체결하지 않는 자'를 '조합원분양신청공고에 따른 분양신청기간 내에 분양신청을 하지 않은 자'보다 두텁게 보호할 필요도 없는 점, '협의기간 90일'을 30일로 단축하더라도 그 자에게 불이익을 주지도 않은 점 등을 고려할 때 위법하여 무효로 볼 것은 아니라고 해석된다.

4. 조합원 분양계약체결 후의 채무불이행이 있는 경우의 처리

가. 조합원이 조합원 분양계약체결 후 분양계약서에 기재된 분담금 납부시기에 분담금을 납부하지 않는 등의 채무불이행이 있는 경우 어떻게 처리해야 할 것인가의 문제이다.

일반적인 사법상의 부동산매매계약을 체결한 경우라면 매수인이 매매계약상의 중도금, 잔금납부 등 채무불이행이 있는 경우 매도인은 계약을 해제하고 그에 따르는 손해가 있으면 손해배상을 청구할 수 있고, 이에 대비하기 위해 계약서에 위약금약정 등을 하였으면 그에 따라 계약관계를 청산하면 될 것이다.

그런데 조합원 분양계약은 조합원이 사업으로 건축된 건축물 및 부속토지를 매수하는 지위와 조합원이 조합사업에서 발생하는 수입을 분배받고 비용을 부담하는 출자자의 지위가 포함되어 있는 복합적·병렬적인 공법상의 계약이다.

따라서 조합원이 조합원 분양계약체결 후 분양계약서에 기재된 분담금 납부시기에 분담금을 납부하지 않는 등의 채무불이행이 있는 경우 일반적인 사법상의 부동산매매계약을 체결한 경우와 마찬가지로 매도인인 조합은 계약을 해제하고 그에 따르는 손해가 있으면 손해배상을 청구할 수 있고, 이에 대비하기 위해 계약서에 위약금약정 등을 하였으면 그에 따라 계약관계를 청산하면 될 것이지만, 이 경우에도 해당 조합원의 출자자 지위를 박탈하여 그 자의 종전자산의 소유권을 사업시행자가 취득하는 절차는 여전히 남는다. 소규모주택정비법 제34조제8항은 사업시행자는 준공인가 신청 전까지는 해당 주택건설 대지의 소유권을 확보하여야 한다고 규정하여, 만일 사업시행자가 사업시행구역 내 토지 등에 자신의 소유권을 확보하지 못한 경우 이전고시는 법적요건이 결여된 위법한 처분이 된다는 점을 명확히 하고 있기 때문이다.

나. 이하에서는 조합원 분양계약서상의 계약해제 조항과 관련하여 조합이 주의하여야 할 점을 살펴본다.

(1) 조합원 분양계약서의 계약해제 조항은 어떠한 경우에 계약을 해제할 것인가에 관한 '계약해제 사유'와 해제에 의한 '조합원자격 박탈조항과 그에 따른 분양대상물의 체비시설로의 전환(일반분양대상으로의 전환)' 및 그에 따른 '조합원의 종전 자산에 대한 조합 앞으로의 소유권이전등기의무와 조합이 조합원에게 지급해야 할 청산금액의 내역'으로 구성된다.

계약해제 사유는 대부분이 조합이 받아야 할 돈을 조합원이 제때에 지급하지 못하는 것과 관련되어 있다. 정해진 시기에 납부하여야 할 분담금, 그의 연체에 따른 연체금의 납부지연과 그에 준하는 상황의 발생(조합원이 가압류, 가처분, 압류처분 등의 집행을 당하거나 파산·회생사유가 발생한 경우 등), 이주비 대출이 있는 경우 그에 대한 원리금 납부지연 등의 사유가 발생한 경우, 조합원이 분담금을 금융기관 등으로부터 차입한 경우 해당 금융기관 등 차입금에 대한 이자납부 등을 지연하여 해당 금융기관 등의 요청이 있는 경우 등이 대표적인 예이다.

해제에 의해 조합원의 자격이 박탈되어 그가 분양받은 분양대상물은 일반분양대상으로 된다는 사실을 확실히 하고, 그에 따라 해당 조합원은 자신이 소유하는 종전자산을 조합에 소유권이전등기하여야 한다는 사실 및 그와 동시에 조합이 조합원에게 지급해야 할 청산금액의 내역을 확실히 규정하는 것이 바람직하다.

청산내역을 개략적으로 살펴보면 다음과 같다. 구체적인 사항은 조합이 정해야 할 것이다.

구분	매수인 지위의 정산	출자자 지위의 정산
①조합이 조합원에게 지급해야 할 금액	조합원이 분양계약서에 정하여진 분담금으로 납부한 금액	관리처분계획 수립기준 및 조합정관 등에 따라 산정된 종전자산 가액
	조합원이 분담금 납부시부터 조합이 납부한 분담금을 지급할 시까지 발생한 예금이자 상당의 금액 (이자율 등은 분양계약시 정하는 것이 보통임)	
②조합이 조합원으로부터 받아야 할 금액	조합원이 분담금 납부 연체로 납부할 연체료	조합원 종전자산이 부담하고 있는 제3자권리의 가액(가압류, 압류, 근저당권 등의 가액)
	이주비 대출을 받은 경우 그 원리금	
	조합원 분양계약에서 정한 위약금	
① - ②	청산금액, 위의 청산금액이 - 일 경우는 조합원은 조합으로부터 받아갈 돈은 없고 오히려 조합이 조합원에게 그 금액에 해당하는 금액청구채권이 존재한다는 것을 의미한다.	

(2) 조합은 관리처분계획을 수립하는 과정에서부터 '개별 조합원이 소유하는 종전자산에 해당 자산의 권리가액에 비해 과대한 채무가 존재하는지', '개별 조합원이 분양받고자 하는 분양대상물의 분양가액이 자신이 소유하는 종전자산의 권리가액에서 종전자산에 존재하는 채무액을 제외한 가액보다 얼마나 큰지'를 파악하여 지도·조정할 필요가 있다. 그 이유는 다음과 같다.

다 음

- 그런 조합원일수록 채무불이행 상황에 처할 가능성이 크기 때문이다.

- 이뿐만 아니라 조합이 이전고시를 하여야 할 즈음에 특정 조합원이 채무불이행상

황에 처하게 되면, 그 자를 상대로 계약을 해제하고 그자의 분양대상물을 일반분양하여야 하며, 그 자의 소유권을 취득하기 위한 소송까지도 해야 할 경우가 발생하며 소유권을 조합이 취득하는 경우 관리처분계획인가의 변경신고를 하여야 한다. 따라서 조합은 준공인가 신청 전까지 해당 주택건설 대지의 소유권을 전부 확보하지 못한 상황이므로(소규모주택정비법 제34조제8항) 이전고시를 할 수 없고, 이렇게 됨으로써 계약을 이행한 대다수의 조합원은 정상적인 재산권행사를 할 수 없게 되기 때문이다.

- 특히 위 (1)의 청산금액이 - 일 경우는 조합이 조합원에게 그 금액에 해당하는 금액청구채권을 갖게는 되지만, 그 정도의 상황에 이르게 되면 해당 조합원의 여러 채권자는 해당 조합원이 조합에 가지고 있는 이전고시에 따른 소유권보전청구권을 가압류 하는 등의 권리행사를 하게 되어 조합이 하여야 할 이전고시를 더욱 어렵게 만들 뿐만 아니라, 조합이 해당 조합원에 행사할 채권도 못 받게 되는 상황을 야기하여 결국 다른 조합원에게도 피해를 주게 되기 때문이다.

6장

일반분양
등
계약

1. 총설

정비사업시행자는 사업의 시행으로 조성된 대지 및 건축물을 처분하여 수입을 얻고 비용을 지출한다.

이를 위하여 정비사업시행자는 법과 정관에 따라 일반분양분 주택(임대주택 포함) 및 부대시설·복리시설, 그 밖의 보류지 등의 명세와 처분방법을 정하여 조합총회의 의결을 얻어 시장·군수등의 관리처분계획인가를 받아야 한다.

이 때 처분의 상대방인 자를 분양대상자라 하나, 여기서 말하는 분양대상자는 위에서 언급한 조합원인 분양대상자를 제외한 그 밖의 사유로 사업으로 신축된 토지 및 건축물을 분양받는 자를 말한다.

구체적인 분양대상자 및 처분방법을 개괄적으로 보면 다음과 같다.

다 음

구분	분양의 근거되는 법률 등	비고
일반분양	소규모주택정비법 §34①, §34③, 시장·군수등의 승인, 주택법 제54조	사업시행자가 조합원 분양분을 제외한 부분을 시장·군수등의 승인을 받아 주택법§54에 따라 입주자 모집 조건·방법·절차, 입주금(계약금·중도금 및 잔금을 말한다)의 납부 방법·시기·절차, 주택공급 방법·절차 등을 정하여 분양함.
임대주택분양	소규모주택정비법 §34①, §34⑥·§34⑤, 시장·군수등의 승인	사업시행자가 사업의 시행으로 임대주택을 건설하는 경우 임차인의 자격·선정방법, 임대보증금, 임대료 등 임대조건에 관한 기준 및 무주택 세대주에게 우선 매각하도록 하는 기준 등에 관하여 「민간임대주택에 관한 특별법」, 「공공주택특별법」에도 불구하고 대통령령으로 정하는 범위에서 시장·군수등의 승인을 받아 따로 정하여 분양함.
기타분양	소규모주택정비법 §34①, §34⑦, 주택법 제54조를 준용	사업시행자는 조합원분양, 일반분양, 임대주택분양을 공급대상자에게 주택을 공급하고 남은 주택을 공급대상자 외의 자에게 공급할 수 있다. 분양은 주택법 제54조를 준용하여 한다.

보류지분양	소규모주택정비법 §34①, §34④, 주택법 제54조	보류지는 주택법§54에 따라 입주자 모집 조건·방법·절차, 입주금(계약금·중도금 및 잔금을 말한다)의 납부 방법·시기·절차, 주택공급 방법·절차 등을 정하여 분양함. ※보류지란 사업을 환권의 방식으로 시행할 때 시행자가 분양대상의 누락, 착오 등의 사유로 향후 추가분양이 예상되는 등의 사유가 있는 경우 신축건물의 일부를 그에 공여하기 위하여 정하여 놓은 건축물을 말한다.

위에 따라 일반분양 등 계약은 주택법, 동법 시행령, 주택공급에 관한 규칙, 임대주택은 「민간임대주택에 관한 특별법」, 「공공주택 특별법」에 따라 이루어지므로 법령의 일독을 권한다.

2. 일반분양 등 계약의 주된 이슈

이하에서는 임대주택을 제외한 일반분양 등 계약의 주된 이슈에 대해서만 살펴 본다.

가. 주택공급에 관한 규칙의 적용대상인 사업

「빈집 및 소규모주택 정비에 관한 특례법」에 따른 가로주택정비사업, 소규모재건축사업으로 건설되는 주택으로서 「빈집 및 소규모주택 정비에 관한 특례법」 제29조에 따른 사업시행계획에 따라 토지등소유자 또는 조합원에게 공급하는 주택을 공급하는 경우 주택공급에 관한 규칙 제22조(견본주택의 건축기준 등), 제57조(당첨자의 관리)에서 정하는 규정만을 적용하나 건설된 공동주택을 해당자에게 공급하고 남은 주택이 30세대(리모델링의 경우에는 증가하는 세대수를 기준으로 한다) 이상인 경우 그 남은 주택을 공급하는 경우에는 주택공급에 관한 규칙이 전부 적용된다.(주택공급에 관한 규칙 제3조제2항제7호 가목)(주택법 제15조제1항, 주택법시행령 제27조제1항제2호본문)

「도시 및 주거환경정비법」에 따른 정비사업(주거환경개선사업은 제외한다)으로 건설되는 주택으로서 「도시 및 주거환경정비법」 제74조에 따른 관리처분계획에 따라 토지등소유자 또는 조합원에게 공급하는 주택을 공급하는 경우도 같다.

위 규칙에는 소규모주택정비법에 따른 '가로주택정비사업, 소규모재건축사업으로 건설되는 주택'이라 하고 있지만 소규모재개발사업으로 건설되는 주택을 제외할 하등의 근거가 없다. 입법의 잘못이다.]

따라서 소규모주택정비법에 따라 건설된 공동주택을 토지등소유자 또는 조합원에게 공급하고 남은 주택이 30세대 미만인 경우에는 주택공급에 관한 규칙 제22조(견본주택의 건축기준 등), 제57조(당첨자의 관리)에서 정하는 규정만이 적용된다.

나. 입주자모집 시기 - 세칭 '선분양' 시기

정비사업시행자는 다음 (1)(2)의 요건을 모두 갖춘 경우에는 착공과 동시에 입주자를 모집할 수 있다.(주택공급에 관한 규칙 제15조제1항)

다 음

(1) 주택이 건설되는 대지의 소유권확보

(가) 정비사업에 참여하는 토지등소유자 또는 조합원이 가지고 있는 토지의 소유권은 확보된 것으로 본다. 그 자가 가지고 있는 토지는 관리처분계획에 의해 신축되는 건축물 및 부속토지로 변환된 것으로 취급하여 그에 따른 이전고시가 이루어지기 때문이다. 또한 그 자가 소유하는 종전자산에 저당권·가등기담보권·가압류·가처분·전세권·지상권 및 등기되는 부동산임차권 등이 설정되어 있는 경우에도 해당 권리를 말소해야 하는 것은 아니다. 주택공급에 관한 규칙 제16조제1항에도 불구하고 소규모주택정비법 제56조제1항은 도시정비법 제87조제1항이 준용되어 이전고시가 있는 경우 종

전의 토지 또는 건축물에 설정된 지상권·전세권·저당권·임차권·가등기담보권·가압류 등 등기된 권리 및 「주택임대차보호법」 제3조제1항의 요건을 갖춘 임차권은 소유권을 이전받은 대지 또는 건축물에 설정된 것으로 보기 때문이다.

정비사업에 참여하지 않는, 조합설립 등 미동의자, 분양신청을 하지 않는 자 등의 종전자산은 소규모주택정비법 제35조 및 제36조, 제35조의2에 따른 절차를 거쳐 입주예정자에게 피해가 없도록 손실보상금을 공탁하고 분양예정인 건축물을 담보한 경우에는 법원의 승소판결 등이 확정되기 전이라도 입주자를 모집할 수 있다. 다만, 제39조에 따른 준공인가 신청 전까지는 해당 주택건설 대지의 소유권을 확보하여야 한다.(소규모주택정비법 제34조제8항 참조)

[정비사업에 참여하지 않는 자의 종전자산에 저당권·가등기담보권·가압류·가처분·전세권·지상권 및 등기되는 부동산임차권 등이 설정되어 있는 경우에는 소규모주택정비법 제36조, 제35조의2에 따른 절차에 수반되어 소멸하게 되나 매도청구에 의한 경우는 그 저당권등을 말소등기까지 해야 입주자를 모집할 수 있다. (이에 관하여는 3편 3장 참조)]

다만, 다음 ①②의 어느 하나에 해당하는 저당권, 구분지상권은 말소하지 않고도 입주자모집을 할 수 있다.(주택공급에 관한 규칙 제16조제1항)

① 정비사업시행자가 해당 주택의 입주자에게 주택구입자금의 일부를 융자해 줄 목적으로 주택구입자금의 융자를 받는 경우 및 해당 주택의 입주자에게 주택구입자금의 일부를 융자해 줄 목적으로 주택건설자금의 융자를 받는 경우로 주택도시기금이나 「은행법」에 따른 은행, 「중소기업은행법」에 따른 중소기업은행, 「상호저축은행법」에 따른 상호저축은행, 「보험업법」에 따른 보험회사, 그 밖의 법률에 따라 금융업무를 수행하는 기관으로서 국토교통부령으로 정하는 금융기관에 대하여 저당권등을 설정한 경우(주택법 시행령 제71조)

② 「도로법」 제28조에 따른 구분지상권, 「도시철도법」 제12조에 따른 구분지상권, 「철도의 건설 및 철도시설 유지관리에 관한 법률」 제12조의3에 따른 구분지상권이 설

정된 경우로서 구분지상권자의 동의를 받은 경우

(나) 사업시행구역 내의 토지가 국가 또는 지방자치단체의 소유인 경우 소규모주택정비법 제56조제2항제2호에 따라 도시정비법 제98조가 준용되어 소규모주택정비법 제29조에 따른 사업시행계획(관리처분계획 포함)인가에 의해 토지의 소유권이 확보된 것으로 취급하며 준공인가 신청전까지 정산, 소유권이전등기를 하여야 한다. 따라서 입주자를 모집하기 전에 소유권이전등기까지 될 필요는 없다.(주택공급에 관한 규칙 제16조 제2항제1호 참조)

(2) 분양보증

「주택도시기금법」 제16조에 따른 주택도시보증공사 또는 「보험업법」 제4조제1항제2호라목의 보증보험을 영위하는 보험회사 중 국토교통부장관이 지정하는 보험회사로부터 「주택도시기금법 시행령」 제21조제1항제1호에 따른 분양보증을 받을 것을 요한다.(이에 대한 예외 규정 주택공급에 관한 규칙 제15조제2항 참조)

「주택도시기금법 시행령」 제21조제1항제1호에 따른 분양보증은 사업주체가 파산 등의 사유로 분양계약을 이행할 수 없게 되는 경우 해당 주택의 분양(「주택법」 제49조에 따른 사용검사 또는 「건축법」 제22조에 따른 사용승인과 소유권보존등기를 포함한다)의 이행 또는 납부한 계약금 및 중도금의 환급(해당 주택의 감리자가 확인한 실행공정률이 100분의 80 미만이고, 입주자의 3분의 2 이상이 원하는 경우로 한정한다)을 책임지는 주택분양보증 및 사업주체가 파산 등의 사유로 임대계약을 이행할 수 없게 되는 경우 해당 주택의 임대(「주택법」 제49조에 따른 사용검사 및 소유권보존등기를 포함한다)의 이행 또는 납부한 계약금 및 중도금의 환급(해당 주택의 감리자가 확인한 실행공정률이 100분의 80 미만이고, 입주자의 3분의 2 이상이 원하는 경우로 한정한다)을 책임지는 주택임대보증을 말한다.

정비사업시행자가 위 분양보증의 요건을 갖추지 못한 경우에는 일정한 요건을 갖춘 등록사업자(「건설산업기본법」 제9조에 따라 일반건설업 등록을 한 등록사업자 또는 영 제17조제1항에 적합한 등록사업자를 말한다, 시공권을 가진 등록사업자 포함) 2 이상의 연대보증을 받아 이를 공증을 받으면 아파트의 경우 전체 동의 골조공사가 완료된 때 등의 건축공정(통상 공정률 80%)에 달한 후에 입주자를 모집할 수 있다.(주택공급에 관한 규칙 제15조제2항, 3항)

※ 위의 내용은 원칙적으로 소규모주택정비법에 따라 건설된 공동주택을 토지등소유자 또는 조합원에게 공급하고 남은 주택이 30세대 이상인 경우에 적용된다.(주택공급에 관한 규칙 제3조제2항제7호가목)(주택법 제15조제1항, 주택법 시행령 제27조제1항제2호본문)

그러나 토지등소유자 또는 조합원에게 공급하고 남은 주택이 30세대 미만인 경우에도 정비사업에 참여하지 않는 조합설립 등 미동의자, 분양신청을 하지 않는 자 등을 상대로 소규모주택정비법 제35조 및 제36조, 제35조의2에 따른 절차를 거쳐 입주예정자에게 피해가 없도록 손실보상금을 공탁하고 분양예정인 건축물을 담보한 경우에야 입주자를 모집할 수 있고, 사업시행구역 내의 토지가 국가 또는 지방자치단체의 소유인 경우 국가 또는 지방자치단체와 협의 등 절차를 거쳐 소규모주택정비법 제29조에 따른 사업시행계획(관리처분계획 포함)인가가 되면 입주자를 모집할 수 있으나 어느 경우에나 준공인가 신청 전까지는 해당 주택건설 대지의 소유권은 확보하여야 한다.

따라서 위 두 경우의 구별실익은 토지등소유자 또는 조합원에게 공급하고 남은 주택이 30세대 미만인 경우에는 분양보증이 없이도 착공과 동시에 일반분양할 수 있다는 것이다.
(남은 주택이 30세대 미만인 경우 분양보증이 없이도 착공과 동시에 일반분양할 수 있어서 분양보증료 상당의 비용을 줄일 수는 있다 하더라도, 분양보증이 없으면 현실적으로 분양이 어려울 수도 있다는 점을 고려하면 구별실익이 크지 않다고 할 수 있다)

다. 공급가액 - 분양가상한제

일반분양분 등의 공급가액은 정비사업시행자가 조합총회의 의결 및 시장·군수등의 인가를 받아 정한 금액이다.

원칙적으로 일반분양분 등의 공급가액은 감정평가법인등이 일반 분양시점의 분양시장에서 예측되는 수요와 공급에 따라 정한 가액을 기준으로 자율적으로 정해진 금액이다.

그러나 법은 공공복리를 위하여 주택시장의 불안정을 초래할 만한 경우에는 자율적인 공급가액의 결정을 제한할 수 있도록 하고 있다. 이에 관한 것이 주택법 제57조의 주택의 분양가격 제한(주택에 대한 분양가 상한제), 58조의 분양가상한제 적용 지역의 지정 및 해제에 관한 것이다.

이하에서는 주택법 제57조의 주택에 대한 분양가 상한제도에 관하여 정비사업과 관련된 내용만을 다음과 같이 개략적으로 살핀다.

다 음

구분	내용
적용지역	분양가 상한제는 사업주체가 다음의 어느 하나에 해당하는 지역에서 일반인에게 공동주택을 공급하는 경우에 적용된다. - 「도시재생 활성화 및 지원에 관한 특별법」에 따른 주거재생혁신지구 - 주택가격상승률이 물가상승률보다 현저히 높은 지역으로서 그 지역의 주택가격·주택거래 등과 지역 주택시장 여건 등을 고려하였을 때 주택가격이 급등하거나 급등할 우려가 있는 지역 중 대통령령(주택법 시행령 제61조)으로 정하는 기준을 충족하는 지역으로 국토교통부장관이 「주거기본법」 제8조에 따른 주거정책심의위원회의 심의를 거쳐 지정하는 지역

위 지역에서의 적용예외	- 한국토지주택공사 또는 지방공사가 「도시 및 주거환경정비법」에 따른 정비사업으로서 「도시 및 주거환경정비법」 제2조제1호의 정비구역 면적이 2만제곱미터 미만인 사업 또는 해당 정비사업에서 건설·공급하는 주택의 전체 세대수가 200세대 미만인 사업, 「빈집 및 소규모주택 정비에 관한 특례법」에 따른 소규모주택정비사업의 시행자로 참여하여 건설·공급하는 주택의 전체 세대수의 10퍼센트 이상을 임대주택으로 건설·공급하는 경우 해당 사업에서 건설·공급하는 주택 - 「도시 및 주거환경정비법」 제2조제2호나목 후단에 따른 공공재개발사업에서 건설·공급하는 주택 - 「도시재생 활성화 및 지원에 관한 특별법」에 따른 주거재생혁신지구에서 시행하는 혁신지구재생사업 중 사업시행면적이 1만제곱미터 미만으로 건설·공급하는 주택의 전체 세대수가 300세대 미만인 사업에서 건설·공급하는 주택
분양가격	- 분양가격은 택지비와 건축비로 구성(토지임대부 분양주택의 경우에는 건축비만 해당한다)되며, 구체적인 명세, 산정방식 등은 국토교통부령으로 정한다. - 택지비는 「감정평가 및 감정평가사에 관한 법률」에 따라 감정평가한 가액에 국토교통부령으로 정하는 택지와 관련된 비용을 가산한 금액. 다만, 택지 매입가격이 「민사집행법」, 「국세징수법」 또는 「지방세징수법」에 따른 경매·공매 낙찰가격 또는 국가·지방자치단체 등 공공기관으로부터 매입한 가격 또는 그 밖에 실제 매매가격을 확인할 수 있는 경우에는 해당 매입가격(「감정평가 및 감정평가사에 관한 법률」에 따라 감정평가한 가액의 120퍼센트에 상당하는 금액 또는 「부동산 가격공시에 관한 법률」 제10조에 따른 개별공시지가의 150퍼센트에 상당하는 금액의 범위로 한정한다)에 국토교통부령으로 정하는 택지와 관련된 비용을 가산한 금액을 택지비로 볼 수 있다. - 건축비는 국토교통부장관이 정하여 고시하는 건축비(기본형건축비)에 국토교통부령으로 정하는 금액을 더한 금액으로 한다. 이 경우 기본형건축비는 시장·군수·구청장이 해당 지역의 특성을 고려하여 국토교통부령으로 정하는 범위에서 따로 정하여 고시할 수 있다.
공시	- 시장·군수·구청장이 공공택지 외의 택지에서 공급되는 분양가상한제 적용주택 중 분양가 상승 우려가 큰 지역으로서 대통령령으로 정하는 기준에 해당되는 지역에서 공급되는 주택의 입주자모집 승인을 하는 경우에는 택지비, 직접공사비, 간접공사비, 설계비, 감리비, 부대비, 그 밖에 국토교통부령으로 정하는 비용을 구분하여 분양가격을 공시하여야 한다. - 공시를 할 때 국토교통부령으로 정하는 택지비 및 건축비에 가산되는 비용의 공시에는 분양가심사위원회 심사를 받은 내용과 산출근거를 포함하여야 한다.

라. 기타 - 정비사업시행자가 유의해야 할 점

(1) 일반분양시점의 선택

정비사업시행자는 위에서 언급한 주택공급에 관한 규칙 제15조제1항, 2항의 요건을 갖춘 경우에 선분양을 할 수 있다. 그리하여 정비사업시행자는 분양대상건축물을 다 지을 때까지 들어가는 사업비를 차입에 의존하지 않을 수 있어 차입에 따른 금융이자를 절감할 수 있는 커다란 이익을 얻을 수 있다.

그럼에도 불구하고 정비사업시행자에게 주어진 고민은 여전하다. 선분양 요건을 갖추어 착공 시점부터 일반분양을 할 수 있다 하더라도 해당 선택시점에 분양이 잘 될 것이지 미지수이기 때문이다.

분양시장의 추이를 잘 살펴 돈을 들여서라도 선분양을 해야 할지 여부, 구체적인 분양시점을 잘 선택해야 하는 노력이 필요하다.

(2) 견본주택건축의 문제

주택공급에 관한 규칙 제3조제2항제7호가목은 「빈집 및 소규모주택 정비에 관한 특례법」에 따라 건설되는 주택으로서 토지등소유자 또는 조합원에게 공급하고 남은 주택이 30세대 미만인 경우도 주택공급에 관한 규칙 제22조(견본주택의 건축기준 등)를 적용하는 것으로 하고 있다.

그런데 여기서 주택공급에 관한 규칙 제22조(견본주택의 건축기준 등)가 적용된다는 것은 일반분양을 위해서 반드시 견본주택을 건축하라는 의미는 아니고 <u>견본주택을 건축하는 경우에는 22조의 규정에 따라 하여야 한다</u>는 것을 의미한다.

견본주택이란 세칭 '모델하우스'를 말한다. 견본주택은 분양대상물에 대한 홍보·광고수단으로 이용되므로 일반분양이 잘되기 위해서 비용이 들더라도 꼭 필요한 것이라 할 수 있다. 문제는 견본주택을 건축하는데 들어가는 비용이 '토지등소유자 또는 조합원에게 공급하고 남은 주택이 30세대 미만인 정비사업 등을 하는 경우' 감당하기 어려울 수 있다는 점이다.

이러한 점에서 사이버견본주택(인터넷을 활용하여 운영하는 견본주택을 말한다)을 전시(주택공급에 관한 규칙 제22조제5항)하는 방법과 골조공사완료 후 세칭 샘플하우스, 쇼우하우스(S/H)를 건축하여 일반분양에 대비하는 방법도 고려할 만하다.

(3) 입주자선정업무 등의 대행자, 분양대행자 선정의 문제 (주택법 제54조의2)(주택공급에 관한 규칙 제50조)

정비사업시행자는 주택을 효율적으로 공급하기 위하여 필요하다고 인정하는 경우 주택의 공급업무의 일부를 제3자로 하여금 대행하게 할 수 있다. 그러나 다음의 경우에는 해당 기관 등에 대행하게 하여야 한다. 이하에서는 이 점에 관하여 개괄적으로 살펴본다.

다 음

(가) 입주자저축 취급기관:
　　제27조 및 제28조에 따라 입주자를 선정하려는 경우의 청약접수

(나) 「도시 및 주거환경정비법」 제102조에 따른 정비사업전문관리업자 또는 등록사업자 또는 「건설산업기본법」 제9조에 따른 건설업자로서 대통령령으로 정하는 자 또는 「부동산개발업의 관리 및 육성에 관한 법률」 제4조에 따른 등록사업자 또는 다른 법률에 따라 등록하거나 인가 또는 허가를 받은 자로서 국토교통부령으로 정하는 자:
　- 주택공급에 관한 규칙 제23조 및 제24조에 따라 주택공급 신청자가 제출한 서류의 확인 및 관리
　- 주택공급에 관한 규칙 제52조에 따른 입주자 자격의 확인 및 제57조제8항에 따른 부적격 당첨 여부 확인

- 주택공급에 관한 규칙 제57조 및 제58조에 따른 당첨자·부적격 당첨자의 명단관리

- 주택공급에 관한 규칙 제59조에 따른 주택의 공급계약 체결에 관한 업무

- 위의 규정과 관련된 상담 및 안내 등

(다) 주택청약업무수행기관(정비사업시행자): <u>입주자 선정 및 동·호수 배정</u>

7장

준공인가
등

소규모주택정비법은 제55조에서 사업시행자가 사업시행계획인가를 받은 때에는 「주택법」 제15조에 따른 사업계획승인, 「건축법」 제11조에 따른 건축허가, 「수도법」·「하수도법」·「도로법」 등 관계 법률상 득하여야 하는 인·허가 등을 받은 것으로 의제 하고 있다. 따라서 이후 사업시행자가 사업시행계획이 담고 있는 건축물 및 정비기반시설 등의 설치를 위한 공사과정은 위 법률 등 관계 법률의 규율을 받는다. 착공신고, 철거 및 멸실신고, 공사행위, 공시감리 등 일련의 공사진행은 위 관련 법률에 따라 사업시행자가 통상의 건축주의 지위에서 시공자, 감리업자 등과 협력관계를 이루며 진행해 나간다.

I 공사완료에 이르는 과정에 대한 관련 규정

이하에서는 공사과정에 관하여 소규모주택정비법에서 규정하고 있는 내용을 정리한다.

1. 시공자와의 계약과 시공보증(자세한 내용은 3편제1장 계약, 참조)

가. 사업시행자는 다음과 같이 시공자와 계약을 체결한다.(소규모주택정비법 제20조, 동법 시행령 제18조)

- 토지등소유자는 소규모주택정비사업을 시행하는 경우 <u>주민합의체를 신고한 후</u> 주민합의서에서 정하는 바에 따라 건설업자 또는 등록사업자를 시공자로 선정하여야 한다.

- 조합은 소규모주택정비사업을 시행하는 경우 <u>조합설립인가를 받은 후</u> 조합 총회(시장·군수등 또는 토지주택공사등과 공동으로 사업을 시행하는 경우에는 조합원의 과반수 동의로 조합 총회 의결을 갈음할 수 있다)에서 국토교통부장관이 정하여 고시하는 경쟁입찰 또는 수의계약(2회 이상 경쟁입찰이 유찰된 경우로 한정한다)의 방법으로 건설업자 또는 등록사업자를 시공자로 선정하여야 한다. 다만, 토지등소유자 또는 조합원이 30인 이하인 소규모주택정비사업은 조합 총회에서 정관으로 정하는 바에 따라 선정할 수 있다.

- 시장·군수등이 소규모주택정비법 제18조제1항에 따라 직접 사업을 시행하거나 토

지주택공사등을 사업시행자로 지정하는 경우 또는 소규모주택정비법 제19조제1항에 따라 지정개발자를 사업시행자로 지정하여 사업을 시행하게 하는 경우 소규모주택정비법 제18조제2항 및 제19조제2항에 따른 고시가 있은 후 건설업자 또는 등록사업자를 시공자로 선정하여야 한다.

[이 경우 주민대표회의 또는 토지등소유자 전체회의는 대통령령으로 정하는 경쟁입찰 또는 수의계약(2회 이상 경쟁입찰이 유찰된 경우로 한정한다)의 방법으로 시공자를 추천할 수 있다. 다만, 토지등소유자 또는 조합원이 30인 이하인 소규모주택정비사업은 주민대표회의 또는 토지등소유자 전체회의에서 별도로 정하는 바에 따라 선정할 수 있다.

사업시행자는 주민대표회의 또는 토지등소유자 전체회의가 시공자를 추천한 경우 추천받은 자를 시공자로 선정하여야 한다.]

나. 사업시행자는 위에 따라 선정된 시공자와 공사에 관한 계약을 체결하는 때에는 기존 건축물의 철거 공사(「석면안전관리법」에 따른 석면 조사·해체·제거를 포함한다)에 관한 사항을 포함하여야 한다.

다. 시공보증(소규모주택정비법 제20조, 소규모주택정비법 제56조제1항, 도시정비법 제82조, 도시정비법 시행령 제73조, 동법 시행규칙 제14조)

조합 또는 토지등소유자가 정비사업의 시행을 위하여 시장·군수등 또는 토지주택공사등이 아닌 자를 시공자로 선정·계약한 경우(제17조제1항 및 제3항에 따른 공동 사업시행자가 시공하는 경우를 포함한다) 그 시공자는 공사의 시공보증[시공사가 공사의 계약상의 의무를 이행하지 못하거나 의무이행을 하지 아니할 경우 보증기관에서 시공자를 대신하여 계약이행의무를 부담하거나 총 공사금액의 100분의 30 이상의 범위에서 사업시행자가 정하는 금액을 납부할 것을 보증하는 것]을 위하여 국토부교통부령으로 정하는 기관의 시공보증서를 조합에 제출하여야 한다.

시장·군수등은 「건축법」 제21조에 따른 착공신고를 받는 경우에는 제1항에 따른 시공보증서의 제출 여부를 확인하여야 한다.

2. 철거에 관한 규정

가. 사업시행자는 소규모주택정비법 제29조에 따른 사업시행계획(관리처분계획 포함)인 가를 받은 후 기존의 건축물을 철거하여야 한다. 그럼에도 불구하고 사업시행자는 「재난 및 안전관리 기본법」, 「주택법」, 「건축법」 등 관계 법령에서 정하는 기존 건축물의 붕괴 등 안전사고의 우려가 있는 경우 또는 폐공가(廢空家)의 밀집으로 범죄발생의 우려가 있는 경우에 해당하는 경우에는 기존 건축물 소유자의 동의 및 시장·군수등의 허가를 받아 해당 건축물을 철거할 수 있다. (이 경우 건축물의 철거는 토지등소유자로서의 권리·의무에 영향을 주지 아니한다.)

시장·군수등은 사업시행자가 기존의 건축물을 철거하는 경우 다음의 어느 하나에 해당하는 시기에는 건축물의 철거를 제한할 수 있다.

- 일출 전과 일몰 후
- 호우, 대설, 폭풍해일, 지진해일, 태풍, 강풍, 풍랑, 한파 등으로 해당 지역에 중대한 재해발생이 예상되어 기상청장이 「기상법」 제13조에 따라 특보를 발표한 때
- 「재난 및 안전관리 기본법」 제3조에 따른 재난이 발생한 때
- 위에 준하는 시기로 시장·군수등이 인정하는 시기

    (소규모주택정비법 제37조)

나. 기존 건축물의 철거 예정시기(소규모주택정비법 제33조제1항제9호, 동법 시행령제30조 제5호) 및 기존 건축물의 철거계획(석면이 함유된 건축자재가 사용된 경우 그 현황과 해당 자재의 철거 및 처리계획을 포함한다)(소규모주택정비법 제30조제1항제11호, 동법 시행령제27조제1항제6호)을 사업시행계획서(관리처분계획 포함)를 작성할 때 포함하여야 한다.

Ⅱ 준공인가

1. 준공인가의 개념과 법적 성격

준공인가란 인가받은 사업시행계획이 담고 있는 내용 중 건축물 및 정비기반 시설 등의 설치와 관련된 시공계획에 따라 관계 법률에 적합하게 시공되어 사용 가능 여부 등을 판단하여 공사완료를 선언하는 행정처분이다.

준공인가는 사업시행계획에 종속되는 행정처분으로서 준공검사는 사업시행계획서에서 정해 진대로 시공되었는가를 확인하는 것일 뿐 그 이상의 효과가 부여되는 것은 아니다. 그러므로 통상 준공인가에 대해 행정소송이 제기되는 경우는 사업시행자가 신청한 준공인가가 거부된 경우이다.

준공인가가 고시된 경우 (시장.군수등이 직접 시행하는 정비사업에 관한 공사가 완료된 때 그 완료가 고시된 경우 포함) 비로소 이전고시의 절차가 개시되게 된다(법 제86조제1항). 따라서 준공인가가 없는 상태에서는 이전고시의 절차가 개시될 수 없다.

2. 준공인가의 절차

가. 준공인가 신청

시장·군수등이 아닌 사업시행자가 소규모주택정비사업 공사를 완료한 때에는 시장·군수등의 준공인가를 받아야 한다.(소규모주택정비법 제39조제1항)

시장·군수등이 아닌 사업시행자가 준공인가를 받으려면 준공인가신청서에 다음의 서류를 첨부하여 시장·군수등에게 제출하여야 한다. 다만, 사업시행자가 한국토지주택공사인 경우로서 「한국토지주택공사법」 제19조제3항 및 같은 법 시행령 제41조제2항에 따라 준공인가 처리결과를 시장·군수등에게 통보한 경우에는 그러하지 아니하다.(소규모주택정비법 제39조, 동법 시행령 제36조, 제13조, 동법 시행규칙 제7조)

(1) 건축물, 정비기반시설 및 공동이용시설 등의 설치내역서

(2) 건축물 및 시설의 사용가능 여부 및 안전성 등에 관한 공사감리자의 의견서 또는 공사감독자의 확인서

(3) 소규모주택정비법 제39조제6항에따라 소규모주택정비법 제55조에 따라 의제되는 인·허가등에 따른 준공인가·사용검사 등 의제를 받으려는 경우 해당 법률이 정하는 관계서류(소규모주택정비법 제56조제1항, 도시정비법 제83조, 도시정비법 제85조제2항)

나. 준공검사의 실시, 의뢰

준공인가신청을 받은 시장·군수등은 지체 없이 준공검사를 실시하여야 한다.

이 경우 시장·군수등은 효율적인 준공검사를 위하여 필요한 때에는 관계 행정기관·공공기관·연구기관, 그 밖의 전문기관 또는 단체에 준공검사의 실시를 의뢰할 수 있다.(소규모주택정비법 제39조제2항)

다. 준공인가의 고시 및 통지

시장·군수등은 준공검사를 실시한 결과 소규모주택정비사업이 인가받은 사업시행계획대로 완료되었다고 인정되는 때에는 준공인가를 하고 그 사실을 해당 지방자치단체의 공보에 고시하여야 한다.(소규모주택정비법 제39조제3항)

[시장·군수등은 직접 시행하는 소규모주택정비사업에 관한 공사가 완료된 때에는 그 사실을 해당 지방자치단체의 공보에 고시하여야 한다(소규모주택정비법 제39조 제4항)]

시장·군수등은 준공인가를 한 때에는 국토교통부령으로 정하는 준공인가증을 사업시행자에게 내주어야 한다.(소규모주택정비법 시행령 제13조)

사업시행자는 준공인가증을 받은 때(사업시행자가 한국토지주택공사인 경우에는 「한국토지주택공사법」 제19조제3항 및 같은 법 시행령 제41조제2항에 따라 준공인가 처리결과를 시장·군수등에게 통보한 때를 말한다)에는 <u>고시된 사항을 분양대상자에게 지체 없이 통보하여야 한다.</u>(소규모주택정비법 시행령 제13조)

3. 부분준공인가 및 준공인가 전 사용허가

가. 부분준공인가

원칙적으로 사업시행구역의 전체에 대해 준공인가를 하여야 한다.

그러나 소규모주택정비사업의 효율적인 추진을 위하여 필요한 경우에는 해당 소규모주택정비사업에 관한 공사가 전부 완료되기 전이라도 완공된 부분은 준공인가를 받아 대지 또는 건축물별로 분양받을 자에게 그 소유권을 이전할 수 있다.(소규모주택정비법 제40조제1항 단서)

나. 준공인가 전 사용허가(소규모주택정비법 제39조, 동법 시행령 제36조)

시장·군수등은 준공인가를 하기 전이라도 완공된 건축물이 사용에 지장이 없는 등 다음 (1) (2) (3) 기준을 모두 충족한 경우에는 입주예정자가 완공된 건축물을 사용할 수 있도록 사업시행자에게 허가할 수 있다. 다만, 시장·군수등이 사업시행자인 경우에는 허가를 받지 아니하고 입주예정자가 완공된 건축물을 사용하게 할 수 있다.

(1) 완공된 건축물에 전기·수도·난방 및 상하수도 시설 등이 갖추어져 있어 건축물의 사용에 지장이 없을 것

(2) 완공된 건축물이 소규모주택정비법 제29조에 따라 인가받은 사업시행계획에 적합할 것

(3) 공사에 따른 차량통행·소음·분진 등의 위해로부터 입주자의 안전이 확보될 것

사업시행자는 사용허가를 받으려는 때에는 국토교통부령으로 정하는 신청서를 시장·군수등에게 제출하여야 한다.

시장·군수등은 사용허가를 하는 때에는 동별·세대별 또는 구획별로 사용허가를 할 수 있다.(소규모주택정비법 제56조제1항, 도시정비법 제83조, 도시정비법 시행령 제75조제2항,3항)

4. 준공인가의 효과 - 소규모주택정비법 제55조에 따라 의제되는 인·허가 등에 따른 준공검사·준공인가·사용검사·사용승인 등의 의제

시장·군수등이 준공인가·고시를 하거나 시장·군수등이 직접 시행하는 정비사업의 공사완료고시를 하거나 한국토지주택공사가 시행하는 정비사업의 준공인가 처리결과를 시장·군수등에게 통보하는 경우 시장·군수등이 소규모주택정비법 제55조에 따라 의제되는 인·허가 등에 따른 준공검사·준공인가·사용검사·사용승인 등에 관하여 관계 행정기관의 장과 협의한 사항은 해당 준공검사·인가 등을 받은 것으로 본다.(소규모주택정비법 제39조제6항)

시장·군수등이 준공인가를 하거나 공사완료의 고시를 함에 있어 그 내용에 법 제55조에 따라 의제되는 인·허가 등에 따른 준공검사·인가 등에 해당하는 사항이 있은 때에는 미리 관계행정기관의 장과 협의하여야 한다.(소규모주택정비법 제56조제1항, 도시정비법 제85조제3항)

시장·군수등은 천재지변이나 그 밖의 불가피한 사유로 긴급히 정비사업을 시행할 필요가 있다고 인정하는 때에는 관계 행정기관의 장과 협의를 마치기 전에 준공인가를 할 수 있다. 이 경우 협의를 마칠 때까지는 인·허가등을 받은 것으로 보지 아니한

다.(소규모주택정비법 제56조제1항, 도시정비법 제85조제4항, 도시정비법 제57조제6항)

　시장·군수등이 아닌 사업시행자는 준공검사·인가 등의 의제를 받으려는 경우에는 준공인가를 신청하는 때에 해당 법률이 정하는 관계 서류를 함께 제출하여야 한다.
(소규모주택정비법 제56조제1항, 도시정비법 제85조제2항)

8장

청산금의
지급·징수,
이전고시,
사업의 청산

I 청산금의 지급, 징수

1. 총설

가. 청산금의 개념

사업시행자는 사업시행과정에서 법과 정관, 인가받은 사업시행계획(관리처분계획 포함) 및 계약에 따라 시공을 하고 분양을 하게 된다. 이 과정에서 일반분양분 등의 미분양이 발생할 수도 있고 수분양자 중 분양계약을 제대로 이행하지 않는 경우도 발생하여 계약의 해제, 재분양을 하는 경우도 발생한다. 조합원 분양대상자 중에도 분담금을 제대로 내지 않는 경우가 발생하여 계약의 해제 등을 하는 경우도 발생한다. 정비사업비가 인가받은 관리처분계획상의 정비사업비 추산액보다 많은 경우도 적은 경우도 발생한다.

위와 같이 분양예정주택의 미분양, 그에 따른 할인분양, 분양주택의 계약해제에 따른 계약금의 귀속, 연체금부과, 차입금의 조기상환에 따른 금융이자비용의 절감, 사업비 절감을 위한 노력 등 인가(변경인가 포함)받은 관리처분계획에 기재된 총 수입, 총비용의 변화는 여러 가지 경로에서 발생한다.

여기서 말하는 청산금은 <u>정비사업 시행의 최종단계까지 구체적으로 실현된 총수입의 변동, 총사업비의 변동 상황을 반영하여 정하여진 조합원 또는 토지등소유자의 최종적인 분담금을 말한다.</u>

소규모주택정비법 제41조제3항은 사업시행자가 관리처분계획 인가 또는 변경인가 후에 발생한 상황을 참작하여 인가받은 관리처분계획에서 정하여진 청산금을 조정할 수 있도록 하고 있다.

나. 사업단계별 청산금이란 용어와의 비교

(1) 관리처분계획상의 조합원 분담금(청산금)

관리처분계획은 토지등소유자의 <u>분양신청현황</u>을 기초로 <u>관리처분계획 수립기준</u>에 따라 분양대상자의 선정, <u>분양대상자별 분양예정인 대지 또는 건축물의 추산액, 일반 분양분 등 체비지, 보류지의 추산액, 정비사업비 추산액, 분양대상자별 종전 토지 또 는 건축물의 가격</u>을 정한 후 각 분양대상자가 분담하는 금액을 정하고 있다. 이렇게 정해진 각 분양대상자가 분담하는 금전을 청산금(조합원 분담금)이라고 하는데 이 의미 의 청산금은 사업시행의 목표치로서의 의미를 갖는다.

(2) 관리처분계획인가 전 단계에서의 청산금

관리처분계획인가 단계 전 즉, 조합설립단계에서의 총수입, 총비용 추산액, 토지 등 소유자의 분담금 추산액, 건축심의 단계에서의 추산액은 토지등소유자가 사업에 참여 할 것인지, 시공내용을 어떻게 할 것인지 등을 정하는 지표로서 역할을 수행하여 그 중요성이 떨어지지는 않지만 여기서 말하는 청산금의 의미와는 명백히 다르다.

(3) 정비사업 배제자에게 지급되는 청산금

정비사업에 참여하지 않는 토지등소유자, 조합원 분양대상에서 제외되는 자, 분양신 청을 하지 않은 자에게 지급되는 (현금)청산금과 다름은 물론이다.

분양신청을 하지 아니한 자 등에게 지급되는 청산금이 관리처분계획상의 분담금(청 산금) 및 사업청산절차에서의 청산금과 다른 가장 큰 차이는 사업에 참여하는 리스크 가 반영되느냐, 사업에서 창출된 수입을 나누어 줄 것이냐에서 명백히 드러난다. 분양 신청을 하지 아니한 자 등에게 지급되는 청산금이 재산권에 대한 정당한 보상을 반영 하여야 하지만 사업에 참여하는 자는 이에 더하여 사업참여에 수반되는 이익 또는 손실이 추가된다는 점에서 양자는 완전히 다르다.

(4) 조합해산·청산절차에서의 잔여재산의 분배

조합해산·청산절차는 관리처분계획인가 후 총수입의 변동 및 총비용의 변동상황을 반영하여 정하여진 조합원의 최종적인 분담금을 징수하고 교부하는 과정을 거치고도 남은 과정을 의미한다. 이 절차는 해산절차를 기점으로 시작되어 남은 채권의 추심, 채무의 변제를 거쳐 잔여재산의 인도로 끝난다. 이 때 조합원에게 인도되는 잔여재산을 청산금이라고도 하는데 이 의미의 청산금은 사업종료를 목적으로 교부 또는 징수되는 것이므로 여기서 말하는 청산금과 다름은 명백하다.

2. 청산금의 산정

위 1.에서 언급한 바와 같이 청산금은 인가받은 사업시행계획(관리처분계획 포함)에 기재된 조합원 분양대상자별 분담금에도 불구하고 정비사업 시행과정에서 <u>총수입의 변동, 총사업비의 변동 상황을 반영하여 정하여진 조합원 또는 토지등소유자의 최종적인 분담금을 말한다.</u>

소규모주택정비법 제41조제3항은 사업시행자가 관리처분계획 인가 또는 변경인가 후에 발생한 상황을 참작하여 인가받은 관리처분계획에서 정하여진 청산금을 조정할 수 있도록 하고 있다.

이에 관하여 살펴본다.

소규모주택정비법 제41조제3항은 사업시행자는 청산금액을 산정하기 위하여 종전에 소유하고 있던 토지 또는 건축물의 가격과 분양받은 대지 또는 건축물의 가격을 평가하는 경우 그 토지 또는 건축물의 규모, 위치, 용도, 이용 상황 및 정비사업비 등을 참작하여 평가하여야 한다고 하고 있고, 소규모주택정비법 제41조제5항은 그에 따른 가격평가의 방법은 제56조제2항제1호를 준용한다고 하고 있어 그 준용에 따라 도시정비법 제89조, 도시정비법 시행령 제76조가 적용될 수 있다.

따라서 소규모주택정비사업을 하는 경우 관리처분계획인가(변경인가 포함) 후 청산에 즈음하여 종전에 소유하고 있던 토지 또는 건축물의 가격과 분양받은 대지 또는 건축물의 가격을 별도로 평가하여 관리처분계획에 기재된 조합원 분담금(청산금)을 변경할수 있되 그 평가의 방법도 사업시행자가 정하는 방법에 따라 할 수 있도록 하고 있다.

이 규정이 있으므로 해서 사업시행자는 관리처분계획 인가 후에 발생한 상황을 참작하여 인가받은 관리처분계획에서 정하여진 청산금을 쉽게 조정할 수 있다.

3. 청산금의 징수, 지급, 분할징수, 분할지급, 시기

사업시행자는 소규모주택정비법 제40조제2항에 따른 이전고시가 있은 후에 청산금을 분양받은 자로부터 징수하거나 분양받은 자에게 지급하여야 한다.(소규모주택정비법 제41조제1항)

정관 등에서 분할지급 및 분할징수를 정하고 있는 경우에는 관리처분계획인가 후부터 이전고시가 있는 날까지 일정기간별로 분할지급하거나 분할징수할 수 있다.(소규모주택정비법 제41조제2항)

분할지급, 분할징수를 정하고 있는 경우 등 위 2.에서 정하여진 청산금액을 기초로 미세조정이 이루어진다.

(법은 청산금 징수·지급에 관하여 세칭 '후불제'로 하는 것을 원칙적인 모습으로 하고 있으나 정비사업 현장에서는 정관 등에서 관리처분계획인가 후부터 이전고시가 있는 날까지 일정기간별로 중도금 명목으로 분할징수를 할 수 있도록 정하여 세칭 '선불제'로 운영되고 있다.)

4. 청산금의 지급, 징수절차 등

가. 강제징수 방법

청산금을 납부할 자가 이를 납부하지 아니하는 경우에는 시장·군수등인 사업시행자는 지방세체납처분의 예에 의하여 이를 징수(분할징수를 포함한다)할 수 있으며 시장·군수등이 아닌 사업시행자는 시장·군수등에게 청산금의 징수를 위탁할 수 있다.(소규모주택정비법 제56조제1항, 도시정비법 제90조제1항)

사업시행자는 토지등소유자가 청산금의 납부를 게을리한 때에는 연체료를 부과·징수할 수 있다.(소규모주택정비법 제56조제1항, 도시정비법 제93조제2항) 시장·군수등이 아닌 사업시행자는 부과금 또는 연체료를 체납하는 자가 있는 때에는 시장·군수등에게 그 부과·징수를 위탁할 수 있다.(소규모주택정비법 제56조제1항, 도시정비법 제93조제4항)

시장·군수등은 부과·징수를 위탁받은 경우에는 지방세 체납처분의 예에 따라 부과·징수할 수 있다.

이 경우 사업시행자는 징수한 금액의 100분의 4에 해당하는 금액을 해당 시장·군수등에게 교부하여야 한다.(소규모주택정비법 제56조제1항, 도시정비법 제93조제5항)

위에 따른 부과금 및 연체료의 부과·징수에 필요한 사항은 정관등으로 정한다.(도시정비법 제93조제3항)

나. 공탁하는 방법

청산금을 지급받을 자가 이를 받을 수 없거나 거부한 때에는 사업시행자는 그 청산금을 공탁할 수 있다. (소규모주택정비법 제56조제1항, 도시정비법 제90조제2항)

다. 청산금의 소멸시효

청산금을 지급(분할지급을 포함한다) 받을 권리 또는 이를 징수할 권리는 이전고시일 다음 날부터 5년간 이를 행하지 않으면 소멸한다. (소규모주택정비법 제56조제1항, 도시정비법 제90조제3항)

라. 저당권의 물상대위

사업시행구역에 있는 토지 또는 건축물에 저당권을 설정한 권리자는 사업시행자가 저당권이 설정된 토지 또는 건축물의 소유자에게 청산금을 지급하는 경우 지급 전에 압류절차를 거쳐 저당권을 행사할 수 있다.(소규모주택정비법 제41조제4항)

Ⅱ 이전고시

1. 총설

가. 이전고시의 개념

이전고시(移轉告示)란 공사완료로 조성된 대지 및 건축물을 관리처분계획에서 정한 바에 따라 분양받을 자(조합원 분양대상자) 및 사업시행자에게 그 소유권을 귀속시키는 행정처분을 말한다.

나. 법적성격

(1) 관리처분계획의 집행처분

이전고시는 관리처분계획이 정한 바에 따라 정비사업으로 조성된 대지 및 건축물등의 소유권을 분양받을 자(조합원 분양대상자) 및 사업시행자에게 이전하는 <u>관리처분계획의 집행처분</u>이다.

이전고시가 효력을 발생하게 된 이후에는 <u>그 전체의 절차를 처음부터 다시 밟지 아니하는 한</u> 그 일부만을 따로 떼어 변경할 방법이 없고 그 일부 변경을 위한 관리처분계획의 변경도 이전고시가 이루어지기 전에만 가능하므로 <u>이전고시가 효력을 발생한 이후에는 조합원은 관리처분계획의 변경 또는 분양거부처분의 취소를 구할 수 없다.</u>

(2) 이전고시는 환권처분이다.

소규모주택정비법 제40조제5항(신설 2023. 4. 18.)은 소규모주택정비사업의 시행으로 취득하는 대지 또는 건축물 중 토지등소유자에게 분양하는 대지 또는 건축물은 「도시개발법」 제40조에 따라 행하여진 환지로 본다고 하고 있다.

도시개발법상의 환지란 평면적인 토지의 합리적 이용을 증진하기 위하여 일정 지구 내의 토지의 구획, 형질을 변경하고 권리자의 의사에도 불구하고 토지등의 소유권 등을 강제적으로 교환·분합하는 것을 내용으로 한다. 이로써 권리자는 종전의 토지에 관한 권리를 상실하고 그에 상당한 토지에 대한 권리를 다른 곳에서 새로이 취득하게 된다.

소규모주택정비법상의 사업시행계획(관리처분계획 포함)에 따른 이전고시는 기존의 토지·건물에 관한 권리를 사업 후에 새로이 건축된 건축물과 그 부지에 관한 권리로 변환·이행시키는 처분으로서 도시개발법상의 환지와 비교해 권리의 변환이 입체적으로 이루어진다는 점만 다를 뿐 기본적으로 같다는 점에서 소규모주택정비법 제40조제5항과 같은 규정을 둔 것이다. 이러한 의미에서 법상의 이전고시는 입체환지라는 표현을 쓰고 있기도 하다. 즉, 이전고시는 강학상 환권처분이다.

소규모주택정비법 재56조제1항은 도시정비법 제87조제3항을 준용하고 있는 바 소규모주택정비법 제34조에 따른 보류지와 일반에게 분양하는 대지 또는 건축물은 「도시개발법」제34조에 따른 보류지 또는 체비지로 본다고 규정하고 있는 바, 도시개발법상의 사업을 시행하는데 소요되는 사업비의 일부를 충당하기 위하여 매각할 목적으로 분양에서 제외하는 대지를 체비지라 하고 사업시행자가 정관 등 또는 사업시행계획이 정하는 목적에 공용하기 위하여 제외하는 대지를 보류지라 하는데 정비사업을 시행하는데 소요되는 사업비의 일부를 충당하는 것을 목적으로 하는 일반분양분 등의 법적인 의미를 부여한 것이라 하겠다.

(위의 내용을 부동산등기법 상으로 표현하면 새로 조성된 대지 및 건축물 중 토지등소유자에게

분양하는 대지 또는 건축물은 <u>토지등소유자 명의로 소유권보존등기를 경료한다는</u> 의미이고, 보류지는 관리처분계획에서 정한 자가 이전고시가 고시된 날의 다음날에 해당 소유권을 취득하여 그 자 명의로 소유권보존등기를 경료한다는 의미이며 <u>일반에게 분양하는 대지 또는 건축물은 사업시행자 명의로 소유권보존등기하고 일반분양받은 자 앞으로 소유권이전등기를 한다는 의미이다.)</u>

다. 이전고시를 위한 필요조건

(1) 관리처분계획 인가의 고시

이전고시는 관리처분계획이 정하고 있는 권리배분에 관한 사항을 실현하는 집행 행위이다. 따라서 관리처분계획의 유효성이 인정된 것을 전제로 이전고시의 절차이행이 가능하다.

(2) 준공인가의 고시

사업시행자는 소규모주택정비법 제39조에 따른 준공인가 고시 또는 공사완료 고시가 있은 때에는 지체없이 이전고시에 관한 절차를 진행하여야 한다.

그러므로 준공인가는 이전고시의 절차를 개시하기 위한 요건이다. 부분준공인가가 있는 경우에도 역시 준공인가가 있는 건축물에 한하여 이전고시의 법적인 요건이 갖추어진 것이다.

(3) 토지소유권 확보

정비사업에 반대하는 자 등의 소유권은 이전고시 이전에 확보되어야 한다. 소규모주택정비법은 제34조제8항에서 제39조에 따른 준공인가 신청 전까지 해당 주택건설 대지의 소유권을 확보하여야 한다고 규정하여 이 점을 명확히 하고 있다.(사업시행자는 「주택법」 제54조에도 불구하고 매도청구소송 등을 통하여 법원의 승소판결을 받은 후 입주예정자에게 피해가 없도록 손실보상금을 공탁하고 분양 예정인 건축물을 담보한 경우에는 법원의 승소판결이 확정되기 전이라도 <u>입주자를 모집할 수 있다</u>)

사업시행자가 이전고시를 하기 전에 토지소유권을 확보하여야 하는 점은 일반분양을 위해서도 필요하다. 일반분양대상자가 적법한 소유권을 확보하기 위해서는 사업시행자가 일반분양대상자에게 이전하여 줄 대지 및 건축물에 대한 소유권을 적법하고 유효하게 소유하여야 하기 때문이다.

만일 사업시행자가 사업시행구역 내 토지 등에 자신의 배타적인 소유권을 확보하지 못한 경우 이전고시는 법적요건이 결여된 위법한 처분이 된다.

토지소유권을 확보하기 위한 수단으로 소규모주택정비법은 제35조에서 제36조에까지 매도청구 등에 관하여 규정하고 있다.

2. 이전고시의 절차

가. 대지의 확정측량 및 토지분할 – 소규모주택정비사업 중 공급세대 30호 미만의 사업은 제외

사업시행자는 대지 또는 건축물의 소유권을 이전하기 전에 소규모주택정비법 제39조제3항 및 제4항에 따른 준공인가 또는 공사완료 고시가 있은 후 지체 없이 대지확정측량(소규모주택정비사업 중 공급세대 30호 미만의 사업은 제외한다)을 하고 토지의 분할절차를 거쳐야 한다. (소규모주택정비법 제40조제1항)

정비사업이 완료되고 이전고시가 이루어지면 토지의 변동이 있게 되고 이에 대한 토지 등의 공부정리가 필요하게 된다.

소규모주택정비법 제55조제1항제9호에서는 사업시행인가를 받은 때에는 「공간정보의 구축 및 관리등에 관한 법률」 제86조제1항에 따른 사업의 착수·변경을 신고한 것으로 본다고 하고 있고,

또한, 소규모주택정비법 제39조제6항에서는 준공인가를 하거나 공사완료를 고시하는 경우 소규모주택정비법 제55조에 따라 의제되는 인·허가등에 따른 '준공검사·인가등'에 관하여 시장·군수등이 관계 행정기관의 장과 협의한 사항은 해당 준공검사·인가등을 받은 것으로 본다고 하고 있다.

나. 소유권의 이전고시

사업시행자는 대지 및 건축물의 소유권을 이전하는 때에는 그 내용을 해당 지방자치단체의 공보에 고시한 후 시장·군수등에게 보고하여야 한다.(소규모주택정비법 제40조제2항)

다. 사업시행자의 등기신청

사업시행자는 이전고시가 있은 때에는 지체 없이 대지 및 건축물에 관한 등기를 지방법원 또는 등기소에 촉탁 또는 신청하여야 한다. 이 경우 등기에 관한 사항은 대법원규칙으로 정한다.(소규모주택정비법 제40조제3항)

3. 이전고시의 법적인 효력

가. 소유권의 이전

사업시행자가 대지 및 건축물의 소유권을 이전하려는 때에는 그 내용을 해당 지방자치단체의 공보에 고시하여야 한다. 이 경우 대지 또는 건축물을 분양받을 자는 고시

가 있은 날의 다음 날에 그 대지 또는 건축물에 대한 (등기가 없어도) 소유권을 취득한 다.(소규모주택정비법 제40조제2항)

이전고시가 있은 다음날 소유권을 취득하는 자는 대지 또는 건축물을 분양받을 토 지등소유자와 일반분양분의 경우는 사업시행자이고, 보류지의 경우에는 관리처분계획 에서 정한 자이나 보통은 사업시행자이다.

일반분양분을 분양받은 자는 사업시행자 명의의 소유권보존등기에 기하여 소유권 이전등기를 경료하여야 소유권을 취득한다.

나. 권리의 이전

대지 또는 건축물을 분양받을 자에게 소규모주택정비법 제40조제2항에 따라 소유 권이 이전된 경우 종전의 토지 또는 건축물에 설정된 지상권·전세권·저당권·임차 권·가등기권·가압류 등 등기된 권리 및 주택임대차보호법의요건을 갖춘 임차권은 소 유권을 이전받은 대지 또는 건축물에 설정된 것으로 본다. (소규모주택정비법 제56조제1 항, 도시정비법 제87조제1항)

다. 권리변동의 제한

소규모주택정비사업에 관하여 이전고시가 있은 날부터 소규모주택정비법 제40조제3 항에 따른 소유권보존등기 및 종전 토지 또는 건축물에 설정된 담보권등에 관한 권리 의 등기가 있을 때까지는 저당권 등의 다른 등기를 하지 못한다.(소규모주택정비법 제40 조제4항)

라. 권리이전에 따른 납세의무

사업시행자가 이전고시를 한 경우 대지 또는 건축물을 분양받을 자는 고시가 있은 날의 다음 날에 그 대지 또는 건축물에 대한 소유권 등기 없이도 소유권을 취득한다. 이전고시가 있은 다음 날 소유권을 취득하는 자는 대지 또는 건축물을 분양받을 토지등소유자와 일반분양분의 경우는 사업시행자이고, 보류지의 경우에는 관리처분계획에서 정한 자이나 보통은 사업시행자가 된다. 이후 재산세 납세의무가 발생한다.

한편, 대지 또는 건축물을 분양받을 자가 종전에 소유하고 있던 토지 또는 건축물의 가격과 분양받은 대지 또는 건축물의 가격 사이에 차이가 있으면 사업시행자는 이전고시 이후에 그 차액에 상당하는 청산금(분담금)을 분양받은 자로부터 징수(분양받은 자가 납부해야 하는 분담금은 정관으로 정하는 바에 따라 보통 중도금이라는 이름으로 사업시행자에게 납부하므로 실제 이전고시 후에 징수하는 경우는 드물다.)하거나 분양받은 자에게 지급하여야 한다.(소규모주택정비법 제41조제1, 2항)

이때 종전자산가치 대비 종후자산가치가 커서 분담금을 납부한 경우 분양받을 자는 취득세 납부의무를, 종전자산가치 대비 종후자산가치가 적어 분담금을 수령한 경우 분양받은 자는 양도소득세 납부의무를 부담하게 된다.

Ⅲ 사업의 청산 - 조합의 해산, 청산

1. 총설

가. 사업의 청산이란 사업의 목적 달성 또는 달성의 불능, 기타 정관등(소규모주택정비법 제2조제2항, 도시정비법 제2조제11호)에 정한 해산사유의 발생, 파산 등 사유가 발생한 경우에 사업시행자가 <u>종전의 사업 목적에 따른 활동을 종료하고 사업시행과정에서 발생한 채권·채무관계를 정리하여 남은 재산을 귀속 권리자에게 공평하게 귀속시키는</u> 과정을 말한다.

(이하에서는 사업의 목적을 달성하여 사업을 청산하는 경우에 관하여 주로 살펴본다. 그렇지만 사업의 목적 달성의 불능, 기타 정관등에 정한 사유의 발생, 파산등의 사유가 발생한 경우에 관하여도 그 때까지 발생한 채권, 채무의 정리, 남은 재산의 귀속에 관하여 같은 원리가 적용된다)

나. 위 'Ⅰ. 청산금의 징수, 지급'에서 언급한 바와 같이 소규모주택정비사업을 하는 경우 관리처분계획인가(변경인가 포함) 후 <u>청산에 즈음하여</u> 종전에 소유하고 있던 토지 또는 건축물의 가격과 분양받은 대지 또는 건축물의 가격을 별도로 평가하여 <u>관리처분계획에 기재된 조합원 분담금(청산금)을 변경</u>할 수 있도록 하고 있다. 법이 이러한 규정을 둔 이유는 관리처분계획인가 시의 예측상황이 달라질 수 있음을 인정하고 이를 반영할 수 있도록 하였기 때문이다.

실제로 관리처분계획 인가 후의 과정에서 일반 분양분 등의 미분양이 발생할 수도 있고 수분양자 중 분양계약을 제대로 이행하지 않는 경우도 발생하여 계약의 해제, 재분양을 하는 경우도 발생한다. 조합원 분양대상자 중에도 분담금을 제대로 내지 않는 경우가 발생하여 계약의 해제 등을 하는 경우도 발생한다. 정비사업비가 인가받은 관리처분계획상의 정비사업비 추산액보다 많은 경우도 적은 경우도 발생한다. 위와 같이 분양예정주택의 미분양, 그에 따른 할인분양, 분양주택의 계약 해제에 따른 계약금의 귀속, 연체금부과, 차입금의 조기상환에 따른 금융이자비용의 절감, 사업비 절감을 위한 노력 등 인가받은 관리처분계획에 기재된 총수입, 총비용의 변화는 여러 가지 경로에서 발생한다.

따라서 여기서 말하는 사업의 청산은 위에서 말한 과정을 거친 후에도 남는 상황을 처리하는 과정에 관한 것이다.

다. 소규모주택정비법령에 나타난 사업청산에 관한 규정을 살펴보면 사업의 청산을 할 수 있다는 근거 규정만을 두었지 상세한 내용을 두지 않고 있다.

따라서 첫째, 조합은 사업의 청산을 정관이 정하는 바에 따라 하여야 한다고 해석된다. 문제는 정관에 청산사무에 관한 규정의 흠결이 있을 때이다. 이 점에 관하여 소규모주택정비법은 제23조제8항에서 조합에 관하여는 이 법에 규정된 사항을 제외하고는 「민법」중 사단법인에 관한 규정을 준용한다고 하여 해결하고 있다.

[이와 관련하여 시·도지사가 보급하는 표준 정관에도 조합이 해산하는 경우에 청산에 관한 업무와 채권의 추심 및 채무의 변제 등에 관하여 필요한 사항은 민법의 관계 규정에 따른다고 하고 있다(소규모주택정비법 제56조제1항, 도시정비법 제40조제2항)]

둘째, 정비사업의 시행자 중 토지등소유자가 시행인인 경우 토지등소유자가 자치적으로 정한 규약, 시장·군수등, 토지주택공사등 또는 신탁업자가 시행자인 경우에 시행규정이 정하는 바에 따른다고 해석된다. 마찬가지로 문제는 규약, 시행규정에 청산사무에 관한 규정의 흠결이 있을 때이다. 이 점에 관하여 법령은 어디에도 명문의 규정을 두고 있지는 않고 있다. 따라서 일반적인 법원리에 따를 수 밖에 없을 것이다. 토지등소유자가 사업시행인인 경우는 성격상 민법의 '조합계약'에 관한 규정을 준용하는 것으로 해석되고, 시장·군수등, 토지주택공사등 또는 신탁업자가 시행자인 경우는 각 사업시행자에 적용되는 관련 법령에 따라 규율될 수 밖에 없을 것으로 보나, 결과적으로 내용에 있어 「민법」중 사단법인의 청산에 관한 규정이 준용되는 것과 유사하다고 본다.

조합의 청산업무 및 절차를 중심으로 법령 및 민법의 청산규정에 관하여 살펴본다.

2. 조합의 해산절차

가. 조합의 해산의결

조합은 소유권이전고시 후 대지 및 건축물에 대한 등기절차를 이행하면 정관이 정하는 바에 따라 조합원총회 또는 대의원총회(사업완료로 인한 해산의 경우는 대의원총회의 의결사항으로 할 수 있다)를 소집하여 조합해산을 결의한다.(소규모주택정비법 제56조제1항, 도시정비법 제46조제4항, 도시정비법 시행령 제43조제10호)

[법인은 존립기간의 만료, 법인의 목적의 달성 또는 달성의 불능 기타 정관에 정한 해산사유의 발생, 파산 또는 설립허가의 취소로 해산한다.(민법 제77조제 1항)

사단법인은 총사원 4분의 3 이상의 동의가 없으면 해산을 결의하지 못한다. 그러나 정관에 다른 규정이 있는 때에는 그 규정에 의한다.(민법 제78조)

법인이 채무를 완제하지 못하게 된 때에는 이사는 지체없이 파산신청을 하여야 한다.(민법제79조)]

도시정비법 제86조의2 제1항은 '조합장은 이전고시가 있는 날부터 1년 이내에 조합해산을 위한 총회를 소집하여야 한다'라는 규정을 2022.06.10. 신설하였으나 동 조항은 소규모주택정비법에 준용되지 않는다. 소규모주택정비법상의 정비사업의 경우에도 준용될 필요가 있으므로 이의 준용을 위한 입법이 필요하다.

사업의 청산은 조합해산 결의에 의하여 시작된다. 조합해산의 결의는 사업의 목적을 달성한 경우, 사업을 완료한 경우에 이루어진다. 그런데, 사업완료 즈음까지 미분양 건축물이 있다거나 조합원 중 분담금을 내지 않는 경우에 해당 조합원의 처리를 두고 시간이 소요되는 등의 사정으로 실질적으로 사업이 완료되었음에도 조합해산 결의를 하지 못하거나 하지 않아 사업청산을 상당한 기간 못하는 경우가 있다. 이 점에 관하여 사업시행자는 사전에 이에 대한 대책을 갖고 있어야 할 것이다.

나. 청산법인의 구성과 청산인의 직무

(1) 청산법인과 청산인

해산한 법인은 청산의 목적범위 내에서만 권리가 있고 의무를 부담한다.(민법 제81조)

법인이 해산한 때에는 파산의 경우를 제하고는 이사가 청산인이 된다. 그러나 정관 또는 총회의 결의로 달리 정한 바가 있으면 그에 의한다.(민법 제82조)

민법 제82조의 규정에 의하여 청산인이 될 자가 없거나 청산인의 결원으로 인하여 손해가 생길 염려가 있는 때에는 법원은 직권 또는 이해관계인이나 검사의 청구에 의하여 청산인을 선임할 수 있다.(민법 제83조)

중요한 사유가 있는 때에는 법원은 직권 또는 이해관계인이나 검사의 청구에 의하여 청산인을 해임할 수 있다.(민법 제84조)

청산인은 파산의 경우를 제하고는 그 취임 후 3주간 내에 해산의 사유 및 연월일, 청산인의 성명 및 주소와 청산인의 대표권을 제한한 때에는 그 제한을 주된 사무소 및 분사무소소재지에서 등기하여야 한다.(민법 제85조제1항)

청산인은 파산의 경우를 제하고는 그 취임 후 3주간 내에 위의 사항을 주무관청에 신고하여야 한다.(민법 제86조제1항) 청산 중에 취임한 청산인은 그 성명 및 주소를 신고하면 된다.(민법 제86조제2항)

(2) 청산인의 직무

청산인의 직무는 다음과 같다.(민법 제87조제1항)

- 현존사무의 종결
- 채권의 추심 및 채무의 변제
- 잔여재산의 인도

청산인은 위의 직무를 행하기 위하여 필요한 모든 행위를 할 수 있다.(민법 제87조제2항)

다. 채권신고의 공고와 최고, 변제

(1) 채권신고의 공고와 최고

청산인은 취임한 날로부터 <u>2월</u> 내에 <u>3회</u> 이상의 공고로 채권자에 대하여 일정한 기간 내에 그 채권을 신고할 것을 최고하여야 한다. 그 기간은 2월 이상이어야 한다.(민법 제88조제1항)

공고에는 채권자가 기간내에 신고하지 아니하면 청산으로부터 제외될 것을 표시하여야 한다.(민법 제88조제2항)

청산인은 알고 있는 채권자에게 대하여는 각각 그 채권신고를 최고하여야 한다. 알고 있는 채권자는 청산으로부터 제외하지 못한다.(민법 제89조)

(2) 채무의 변제

청산인은 민법 제88조제1항의 채권신고기간 내에는 채권자에 대하여 변제하지 못한다. 그러나 법인은 채권자에 대한 지연손해배상의 의무를 면하지 못한다.(민법 제90조)

청산 중의 법인은 변제기에 이르지 아니한 채권에 대하여도 변제할 수 있다.(민법 제91조제1항) 이 경우 조건있는 채권, 존속기간의 불확정한 채권 기타 가액의 불확정한 채권에 관하여는 법원이 선임한 감정인의 평가에 의하여 변제하여야 한다.(민법 제91조제2항)

청산 중 법인의 재산이 그 채무를 완제하기에 부족한 것이 분명하게 된 때에는 청산인은 지체없이 파산선고를 신청하고 이를 공고하여야 한다.(민법 제93조제1항) 청산인은

파산관재인에게 그 사무를 인계함으로써 그 임무가 종료한다.(민법 제93조제2항)

청산으로부터 제외된 채권자는 법인의 채무를 완제한 후 귀속권리자에게 인도하지 아니한 재산에 대하여서만 변제를 청구할 수 있다.(민법 제92조)

라. 채권의 추심

사업시행자의 채권이 조합원에 대한 청산금지급청구권인 경우 청산금의 징수방법에 관한 소규모주택정비법상의 시장·군수등의 강제징수규정이 적용되는가 문제된다.

사업시행자는 청산금(대지 또는 건축물을 분양받은 자가 종전에 소유하고 있던 토지 또는 건축물의 권리가액과 분양받은 대지 또는 건축물의 가격 사이에 차이가 있는 경우 그 차액에 상당하는 금액)을 이전고시가 있은 후 분양받은 자로부터 징수하거나 분양받은 자에게 지급하거나 또는 정관등에서 분할징수 및 분할지급을 정하고 있거나 총회의 의결을 거쳐 따로 정한 경우에는 관리처분계획인가 후부터 이전고시가 있은 날까지 일정 기간별로 분할징수하거나 분할지급할 수 있다고 하고 있다.(소규모주택정비법 제41조제1항, 2항)
이 때 시장·군수등인 사업시행자는 청산금을 납부할 자가 이를 납부하지 아니하는 경우 지방세 체납처분의 예에 따라 징수(분할징수를 포함한다.)할 수 있으며, 시장·군수등이 아닌 사업시행자는 시장·군수등에게 청산금의 징수를 위탁할 수 있고 시장·군수등은 부과·징수를 위탁받은 경우에 지방세 체납처분의 예에 따라 부과·징수할 수 있다.(소규모주택정비법 제56조제1항, 도시정비법 제90조제1항)

위의 내용이 사업의 청산절차의 채권추심의 경우에도 적용되는가의 문제이다. 조합이 조합원 외의 자에게 가지고 있는 채권의 경우를 제외하고 조합원에 대한 청산금지급청구권을 가지고 있는 경우에는 적용되는 것으로 해석된다. 소규모주택정비법 또는 소규모주택정비법에 의해 준용되는 도시정비법의 어느 조항에서도 조합이 조합원에 대하여 가지고 있는 청산금지급청구권을 조합해산 후 사업청산 시와 그 이전의 경우로 구별하여 강제징수를 규정하고 있지 아니하고 있고, 소규모주택정비법 제56조제1항에 따라 준용되는 도시정비법 제93조에서 사업시행자는 토지등소유자로부터 정비사업의 비용과 정비사업의 시행과정에서 발생한 수입의 차액을 부과금으로 부과·징수할 수 있으며, 시장·군수등이 아닌 사업시행자는 부과금 또는 연체료를 체납하는 자가 있는 때에는 시장·군수등에게 그 부과·징수를 위탁할 수 있고 시장·군수등은 부과·징수를 위탁받은 경우에는 지방세 체납처분의 예에 따라 부과·징수할 수 있다고 규정하고 있기 때문이다.

마. 잔여재산의 귀속

(1) 잔여재산

잔여재산은 추심한 채권액에서 변제한 채무액을 제한 금액에 조합의 자산을 포함한 것이다. 그 액은 +일 수도 -일 수도 있다.

+인 경우는 귀속권자에게 교부해야 한다는 의미이고 -일 경우는 조합이 조합채무의 변제를 할 수 없는 것임을 의미한다.

그러면 -일 경우 파산신청을 하여야 하는가 문제된다. 소규모주택정비법 제42조는 정비사업비는 이 법 또는 다른 법령에 특별한 규정이 있는 경우를 제외하고는 사업시행자가 부담하고 사업시행자는 토지등소유자로부터 비용과 소규모주택정비사업의 시행과정에서 발생한 수입의 차액을 부과금으로 부과·징수할 수 있다고하여 조합원의 무한책임을 규정하고 있으므로 조합원으로부터 부족금을 징수하여야 할 것으로 본다.

(2) 귀속

해산한 법인의 잔여재산의 귀속에 관하여 민법 제80조는 다음과 같이 규정하고 있으나,

다 음

- 해산한 법인의 잔여재산은 정관으로 지정한 자에게 귀속한다.
- 정관으로 귀속권리자를 지정하지 아니하거나 이를 지정하는 방법을 정하지 아니한 때에는 총회의 결의를 거쳐 이사 또는 청산인이 주무관청의 허가를 얻어 그 법인의 목적에 유사한 목적을 위하여 그 재산을 처분할 수 있다. 위의 규정에 의하여 처분되지 아니한 재산은 국고에 귀속한다.

정비사업조합의 경우 성격상 잔여재산의 귀속은 조합원 또는 그의 지위를 승계한 자에게 귀속되어야 한다고 해석된다. 잔여재산의 액에 특정조합원의 종전자산의 가액이 전체 종전자산가액에서 차지하는 비율을 곱한 금액이 되어야 할 것이다.

※ 참조

국세기본법 제38조(청산인 등의 제2차 납세의무)
① 법인이 해산하여 청산하는 경우에 그 법인에 부과되거나 그 법인이 납부할 <u>국세 및 체납처분비를 납부</u> 하지 아니하고 해산에 의한 잔여재산을 분배하거나 인도하였을 때에 그 법인에 대하여 체납처분을 집 행하여도 징수할 금액에 미치지 못하는 경우에는 청산인 또는 <u>잔여재산을 분배받거나 인도받은 자</u>는 그 부족한 금액에 대하여 제2차 납세의무를 진다.
② 제1항에 따른 제2차 납세의무의 한도는 다음 각 호의 구분에 따른다.

1. 청산인: 분배하거나 인도한 재산의 가액
2. 잔여재산을 분배받거나 인도받은 자: 각자가 받은 재산의 가액

---

3. 청산종결의 등기와 신고

청산이 종결한 때에는 청산인은 3주간 내에 이를 등기하고 주무관청에 신고하여야 한다.(민법 제94조)

4. 관계 자료의 인계

　시장·군수등 또는 토지주택공사등이 아닌 사업시행자는 정비사업을 완료하거나 폐지한 때에는 시·도조례로 정하는 바에 따라 관계 서류를 시장·군수등에게 인계하여야 한다.(소규모주택정비법 제56조제1항, 도시정비법 제125조제2항)

　소규모주택정비법 제56조제1항, 도시정비법 제125조제2항에 따라 구청장등 또는 한국토지주택공사 등이 아닌 사업시행자는 정비사업을 완료하거나 폐지한 때에는 다음의 서류를 법 제86조에 따른 <u>이전고시 일부터 3개월 또는 폐지 일부터 2개월 이내에 구청장등에게 넘겨주어야 한다.</u> 다만, 부득이한 사유가 있다고 구청장등이 인정하는 경우에는 그 기간을 연기할 수 있다.(인천시 정비조례 제56조)
　- 이전고시 관계서류
　- 확정측량 관계서류
　- 청산 관계서류
　- 등기신청 관계서류
　- 감정평가 관계서류
　- 손실보상 및 수용 관계서류
　- 공동구설치 및 비용부담 관계서류
　- 회계 및 계약 관계서류
　- 회계감사 관계서류
　- 총회, 대의원회, 이사회 및 감사의 감사 관계서류
　- 보류지 및 체비지의 처분과 우선매수 청구권자의 분양 관계서류

　위에 따라 관계 서류를 인계받은 시장·군수등은 해당 정비사업의 관계 서류를 5년간 보관하여야 한다.(소규모주택정비법 제56조제1항, 도시정비법 제125조제3항)

5. 해산, 청산의 검사, 감독

법인의 해산 및 청산은 법원이 검사, 감독한다.(민법 제95조)

3편

정비사업을 위한
조치

1장

계약업무

Ⅰ 총설

1. 소규모주택정비사업을 하는 경우 사업시행자가 체결하는 계약은 다음의 3가지로 대별 된다.

다 음

- 조합의 임직원 등 채용에 관한 계약:

  이 경우 근로기준법 등 노동관계 법령이 적용된다.

- 사업시행계획에 따라 새로 조성되는 대지 및 건축물의 분양에 관한 계약:

  이 경우 관리처분계획 수립기준 및 인가받은 관리처분계획에 따른 처분의 규정이 적용된다.(이에 관하여는 2편5장 조합원 분양계약, 2편6장 일반분양 등 계약, 참조)

- 사업에 제공되는 용역 및 물품의 취득에 관한 계약(건설업자등 공동사업시행자와의 계약 포함)

(그 외에 정비사업시행자와 관련하여 대행사업자, 공공사업시행자, 지정개발자의 지정에 따른 대행사업자, 공공사업시행자, 지정개발자의 '보수(報酬)'에 관한 계약이 있다. 이 경우 대행사업자가 지정되어 대행사업자에게 지급하는 보수에 관한 계약은 조합 또는 주민합의체가 여전히 정비사업시행자로서의 지위를 가지고 있으므로 소정의 절차를 거쳐 조합 또는 주민합의체가 당사자가 되어 대행사업자와 체결되는데 비해, 공공사업시행자, 지정개발자의 지정이 있는 경우에는 조합 또는 주민합의체는 소멸되고 공공사업시행자, 지정개발자가 단독 사업시행자가 되므로 조합원 또는 토지등소유자의 의결에 따라 정하여진 보수계약이 있는 것으로 된다)

2. 이 장에서 말하는 계약은 사업시행자가 사업에 제공되는 용역 및 물품을 취득하기 위한 계약의 방법, 절차, 기준에 관한 것이다.

가. 토지등소유자가 소규모주택정비사업을 시행하는 경우 소규모주택정비법 제22조에 따라 주민합의체를 신고한 후 <u>주민합의서에서 정하는 바에 따라</u> 건설업자 또는 등록사업자를 시공자로 선정하거나 정비사업전문관리업자를 선정하여야 한다.(소규모주택정비법 제20조제1항)(소규모주택정비법 제21조제2항) 기타 계약을 체결하는 경우도 마찬가지이다.

나. 토지등소유자 외의 사업시행자가 소규모주택정비사업을 시행하면서 계약을 체결하는 경우 <u>관계 법령, 시·도조례로 정한 기준 등에 별도 정하여진 경우를 제외하</u>고는 <u>「소규모주택정비사업의 시공자 및 정비사업전문관리업자 선정기준」</u>(국토교통부고시 제2022-387호), <u>「정비사업 계약업무 처리기준」</u>(국토교통부고시 제 2023-302호)이 정하는 바에 따른다.(「소규모주택정비사업의 시공자 및 정비사업전문관리업자 선정기준」 제2조제2항, 「정비사업 계약업무 처리기준」 제3조제1항)

관계 법령 등과 이 기준에서 정하지 않은 사항은 <u>정관등</u>이 정하는 바에 따르며, 정관등으로 정하지 않은 구체적인 방법 및 절차는 <u>대의원회</u>(도시정비법 제46조에 따른 대의원회, 제48조에 따른 토지등소유자 전체회의, 사업시행자인 토지등소유자가 자치적으로 정한 규약에 따른 대의원회 등의 조직을 말한다. 이하 같다)가 정하는 바에 따른다.(「정비사업 계약업무 처리기준」 제3조제2항, 이하 기준이라 칭한다)

조합원 <u>전원의 동의를 얻어 별도의 선정기준을 마련한 경우</u> 그 기준에 따라 시공자 및 정비사업전문관리업자를 선정할 수 있다.(「소규모주택정비사업의 시공자 및 정비사업전문관리업자 선정기준」 제5조제2항)

이하에서는 기준에서 정하고 있는 사항을 중심으로 설명한다.

1. 기준의 목적 등

이 기준은 사업시행자 등이 계약을 체결하는 경우 계약의 방법 및 절차 등에 필요한 사항을 정함으로써 정비사업의 투명성을 개선하고자 하는데 목적이 있다.(기준 제1조)

사업시행자 및 입찰에 관계된 자는 입찰에 관한 업무가 자신의 재산상 이해와 관련되어 공정성을 잃지 않도록 이해 충돌의 방지에 노력하여야 한다.(기준 제4조제1항)

임원 및 대의원 등 입찰에 관한 업무를 수행하는 자는 직무의 적정성을 확보하여 조합원 또는 토지등소유자의 이익을 우선으로 성실히 직무를 수행하여야 한다.(기준 제4조제2항)

누구든지 계약 체결과 관련하여 다음의 행위를 하여서는 아니 된다.(기준 제4조제3항)

- 금품, 향응 또는 그 밖의 재산상 이익을 제공하거나 제공의사를 표시하거나 제공을 약속하는 행위
- 금품, 향응 또는 그 밖의 재산상 이익을 제공받거나 제공의사 표시를 승낙하는 행위
- 제3자를 통하여 위에 해당하는 행위를 하는 행위

사업시행자등은 업무추진의 효율성을 제고하기 위해 분리발주를 최소화하여야 한

다.(기준 제4조제4항)

사업시행자등은 입찰에 참여한 자가 입찰에 관한 사항을 문의할 경우 필요한 서류를 제공하고 입찰에 적극 참여할 수 있도록 협조하여야 한다.(기준 제37조)

사업시행자등은 이 기준에 의한 계약서 및 검증보고서 등 관련서류 및 자료가 작성되거나 변경된 후 <u>15일 이내</u>에 이를 토지등소유자가 알 수 있도록 인터넷과 그밖의 방법을 병행하여 공개하여야 한다.(기준 제38조)

2. 기준에서 사용하는 용어의 정의

(1) 입찰: 계약을 체결할 때 여러 희망자들에게 각자의 낙찰희망가격을 서면으로 제출하게 하는 일
(2) 전자입찰: 전자조달시스템을 이용하여 하는 입찰
(3) 전자조달시스템: 「전자조달의 이용 및 촉진에 관한 법률」 제2조제4호에 따른 국가종합전자조달시스템 중 "누리장터"를 말한다.
(4) 일반경쟁입찰: 경쟁계약체결 방법 중 경쟁참가자를 제한하지 아니하는 입찰방식
(5) 제한경쟁입찰: 참여자격에 제한을 두되 그 자격을 갖춘 사람은 누구나 참여하여 경쟁할 수 있는 입찰방식
(6) 지명경쟁입찰: 미리 지명된 복수의 사람만으로 제한하여 진행하는 경쟁입찰, 지명경쟁입찰은 제한경쟁입찰의 하나임
(7) 수의계약: 경쟁이나 입찰에 의하지 않고 상대편을 임의로 선택하여 체결하는 계약
(8) 건설업자등: 「건설산업기본법」 제9조에 따른 건설업자 또는 「주택법」 제7조제1항에 따라 건설업자로 보는 등록사업자
(9) 정비사업전문관리업자: 「도시 및 주거환경정비법」 제102조제1항에 따라 시 · 도지

사에게 자본·기술인력 등 기준을 갖추어 등록한 사업자

(10) 설계자: 「건축사법」에 따라 설계업무를 하는 사업자

(11) 감정평가법인등: 「감정평가 및 감정평가사에 관한 법률」에 따라 감정평가업무를 하는 사업자

3. 「정비사업 계약업무 처리기준」상 입찰의 방법에 관한 규정

「정비사업 계약업무 처리기준」상 입찰의 방법은 도시정비법의 규정에 따라 정하고 있다. 이하 이에 관하여 먼저 설명하고 개별적인 계약을 체결하는 과정을 구체적으로 살펴본다.

가. 일반경쟁입찰의 원칙과 전자입찰

이 법 또는 다른 법령에 특별한 규정이 있는 경우를 제외하고는 계약(공사, 용역, 물품 구매 및 제조 등을 포함한다. 이하 같다)을 체결하려면 일반경쟁에 부쳐야 한다.(도시정비법 제29조제1항)

일반경쟁의 방법으로 계약을 체결하는 경우로서 다음 (1)(2)(3)(4)의 규모를 초과하는 계약은 「전자조달의 이용 및 촉진에 관한 법률」 제2조제4호의 국가종합전자조달시스템을 이용하여야 한다.(도시정비법 제29조제2항, 도시정비법 시행령 제24조제2항)

(1) 「건설산업기본법」에 따른 건설공사로서 추정가격이 6억 원을 초과하는 공사의 계약

(2) 「건설산업기본법」에 따른 전문공사로서 추정가격이 2억 원을 초과하는 공사의 계약

(3) 공사관련 법령(「건설산업기본법」은 제외한다)에 따른 공사로서 추정가격이 2억 원을 초과하는 공사의 계약

(4) 추정가격 2억 원을 초과하는 물품 제조·구매, 용역, 그 밖의 계약

[도시정비법상의 정비사업을 시행하는 경우 전자조달시스템을 이용하지 아니하고 계약을 체결한 자에게는 500만원 이하의 과태료를 부과하나(법 제140조제2항제1호), 소규모주택정비법에는 이에 관한 직접적인 규정뿐만 아니라 준용규정을 두지 않고 있다. 입법의 불비가 아닌가 싶다.]

제한경쟁입찰이란 참여자격에 제한(예컨대, 신용평가등급BBB- 이상 등의 제한)을 두되 그 자격을 갖춘 사람은 누구나 참여하여 경쟁할 수 있는 입찰방식으로 지명경쟁이 아닌 입찰을 말한다. 제한경쟁입찰이 오히려 일반적인 경쟁입찰의 방식으로 이용된다. 이 경우에도 위 (1)(2)(3)(4)의 규모를 초과하는 계약은 전자입찰하여야 한다.

나. 지명경쟁입찰 및 수의계약을 할 수 있는 경우

다음의 경우 입찰 참가자를 지명(指名)하여 경쟁에 부치거나 수의계약(隨意契約)으로 할 수 있다(도시정비법 제29조제1항, 도시정비법 시행령 제24조제1항)

(1) 지명경쟁을 할 수 있는 경우

지명경쟁입찰이란 미리 지명된 복수의 사람만으로 제한하여 진행하는 경쟁입찰로서 다음 (가)(나)(다)(라)(마)의 어느 하나에 해당하여야 한다.

(가) 계약의 성질 또는 목적에 비추어 특수한 설비·기술·자재·물품 또는 실적이 있는 자가 아니면 계약의 목적을 달성하기 곤란한 경우로서 입찰대상자가 10인 이내인 경우

(나) 「건설산업기본법」에 따른 건설공사(전문공사를 제외한다. 이하 같다)로서 추정가격이 3억원 이하인 공사인 경우

(다) 「건설산업기본법」에 따른 전문공사로서 추정가격이 1억원 이하인 공사인 경우

(라) 공사관련 법령(「건설산업기본법」은 제외한다)에 따른 공사로서 추정가격이 1억원 이하인 공사인 경우

(마) 추정가격 1억원 이하의 물품 제조·구매, 용역, 그 밖의 계약인 경우

(2) 수의계약을 할 수 있는 경우

수의계약이란 경쟁이나 입찰에 의하지 않고 상대편을 임의로 선택하여 체결하는 계약으로서 다음 (가)(나)(다)(라)(마)(바)의 어느 하나에 해당하여야 한다.

(가) 「건설산업기본법」에 따른 건설공사로서 추정가격이 2억원 이하인 공사인 경우

(나) 「건설산업기본법」에 따른 전문공사로서 추정가격이 1억원 이하인 공사인 경우

(다) 공사관련 법령(「건설산업기본법」은 제외한다)에 따른 공사로서 추정가격이 8천만원 이하인 공사인 경우

(라) 추정가격 5천만원 이하인 물품의 제조·구매, 용역, 그 밖의 계약인 경우

(마) 소송, 재난복구 등 예측하지 못한 긴급한 상황에 대응하기 위하여 경쟁에 부칠 여유가 없는 경우

(바) 일반경쟁입찰이 입찰자가 없거나 단독 응찰의 사유로 2회 이상 유찰된 경우

Ⅲ 구체적 기준

1. 시공자 선정 기준(공동시행을 위해 건설업자등을 선정하는 경우 포함)

가. 적용범위

(1) 시공자 선정기준은 사업시행자등이 소규모주택정비법 제20조에 따라 건설업자등을 시공자로 선정하거나 <u>추천하는 경우</u>(<u>소규모주택정비법 제17조에 따른 공동시행을 위해 건설업자등을 선정하는 경우를 포함한다</u>)에 대하여 적용한다.(기준 제25조)

소규모주택정비법 제20조제2항은 사업시행자 중 <u>조합</u>(시장·군수등 또는 토지주택공사등과 공동으로 사업을 시행하는 경우 포함, 이 경우 조합원의 과반수 동의로 조합 총회 의결을 갈음할 수 있다)<u>이</u> 건설업자등을 시공자로 선정하는 경우 경쟁입찰 또는 수의계약(2회 이상 경쟁입찰이 유찰된 경우로 한정한다)의 방법으로 시공자를 선정하도록 하고 있어 이 때 이 장이 적용된다.

다만, <u>조합원이 30인 이하인 소규모주택정비사업은 총회에서 정관으로 정하는 바에 따라</u> 시공자를 선정할 수 있어 정관이 정하는 바에 따른다.(소규모주택정비법 제20조제2항, 동법 시행령 제18조제1항, 「소규모주택정비사업의 시공자 및 정비사업전문관리업자 선정기준」 제5조제1항) <u>조합원 전원의 동의</u>를 얻어 별도의 선정기준을 마련한 경우 그 기준에 따라 시공자를 선정할 수 있다.(「소규모주택정비사업의 시공자 및 정비사업전문관리업자 선정기준」 제5조제2항)

소규모주택정비법 제20조제3항은 시장·군수등이 소규모주택정비법 제18조제1항에 따라 직접 사업을 시행하거나 토지주택공사등을 사업시행자로 지정하는 경우 또는 소규모주택정비법 제19조제1항에 따라 지정개발자를 사업시행자로 지정하여 사업을 시행하게 하는 경우 사업시행자가 건설업자등을 시공자로 선정하거나 또는 소규모주택정비법 제25조제2항 또는 제3항에 따른 주민대표회의 또는 토지등소유자 전체회의가 시공자를 추천하는 경우 경쟁입찰 또는 수의계약(2회 이상 경쟁입찰이 유찰된 경우로 한정한다)의 방법으로 하도록 하고 있어 이 때의 선정, 추천에 이 장이 적용된다. 다만, 조합원이 30인 이하인 소규모주택정비사업은 정관으로 정하는 바에 따라 시공자를 선정할 수 있어 정관이 정하는 바에 따른다.(소규모주택정비법 제20조제3, 4항, 동법 시행령 제18조제1항)

기준 제25조는 소규모주택정비법 제17조에 따른 공동시행을 위해 건설업자등(시장·군수등, 토지주택공사등, 건설업자, 등록사업자, 신탁업자, 부동산투자회사)을 선정하는 경우를 포함(기준 제25조)하고 있어 공동사업시행자 선정에 이 장이 적용된다.

토지등소유자가 소규모주택정비법 제22조제1항제2항에 따라 소규모주택정비사업을 시행하는 경우 주민합의서에서 정하는 바에 따라 건설업자등을 시공자로 선정하도록 되어 있어 이 장이 적용되지 않는다.(소규모주택정비법 제20조제1항)

(2) 시공자 선정시기

토지등소유자가 소규모주택정비사업을 시행하는 경우 소규모주택정비법 제22조에 따라 주민합의체를 신고한 후 건설업자 또는 등록사업자를 시공자로 선정하여야 한다.(소규모주택정비법 제20조제1항)

조합이 소규모주택정비사업을 시행하는 경우 조합설립인가를 받은 후 건설업자 또는 등록사업자를 시공자로 선정하여야 한다.(소규모주택정비법 제20조제2항)

시장·군수등이 소규모주택정비법 제18조제1항에 따라 직접 사업을 시행하거나 토지주택공사등을 사업시행자로 지정하는 경우 또는 제19조제1항에 따라 지정개발자를 사업시행자로 지정하여 사업을 시행하게 하는 경우 <u>소규모주택정비법 제18조제2항 및 제19조제2항에 따른 고시가 있은 후</u> 건설업자 또는 등록사업자를 시공자로 선정하여야 한다.(소규모주택정비법 제20조제3항)

나. 입찰의 방법

(1) 사업시행자등은 위 2.의 내용에 따라 일반경쟁·제한경쟁 또는 지명경쟁의 방법으로 건설업자등을 시공자로 선정하여야 한다.(기준 제26조제1항) 일반경쟁·제한경쟁입찰을 하는 경우 위 2.의 의무적으로 전자입찰을 하여야 하는 경우에는 전자입찰을 하여야 한다.

사업시행자등은 지명경쟁에 의한 입찰에 부치고자 할 때에는 <u>5인 이상의 입찰대상자를 지명하여 3인 이상의 입찰참가 신청</u>이 있어야 한다.(기준 제27조제1항) 위에 따라 <u>지명경쟁에 의한 입찰을 하고자 하는 경우에는 대의원회의 의결을 거쳐야 한다.</u>(기준 제27조제2항) 소규모주택정비법상의 정비사업은 조합원 수가 적어 대의원회를 두지 않는 경우가 많다. 이와 관련하여 정관에서 이에 관한 규정을 따로 둘 수 있다고 본다.

정비사업이 소규모라 하더라도 공사대금 추정액이 수백억 원에 달하므로 공사대금 추정가 6억 원을 초과하여 전자입찰로 하여야 하는 경우가 대부분일 것이고, 공사대금 추정가 3억 원, 2억 원 이하인 경우도 거의 없어 지명계약, 수의계약할 수 있는 경우는 없다고 해도 과언이 아니다.

다만, 사업시행자가 공사를 분리발주하는 경우에 지명경쟁입찰, 수의계약을 할 수 있는 경우가 있을 수 있고, 일반경쟁·제한경쟁입찰이 미 응찰 또는 단독 응찰의 사유로 2회 이상 유찰된 경우에 수의계약의 방법으로 건설업자등을 시공자로 선정할 수 있다.(기준 제26조제2항) 수의계약을 하는 경우 보증금과 기한을 제외하고는 최초 입찰에 부칠 때에 정한 가격 및 기타 조건을 변경할 수 없다.(기준 제8조, 기준 제19조제3항)

(2) 앞에서 언급한 바와 같이 제한경쟁입찰이란 <u>참여자격에 제한</u>을 두되 그 자격을 갖춘 사람은 <u>누구나 참여</u>하여 경쟁할 수 있는 입찰방식으로 지명경쟁이 아닌 입찰을 말한다. 현장에서는 제한경쟁입찰이 오히려 일반적인 경쟁입찰의 방식으로 이용된다.

참여자격의 제한은 입찰공고문, 입찰안내서(세칭 입찰지침서)에 기재된다. 참여자격의 제한 내용으로 신용평가등급 BBB- 이상인 업체, 입찰보증금으로 5억 원을 납부한 업체, 기타 현장설명회에 참여한 업체 등의 식으로 정하고 그 중 대표적인 것은 다음과 같은 부정당업자의 입찰 참가자격 제한이다.

다 음

사업시행자등은 다음의 어느 하나에 해당하는 자에 대하여 입찰참가자격을 제한할 수 있다.(기준 제12조)(기준 제24조에 의한 준용)
- 금품, 향응 또는 그 밖의 재산상 이익을 제공하거나 제공의사를 표시하거나 제공을 약속하여 처벌을 받았거나, 입찰 또는 선정이 무효 또는 취소된 자(소속 임직원을 포함한다)
- 입찰신청서류가 거짓 또는 부정한 방법으로 작성되어 선정 또는 계약이 취소된 자

다. 입찰절차

(1) 입찰공고문, 입찰안내서의 작성

(가) 입찰공고문의 내용

입찰공고문에는 다음의 사항을 포함하여야 한다.(기준 제29조제1항)
- 사업계획의 개요(공사규모, 면적 등)
- 입찰의 일시 및 방법
- 현장설명회의 일시 및 장소

- 부정당업자의 입찰 참가자격 제한에 관한 사항
- 입찰참가에 따른 준수사항 및 위반(기준 제34조 건설업자등 홍보 규정을 위반하는 경우를 포함한다)시 자격 박탈에 관한 사항
- 그 밖에 사업시행자등이 정하는 사항

(나) 입찰안내서의 내용은 위 입찰공고문의 내용을 기초로 입찰서 작성방법·제출서류·접수방법 및 입찰유의사항 등 입찰절차의 진행에 필요한 구체적인 사항이다. 주요내용은 다음과 같다.

다 음

- 소규모주택정비법 제20조제2항에 따라 조합은 시공자 선정 시 건설업자등에게 다음 ① ② ③ ④의 사항을 포함한 제안서를 제출받아 검토하여야 한다.(「소규모주택정비사업의 시공자 및 정비사업전문관리업자 선정기준」 제2조제1항),
　① 건설업자의 시공능력평가 순위 또는 등록사업자의 주택건설 실적
　② 건설업자 또는 등록사업자의 신용평가등급
　③ 건설업자 또는 등록사업자의 정비사업 준공실적
　④ 기타 시·도조례로 정하는 사항

- 사업시행자등은 건설업자등에게 이사비, 이주비, 이주촉진비, 「재건축초과이익환수에 관한 법률」 제2조제3호에 따른 재건축부담금, 그 밖에 시공과 관련이 없는 사항에 대한 금전이나 재산상 이익을 요청하여서는 아니 된다.(기준 제29조제2항)
- 건설업자등은 입찰서 작성시 계약의 체결과 관련하여 시공과 관련 없는 사항으로서 다음 ① ② ③의 어느 하나에 해당하는 사항을 제안하여서는 아니 된다.(기준 제30조제1항)
　① 이사비, 이주비, 이주촉진비 및 그 밖에 시공과 관련 없는 금전이나 재산상 이익을 무상으로 제공하는 것

② 이사비, 이주비, 이주촉진비 및 그 밖에 시공과 관련 없는 금전이나 재산상 이익을 무이자나 제안 시점에 「은행법」에 따라 설립된 은행 중 전국을 영업구 역으로 하는 은행이 적용하는 대출금리 중 가장 낮은 금리보다 더 낮은 금리로 대여하는 것

③ 「재건축초과이익 환수에 관한 법률」 제2조제3호에 따른 재건축부담금을 대납하는 것

[건설업자등은 금융기관의 이주비 대출에 대한 이자를 사업시행자등에 대여하는 것, 금융기관으로부터 조달하는 금리 수준으로 추가 이주비(종전 토지 또는 건축물을 담보로 한 금융기관의 이주비 대출 이외의 이주비를 말한다)를 사업 시행자등에 대여하는 것을 제안할 수 있다.(기준 제30조제2, 3항)]

- 전자입찰을 통한 계약대상자의 선정 방법은 다음 ① ② ③과 같다.(기준 제19조제2항)

① 투찰 및 개찰 후 최저가로 입찰한 자를 선정하는 최저가방식

② 입찰가격과 실적·재무상태·신인도 등 비가격요소 등을 종합적으로 심사하여 선정하는 적격심사방식

③ 입찰가격과 사업참여제안서 등을 평가하여 선정하는 제안서평가방식

위의 적격심사방식, 제안서평가방식에 따라 계약대상자를 선정하는 경우 평가 항목별 배점표를 작성하여 입찰 공고 시 이를 공개하여야 한다.(기준 제21조제2 항)

현장에서는 최저가방식만을 채택하는 경우는 거의 없고 적격심사방식을 주로 채택하여왔는데, 점차 적격심사방식과 제안서평가방식을 혼용하는 형태로 하는 경우가 많아지는 것 같다.

- 입찰보증금

사업시행자등은 입찰에 참가하려는 자에게 입찰보증금을 내도록 할 수 있다. 입찰보증금은 현금(체신관서 또는 「은행법」의 적용을 받는 은행이 발행한 자기 앞수표를 포함한다. 이하

같다) 또는 「국가를 당사자로 하는 계약에 관한 법률」 또는 「지방자치단체를 당사자로 하는 계약에 관한 법률」에서 정하는 보증서로 납부하게 할 수 있다. 사업시행자등이 입찰에 참가하려는 자에게 입찰보증금을 납부하도록 하는 경우에는 입찰 마감일부터 5일 이전까지 입찰보증금을 납부하 도록 요구하여서는 아니 된다.(기준 제10조의2)

보통 입찰보증금은 낙찰 후 사업시행자의 사업비 충당을 위해 대여금으로 전환되는 경우가 많다.

- 입찰 무효 등
홍보설명회에서 토지등소유자 등을 상대로 개별적인 홍보(홍보관·쉼터 설치, 홍보책자 배부, 세대별 방문, 개인에 대한 정보통신망을 통한 부호·문언·음향 ·영상 송신행위 등을 포함한다)가 금지되는데 토지등소유자 등을 상대로 하는 개별적인 홍보를 하는 행위가 적발된 건수의 합이 3회 이상인 경우 해당 입찰 은 무효로 본다.
<u>위에 따라 해당 입찰이 무효로 됨에 따라 단독 응찰이 된 경우에는 유효한 경쟁입찰로 본다.</u>(기준 제16조, 기준 제24조)

(2) 입찰 공고

사업시행자등은 시공자 선정을 위하여 입찰에 부치고자 할 때에는 <u>현장설명회 개최일로부터 7일 전까지</u> 전자조달시스템 또는 1회 이상 일간신문에 공고하여야 한다. 다만, 지명경쟁에 의한 입찰의 경우에는 전자조달시스템과 일간신문에 공고하는 것 외에 현장설명회 개최일로부터 7일 전까지 <u>내용증명우편으로</u> 통지하여야 한다.(기준 제28조) (기준 제9조제1, 2항)

현장설명회를 실시하지 아니하는 경우에는 입찰서 제출마감일로부터 다음에서 정한 기간 전까지 공고하여야 한다.(기준 제9조제3항)
- 추정가격이 10억원 이상 50억원 미만인 경우 : 15일

- 추정가격이 50억원 이상인 경우 : 40일

위에도 불구하고 재입찰을 하거나 긴급한 재해예방·복구 등을 위하여 필요한 경우에는 입찰서 제출마감일 5일 전까지 공고할 수 있다.(기준 제9조제4항)

(3) 현장설명회

현장설명회를 실시하는 경우 사업시행자등은 입찰서 제출마감일 20일 전까지 현장설명회를 개최하여야 한다. 다만, 비용산출내역서 및 물량산출내역서 등을 제출해야 하는 내역입찰의 경우에는 입찰서 제출마감일 35일 전(도시정비법상의 정비사업의 경우 45일 전)까지 현장설명회를 개최하여야 한다.(「소규모주택정비사업의 시공자 및 정비사업전문관리업자 선정기준」 제3조제1호),(기준 제31조제1항)

현장설명회에는 다음의 사항이 포함되어야 한다.(기준 제31조제2항)
- 설계도서(건축심의 결과를 통보받은 경우 관련 설계도서를 포함하여야 한다)
- 입찰서 작성방법·제출서류·접수방법 및 입찰유의사항 등
- 건설업자등의 공동홍보방법
- 시공자 결정방법
- 계약에 관한 사항
- 기타 입찰에 관하여 필요한 사항

(4) 입찰서의 접수 및 개봉

사업시행자등은 전자조달시스템을 통해 입찰서를 접수하여야 한다.(기준 제22조제1항)(기준 제32조에 의한 준용)

전자조달시스템에 접수한 입찰서 이외의 입찰 부속서류는 밀봉된 상태로 접수하여야 한다.(기준 제22조제2항)(기준 제32조에 의한 준용)

입찰 부속서류를 개봉하고자 하는 경우에는 부속서류를 제출한 입찰참여자의 대표(대리인을 지정한 경우에는 그 대리인을 말한다)와 사업시행자등의 임원 등 관련자, 그 밖에 이해관계자 각 1인이 참여한 공개된 장소에서 개봉하여야 한다.(기준 제22조제3항)(기준 제32조에 의한 준용)

사업시행자등은 입찰 부속서류 개봉 시에는 일시와 장소를 입찰참여자에게 통지하여야 한다.(기준 제22조제4항)(기준 제32조에 의한 준용)

현장에서는 보통 접수 시에 개봉한다.

(5) 대의원회의 의결

(가) 사업시행자등은 제출된 입찰서를 모두 대의원회에 상정하여야 한다.(기준 제33조제1항)

대의원회가 총회에 상정할 건설업자를 선정하는 경우 3인 이상(도시정비법상의 정비사업의 경우는 6인 이상)을 선정하여야 한다. 다만, 입찰에 참가한 건설업자 등이 2인인 경우(도시정비법상의 정비사업의 경우는 6인 미만인 경우)에는 모두 총회에 상정하여야 한다.(「소규모주택정비사업의 시공자 및 정비사업전문관리업자 선정기준」 제3조 2호)(기준 제33조제2항)

위에 따른 건설업자등의 선정은 대의원회 재적의원 과반수가 직접 참여한 회의에서 비밀투표의 방법으로 의결하여야 한다. 이 경우 서면결의서 또는 대리인을 통한 투표는 인정하지 아니한다.(기준 제33조제3항)

소규모주택정비법상의 정비사업은 조합원 수가 적어 대의원회를 두지 않는 경우가 많다. 위와 관련하여 정관에서 이에 관한 규정을 따로 둘 수 있고 그 경우에 정관의 규정을 따른다.

(나) 사업시행자등은 건설업자등이 설계를 제안하는 경우 제출하는 입찰서에 포함된 설계도서, 공사비 명세서, 물량산출 근거, 시공방법, 자재사용서 등 시공 내역의 적

정성을 검토해야 한다.(기준 제29조제3항)

(6) 입찰참여자의 합동홍보설명회 등

사업시행자등은 총회에 상정될 건설업자등이 결정된 때에는 토지등소유자에게 이를 통지하여야 하며, 건설업자등의 합동홍보설명회를 1회 이상(도시정비법상의 정비사업의 경우는 2회 이상) 개최하여야 한다.(「소규모주택정비사업의 시공자 및 정비사업전문관리업자 선정기준」 제3조제3호)(기준 제34조제1항)

이 경우 사업시행자등은 총회에 상정하는 건설업자등이 제출한 입찰제안서에 대하여 시공능력, 공사비 등이 포함되는 객관적인 비교표를 작성하여 토지등소유자에게 제공하여야 하며, 건설업자등이 제출한 입찰제안서 사본을 토지등소유자가 확인할 수 있도록 전자적 방식(「전자문서 및 전자거래 기본법」 제2조제2호에 따른 정보처리시스템을 사용하거나 그 밖에 정보통신기술을 이용하는 방법을 말한다)을 통해 게시할 수 있다.(기준 제34조제1항)

사업시행자등은 합동홍보설명회를 개최할 때에는 개최일 7일 전까지 일시 및 장소를 정하여 토지등소유자에게 이를 통지하여야 한다.(기준 제34조제2항)

건설업자등의 임직원, 시공자 선정과 관련하여 홍보 등을 위해 계약한 용역업체의 임직원 등은 토지등소유자 등을 상대로 개별적인 홍보를 할 수 없으며, 홍보를 목적으로 토지등소유자 또는 정비사업전문관리업자 등에게 사은품 등 물품·금품·재산상의 이익을 제공하거나 제공을 약속하여서는 아니 된다.(기준 제34조제3항)

사업시행자등은 기준 제34조제1항에 따른 최초 합동홍보설명회 개최 이후 건설업자등의 신청을 받아 사업시행구역 내 또는 인근에 개방된 형태의 홍보공간을 1개소 제공할 수 있다. 이 경우 건설업자등은 사업시행자등이 제공하는 홍보공간에서는 토지등소유자 등에게 개별적으로 홍보할 수 있다.(기준 제34조제4항)

홍보설명회에서 토지등소유자 등을 상대로 개별적인 홍보(홍보관·쉼터 설치, 홍보책자 배부, 세대별 방문, 개인에 대한 정보통신망을 통한 부호·문언·음향·영상 송신행위 등을 포함한다)가 금지되는데 토지등소유자 등을 상대로 하는 개별적인 홍보를 하는 행위가 적발된 건수의 합이 3회 이상인 경우 해당 입찰은 무효로 본다. 위에 따라 해당 입찰이 무효로 됨에 따라 단독 응찰이 된 경우에는 유효한 경쟁입찰로 본다.(기준 제16조, 기준 제24조)

건설업자등은 기준 제34조제4항에 따라 홍보를 하려는 경우에는 미리 홍보를 수행할 직원(건설업자등의 직원을 포함한다. 이하 홍보직원이라 한다)의 명단을 사업시행자등에 등록하여야 하며, 홍보직원의 명단을 등록하기 이전에 홍보를 하거나, 등록하지 않은 홍보직원이 홍보를 하여서는 아니 된다. 이 경우 사업시행자등은 등록된 홍보직원의 명단을 토지등소유자에게 알릴 수 있다.(기준 제34조제5항)

(7) 총회의 의결 - 계약 체결 대상의 선정

총회는 토지등소유자 과반수가 직접 출석하여 의결하여야 한다. 이 경우 도시정비법 제45조제5항(소규모주택정비법 제56조제1항에 따른 준용)에 따른 대리인이 참석한 때에는 직접 출석한 것으로 본다.(기준 제35조제1항)

조합원은 위에 따른 총회 직접 참석이 어려운 경우 서면으로 의결권을 행사할 수 있으나, 서면결의서를 철회하고 시공자선정 총회에 직접 출석하여 의결하지 않는 한 직접 참석자에는 포함되지 않는다.(기준 제35조제2항)

서면의결권 행사는 조합에서 지정한 기간·시간 및 장소에서 서면결의서를 배부받아 제출하여야 한다.(기준 제35조제3항)

조합은 조합원의 서면의결권 행사를 위해 조합원 수 등을 고려하여 서면결의서 제출 기간·시간 및 장소를 정하여 운영하여야 하고, 시공자 선정을 위한 총회 개최 안내시 서면결의서 제출요령을 충분히 고지하여야 한다.(기준 제35조제4항)

조합은 총회에서 시공자 선정을 위한 투표 전에 각 건설업자등 별로 조합원들에게 설명할 수 있는 기회를 부여하여야 한다.(기준 제35조제5항)

라. 계약의 체결

(1) 사업시행자등은 선정된 시공자와 계약을 체결하는 경우 계약의 목적, 이행 기간, 지체상금, 실비정산방법, 기타 필요한 사유 등을 기재한 계약서를 작성하여 기명날인 하여야 한다.(기준 제36조제1항)

[사업시행자는 선정된 시공자와 공사에 관한 계약을 체결하는 때에는 기존 건축물의 철거 공사(「석면안전관리법」에 따른 석면 조사·해체·제거를 포함한다)에 관한 사항을 포함하여야 한다.(소규모주택정비법 제20조제7항)]

보통 입찰서류 제출시 계약서(안)을 제출하게 하고 제출된 계약서(안)을 검토한 후 동 서류를 총회에 상정하고, 구체적인 계약서의 작성은 이사회에 위임하는 형태로 체결된다.

사업시행자등은 선정된 시공자가 정당한 이유 없이 3개월 이내에 계약을 체결하지 아니하는 경우에는 총회의 의결을 거쳐 해당 선정을 무효로 할 수 있다.(기준 제36조제2항)

(2) 시공보증서의 제출

조합 또는 토지등소유자가 소규모주택정비사업의 시행을 위하여 시장·군수등 또는 토지주택공사등이 아닌 자를 시공자로 선정(공동 사업시행자가 시공하는 경우를 포함한다)한 경우 그 시공자는 공사의 시공보증을 위하여 시공보증서를 조합 또는 토지등소유자에게 제출하여야 한다.(소규모주택정비법 제20조제8항)

여기서 말하는 시공보증이란 시공자가 공사의 계약상 의무를 이행하지 못하거나 의무이행을 하지 아니할 경우 보증기관에서 시공자를 대신하여 계약이행의무를 부담하거나 총 공사금액의 100분의 50 이하 대통령령으로 정하는 비율 이상(총공사금액의 100분의 30 이상)의 범위에서 사업시행자가 정하는 금액을 납부할 것을 보증하는 것을 말한다.(소규모주택정비법 제56조제1항, 도시정비법 제82조제1항, 도시정비법 시행령 제73조)

시공자가 제출하여야 할 시공보증서는 국토교통부령으로 정하는 기관의 시공보증서이다. 국토교통부령으로 정하는 기관의 시공보증서란 조합원에게 공급되는 주택에 대한 다음의 어느 하나에 해당하는 보증서를 말한다.(도시정비법 시행규칙 제14조)

- 「건설산업기본법」에 따른 공제조합이 발행한 보증서
- 「주택도시기금법」에 따른 주택도시보증공사가 발행한 보증서
- 「은행법」 제2조제1항제2호에 따른 금융기관, 「한국산업은행법」에 따른 한국산업은행, 「한국수출입은행법」에 따른 한국수출입은행 또는 「중소기업은행법」에 따른 중소기업은행이 발행한 지급보증서
- 「보험업법」에 따른 보험사업자가 발행한 보증보험증권

시장·군수등은 「건축법」 제21조에 따른 착공신고를 받는 경우에는 위에 따른 시공보증서의 제출 여부를 확인하여야 한다.(소규모주택정비법 제56조제1항, 도시정비법 제82조제2항)

(3) 시장·군수등 또는 토지주택공사등이 계약의 당사자인 경우의 특칙

소규모주택정비법 제17조제1항 및 제3항에 따라 시장·군수등 또는 토지주택공사등이 소규모주택정비사업을 공동으로 시행하는 경우, 시장·군수등 또는 토지주택공사등이 소규모주택정비법 제17조제5항에 따라 주민대표회의 또는 토지등소유자 전체회의가 추천한 시공자를 선정하는 경우의 시공자와의 계약에 관하여는 「지방자치단체를 당사자로 하는 계약에 관한 법률」 제9조 및 「공공기관의 운영에 관한 법률」 제39조를 적용하지 아니한다.(소규모주택정비법 제20조제6항)

마. 공사비 검증

사업시행자등은 시공자와의 계약 체결 후 다음에 해당하게 될 경우 「한국부동산원법」에 의한 한국부동산원(이하 검증기관이라 한다)에 공사비 검증을 요청할 수 있다(기준 제36조제3항)

- 사업시행계획인가 전에 시공자를 선정한 경우에는 공사비의 10% 이상, 사업시행
  계획인가 이후에 시공자를 선정한 경우에는 공사비의 5% 이상이 증액되는 경우
- 공사비 검증이 완료된 이후 공사비가 추가로 증액되는 경우
- 토지등소유자 10분의 1 이상이 사업시행자등에 공사비 증액 검증을 요청하는 경우
- 그 밖에 사유로 사업시행자등이 공사비 검증을 요청하는 경우

공사비 검증을 받고자 하는 사업시행자등은 검증비용을 예치하고, 설계도서, 공사
비 명세서, 물량산출근거, 시공방법, 자재사용서 등 공사비 변동내역 등을 검증기관에
제출하여야 한다.(기준 제36조제4항)

검증기관은 접수일로부터 60일 이내에 그 결과를 신청자에게 통보하여야 한다. 다
만, 부득이한 경우 10일의 범위 내에서 1회 연장할 수 있으며, 서류의 보완기간은 검증
기간에서 제외한다.(기준 제36조제5항)

사업시행자등은 공사비 검증이 완료된 경우 검증보고서를 총회에서 공개하고 공사
비 증액을 의결받아야 한다.(기준 제36조제7항)

※ 참조 1. 시공자 선정·계약을 위한 준비절차

법령에 의하면 조합설립인가 후에는 시공사 선정이 가능하다. 시공사 선정시기와 관련하여 대규모 정비
사업을 하는 경우 설계단계에서부터 시공사와의 협업필요성이 커서 일찍 선정절차를 마무리하는 것이
바람직하다 할 수 있다. 그러나 소규모주택정비사업의 경우는 사업에 참여하고자 하는 시공사의 제반 상
황으로 볼 때 시공사 선정에 앞서 충실한 준비를 하지 않아 낭패를 보는 경우가 많다. 대규모 정비사업을
하는 조합과 소규모 정비사업을 하는 조합 간의 정비사업을 운영하는 능력에 차이가 큰 경우가 많은데,
여기에 더해 사업에 참여하고자 하는 시공사의 능력에도 상당한 차이가 존재하기 때문이다.

이하에서는 시공사 선정을 위한 조합의 준비사항에 대해서 설명한다. 앞에서도 언급한 바와 같이 조합설
립인가 후에는 시공사 선정이 가능하므로 다음의 절차진행 중에도 시공사의 선정이 가능하나 가급적 건
축심의 신청을 하기 전후의 시기에 선정하는 것이 바람직하다.

다 음

1. 진행절차

- 설계자 선정·계약: 설계자 선정을 위한 입찰절차의 준비, 실시

- 조합원이 바라는 평형 등 확정:
  사업의 성공을 위해서 가장 중요한 것은 조합원이 적은 분담금으로 좋은 집에 입주할 수 있어야 하고 어떻게 하면 일반분양분 주택을 비싸게 팔아야 할지 고민해야 한다. 그러기 위해서는 조합은 조합원과 "잘 팔리는 25평 위주로 질 건지, 경제적 상황이 안 좋은 조합원의 재정착을 위해 20평 대를 넣을 것인지, 3베이, 4베이가 좋으니 이를 설계에 반영하여야 하는 것 아니냐" 등의 <u>협의</u>를 거쳐야 한다.

- 건축계획 확정·설계:
  도시계획적 기법도입을 통한 용적률의 상향 검토, 일반분양의 분양선호도를 높이기 위한 계획 반영, 설계타당성의 검토 등

- 건축심의 조합총회 개최준비, 실시, 조합총회 의결(조합원 과반수 또는 3분의 2 찬성)

- 건축심의 신청 및 결과

2. 계약의 준비
시공사와의 계약은 크게 두 가지, 작게는 세 가지 유형으로 도급제 계약, 확정지분제 계약과 변동 지분제 계약이다.

<u>이 계약을 하기 위해서는 당연히 조합의 준비가 필요하다.</u>

도급제계약은 조합이 시공사에게 "이러한 설계가 있는데, 이대로 200억원에 하라"는 식의 계약이다.
도급제계약을 준비하는 조합은 소요되는 건축비 내역을 검토하여야 한다.
선정되는 <u>시공사의 신용도, 시공능력 등을 반드시 파악</u>하여야 한다. 좋지 않은 시공사가 선정되면 사업을 망치기 때문이다.
이러한 계약을 위해 미리 시공사와 협의할 내용은 없으나 돈이 없는 조합으로서는 "20억만 꿔줘라" 식의 협의를 할 수 있다. '돈 빌려 달라는데 그 사람들은 뭘 보고 돈을 꾸어주며, 꿔 준다면 공짜로 주겠습니까?' <u>이 때 조합이 돈을 차입하려 한다면 시공비를 얼마로 책정할 것이냐 등 자체 결정사항을 만들어 놓고 시공사와 협의하여야 한다.</u>

지분제계약은 조합과 시공사가 공동사업자가 되는 계약이다.
이 때 각 조합원의 권리가액을 100으로 볼 때 조합원에게 "확정적으로 70을 준다"는 식의 계약을 확정지분제계약이라 하고, 조합원의 권리가액을 100으로 볼 때 조합원에게 "원칙적으로 70을 주나 법령의 변경, 심의의 변경, 경제사정의 변경 등에 따른 용적률의 변화, 분양가의 변화 등 수입액, 지출액의 변화가 있으면 다시 지분을 정한다"는 식의 계약을 변동지분제계약이라 한다.
이 계약을 체결하기에 앞서, 조합과 시공사는 사업의 수입은 얼마가 될 것이며, 비용은 얼마가 될 것이고, 그에 따라 이익이 얼마인데 그 <u>이익을 조합과 시공사가 어떠한 비율로 나누어 가질 것이냐</u> 정하는 과정이

필요하다.

 이와 같이 지분제계약을 체결하기에 앞서 시공사와 긴밀한 협의를 거쳐야 하지만, <u>그 협의과정에 임하기 위하여 조합은 조합원과 그에 관한 논의를 거쳐야 한다.</u>

이 과정을 정리하면 다음과 같다.

- 건축심의 통과 시점의 조합 사업수지표, 비례율, 권리가액, 추정분담금 작성
- 조합이 차입하여야 할 항목 및 금액, 예상되는 금융비용표 작성
- 조합이 위 자료를 기초로 조합이 시공사에 요구하는 내용, 조합이 시공사의 요구를 어느 한도에서 받아들일 수 있는지, 조합이 시공사의 요구를 받아 들일 때 개별 조합원의 권리가액에 어떠한 변동이 있는지 검토
- 그에 상응하여 조합이 시공사에게 어떤 이익을 얼마나 주어야 할지 의사결정

※ 참조 2. 시공자와의 계약방식에 관한 도급제, 지분제(확정지분제, 변동지분제)계약의 의미

1. 도급제 계약

도급제계약은 조합이 사업시행자로서 시공사에게 건물을 신축하는데 <u>직접 소요되는 비용</u>을 주고, 건축심의·사업시행계획인가를 받은 설계대로 건물을 지어달라는 계약을 말한다.

도급제계약을 체결한 경우 조합은 시공사에게 건물을 신축하는데 <u>직접 소요되는 비용만을 지급하면 되고</u>, 사업에서 발생하는 수입의 증감, 시공비를 제외한 나머지 비용의 증감에 따른 <u>사업이익의 증감의 결과는 조합에 귀속</u>되어 그에 따라 <u>조합원분담금액의 증감</u>이 있게 됩니다.

따라서 이 때의 <u>사업시행자는 조합이다.</u>

조합이 판단할 때, 분양시장의 상승 시기에 있는 경우 및 그렇지 않다고 하더라도 현장 소재로 인해 다른 현장에 비해 분양가를 높이 받을 수 있을 때 채택합니다.

2. 공동사업시행계약-확정지분제, 변동지분제

공동사업시행계약은 조합이 <u>조합원 과반수의 동의</u>를 받은 시공자와 정비사업을 공동으로 시행하는 경우의 계약을 말한다.

 이 때의 주된 계약내용은 원칙적으로 조합은 조합원 소유의 토지·건물을 사업에 제공하고, 시공자는 자신의 돈으로 건축물을 신축하는데 소요되는 일체의 비용을 들여 신축건축물을 완성하여 분양을 실시하는 것이다.

공동사업시행계약을 체결한 경우 조합원은 권리가액(종전자산의 가액+<u>사업이익 귀속분</u>)을 가지게 되고, 시공자는 시공사 이익(시공이익+ <u>사업이익 귀속분</u>)을 갖게 된다.

 따라서 공동사업시행계약을 체결한 경우 조합도 시공자도 모두 사업이익을 갖게 되는 공동사업시행자가 되는 것이다.

변동지분제 계약을 체결한 경우 조합과 시공자가 공동사업시행계약을 체결한 시점에서 예상되었던 분양가 및 총사업비의 증감이 있는 경우 조합과 시공자는 각 상대방에게 <u>계약의 변경</u>을 요구하여 그에 따라 조합원의 분담금액의 변동이 있게 된다. 따라서 <u>이 경우에는 분양가 및 총사업비의 증감에 따르는 이익</u>

및 손실을 조합과 시공자가 나누게 된다.

확정지분제 계약을 체결한 경우 조합과 시공자가 공동사업시행계약을 체결한 시점에서 예상되었던 분양가 및 총사업비의 증감에 관계없이 조합원이 부담하는 분담금액이 고정된다. 따라서 이 경우에는 분양가 및 총사업비의 증감에 따르는 이익 및 손실이 모두 시공자에게 귀속된다.

2. 정비사업전문관리업자, 설계자·감정평가법인등, 기타 선정 기준

구분	정비사업전문관리업자	설계자 ·감정평가법인등	기타
선정시기 (계약시기)	계약을 체결하는 시기는 계약이 필요로 되는 경우이므로 그 필요가 있는 경우에 체결하면 된다. 다만 소규모주택정비법은 그에 관하여 특칙을 두고 있는 경우가 있다. 이하에서는 이와 관련한 사항을 살펴본다. 1. 도시정비법은 정비사업을 시행하는 경우 조합설립추진위원회를 구성하도록 하면서 조합설립추진위원회가 주민총회의 의결을 거쳐 정비사업전문관리업자, 설계자를 선정·계약할 수 있고, 조합설립동의를 위하여 토지등소유자에게 추정분담금 등 정보를 제공하기 위하여 필요한 범위에서 감정평가법인등을 선정·계약할 수 있도록 하고 있다. 2. 소규모주택정비사업을 시행하는 경우에도 준비단계에서 정비사업전문관리업자, 설계자, 감정평가법인등의 도움을 받을 필요가 있는 것은 당연하다. 그런데 소규모주택정비법은 도시정비법상의 조합설립추진위원회에 관한 규정을 두지 않고 조합설립인가 후에야 조합이 정비사업전문관리업자, 설계자, 감정평가법인등 선정·계약을 하도록 하고 있다. 따라서 소규모주택정비사업을 시행하는 경우 준비단계에서 정비사업전문관리업자, 설계자, 감정평가법인등의 도움을 받는 경우에도 계약을 체결하지 않은 상황에서 이루어진다. 이러한 상황에서 도움을 준 정비사업전문관리업자, 설계자, 감정평가법인등은 조합설립 후 선정·계약절차에서 계약대상자로 된다는 보장을 할 수 없어 투기적 상황으로 인식한다. 그렇기 때문에 세칭 'PM업체'가 조합설립과정에 개입하여 문제를 발생시키기도 한다. 이와 관련하여 2023년 4월 18일에 신설된 소규모주택정비법의 규정을 살펴본다.		

<table>
<tr>
<td rowspan="1">선정시기
(계약시기)</td>
<td>

- 소규모주택정비법 제21조제1항

소규모주택정비법 제21조제1항은 조합설립 등 소규모주택정비사업의 준비단계에서의 업무(- 주민합의체 구성의 동의, 조합설립의 동의 및 소규모주택정비사업의 동의에 관한 업무의 대행, - 주민합의체 구성의 신고 및 조합설립인가의 신청에 관한 업무의 대행)를 소규모주택정비사업을 시행하려는 자(조합설립 등 추진대표자)로부터 위탁받거나 이와 관련한 자문을 하려는 자는 「도시 및 주거환경정비법」 제102조제1항에 따라 정비사업전문관리업자로 등록하여야 한다고 하고 있다.

따라서 「도시 및 주거환경정비법」 제102조제1항에 따라 정비사업전문관리업자로 등록한 자가 아닌 세칭 'PM업체'는 소규모주택정비사업의 준비단계에서의 업무를 할 수 없다.

- 소규모주택정비법 제61조(벌칙)제1호

소규모주택정비법 제61조(벌칙)제1호는 「도시 및 주거환경정비법」 제102조제1항에 따라 정비사업전문관리업자로 등록을 하지 아니하고 이 법에 따른 정비사업(- 주민합의체 구성의 동의, 조합설립의 동의 및 소규모주택정비사업의 동의에 관한 업무의 대행, - 주민합의체 구성의 신고 및 조합설립인가의 신청에 관한 업무의 대행)을 위탁받은 자는 2년 이하의 징역 또는 2천만원 이하의 벌금에 처한다고 하고 있다.

따라서 「도시 및 주거환경정비법」 제102조제1항에 따라 정비사업전문관리업자로 등록한 자가 아닌 세칭 'PM업체'는 소규모주택정비사업의 준비단계에서의 업무를 하는 경우 2년 이하의 징역 또는 2천만원 이하의 벌금에 처해질 수 있다.

3. 이러한 입법조치로 세칭 'PM업체'를 둘러싼 현장에서의 잡음은 많이 없어질 것으로 예상된다.

그러나 사업준비단계에서 전문가 도움이 필요한 소규모주택정비사업을 시행하려는 자(조합설립 등 추진대표자)가 여전히 정비사업전문관리업자 등 전문가와 계약을 체결할 수는 없다. 입법론으로 대규모 사업이든 소규모사업이든 규모의 차이가 있지만 질적으로 비슷한 준비단계가 필요하고 소규모주택정비사업을 하는 경우 준비단계의 '계약법적 공백'이 가져오는 폐해가 적지 않기 때문에 도시정비법상의 추진위원회 규정을 제한적이나마 준용하지 못할 이유가 없다고 본다.

소규모주택정비사업을 하는 경우 준비단계의 '계약법적 공백'이 가져오는 폐해가 적지 않다.

첫째, 정비사업전문관리업자, 설계자 시장의 건전한 발전을 저해한다.

법이 정비사업전문관리업자, 설계자제도를 둔 이유는 이들의 건전한 역할이 필요하기 때문이다.

소규모주택정비사업을 시행하는 경우 정비사업전문관리업자, 설계자가 준비단계에서 많은 도움을 주었지만 조합설립 후의 계약당사자 선정단계에서 합당하지 못한 사유로 계약당사자로 되지 못하는 경우가 있고, 합당하지 못한 이유를 극복하는 과정에서 선량한 정비사업전문관리업자, 설계자마저 투입된 비용을 회수하기 위한 유혹에 빠져 계약과정이 오염되기도 한다.

이러한 시장에서는 오히려 '악화가 양화를 구축'하는 식의 상황이 벌어진다. 이러한 시장은 사기꾼 정비업체를 양산하는 시장이다.

</td>
</tr>
</table>

선정시기 (계약시기)	둘째, 조합설립 등 추진대표자도 질적으로 우수한 준비단계를 거칠 수 없게 한다. 그로 해서 이후의 사업진행과정 중에 준비단계에서 수면하에 두었던 상황이 조합원에게 알려지면서 사업에 제동이 걸리는 경우가 많이 발생하여 이것이 걷잡을 수 없는 상황에까지 이르러 소규모주택정비법을 두어 소규모주택정비사업을 신속하게 진행하고자 하는 법의 취지에도 반하는 결과를 야기하게 된다. 준비단계는 사업을 하려는 시점의 분양시장, 건축시장의 동향을 면밀히 분석하고 이를 기초로 당해 현장의 특수성 및 이를 토대로 하는 조합원들의 추정적 의사를 간파하여 가장 합당한 사업시행계획을 작성하여 이를 토대로 진정한 사업의지를 조성하는 것이다. 소규모주택정비사업을 하는 경우에도 준비단계에서의 충분한 준비는 대규모사업의 경우와 질적으로 다르지 않다. 이러한 준비단계에서 우수하고 도덕적 사명감이 투철한 정비사업전문관리업자 등의 도움이 절실히 필요하다. 그렇지만 계약을 체결하지 않은 상황에서 정비사업전문관리업자 등의 도움을 받는 경우 준비단계의 질적인 수준이 떨어질 수 밖에 없는 것이 현실이다. 계약을 체결하지 않은 상황에서 정비사업전문관리업자 등은 이 준비단계에서 조합원들의 진정한 사업의지를 조성하는 데 몰두하는 것이 아니라 조합설립 등 추진대표자 개인에 영합하여 조합설립 후 선정·계약 절차에서 계약대상자가 되는 데에 몰두하는 투기적 상황으로 인식하기 때문이다. 준비단계에서 계약을 체결하지 못하게 하는 것은 소규모주택정비사업의 준비단계를 과소평가하고 정비사업전문관리업자 등에게만 준비단계를 충실히 수행해야 한다는 도적적 사명감만을 요구하는 것에 불과하다.
입찰방법	1. 사업시행자는 사업에 제공될 용역 및 물품 등의 추정가액이 5천만 원 이하인 경우, 소송, 재난복구 등 예측하지 못한 긴급한 상황에 대응하기 위하여 경쟁에 부칠 여유가 없는 경우, 일반경쟁입찰이 입찰자가 없거나 단독 응찰의 사유로 2회 이상 유찰된 경우 수의계약으로 할 수 있고, 추정가액이 1억 원 이하인 경우 또는 계약의 성질 또는 목적에 비추어 특수한 자가 아니면 계약의 목적을 달성하기 곤란한 경우로서 입찰대상자가 10인 이내인 경우에는 지명경쟁으로 할 수 있다. 2. 수의계약, 지명경쟁으로 할 수 있는 요건이 충족되지 않는 경우 일반경쟁·제한경쟁입찰로 하여야 한다. 그렇지만 수의계약, 지명경쟁으로 할 수 있는 경우에도 일반경쟁·제한경쟁입찰로 할 수 있다. 3. 일반경쟁·제한경쟁입찰을 하는 경우 제공될 용역 및 물품 등의 추정가액이 2억 원을 초과하는 경우에는 전자입찰로 하여야 한다. 다만, 계약의 성질 또는 목적에 비추어 특수한 자가 아니면 계약의 목적을 달성하기 곤란한 경우로서 입찰대상자가 10인 이내여서 지명경쟁의 방법으로 입찰을 부치는 경우 추정가액이 2억 원을 초과하는 경우에는 전자입찰하여야 한다.(기준 제19조제1항) 4. 경쟁입찰을 하는 경우 2인 이상의 유효한 입찰참가 신청이 있어야 한다.(기준 제6조제2항, 기준 제19조제3항)

입찰방법	다만, 지명경쟁에 의한 입찰을 하고자 할 때에는 4인 이상의 입찰대상자를 지명하여야 하고, 3인 이상의 입찰참가 신청이 있어야 한다.(기준 제7조제1항, 기준 제19조제3항) 그런데 「소규모주택정비사업의 시공자 및 정비사업전문관리업자 선정기준」 제4조는 특이하게 조합이 정비사업전문관리업자를 지명경쟁입찰을 통해 선정하는 경우 3인 이상의 입찰대상자를 지명하여야 하며, 2인 이상의 입찰참가 신청이 있어야 한다고 하고 있다. 사업시행자등이 입찰대상자를 지명하고자 하는 경우에는 대의원회의 의결을 거쳐야 한다.(기준 제7조제2항, 기준 제19조제3항) 소규모주택정비법상의 정비사업은 조합원 수가 적어 대의원회를 두지 않는 경우가 많다. 위와 관련하여 정관에서 이에 관한 규정을 따로 둘 수 있고 그 경우에 정관의 규정을 따른다. 5. 수의계약을 하는 경우 보증금과 기한을 제외하고는 최초 입찰에 부칠 때에 정한 가격 및 기타 조건을 변경할 수 없다.(기준 제8조, 기준 제19조제3항)
입찰 공고문, 안내서의 작성	1. 입찰공고문의 내용 입찰공고문에는 다음의 사항을 포함하여야 한다.(기준 제10조, 21조제1항) - 사업계획의 개요(공사규모, 면적 등) - 입찰의 일시 및 장소 - 입찰의 방법(경쟁입찰 방법, 공동참여 여부 등) - 현장설명회 일시 및 장소(현장설명회를 개최하는 경우에 한 한다) - 부정당업자의 입찰 참가자격 제한에 관한 사항 - 입찰참가에 따른 준수사항 및 위반시 자격 박탈에 관한 사 항 - 그 밖에 사업시행자등이 정하는 사항 2. 입찰안내서의 내용은 위 입찰공고문의 내용을 기초로 입찰서 작성방법·제출서류·접수방법 및 입찰유의사항 등 입찰절차의 진행에 필요한 구체적인 사항이다. 주요내용은 다음과 같다. - 부정당업자의 입찰 참가자격 제한 사업시행자는 입찰시 대의원회의 의결을 거쳐 다음 ①②의 어느 하나에 해당하는 자에 대하여 입찰참가자격을 제한할 수 있다. ① 금품, 향응 또는 그 밖의 재산상 이익을 제공하거나 제공의사를 표시하거나 제공을 약속하여 처벌을 받았거나, 입찰 또는 선정이 무효 또는 취소된 자(소속 임직원을 포함한다) ② 입찰신청서류가 거짓 또는 부정한 방법으로 작성되어 선정 또는 계약이 취소된 자(기준 제12조) (소규모주택정비법상의 정비사업은 조합원 수가 적어 대의원회를 두지 않는 경우가 많다. 위와 관련하여 정관에서 이에 관한 규정을 따로 둘 수 있고 그 경우에 정관의 규정을 따른다) - 전자입찰을 통한 계약대상자의 선정 방법은 다음 ① ② ③과 같다.(기준 제19조제2항) ① 최저가로 입찰한 자를 선정하는 최저가방식 ② 입찰가격과 실적·재무상태·신인도 등 비가격요소 등을 종합적으로 심사하여 선정하는 적격심사방식

입찰 공고문, 안내서의 작성	③ 입찰가격과 사업참여제안서 등을 평가하여 선정하는 제안서평가방식 위 적격심사방식, 사업제안서평가의 방식에 따라 계약대상자를 선정하는 경우 평가항목별 배점표를 작성하여 입찰 공고 시 이를 공개하여야 한다.(기준 제21조제2항) (현장에서는 최저가방식만을 채택하는 경우는 거의 없고 적격심사방식을 주로 채택되어왔는데, 점차 적격심사방식과 제안서평가방식을 혼용하는 형태로 하는 경우가 많아지는 것 같다)
입찰 공고	사업시행자가 계약을 위하여 입찰을 하고자 하는 경우에는 입찰서 제출마감일 7일 전, 현장설명회를 개최하는 경우에는 현장설명회 개최일 7일 전까지 전자조달시스템 또는 1회 이상 일간신문(전국 또는 해당 지방을 주된 보급지역으로 하는 일간신문을 말한다. 이하 같다)에 입찰을 공고하여야 한다. 다만, 지명경쟁에 의한 입찰의 경우에는 입찰서 제출마감일 7일 전, 현장설명회를 개최하는 경우에는 현장설명회 개최일 7일 전까지 내용증명우편으로 입찰대상자에게 통지(도달을 말한다. 이하 같다)하여야 한다.(기준 제9조제1항, 2항, 기준 제20조제1항, 2항) 위에도 불구하고 재입찰을 하거나 긴급한 재해예방·복구 등을 위하여 필요한 경우에는 입찰서 제출마감일 5일 전까지 공고할 수 있다.(기준 제9조제3항)
현장설명회	사업시행자가 현장설명회를 개최할 경우 현장설명에는 다음 의 사항이 포함되어야 한다.(기준 제11조, 기준24조) - 사업시행구역 현황 - 입찰서 작성방법·제출서류·접수방법 및 입찰유의사항 - 계약대상자 선정 방법 - 계약에 관한 사항 - 그 밖에 입찰에 관하여 필요한 사항
입찰서의 접수 및 개봉	1. 일반계약인 경우(기준 제13조) 사업시행자는 밀봉된 상태로 입찰서(사업 참여제안서를 포함한다)를 접수하여야 한다. 접수한 입찰서를 개봉하고자 할 때에는 입찰서를 제출한 입찰참여자의 대표(대리인을 지정한 경우에는 그 대리인을 말한다)와 사업시행자의 임원 등 관련자, 그 밖에 이해관계자 각 1인이 참여한 공개된 장소에서 개봉하여야 한다. 사업시행자는 입찰서 개봉 시에는 일시와 장소를 입찰참여자에게 통지하여야 한다.(현장에서는 보통 접수 시에 개봉한다) 2. 전자입찰 계약인 경우(기준 제22조) 사업시행자는 전자조달시스템을 통해 입찰서를 접수하여야 한다. 입찰서 이외의 입찰 부속서류는 밀봉된 상태로 접수하여야 한다. 입찰 부속서류를 개봉하고자 하는 경우에는 부속서류를 제출한 입찰참여자의 대표(대리인을 지정한 경우에는 그 대리인을 말한다)와 사업시행자등의 임원 등 관련자, 그 밖에 이해관계자 각 1인이 참여한 공개된 장소에서 개봉하여야 한다. 사업시행자는 입찰 부속서류 개봉 시에는 일시와 장소를 입찰참여자에게 통지하여야 한다.(현장에서는 보통 접수 시에 개봉한다)

입찰참여자의 홍보설명회	1. 기준 제34조제1항에 따라 건설업자등을 시공자로 선정하는 경우 합동홍보설명회를 개최하여야 하나 그 외의 용역업자 등을 선정하는 경우 홍보설명회가 반드시 필요한 것은 아니다. 2. 홍보설명회 등(기준 제14조, 기준 제24조) - 사업시행자는 입찰에 참여한 설계업자, 정비사업전문관리업자 등을 선정하고자 할 때에는 이를 토지등소유자(조합이 설립된 경우에는 조합원을 말한다. 이하 같다)가 쉽게 접할 수 있는 일정한 장소의 게시판에 7일 이상 공고하고 인터넷 등에 병행하여 공개하여야 한다. - 사업시행자는 필요한 경우 설계업자, 정비사업전문관리업자 등의 합동홍보설명회를 개최할 수 있다. 합동홍보설명회를 개최하는 경우에는 개최 7일 전까지 일시 및 장소를 정하여 토지등소유자에게 이를 통지하여야 한다. - 입찰에 참여한 자는 토지등소유자 등을 상대로 개별적인 홍보(홍보관·쉼터 설치, 홍보책자 배부, 세대별 방문, 개인에 대한 정보통신망을 통한 부호·문언·음향·영상 송신행위 등을 포함한다)를 할 수 없으며, 홍보를 목적으로 토지등소유자 등에게 사은품 등 물품·금품·재산상의 이익을 제공하거나 제공을 약속하여서는 아니 된다. - 토지등소유자 등을 상대로 하는 개별적인 홍보를 하는 행위가 적발된 건수의 합이 3회 이상인 경우 해당 입찰은 무효로 본다. 위에 따라 해당 입찰이 무효로 됨에 따라 단독 응찰이 된 경우에는 유효한 경쟁입찰로 본다.(기준 제16조, 기준 제24조)

	정비사업전문관리업자, 설계자, 감정평가법인, 예산 외의 조합원에게 부담이 된 계약	기타
대의원회의 의결 (보통은 이사회의 의결)	대의원회에서 총회에 상정할 4인 이상의 입찰대상자를 선정하여야 한다. 다만, 입찰에 참가한 입찰대상자가 4인 미만인 때에는 모두 총회에 상정하여야 한다.(기준 제15조, 기준 제24조)	시공자, 정비사업전문관리업자, 설계자, 감정평가법인등을 선정하기 위한 계약과 예산 외의 부담이되는 계약을 체결하는 경우를 제외하고는 대의원회의 의결을 거쳐 계약을 체결하여야 한다. 소규모주택정비법상의 정비사업은 조합원 수가 적어 대의원회를 두지 않는 경우가 많다. 위와 관련하여 정관에서 이에 관한 규정을 따로 둘 수 있고 그 경우에 정관의 규정을 따른다. 보통은 이사회에서 계약을 체결하도록 하고 있다.(기준 제15조, 기준 제24조)

총회의 의결	- 사업시행자는 위에 해당하는 계약은 총회(총회, 토지등소유자 전체회의, 사업시행자인 토지등소유자가 자치적으로 정한 규약에 따른 총회 조직을 말한다)의 의결을 거쳐야 한다.(기준 제15조, 기준 제24조) - 보통 입찰서류 제출시 계약서(안)을 제출하게 하고 제출된 계약서(안)을 검토한 후 동 서류를 총회에 상정하여 구체적인 계약서의 작성은 총회에 상정된 계약서(안)을 기초로 이사회에 작성위임하는 형태로 의결된다.	×××
계약체결	- 구체적인 계약서의 작성은 총회에서 위임한데로 선정된 자와 협의하여 한다. - 사업시행자는 위 총회의 의결을 거쳐 선정된 자가 정당한 이유 없이 3개월 이내에 계약을 체결하지 아니하는 경우에는 총회 또는 대의원회의 의결을 거쳐 해당 선정을 무효로 할 수 있다.(기준 제17조, 기준 제24조)	

2장

감정평가

1. 총설

정비사업은 사업시행구역 내에 서로 다른 토지 또는 건축물(이하, 종전자산이라 칭함)을 가지고 있는 여러 명의 토지등소유자들이 종전 건축물의 철거비, 공사비 등 비용(이하, 총사업비라 칭함)을 들여 새로운 대지 및 건축물(이하, 종후자산이라 칭함)을 건축해서 수입을 창출하는 것을 궁극적인 목적으로 한다.

따라서 정비사업에 참여하는 토지등소유자는 종후자산의 평가액은 어떻게 될 것인지, 총사업비액은 얼마일지, 수입의 분배와 비용의 부담은 어떻게 될 것인지에 대하여 지대한 관심을 갖게 될 것이다.

자산의 평가에 관한 문제는 무엇보다도 평가에 대한 객관성·신뢰성을 어떻게 확보할 것인가? 에 관한 것이다. 평가의 주체는 누구이며, 평가의 기준은 객관적인가? 평가의 시기는 언제인가? 에 관한 문제이다.

이하에서는 각 평가를 하여야 하는 경우는 어떠한 경우이며 그 경우 평가의 객관성·신뢰성은 어떻게 확보되고 있는지 등에 대하여 살펴본다.

2. 종전자산의 평가 - 출자자 지위의 평가

가. 종전자산에 대한 평가의 의미는 전체 소유자의 종전자산의 가액에서 특정 소유자의 종전자산의 가액이 차지하는 비율을 정하여 수입액 분배기준, 비용액 부담 기준. 즉 출자자지위의 평가를 위한 것이다.

나. 평가시점 - 관리처분계획 수립시의 평가시점

관리처분계획 수립 시의 분양대상자별 종전의 토지 또는 건축물(종전자산)에 대한 평가시점은 <u>건축심의 결과를 받은 날을 기준</u>으로 한 가격(건축심의 전에 철거된 건축물은 시장·군수등에게 허가를 받은 날을 기준으로 한 가격)(소규모주택정비법 제33조제1항제5호)으로 한다.

종전자산에 대한 평가의 의미는 전체 소유자의 종전자산의 가액에서 특정 소유자의 종전자산의 가액이 차지하는 비율을 정하여 수입액 분배기준, 비용액 부담기준, 즉 출자자지위의 평가를 위한 것이다. 따라서 논리적으로 볼 때 종전자산에 대한 평가시점은 조합설립인가 시든 관리처분계획인가 시든 무엇으로 하더라도 모순이 있는 것은 아니다. <u>이 점에 관하여 법은 종전자산에 대한 평가시점을 건축심의 결과를 받은 날로 하고 있을 뿐이다.</u>

다. 평가의 방법 등

(1) 관리처분계획 수립 시의 평가방법

조합원 분양대상자별 종전자산의 평가는 다음의 방법에 따른다.(소규모주택정비법 제33조제3항, 소규모주택정비법 제56조제2항, 도시정비법 제74조제2항)
 - 「감정평가 및 감정평가사에 관한 법률」에 따른 감정평가법인등이 평가한 금액을 산술평균하여 산정한다.(법 제74조제2항제1호)
 - 감정평가법인등의 평가를 받으려는 경우에는 시장·군수등이 선정·계약한 1인 이상의 감정평가법인등과 조합총회의 의결로 선정·계약한 1인 이상의 감정평가법인등(법 제74조제2항제1호나목)이 평가할 것.(영 제76조제1항제2호)

[시장·군수등은 감정평가법인등을 선정·계약하는 경우 감정평가법인등의 업무수행능력, 소속 감정평가사의 수, 감정평가 실적, 법규 준수 여부, 평가계획의 적정성 등을 고려하여 객관적이고 투명한 절차에 따라 선정하여야 한다. 이 경우 감정평가법인등의 선정·절차 및 방법 등에 필요한 사항은 시·도조례로 정한다.(법 제74조제2항제2호)

사업시행자는 감정평가를 하려는 경우 시장·군수등에게 감정평가법인등의 선정·계약을 요청하고 감정평가에 필요한 비용을 미리 예치하여야 한다. 시장·군수등은 감정평가가 끝난 경우 예치된 금액에서 감정평가 비용을 직접 지불한 후 나머지 비용을 사업시행자와 정산하여야 한다.(법 제74조제2항제3호)]

(2) 소규모주택정비법 제41조에 따른 청산금의 산정, 징수, 지급을 정하기 위한 종전자산의 평가방법(소규모주택정비법 제41조제3항, 소규모주택정비법 제56조제2항제1호, 도시정비법 제74조제2항, 도시정비법 제89조제4항, 도시정비법 시행령 제76조제1항)

소규모주택정비법 제41조제3항은 사업시행자가 관리처분계획 인가 또는 변경인가 후 발생한 상황을 참작하여 인가받은 관리처분계획에서 정하여진 청산금을 조정할 수 있도록 하고 있다.[여기서 말하는 청산금은 관리처분계획 인가 또는 변경인가 후 청산 즈음까지 정비사업 시행에 의하여 구체적으로 실현된 총수입의 변동, 총사업비의 변동 상황을 반영하여 정하여진 조합원 또는 토지등소유자의 최종적인 분담금(청산금)을 말한다.]

이때 소규모주택정비법 제41조제3항은 사업시행자가 청산금액을 산정하기 위하여 종전에 소유하고 있던 토지 또는 건축물의 가격을 평가할 수 있도록 하고 있다.

그런데 이때의 종전자산에 대한 평가는 관리처분계획인가(변경인가 포함) 시의 종전자산 평가액 자체를 변경하는 의미의 평가는 아니다. 종전자산에 대한 평가는 개별 조합원의 출자자의 지위 즉, 개별조합원의 조합수입액 분배비율 및 조합비용액의 부담비율을 정하는 것이므로 이후 이 비율을 변경하는 것은 성질상 원칙적으로 허용되지 않기 때문이다.

그러므로 여기서 말하는 종전자산에 대한 평가는 관리처분계획 인가 또는 변경인가 후 청산 즈음까지 관리처분계획 인가(변경인가 포함) 당시의 조합원 분양대상자 중 분담금을 납부하지 못하는 자가 있어 그 자에 대한 분양분을 일반분양으로 전환하는 경우를 반영하여 관리처분계획 인가, 변경인가 시의 전체 분양대상자 종전자산가액에서 분담금을 납부하지 못하는 자의 종전자산가액을 제외하는 변경을 의미한다. 따라서 이 때의 종전자산에 대한 평가는 진정한 의미의 평가가 아니라 계산에 불과하다.

그렇지만 법의 문언으로만 보면 '사업시행자는 종전에 소유하고 있던 토지 또는 건축물의 가격을 평가하는 경우 그 토지 또는 건축물의 규모, 위치, 용도, 이용 상황 및 정비사업비 등을 참작하여 평가하여야 한다고 하면서, 사업시행자가 정하는 바에 따라 평가할 수 있으나 감정평가법인등의 평가를 받으려는 경우에는 관리처분계획 수립 시의 평가방법으로 한다'고 되어 있어 여기의 종전자산에 대한 평가에 관리처분계획인가(변경인가 포함) 시의 종전자산 평가액 자체를 변경하는 의미의 평가를 포함하는 듯한 표현을 쓰고 있음을 알 수 있다. 이러한 법의 태도가 옳은지는 의문이다.

[참고:

① 소규모주택정비법 제41조에 따라 청산금을 산정할 때에 관리처분계획 인가 또는 변경인가 당시의 조합원 분양대상자 중 분담금을 납부하지 못하는 자가 있어 일반분양으로 전환되는 경우를 반영하여 관리처분계획 인가, 변경인가 시의 전체 분양대상자 종전자산가액에서 분담금을 납부하지 못하여 일반분양으로 전환되는 경우 그 자의 종전자산가액을 제외하는 변경이 허용되는 것은 당연하다. 그렇지만 관리처분계획인가(변경인가 포함) 후 청산 즈음에 '조합총회의 의결로 정해져 인가까지 받은 종전자산 평가액 자체'를 변경하기 위해서는 '관리처분계획 인가 또는 변경인가에 필요한 의결정족수보다 가중된 의결정족수 요건이 있는 조합총회의 의결'이 있어야 할 것으로 생각한다. 종전자산가액 자체의 변경은 현격한 출자자의 지위(수입액 분배비율 및 비용액 부담비율)의 변경을 수반하기 때문이다.

② 종전자산평가의 기준(인천시 도시 및 주거환경정비조례 제31조)

- 소유 토지의 면적·지목 등 그 표시에 관한 사항은 「공간정보의 구축 및 관리 등에 관한 법률」 제2조제19호에 따른 지적공부의 해당 등재내용을 적용한다. 다만, 1필지를 여러 사람이 공유하는 경우에는 부동산등기부에 표시된 개인별 지분비율에 따라 산정한 면적을 적용한다.

- 건축물의 소유 면적·용도 그 밖의 표시에 관한 사항은 「건축법」 제38조에 따른 건축물대장의 해당 등재내용을 적용한다.
- 토지 및 건축물의 소유권 및 취득시기 등에 관한 사항은 부동산등기부의 해당 등기내용을 적용한다.
- 법 제123조제1항에 따라 재개발사업의 시행방식이 전환된 경우에는 환지예정지증명원에 따른 토지 및 건축물의 사실관계에 관한 사항을 적용한다.
- 관계법령 및 정관등이 정하는 바에 따라 국·공유지의 연고점유권이 인정된 경우에는 그 경계를 기준으로 실시한 지적측량결과를 적용한다.
- 기존무허가건축물의 소유권·면적 등에 관한 사항은 항공사진측량 판독결과, 재산세과세대장 그 밖에 관계법령 또는 정관등이 정하는 입증자료에 따라 적용한다.
- 건축허가를 받았거나 건축신고를 하고 건축하였으나 사용승인을 받지 아니한 건축물 중 허가 또는 신고 된 내용과 일치되게 건축된 부분의 사실관계는 「건축법」에 따른 건축허가 또는 신고대장의 해당사항을 적용한다.]

3. 수입액의 평가

가. 새로 조성된 대지 또는 건축물에 대한 평가 – 종후자산의 평가

(1) 관리처분계획수립 시의 평가

관리처분계획에는 다음의 수입 추산액 등이 기재되어야 한다.(소규모주택정비법 제33조 제1항제3호, 4호)
- 조합원 분양분 수입추산액: 분양대상자별 분양예정인 대지 또는 건축물의 추산액 (임대관리 위탁주택에 관한 내용을 포함한다)
- 일반 분양분 수입추산액 등: 일반분양분 주택(임대주택 포함) 및 부대시설·복리시설,

그 밖의 보류지 등의 명세와 추산액

분양예정인 대지 및 건축물의 가액(종후자산의 가액)은 「감정평가 및 감정평 가사에 관한 법률」에 따른 감정평가법인등 중 시장·군수등이 선정·계약한 1인 이상의 감정평가법인등과 조합총회의 의결로 선정·계약한 1인 이상의 감정평가법인등이 평가한 금액을 산술평균하여 산정한다.(소규모주택정비법 제56조제2항, 도시정비법 제74조제4항)

분양예정인 대지 또는 건축물(종후자산)에 대한 평가시점에 관하여 법령에서 특별히 정하지 않고 있다. 분양대상자별 종전의 토지 또는 건축물(종전자산)에 대한 평가시점에 관하여 건축심의 결과를 받은 날을 기준으로 한 가격을 기준으로 하고 있는 점과 다른 점이다.

그렇다고 종후자산의 평가 시 기준시점이 없는 것이 아님은 물론이다. 종후자산의 평가기준시점은 평가의 목적에 따라 다를 것이기 때문에 법령에서 특별히 규정을 두고 있지 않은 것으로 해석된다. 조합설립단계에서의 평가, 관리처분계획단계에서의 평가는 각 그 시점을 기준으로 하는 것이다. 사업시행자는 시행하는 사업의 일정 계획상 일반분양분을 분양하고자 하는 시점의 예측가액을 정하면 될 것이다.

사업시행자는 이렇게 정하여진 종후자산가액을 기초로 관리처분계획 수립 시 조합원분양분과 일반분양분(보류지 포함)으로 나누어 조합원분양분의 가격과 일반분양분의 가격을 동일하게 계획할 수도 있고 조합원분양분의 가격을 일반분양분의 가격보다 저렴하게 계획할 수도 있다.

(2) 소규모주택정비법 제41조에 따른 청산금의 산정, 징수, 지급을 정하기 위한 종후자산의 평가

소규모주택정비법 제41조제3항은 사업시행자가 관리처분계획 인가 또는 변경인가 후 발생한 상황을 참작하여 인가받은 관리처분계획에서 정하여진 청산금을 조정할 수 있도록 하고 있다.[여기서 말하는 청산금은 관리처분계획 인가 또는 변경인가 후 청산 즈음까지 정비사업 시행에 의하여 구체적으로 실현된 총수입의 변동, 총사업비의 변동

상황을 반영하여 정하여진 조합원 또는 토지등소유자의 최종적인 분담금(청산금)을 말한다.]

이 때 소규모주택정비법 제41조제3항은 사업시행자가 청산금액을 산정하기 위하여 조합원이 분양받은 대지 또는 건축물의 가격을 평가할 수 있도록 하고 있다.

그런데 이때의 종후자산에 대한 평가는 관리처분계획인가(변경인가 포함) 시의 종후자산 평가 자체를 변경하는 의미의 평가는 아니다. 여기서 말하는 종후자산에 대한 평가는 관리처분계획 인가 또는 변경인가 후 청산 즈음까지 발생한 분양예정주택의 미분양, 그에 따른 할인분양, 분양주택의 계약해제에 따른 계약금의 귀속수입, 연체금 부과수입 등 수입상황의 증감을 반영하는 계산이라 할 것이다.

그렇지만 법의 문언으로만 보면 '사업시행자는 신축건축물 등의 가격을 평가하는 경우 그 토지 또는 건축물의 규모, 위치, 용도, 이용 상황 및 정비사업비 등을 참작하여 평가하여야 한다고 하면서, 사업시행자가 정하는 바에 따라 평가할 수 있으나 감정평가법인등의 평가를 받으려는 경우에는 관리처분계획 수립 시의 평가방법으로 한다'고 되어 있어 여기의 종후자산에 대한 평가에 관리처분계획인가(변경인가 포함) 시의 종후자산 평가 자체를 변경하는 의미의 평가를 포함하는 듯한 표현을 쓰고 있음을 알 수 있다. 이러한 법의 태도가 옳은지는 의문이다.

나. 임대주택의 인수가격의 평가

위 가.의 새로 조성된 대지 또는 건축물에는 임대주택이 포함되어 있다. 임대주택에는 조합원 분양분인 임대관리 위탁주택과 일반분양분인 임대주택이 있고 임대주택에 대한 평가와 관련하여 소규모주택정비법은 다음의 규정을 두고 있다. 따라서 다음의 규정에 따라 수입액 산정이 있게 된다.

(1) 소규모주택정비법 제49조에 따른 임대주택건설에 따른 특례 - 건축비와 부속토지의 가격은 감정평가법인등 2인 이상이 평가한 금액의 산술평균치로 한다

사업시행자가 소규모주택정비사업의 시행으로 공공임대주택 또는 공공지원민간임대주택을 건설하는 경우,

공공임대주택은 국토교통부장관, 시·도지사, 시장·군수등, 토지주택공사등 또는 주택도시기금이 총지분의 100분의 50을 초과하여 출자한 「부동산투자회사법」에 따른 부동산투자회사에 공급할 수 있고(소규모주택정비법 제49조제2항)

「민간임대주택에 관한 특별법」 제2조제4호에 따른 공공지원민간임대주택이 준공인가 및 공사완료의 고시가 있은 날까지 공급대상자에게 공급이 되지 아니한 때에는 국토교통부장관, 시장·군수등 또는 토지주택공사등이 해당 임대주택을 인수할 수 있다.(소규모주택정비법 제34조제5항)

이 때의 공공임대주택, 공공지원민간임대주택의 인수가격은 건축비와 부속토지의 가격을 합한 금액을 기초로 산정하되, 사업여건 등을 고려하여 사업시행자와 인수자 간 협의로써 조정할 수 있다.

건축비와 부속토지의 가격은 소규모주택정비법 제26조에 따른 심의 결과를 통지받은 날(자율주택정비사업의 경우에는 준공인가 및 공사완료를 고시한 날을 말한다)을 기준으로 감정평가법인등 2인 이상(조합 또는 토지등소유자가 추천한 1인을 포함한다)이 평가한 금액의 산술평균치로 한다.(소규모주택정비법 제49조, 소규모주택정비법 시행령 제41조제5항, 소규모주택정비법 시행령제33조제1항)

(2) 소규모재개발사업 및 소규모재건축사업의 용적률 등에 관한 특례 및 관리지역에서의 임대주택의 공급 및 인수 - 공공건설임대주택의 표준건축비, 부속토지 기부채납

(가) 역세권에서 시행하는 소규모재개발사업

역세권에서 시행하는 소규모재개발사업의 사업시행구역은 사업시행계획인가가 있은 날부터 「국토의 계획 및 이용에 관한 법률」 제36조제1항제1호가목 및 같은 조 제2항에 따라 주거지역을 세분하여 정하는 지역 중 대통령령으로 정하는 지역으로 결정·고시된 것으로 보아 법적상한용적률까지 용적률을 정할 수 있으며(소규모주택정비법 제49조의2제1항)

위에 따른 용적률이 「국토의 계획 및 이용에 관한 법률」 제78조에 따라 시·군조례로 정한 용적률(용도지역이 변경된 경우 종전의 용도지역의 용적률을 말한다)을 초과한 경우 그 초과한 용적률의 100분의 50 이하로서 시·도조례로 정하는 비율에 해당하는 면적에 대통령령으로 정하는 주택 등 건축물을 건설하여 시·도지사, 시장·군수등 또는 토지주택공사등에 공급하여야 한다.(소규모주택정비법 제49조의2제2항)

위 인수주택 등의 공급가격은 「공공주택 특별법」 제50조의4에 따라 국토교통부장관이 고시하는 공공건설임대주택의 표준건축비로 하며, 부속토지는 시·도지사, 시장·군수등 또는 토지주택공사등에게 기부채납한 것으로 본다.(소규모주택정비법 제49조의2제7항)

(나) 소규모재건축사업, 공공재건축사업

- 소규모재건축사업

소규모재건축사업을 시행하는 사업시행자는 「국토의 계획 및 이용에 관한 법률」 제78조에 따라 시·군조례로 정한 용적률에도 불구하고 소규모주택정비법 제27조에 따른 통합심의를 거쳐 법적상한용적률까지 건축할 수 있다. 이 경우 사업시행자는 시·군조례로 정한 용적률을 초과하는 용적률의 100분의 20 이상 100분의 50 이하로서 시·도조례로 정하는 비율에 해당하는 면적에 국민주택규모 주택을 건설하여 국토교통부장관, 시·도지사, 시장·군수등 또는 토지주택공사등에 공급하여야 한다. (소규모주택정비법 제49조의2제3항)

위 인수주택 등의 공급가격은 「공공주택 특별법」 제50조의4에 따라 국토교통부장관이 고시하는 공공건설임대주택의 표준건축비로 하며, 부속토지는 시·도지사, 시장·군수등 또는 토지주택공사등에게 기부채납한 것으로 본다.(소규모주택정비법 제49조의2제7항)

- 공공소규모재건축사업

공공소규모재건축사업을 시행 또는 대행하는 공공시행자등은 법적상한용적률에도 불구하고 소규모주택정비법 제27조에 따른 통합심의를 거쳐 법적상한용적률의 100분의 120까지 건축할 수 있다.(소규모주택정비법 제49조의2제4항)

위에 따라 법적상한용적률을 초과하여 건축하는 경우 그 초과한 용적률의 100분의 20 이상 100분의 50 이하로서 시·도조례로 정하는 비율에 해당하는 면적에 국민주택규모 주택을 건설하여 국토교통부장관, 시·도지사, 시장·군수등 또는 토지주택공사등에 공급하여야 한다.(소규모주택정비법 제49조의2제5항)

위에 따른 인수주택 등의 공급가격은 「공공주택 특별법」 제50조의4에 따라 국토교통부장관이 고시하는 공공건설임대주택의 표준건축비로 하며, 부속토지는 시·도지사, 시장·군수등 또는 토지주택공사등에게 기부채납한 것으로 본다.(소규모주택정비법 제49조의2제7항)

(3) 관리지역에서의 임대주택의 공급 및 인수

사업시행자는 관리지역에서 소규모주택정비사업의 시행으로 용도지역이 변경된 경우 변경된 용도지역에서의 용적률에서 종전의 용도지역에서의 특별시·광역시·특별자치시·특별자치도·시 또는 군의 조례로 정한 용적률을 뺀 용적률의 100분의 50 이하로서 시·도조례로 정하는 비율에 해당하는 면적에 임대주택을 건설하여 시·도지사, 시

장·군수등 또는 토지주택공사등에 공급하여야 한다.(소규모주택정비법 제43조의5제1항)

위에 따른 임대주택의 공급가격은 「공공주택 특별법」 제50조의4에 따라 국토교통부장관이 고시하는 공공건설임대주택의 표준건축비로 하며, 부속토지는 시·도지사, 시장·군수등 또는 토지주택공사등에게 기부채납한 것으로 본다.(소규모주택정비법 제43조의5제3항)

4. 토지수용, 매도청구에 따른 보상액 평가

토지수용, 매도청구에 따른 조합설립 등 미동의자, 분양신청을 하지 아니하는 자 등이 가지고 있는 종전자산에 대한 보상비는 총사업비의 증가로서의 의미와 전체 조합원 종전자산가액의 감소(비례율의 상승, 조합자산의 증가)라는 의미를 동시에 가지고 있다.

가. 제35조의2, 제36조에 따라 수용재결하는 경우의 보상액산정

(1) 청산금

소규모재개발사업시행자 또는 관리지역에서 가로주택정비사업을 시행하는 시장·군수등 또는 제18조제1항에 따라 공공시행자로 지정된 토지주택공사등(이하 사업시행자라한다)은 토지등소유자(정비사업에서 배제되는 자, 이하 같다)의 토지, 건축물 또는 그 밖의 권리에 대하여 현금으로 청산하는 경우 청산금액은 사업시행자와 토지등소유자가 협의하여 산정한다.(소규모주택정비법 제36조)

이 경우 손실보상액의 산정을 위한 감정평가업자 선정에 관하여는 토지보상법 제68조에 따른다.(소규모주택정비법 제35조의2제2항)

사업시행자는 토지등에 대한 보상액을 산정하려는 경우에는 감정평가업자 3인(토지

보상법 제68조제2항에 따라 시·도지사와 토지소유자가 모두 감정평가업 자를 추천하지 아니하거나 시·도지사 또는 토지소유자 어느 한쪽이 감정평가업자를 추천하지 아니하는 경우에는 2인)을 선정하여 토지등의 평가를 의뢰하여야 한다. 다만, 사업시행자가 국토교통부령으로 정하는 기준에 따라 직접 보상액을 산정 할 수 있을 때에는 그러하지 아니하다.(토지보상법 제68조제1항)

사업시행자가 감정평가업자를 선정할 때 해당 토지를 관할하는 시·도지사와 토지소유자는 대통령령으로 정하는 바에 따라 감정평가업자를 각 1인씩 추천할 수 있다. 이 경우 사업시행자는 추천된 감정평가업자를 포함하여 선정하여야 한다.(토지보상법 제68조제2항)

위에 따른 평가 의뢰의 절차 및 방법, 보상액의 산정기준 등에 관하여 필요한 사항은 국토교통부령으로 정한다.(토지보상법 제68조제3항)

보상액의 산정은 각 감정평가업자가 평가한 평가액의 산술평균치를 기준으로 한다.(토지보상법 시행규칙 제16조제6항)

(2) 이주대책의 수립 등 손실보상

사업의 시행에 따른 이주대책 수립 등 손실보상의 기준 및 절차는 대통령령으로 정할 수 있다.(소규모주택정비법 제35조의2제2항단서)

이에 관한 대통령령은 다음과 같다.

다 음

- 이주대책대상자 제외

소규모주택정비법 제43조의2제4항에 따른 소규모주택정비관리계획 승인고시일부터 계약체결일 또는 수용재결일까지 계속하여 거주하고 있지 않은 건축물의 소유자는 소규모주택정비법 제35조의2제2항 단서 및 「공익사업을 위한 토지 등의 취득 및 보상에 관한 법률 시행령」 제40조제5항제2호에 따라 이주대책대상자에서 제외한다. 다만, 같은 호 각 목(같은 호 마목은 제외한다)에 해당하는 경우에는 그렇지 않다.(소규모주택정비법 시행령 제34조의2제1항)

[주거이전비를 보상하는 경우 보상대상자의 인정시점은 지정고시일등으로 한다.(소규모주택정비법 시행령 제34조의2제4항)]

- 영업의 폐지 또는 휴업에 대한 보상

소규모주택정비법 제35조의2제2항 단서에 따라 소규모재개발사업 또는 소규모주택정비 관리지역에서 시행하는 가로주택정비사업으로 인한 영업의 폐지 또는 휴업에 대한 손실을 평가하는 경우 영업의 휴업기간은 4개월 이내로 한다. 다만, 다음 ①②의 어느 하나에 해당하는 경우에는 실제 휴업기간으로 하며, 그 휴업기간은 2년을 초과할 수 없다.(소규모주택정비법 시행령 제34조의2제2항)

① 해당 정비사업을 위한 영업의 금지 또는 제한으로 4개월 이상의 기간 동안 영업을 할 수 없는 경우
② 영업시설의 규모가 크거나 이전에 고도의 정밀성을 요구하는 등 해당 영업의 고유한 특수성으로 4개월 이내에 다른 장소로 이전하는 것이 어렵다고 인정되는 경우

[위에 따라 영업손실을 보상하는 경우 보상대상자의 인정시점은 지정고시일등으로 한다.(소규모주택정비법 시행령 제34조의2제3항)]

(3) 지연이자

위 사업시행자가 사업시행계획이 인가·고시된 날부터 90일 이내의 협의기간의 만료일 다음 날부터 60일 이내의 기간을 넘겨서 수용재결을 신청한 경우 토지등 소유자에게 다음과 같이 해당 지연일수(遲延日數) 및 이율에 따른 이자를 지급하여야 한다.(소규모주택정비법 시행령 제35조)

- 지연일수가 6개월 이내인 경우: 100분의 5
- 지연일수가 6개월 초과 12개월 이내인 경우: 100분의 10

- 지연일수가 12개월을 초과한 경우: 100분의 15

나. 제35조, 제36조에 따라 매도청구하는 경우의 보상액산정

매도청구권 행사의 법적인 효력은 이를 행사한 정비사업의 사업시행자와 상대방 인사이에 정비사업불참자 등의 건축물 또는 토지에 대하여 시가에 따른 매매계약이 성립된 것으로 의제되는 것이다. 따라서 사업시행자는 정비사업불참자 등에게 그가 가지고 있는 건축물 또는 토지의 소유권과 그 밖의 권리에 대한 가격을 시가로 산정하여 지급하여야 한다.

여기의 시가는 건축물 또는 토지의 소유권 등을 해당 소유자가 임의로 다른 사람에게 매매할 경우 그가 그 대금으로 취득할 것으로 예상되는 합리적이고 객관적인 교환가격을 의미하며 재판절차에서 법원의 촉탁에 따른 시가감정을 통해 객관적으로 이루어진다.

5. 제38조의2 소재확인이 현저히 곤란한 소유자의 종전자산에 대한 평가

소규모주택정비법 제38조의2는 '소유자의 확인이 곤란한 건축물 등에 대한 처분'이라는 제호 아래 '사업시행자는 다음①②③④에서 정하는 날 현재 토지 또는 건축물의 소유자의 소재 확인이 현저히 곤란한 때에는 전국적으로 배포되는 둘 이상의 일간신문에 2회 이상 공고하고, 공고한 날부터 30일 이상이 지난 때에는 그 소유자의 해당 토지 또는 건축물의 감정평가액에 해당하는 금액을 법원에 공탁하고 사업을 시행할 수 있다고 하고 있고,

① 제18조제1항에 따라 시장·군수등 또는 토지주택공사등이 사업을 시행하는 경우에는 같은 조 제2항에 따른 고시일

② 제19조제1항에 따라 지정개발자를 사업시행자로 지정하는 경우에는 같은 조 제2

항에 따른 고시일

③ 제22조제2항 또는 제3항에 따라 시행하는 소규모재개발사업 또는 자율주택정비
사업의 경우에는 같은 조 제5항에 따른 주민합의체 구성의 신고일

④ 제23조제1항·제2항 또는 제4항에 따라 조합이 사업시행자가 되는 경우에는 조합
설립인가일

위에 따른 토지 또는 건축물의 감정평가는 소규모주택정비법 제56조제2항제1호에
따라 도시정비법 제74조가 준용되어 시장·군수등이 선정·계약한 1인 이상의 감정평
가법인등과 조합총회, 주민합의체 회의, 주민대표회의 또는 토지등소유자 전체회의조
합총회의 의결로 선정·계약한 1인 이상의 「감정평가 및 감정평가사에 관한 법률」에 따
른 감정평가법인등이 평가한 금액을 산술평균하여 산정한다.

(시장·군수등은 감정평가법인등을 선정·계약하는 경우 감정평가법인등의 업무수행능력, 소속
감정평가사의 수, 감정평가 실적, 법규 준수 여부, 평가계획의 적정성 등을 고려하여 객관적이고 투
명한 절차에 따라 선정하여야 한다.

사업시행자는 감정평가를 하려는 경우 시장·군수등에게 감정평가법인등의 선정·계약을 요청하
고 감정평가에 필요한 비용을 미리 예치하여야 한다. 시장·군수등은 감정평가가 끝난 경우 예치된
금액에서 감정평가 비용을 직접 지급한 후 나머지 비용을 사업시행자와 정산하여야 한다)

6. 기타

가. 국·공유재산의 취득을 위한 평가(소규모주택정비법 제56조제2항에 따른 도시정비법 제98
조의 준용)

시장·군수등은 인가하려는 사업시행계획 또는 직접 작성하는 사업시행계획서에 국
유·공유재산의 처분에 관한 내용이 포함되어 있는 때에는 미리 관리청과 협의하여야

한다.

사업시행구역의 국유·공유재산은 「국유재산법」 제9조 또는 「공유재산 및 물품관리
법」 제10조에 따른 국유재산종합계획 또는 공유재산관리계획과 「국유재산법」 제43조
및 「공유재산 및 물품 관리법」 제29조에 따른 계약의 방법에도 불구하고 <u>사업시행자</u>
(또는 점유자 및 사용자)에게 다른 사람에 우선하여 수의계약으로 매각 또는 임대될 수
있다.

정비사업을 목적으로 우선하여 매각하는 국·공유지는 <u>사업시행계획인가의 고시가
있은 날</u>을 기준으로 평가한다.

나. 정비사업의 시행으로 인하여 새롭게 설치되는 정비기반시설의 설치비용과 용도가 폐지되는 정비기반시설의 평가(소규모주택정비법 제56조제1항에 따른 도시정비법 제97조의 준용)

시장·군수등 또는 토지주택공사등이 아닌 사업시행자가 정비사업의 시행으로 새로
설치한 정비기반시설은 그 시설을 관리할 국가 또는 지방자치단체에 무상으로 귀속되
고, 정비사업의 시행으로 용도가 폐지되는 국가 또는 지방자치단체 소유의 정비기반시
설은 사업시행자가 새로 설치한 정비기반시설의 설치비용에 상당하는 범위에서 그에
게 무상으로 양도된다.(도시정비법 제97조제2항) <u>이 때 용도가 폐지되는 정비기반시설에
대한 둘 이상의 감정평가법인등의 감정평가와 새로 설치할 정비기반시설의 설치비용
계산(영 제47조제2항제11호)</u>이 필요하다.

3장

매도청구,
토지 등
수용

I 총설

1. 정비사업의 시행을 위한 사업시행자 명의의 소유권확보 수단

정비사업시행자는 정비사업에 반대하거나 반대하지는 않더라도 조합원자격이 없거나, 분양신청을 하지 않거나, 분양대상자가 아닌 자 등의 토지 또는 건축물(이하 종전자산이라 함)에 대한 소유권을 정비사업의 시행으로 생긴 대지 및 건축물에 대한 이전고시 이전에 확보하여야 한다. 소규모주택정비법 제34조제8항은 사업시행자는 준공인가 신청 전까지는 해당 주택건설 대지의 소유권을 확보하여야 한다고 규정하여 이 점을 명확히 하고 있다.

사업시행자가 이전고시를 하기 전에 토지소유권을 확보하여야 하는 점은 일반분양을 위해서도 필요하다. 일반분양대상자가 적법한 소유권을 확보하기 위해서는 사업시행자가 일반분양대상자에게 이전하여 줄 대지 및 건축물에 대한 소유권을 적법하고 유효하게 소유하여야 하기 때문이다.

만일 사업시행자가 정비구역 내 토지 등에 자신의 배타적인 소유권을 확보하지 못한 경우 이전고시는 법적요건이 결여된 위법한 처분이 된다.

소규모주택정비법은 정비사업의 시행을 위한 사업시행자 명의의 소유권확보 수단으로 제35조(매도청구), 제35조의2(토지 등의 수용 또는 사용), 제36조(분양신청을 하지 아니한 자 등에 대한 조치), 제24조제3항 및 제38조의2를 두고 있다.

그런데 이 각 규정의 적용범위와 관련하여 위 각 규정의 내용을 논리적으로 일관되게 이해하는 데 많은 어려움이 있다. 왜냐하면 소규모주택정비법 제35조(매도청구), 제35조의2(토지 등의 수용 또는 사용), 제36조(분양신청을 하지 아니한 자 등에 대한 조치), 제24조제3항의 입법체계는 도시정비법의 제64조, 제63조, 제73조, 제39조제3항의 입법체계를 모범으로 하였지만 소규모주택정비법이 제정되면서 다양한 사업시행방식을 두는 과정과 소규모재개발사업 시행방식의 신설과 그것의 대폭적인 개정과정에서 현장의 상황을 반영하는 실용적인 내용들을 두면서 규정 간 일관되고 논리적인 이해를 어렵게 하는 상황을 야기하였기 때문이다.

이해의 편의를 돕기 위해서 그 연유를 자세히 살펴본다.

소규모주택정비법의 제35조와 제35조의2, 제36조의 체계는 도시정비법의 재건축사업과 재개발사업 구분체계를 기초로 만들어진 것이다.

도시정비법은 재건축사업의 경우 조합설립에 동의하지 않은 자는 처음부터 조합원으로 취급하지 않았고 이러한 자를 배제하는 방법으로 도시정비법 제64조(매도청구)를, 관리처분계획인가 단계에서 분양신청을 하지 않는 등의 조합원을 배제할 필요가 있는 경우 도시정비법 제73조(수용재결신청 또는 매도청구 중 매도청구)를,

재개발사업의 경우는 관리처분계획인가 전 단계에서는 조합설립 동의와 관계없이 조합원으로 취급하여 조합설립 등 미동의자를 배제하는 수단을 두지 않으면서 사업시행계획인가 후부터 도시정비법 제63조(수용재결신청)를, 관리처분계획인가 단계에서 분양신청을 하지 않는 등의 조합원을 배제할 필요가 있는 경우 제73조(수용재결신청 또는 매도청구 중 수용재결신청)를 적용하고 있었다.

이러한 도시정비법상의 태도가 반영된 것이 소규모주택정비법의 제35조와 제35조의2, 제36조의 체계이다.

그런데 소규모주택정비법은 이러한 도시정비법상의 태도를 구체화하는 과정에서 현장의 상황을 반영하는 실용적인 내용들을 두면서 규정 간 일관되고 논리적인 이해를 어렵게 하는 상황을 야기하였다.

소규모주택정비법은 소규모재건축사업을 도시정비법상의 재건축사업을 하는 경우와 같이 조합설립에 동의하지 않은 자는 처음부터 조합원으로 취급하지 않았고 이러한 자를 배제하는 방법으로 도시정비법 제64조와 궤를 같이하는 35조(매도청구)를, 분양

신청을 하지 않는 등의 사유로 조합원을 배제할 필요가 있는 경우 도시정비법 제73조와 궤를 같이 하는 36조(수용재결신청 또는 매도청구 중 매도청구)를,

소규모재개발사업을 시행하는 경우 조합설립에 동의하지 않은 자 등을 소규모재건축사업을 하는 경우와 달리 조합원으로 취급하면서도 이 자를 사업에서 배제할 수 있도록 하고 그 방법으로 도시정비법 제64조와 궤를 같이하는 35조에 '소규모주택정비법 제23조제4항의 소규모재개발사업에 따른 조합설립에 동의하지 아니한 자와 소규모주택정비법 제18조제1항 및 제19조제1항에 따라 소규모재개발사업을 시행하는 시장·군수등, 토지주택공사등 또는 지정개발자 지정에 동의하지 아니한 자를 매도청구의 대상으로 규정하고, 분양신청을 하지 않는 등의 사유로 조합원을 배제할 필요가 있는 경우 도시정비법 제64조 및 제73조와 궤를 같이 하는 제35조의2(수용재결신청), 제36조(수용재결신청 또는 매도청구 중 수용재결신청)를,

가로주택정비사업을 하는 경우 조합설립에 동의하지 않은 자 등을 소규모재건축사업을 하는 경우와 달리 조합원으로 취급하면서 관리지역에서 가로주택정비사업을 시행하는 공공시행자와 그 외의 사업시행자로 나누어, 관리지역에서 가로주택정비사업을 시행하는 공공시행자를 제외한 사업시행자는 조합설립에 동의하지 않은 자 등을 배제하는 방법으로 도시정비법 제64조와 궤를 같이하는 35조(매도청구)를, 분양신청을 하지 않는 등의 사유로 조합원을 배제할 필요가 있는 경우 도시정비법 제73조와 궤를 같이 하는 36조(수용재결신청 또는 매도청구 중 매도청구)를, 관리지역에서 공공시행자가 가로주택정비사업을 시행하는 경우는 시장·군수등, 토지주택공사등 또는 지정개발자 지정에 동의하지 아니한 자를 제35조의 매도청구의 대상에서 제외하면서, 분양신청을 하지 않는 등의 사유로 조합원을 배제할 필요가 있는 경우 도시정비법 제64조 및 제73조와 궤를 같이 하는 제35조의2(수용재결신청), 제36조(수용재결신청 또는 매도청구 중 수용재결신청)를 적용하는 체계로 입법하였다.

이러한 소규모주택정비법의 입법취지의 옳고 그름을 판단해 본다.

첫째, 소규모재건축사업을 하는 경우 아무런 문제가 없다.

둘째, 소규모재개발사업과 가로주택정비사업을 하는 경우 소규모재건축사업과 달리

조합설립에 동의하지 않은 자 등을 조합원으로 취급하면서도 조합설립 등에 동의하지 않은 자를 제35조의 매도청구의 대상으로 하여 정비사업에서 배제할 수 있도록 한 것은 도시정비법상의 규율체계에 대한 반성적 고려를 담아 소규모주택정비사업을 하는 현장의 필요에 따라 매도청구를 인정한 실용적 입법으로 잘한 입법이라 할 수 있다.(다만, 공공시행자가 관리지역에서 가로주택정비사업을 하는 경우 사업시행자 지정에 동의하지 않은 자를 배제하지 못한다는 점에 유의하여야 한다)

소규모주택정비법이 도시정비법과 같이 '처음부터 정비사업에 반대하는 조합설립 등 미동의자'를 처음부터 조합원으로 보지 않는 소규모재건축사업과 '처음부터 정비사업에 반대하는 조합설립 등 미동의자'도 조합원으로 하는 기타의 사업(소규모재개발사업과 가로주택정비사업)으로 구분하여 달리 취급하더라도, 그러한 논리적 일관성을 어떤 경우에도 유지할 필요는 없으므로 그로 해서 오히려 정비사업진행에 도움이 되지 않을 경우에는 그 자를 정비사업에서 배제할 수 있어야 할 것이기 때문이다.

셋째, 문제는 소규모주택정비법 제35조제1항이 매도청구권자에 관하여 '가로주택정비사업(제35조의2에 따라 토지·물건 및 권리를 수용 또는 사용할 수 있는 경우는 제외한다) … 의 사업시행자는 … (중략) … '로 하는 문언, 소규모주택정비법 제35조의2제1항이 '사업시행자는 소규모재개발사업 또는 가로주택정비사업(시장·군수등 또는 제18조제1항에 따라 공공시행자로 지정된 토지주택공사등이 관리지역에서 시행하는 경우로 한정한다)을 시행하기 위하여 필요한 경우에는 「공익사업을 위한 토지 등의 취득 및 보상에 관한 법률」 제3조에 따른 토지·물건 및 권리를 수용 또는 사용할 수 있다.'라는 문언을 두어 규정 간의 일관되고 논리적인 이해를 하는데 어려움을 주고 있다는 것이다. 그 이유는 다음과 같다.

다 음

- 제35조제1항의 문언에 따를 때 가로주택정비사업을 시장·군수등 또는 공공시행자로 지정된 토지주택공사등이 관리지역에서 시행하는 경우 그 공공시행자는 '그 공공시행자가 사업을 시행하는 데 동의하지 않은 자'를 상대로 매도청구를 할 수 없다는 결과가 된다. 이런 상황은 '가로주택정비사업을 시장·군수등 또는 공공시행자로

지정된 토지주택공사등이 관리지역에서 시행하는 경우' 외의 사업시행자가 소규모주택정비법 제35조에 따라 소규모주택정비법 제23조제1항에 따른 가로주택정비사업조합 설립에 동의하지 아니한 자, 소규모주택정비법 제18조제1항 및 제19조제1항에 따라 시장·군수등, 토지주택공사등 또는 지정개발자 지정에 동의하지 아니한 자를 상대로 매도청구할 수 있는 경우와 확연히 다르다. 그런데 위 두 경우를 달리 취급할 이유를 찾기가 어렵다.

- 제35조의2제1항의 문언에 따를 때 '가로주택정비사업을 시장·군수등 또는 공공시행자로 지정된 토지주택공사등이 관리지역에서 시행하는 경우'와 똑같이 소규모재개발사업을 하는 경우 정비사업에서 배제될 자를 배제하는 방법으로 수용재결할 수 있도록 규정하고 있음에도 불구하고, 소규모주택정비법 제35조제1항 각호의 부분에 '소규모주택정비법 제23조제4항의 (소규모재개발사업에 따른) 조합설립에 동의하지 아니한 자와 소규모주택정비법 제18조제1항 및 제19조제1항에 따라 (소규모재개발사업을 시행하는) 시장·군수등, 토지주택공사등 또는 지정개발자 지정에 동의 하지 아니한 자'를 매도청구의 대상으로 규정하여 소규모재개발사업의 사업시행 자이면 공공사업자가 관리지역에서 소규모재개발사업을 하는 경우에도 매도청구할 수 있도록 하고 있는 점과 크게 대비되어 위 두 경우를 달리 취급할만한 이유를 찾기 어렵다.

2. 따라서 이하에서는 위 각 규정의 내용을 논리적으로 일관되게 이해할 수 있도록 하기 위해서 제35조제1항의 문언과 제35조의2제1항의 문언을 기초로 다음과 같은 체재로 각 조항을 살펴보면서 입법론에 대해서도 언급하고자 한다.

다 음

정비사업에서 배제하여야 할 자	- 소규모재건축사업 - 관리지역에서 공공시행자가 시행하는 경우를 제외한 가로주택정비사업	- 소규모재개발사업 - 관리지역에서 공공시행자가 시행하는 가로주택정비사업
1. 소규모주택정비법 제23조제1항(가로주택정비사업조합) 제2항(소규모재건축정비사업조합)·제4항(소규모재개발정비사업조합)에 따른 조합설립에 동의하지 아니한 자 2. 소규모주택정비법 제18조제1항 및 제19조제1항에 따라 시장·군수등, 토지주택공사등 또는 지정개발자 지정에 동의하지 아니한 자	1. 위 소규모재건축사업과 가로주택정비사업(관리지역에서 공공시행자가 시행하는 사업 제외)을 시행하는 경우 좌의 1.2.의 자를 대상으로 소규모주택정비법 제35조의 매도청구 <u>2. 이례적 입법사항</u> 소규모주택정비법 제35조제1항 각호는 제23조제4항(소규모재개발사업)에 따른 조합설립에 동의하지 않은 자, 공공시행자 지정등에 동의하지 않은 자를 매도청구의 대상으로 하고 있다. 이는 소규모주택정비법 제35조의 2에서 소규모재개발사업을 하는 경우 필요한 경우 토지보상법상의 수용재결신청을 하게 하고는 있지만 수용권은 소규모주택정비법 제29조의 사업시행계획(관리처분계획 포함)인가 후에나 행사할 수 있으므로(소규모주택정비법 제35조의2제3항) 소규모재개발사업을 하는 경우 필요할 때 조합설립 등 미동의자를 정비사업에서 배제할 수 있도록 하기 위함이다. 사업시행계획(관리처분계획 포함)인가 전 단계에서의 매도청구는 매도청구의 대상인 자의 소유권 외의 소유자에게 대항할 수 있는 다른 권리를 소멸 또는 중지를 하게 하지는 못한다. 따라서 이 단계에서의 매도청구는 그렇게 되어도 무방한 경우에 행하여질 것이다.	수용권은 소규모주택정비법 제29조의 사업시행계획(관리처분계획 포함)인가 후에나 행사할 수 있으므로(소규모주택정비법 제35조의2제3항) 이 단계에서 수용권이 행사되는 경우는 없다.

1. 분양신청을 하지 아니한 자 2. 분양신청기간 종료 이전에 분양신청을 철회한 자 3. 소규모주택정비법 제29조에 따라 인가된 관리처분계획에 따라 분양대상에서 제외된 자	1. 소규모주택정비법 제36조는 좌의 1.2.3.의 경우 매도청구 또는 수용재결신청할 수 있는 것으로 하고 있으나 법원에 제기하는 매도청구와 수용위원회에 신청하는 수용재결은 엄연히 절차가 다르므로, 위 소규모재건축사업과 가로주택정비사업(관리지역에서 공공시행자가 시행하는 사업 제외)을 시행하는 경우 좌의 1.2.3.의 자를 대상으로 소규모주택정비법 제36조의 매도청구를 할 수 있는 것으로 해석됨. 2. 소규모주택정비법 제24조제3항에 따라 제36조가 준용되는데, 이 때 소규모재건축사업, 가로주택정비사업(관리지역에서 공공시행자가 시행하는 사업 제외)을 시행하는 경우는 매도청구를 할 수 있는 것으로 해석됨.	1. 소규모주택정비법 제36조는 좌의 1.2.3.의 경우 매도청구 또는 수용재결신청할 수 있는 것으로 하고 있으나 법원에 제기하는 매도청구와 수용위원회에 신청하는 수용재결은 엄연히 절차가 다르므로, 위 소규모재개발사업과 관리지역에서 공공시행자가 시행하는 가로주택정비사업을 시행하는 경우 좌의 1.2.3.의 자를 대상으로 소규모주택정비법 제36조의 수용재결신청을 할 수 있는 것으로 해석됨. 2. 소규모주택정비법 제24조제3항에 따라 제36조가 준용되는데, 이 때 소규모재개발사업, 관리지역에서 공공시행자가 시행하는 가로주택정비사업을 시행하는 경우는 수용재결신청을 할 수 있는 것으로 해석됨.
	이 단계에서 행하는 매도청구는 소규모주택정비법 제40조제5항(제37조,제38조제5항 참조)에 따라 매도청구의 대상인 자의 소유권 외에 그 소유권에 존재하는 다른 권리도 소멸 또는 사용수익 중지의 효과가 있다.	이 단계에서 수용권이 행사되는 경우 대상인 자의 소유권 외에 그 소유권에 존재하는 다른 권리는 소멸한다.

한편, 소규모주택정비법 제38조의2(소유자의 확인이 곤란한 건축물 등에 대한 처분)는 사업시행자는 조합설립인가일, 사업시행자 지정 고시일 등의 날 현재 건축물 또는 토지의 소유자의 소재 확인이 현저히 곤란한 때에는 전국적으로 배포되는 둘 이상의 일간신문에 2회 이상 공고하고, 공고한 날부터 30일 이상이 지난 때에는 그 소유자의 해당 건축물 또는 토지의 감정평가액에 해당하는 금액을 법원에 공탁하고 정비사업을 시행할 수 있다고 하고 있는 바, '정비사업을 시행할 수 있다'는 문언이 무엇을 말하는 것인

지와 관련하여 <u>건축물 또는 토지의 소유자의 소재 확인이 현저히 곤란한 상황이 계속되는 경우 그 자의 소유권을 사업시행자가 확보하는 방법</u>도 정한 것인지 문제된다. 이하에서 이 점에 대해서도 설명한다.

Ⅱ 소규모주택정비법 제35조

1. 매도청구권자

원칙적으로 소규모재건축사업, 가로주택정비사업, 소규모재개발사업의 사업시행자이다. 이를 구체적으로 보면 다음의 가. 나. 다. 라. 와 같다.

다 음

가. 주민합의체인 사업시행자의 경우

- 가로주택정비사업 또는 소규모재건축사업의 사업시행자 중 토지등소유자가 20인 미만이어서 토지등소유자 전원의 합의로 주민합의체를 구성하여 하는 경우의 주민 합의체인 사업시행자는 제외된다.

- 소규모주택정비법 제35조제2항은 자율주택정비사업을 관리지역에서 하는 경우의 주민합의체는 매도청구를 할 수 있도록 하고 있다.
  법이 20인 미만의 토지등소유자가 정비사업을 시행하는 경우 토지등소유자 전원의 합의로 주민합의체를 구성하여 하도록 하고 있음에도 불구하고 관리지역에서 시행하는 자율주택정비사업의 경우에는 토지등소유자의 10분의 8 이상 및 토지면적의 3분의 2 이상의 토지소유자 동의를 받아 주민합의체를 구성하여 할 수 있도록 하고 있는 점(소규모주택정비법 제22조제3항, 신설 2021. 7. 20.)을 반영한 규정이다.

- 그러면 20인 미만의 토지등소유자가 소규모재개발사업을 시행하는 경우의 주민 합

의체는 매도청구를 할 수 있는가 문제된다. 이 점에 관한 명문의 규정이 없기 때문이다.

소규모재개발사업을 20인 미만의 토지등소유자가 시행하는 경우에는 토지등소유자의 10분의 8 이상 및 토지면적의 3분의 2 이상의 토지소유자 동의를 받아 주민합의체(이 경우 주민합의체의 구성에 동의하지 아니한 토지등소유자도 주민합의체 구성원으로 포함하여야 한다)를 구성하여 할 수 있는 사업(소규모주택정비법 제22조제2항, 신설 2021. 7. 20.)으로 '토지등소유자 전원의 합의를 요하는 가로주택정비사업 또는 소규모재건축사업'과 다른 점과 '관리지역에서 시행하는 자율주택정비사업의 경우 토지등소유자의 10분의 8 이상 및 토지면적의 3분의 2 이상의 토지소유자 동의를 받아 주민합의체를 구성하여 할 수 있도록 하고 있는 점을 반영하여 주민합의체에 매도청구권을 인정'하고 있는 점을 근거로 할 때 20인 미만의 토지등소유자가 소규모재개발사업을 시행하는 경우의 주민합의체도 매도청구를 할 수 있다고 해석된다.

의문을 해소할 수 있는 입법이 필요하다고 본다.

나. 소규모주택정비법 제35조의2에 따라 관리지역에서 가로주택정비사업을 시행하는 공공시행자인 사업시행자는 제외된다.(소규모주택정비법 제35조제1항)

입법론적으로 볼 때 소규모주택정비법 제35조제1항의 '가로주택정비사업(제35조의2에 따라 토지·물건 및 권리를 수용 또는 사용할 수 있는 경우는 제외한다)' 부분의 괄호 부분을 삭제하는 것으로 개정되어야 할 것으로 본다.

[그 이유를 살펴본다.

소규모주택정비법 제35조제1항은 매도청구권자에 관하여 '가로주택정비사업(제35조의2에 따라 토지·물건 및 권리를 수용 또는 사용할 수 있는 경우는 제외한다) … 의 사업시행자는 … (중략) … '로 규정하고 있다.

위의 규정을 문언대로 본다면 '가로주택정비사업을 시장·군수등 또는 공공시행자로 지정된 토지주택공사등이 관리지역에서 시행하는 경우 그 공공시행자가 매도청구권자에서 제외된다'는 것이므로 '가로주택정비사업을 시장·군수등 또는 공공 시행자로 지정된 토지주택공사등이 관리지역에서 시행하는 경우' 외의 사업시행자가 소규모주택 정비법 제35조에 따라 소규모주택정비법 제23조제1항에 따른 가로주택정비사업조합 설립에 동의하지 아니한 자, 소규모주택정비법 제18조제1항 및 제19조제1항에 따라 시장·군수등, 토지주택공사등 또는 지정개발자 지정에 동의하지 아니한 자를 상대로 매도청구할 수 있는 경우와 확연히 다르다. 그런데 위 두 가지 경우를 달리 취급할 이유를 찾기가 어렵다.

또한 소규모주택정비법 제35조의2는 '가로주택정비사업을 시장·군수등 또는 공공시행자로 지정된 토지주택공사등이 관리지역에서 시행하는 경우'와 똑같이 소규모재개발사업을 정비사업에서 배제될 자를 배제하는 방법으로 수용재결할 수 있도록 규정하고 있음에도 불구하고, 소규모주택정비법 제35조제1항 각호의 부분에 소규모주택정비법 제23조제4항의 소규모재개발사업에 따른 조합설립에 동의하지 아니한 자와 소규모주택정비법 제18조제1항 및 제19조제1항에 따라 소규모재개발사업을 시행하는 시장·군수등, 토지주택공사등 또는 지정개발자 지정에 동의하지 아니한 자를 매도청구의 대상으로 규정하여 소규모재개발사업의 사업시행자이면 공공사업자가 관리지역에서 소규모재개발사업을 하는 경우에도 매도청구 할 수 있도록 하고 있는 점과 크게 대비되고, 위 두 가지 경우를 달리 취급할 이유를 찾기도 어렵다.

좀 더 근본적인 이유를 살펴본다.

소규모주택정비법 제정 당시 가로주택정비사업을 하는 경우 소규모재건축사업과 달리 조합설립에 동의하지 않은 자 등을 조합원으로 취급하면서도 조합설립 등에 동의하지 않은 자를 매도청구의 대상으로 하여 정비사업에서 배제할 수 있도록 하였다. 이는 잘한 입법이었다. 소규모주택정비법이 도시정비법과 같이 '처음부터 정비사업에 반대하는 조합설립 등 미동의자'를 조합원으로 보지 않는 소규모재건축사업과 '처음부터 정비사업에 반대하는 조합설립 등 미동의자'도 조합원으로 하는 가로주택정비사업으로 구분하여 달리 취급하더라도, 그러한 논리적 일관성을 어느 경우에도 유지할 필요는 없으므로 그로 해서 오히려 정비사업진행에 도움이 되지않을 경우에는 그 자를 정비사업에서 배제할 수 있어야 할 것이기 때문에 이 규정은 도시정비법상의 규율체계에 대한 반성적 고려를 담아 소규모주택정비사업을 하는 현장의 필요에 따라 매도청구를 인정한 실용적 입법이었기 때문이다.

그런데 2021.7.20. 소규모주택정비법 개정과정에서 제35조의2 규정과 제23조제4항이 신설되면서 종전 제35조제1항의 '가로주택정비사업'이라는 문언에 '가로주택정비사업(시장·군수등 또는 제18조제1항에 따라 공공시행자로 지정된 토지주택공사등이 관리지역에서 시행하는 경우로 한정한다)'라는 괄호 부분이 추가되었고, 종전 제35조제1항제1호 부분의 '제23조제1항,2항,4항'이 '제23조제1항,2항,4항,5항'으로 변경되어 소규모재개발사업조합설립에 동의하지 않은 자도 매도청구의 대상이 되는 상황이 벌어지게 되었다. 말하자면, 2021.7.20. 소규모주택정비법 개정과정에서 제35조의2제1항에 의해 '소규모재개발사업'과 '관리지역에서 시장·군수등 또는 제18조제1항에 따라 공공시행자로 지정된 토지주택공사등이 가로주택정비사업을 하는 경우' 수용재결신청을 하도록 하면서, 소규모재개발사업의 경우에는 소규모재개발사업조합설립에 동의하지 않은 자 등을 매도청구의 대상이 되게 되었는데 비해, 가로주택정비사업을 하는 경우에는 개정 전과 달리 '관리지역에서 시장·군수 등 또는 제18조제1항에 따라 공공시행자로 지정된 토지주택공사등이 가로주택정비사업을 하는 경우'에는 매도청구를 할 수 없게 된 것이다.

소규모주택정비법이 2021.7.20. 개정으로 소규모재개발사업 유형을 두고 소규모재건축사업과 달리 조합설립에 동의하지 않은 자 등을 조합원으로 취급하면서도 조합설립 등에 동의하지 않은 자를 매도청구의 대상으로 하여 정비사업에서 배제할 수 있도록 한 것은 잘한 입법이다. 소규모주택정비법이 도시정비법과 같이 '처음부터 정비사업에 반대하는 조합설립 등 미동의자'를 처음부터 조합원으로 보지 않는 소규모재건축사업과 '처음부터 정비사업에 반대하는 조합설립 등 미동의자'도 조합원으로 하는 소규모재개발사업으로 구분하여 달리 취급하더라도, 그러한 논리적 일관성을 어느 경우에도 유지할 필요는 없으므로 그로 해서 오히려 정비사업진행에 도움이 되지 않을 경우에는 그 자를 정비사업에서 배제할 수 있어야 할 것이기 때문에 이 규정은 도시정비법상의 규율체계에 대한 반성적 고려를 담아 소규모주택정비사업을 하는 현장의 필요에 따라 매도청구를 인정한 실용적 입법이기 때문이다.

그런데 가로주택정비사업의 경우에는 오히려 개악이 되었다. 이는 제35조의2가 신설되면서 소규모재개발사업과 '관리지역에서 시장·군수등 또는 제18조제1항에 따라 공공시행자로 지정된 토지주택공사등이 가로주택정비사업을 하는 경우'를 수용재결할 수 있게 되자 축조심의 과정에서 무심코 종전 제35조제1항의 '가로주택정비사업'이라는 문언에 '제35조의2에 따라 토지·물건 및 권리를 수용 또는 사용할 수 있는 경우는 제외한다'라는 괄호 부분이 추가된 것으로 보이기 때문이다.

위와 같은 이유로 입법과정의 오류가 있다 하겠다. 위 문언은 입법적 오류로 보여 해석을 통해 이 사안을 해결할 수 있다고도 보나, 해석을 넘어서는 의미도 있으므로 소규모주택정비법 제35조제1항의 '가로주택정비사업(제35조의2에 따라 토지·물건 및 권리를 수용 또는 사용할 수 있는 경우는 제외한다)' 부분의 괄호 부분을 삭제하는 것으로 개정되어야 할 것으로 본다.]

다. 소규모재개발사업을 하는 경우의 조합, 공공시행자, 지정개발자는 매도청구권자이다.

소규모재개발사업을 하는 경우의 조합, 공공시행자, 지정개발자가 여기에 포함되는 것인지 문제될 소지가 있다. 왜냐하면, 소규모주택정비법 제35조제1항 각호 외의 부분 본문에서는 가로주택정비사업 또는 소규모재건축사업의 사업시행자가 매도청구권자라 하면서, 각호의 부분에서는 소규모주택정비법 제23조제4항의 소규모재개발사업에 따른 조합설립에 동의하지 아니한 자와 소규모주택정비법 제18조제1항 및 제19조제1항에 따라 소규모재개발사업을 시행하는 시장·군수등, 토지주택공사등 또는 지정개발자 지정에 동의하지 아니한 자를 매도청구의 대상으로 규정하고 있기 때문이다. 나아가 소규모주택정비법은 소규모재건축사업을 하는 경우와 달리 소규모재개발사업을 하는 경우 조합설립 등 미동의자도 조합원으로 취급하고 있기 때문이다.(이 점은 가로주택정비사업의 경우도 마찬가지이다)

이 규정이 가지고 있는 의미를 살펴본다.

소규모주택정비법은 제35조의2제1항에서 소규모재개발사업을 시행하는 사업시행자는 사업을 시행하기 위하여 필요한 경우에는 「공익사업을 위한 토지 등의 취득 및 보상에 관한 법률」 제3조에 따른 토지·물건 및 권리를 수용 또는 사용할 수 있다고 규정하고 있다. 그런데 이 수용권은 소규모주택정비법 제29조의 사업시행계획(관리처분계획 포함)인가 후에나 행사할 수 있다.(소규모주택정비법은 제35조의2제3항) 이 점은 도시정비법의 제63조와 궤를 같이 한다.

그런데 소규모주택정비법은 도시정비법과 다르게 소규모재개발사업을 하는 경우에도 소규모주택정비법 제29조의 사업시행계획(관리처분계획 포함)인가 전 단계에서 정비사업에서 배제할 자를 배제할 수 있도록 하기 위해, 소규모주택정비법 제35조제1항 각호에서 '소규모주택정비법 제23조제4항의 소규모재개발사업에 따른 <u>조합설립에 동의하지 아니한 자</u>와 소규모주택정비법 제18조제1항 및 제19조제1항에 따라 소규모재개발사업을 시행하는 시장·군수등, 토지주택공사등 또는 지정개발자<u>지정에 동의하지 아니한 자</u>'를 상대로 매도청구를 할 수 있도록 하고 있다.

<u>이 점은 이 규정이 갖는 실용성을 잘 나타내는 것이라 하겠다.</u> 소규모주택정비법이 도시정비법과 같이 '처음부터 정비사업에 반대하는 조합설립 등 미동의자'를 소규모재건축사업과 기타의 사업으로 구분하여 달리 취급하더라도 그러한 논리적 일관성을 어느 경우에도 유지할 필요는 없으므로 그로 인해서 오히려 정비사업진행에 도움이 되지 않을 경우에는 그 자를 정비사업에서 배제할 수 있어야 할 것이다. 그렇기 때문에 이 규정은 도시정비법상의 규율체계에 대한 <u>반성적 고려</u>를 담아 소규모주택정비사업을 하는 현장의 필요에 따라 매도청구를 인정한 <u>실용적 입법</u>으로 잘한 입법이라 할 수 있다.

<u>그렇지만 입법의 불비를 지적하지 않을 수 없다.</u> 왜냐하면 위와 같은 입법취지라면 <u>35조제1항 각호 외의 본문에 가로주택정비사업, 소규모재건축사업의 시행자 외에 '소규모재개발사업의 시행자'라는 문언을 기재하면 되었기 때문이다.</u>

결론적으로 말하면, <u>소규모주택정비법 제35조제1항 각호 외의 본문의 문언에도 불구하고 소규모재개발사업의 사업시행자인 조합, 공공시행자, 지정개발자는 매도청구권</u>

자이다.

2. 대상자

가. 조합설립 등 미동의자 중 최고기간 내에 동의하겠다는 회답을 하지 않은 자

사업시행자가 다음 ①②③의 자에게 소규모주택정비법 제26조에 따른 심의 결과를 받은 날부터 30일 이내에 조합설립 또는 사업시행자의 지정에 동의할 것인지 여부, 주민합의체 구성에 동의할 것인지 여부를 회답할 것을 서면으로 촉구하였음에도 불구하고 촉구를 받은 날부터 60일 이내(최고기간)에 회답하지 않은 자(동 기간 내에 회답하지 아니한 토지등소유자는 주민합의체 구성, 조합설립 또는 사업시행자의 지정에 동의하지 아니하겠다는 뜻을 회답한 것으로 본다) 또는 동 기간 내에 동의하지 않겠다는 의사를 회답한 자이다.

① 소규모주택정비법 제23조제1항·제2항·제4항 및 제5항에 따른 조합설립에 동의하지 아니한 자

② 소규모주택정비법 제18조제1항 및 제19조제1항에 따라 시장·군수등, 토지주택공사등 또는 지정개발자 지정에 동의하지 아니한 자

③ 소규모주택정비법 제22조제3항에 따라 관리지역에서 시행하는 자율주택정비사업의 경우 주민합의체 구성에 동의하지 아니한 자

문제는 20인 미만의 토지등소유자가 소규모재개발사업을 시행하는 경우에는 토지등소유자의 10분의 8 이상 및 토지면적의 3분의 2 이상의 토지소유자 동의를 받아 주민합의체를 구성하여 하는 사업(소규모주택정비법 제22조제2항, 신설 2021.7. 20.)이므로 여기의 사업시행자로서 매도청구권을 행사할 수 있다고 보아야 하는데 위 ①②③에 소규모주택정비법 제22조제2항에 따라 소규모재개발사업의 경우 주민합의체 구성에 동의하지 아니한 자를 최고의 대상 및 매도청구의 대상으로 규정하고 있지 아니하고 있

다는 점이다. 입법과정의 단순한 오류로 보아 이러한 경우도 위 '③ 소규모주택정비법 제22조제3항에 따라 관리지역에서 시행하는 자율주택정비사업의 경우 주민합의체 구성에 동의하지 아니한 자'와 마찬가지로 최고의 대상 및 매도청구의 대상이 된다고 해석할 수 있다.

나. 건축물 또는 토지만 소유한 자 – 소규모재건축사업을 하는 경우의 조합원이 아닌 자

(1) 소규모주택정비법 제35조제5항은 위 2. 가.에서 말하는 자 외에 '건축물 또는 토지만 소유한 자'에게 건축물 또는 토지의 소유권과 그 밖의 권리를 매도할 것을 청구할 수 있다고 하고 있다. 이 규정은 '건축물 또는 토지만 소유한 자'가 매도청구의 대상이 된다는 점을 밝히고 있지만 갑자기 왜 '건축물 또는 토지만 소유한 자'를 매도청구의 대상으로 하고 있는지 밝히고 있지 않아 문제된다.

앞에서도 언급한 바와 같이 소규모주택정비법 제35조는 도시정비법 제64조를 기초로 해서 입법한 것으로 소규모주택정비법 제35조제5항은 도시정비법 제64조제4항(제2항의 기간이 지나면 사업시행자는 그 기간이 만료된 때부터 2개월 이내에 조합설립 또는 사업시행자 지정에 동의하지 아니하겠다는 뜻을 회답한 토지등소유자와 건축물 또는 토지만 소유한 자에게 건축물 또는 토지의 소유권과 그 밖의 권리를 매도할 것을 청구할 수 있다)의 문언체재와 완전히 같다.

그런데 도시정비법상으로는 제64조제4항의 '건축물 또는 토지만 소유한 자'의 의미를 재건축사업의 조합원이 될 수 없는 자로 새기는데 아무런 문제가 없다. 왜냐하면 도시정비법 제64조는 재건축사업을 하는 경우에만 매도청구를 인정하고 있고, 도시정비법상 재건축사업은 주택단지 내의 토지등소유자만을 대상으로 하여 사업시행구역 내 건축물 및 토지의 동시 소유자만이 조합원이 될 수 있고, 건축물 및 토지의 동시 소유자라도 처음부터 조합설립에 동의한 자만을 조합원으로 하고 있어서 도시정비법 제64조제4항 후문의 '건축물 또는 토지만 소유한 자'와 '조합설립 등에 동의하지 않는 자'는 조합원이 아닌 자로 같다고 해석할 수 있기 때문이다.

그렇지만 소규모주택정비법 제35조의 매도청구는 도시정비법 제64조와 다르게 소규모재건축사업을 하는 경우는 물론 가로주택정비사업, 소규모재개발사업을 하는 경우에도 매도청구를 할 수 있도록 하고 있다. 이러한 소규모주택정비법의 태도는 도시정비법상의 재건축사업과 재개발사업을 구별하는 태도를 일부 받아들이면서도 가로주택정비사업, 재개발사업의 경우에도 조합설립 등에 동의하지 않은 자를 형식적으로 조합원으로 취급하더라도 실제로 사업에서 배제할 필요가 있음을 반영한 실용적인 것이라 하겠다.

이러한 입장에서 볼 때 소규모주택정비법상 소규모재건축사업은 도시정비법상 재건축사업과 마찬가지로 주택단지 내의 토지등소유자만을 대상으로 하여 사업시행구역 내 건축물 및 토지의 동시 소유자만이 조합원이 될 수 있고, 건축물 및 토지의 동시 소유자라도 처음부터 조합설립에 동의한 자만을 조합원으로 하고 있어 소규모주택정비법 제35조제5항 후문의 '건축물 또는 토지만 소유한 자'와 '조합설립 등에 동의하지 않는 자'는 조합원이 아닌 자로 같다고 해석할 수 있지만, 가로주택정비사업·소규모재개발사업의 경우는 그렇지 않다. 가로주택정비사업·소규모재개발사업의 경우 '조합설립 등에 동의하지 않는 자'를 상대로 매도청구를 할 필요는 있지만 가로주택정비사업·소규모재개발사업의 경우 건축물 또는 토지만 소유하더라도 조합원이 되는데 지장이 없기 때문에 '건축물 또는 토지만 소유한 자'를 상대로 매도청구를 할 수 없다.

따라서 소규모주택정비법 제35조제5항의 '건축물 또는 토지만 소유한 자'는 소규모재건축사업을 하는 경우의 조합원이 아닌 자라고 해석할 수 있다.

(2) '건축물 또는 토지만 소유한 자'의 구체적인 의미

앞에서 '건축물 또는 토지만 소유한 자'는 소규모재건축사업을 하는 경우의 조합원이 아닌 자를 의미한다고 하였다. 그런데 소규모주택정비법 제35조제5항의 '건축물 또는 토지만 소유한 자'의 문언만으로 보면 건축물만 또는 토지만을 소유하는 자를 말하는 것이어서 소규모재건축사업을 하는 경우 그 외의 사유로 조합원이 될 수 없는 자

를 포함할 수 있는가 문제된다.

이와 관련하여 소규모재건축사업을 하는 경우 조합원이 아닌 자를 살펴보고 그 자들에게 소규모주택정비법 제35조제5항을 적용, 확대적용하여 매도청구할 수 있는지를 살펴본다.

- 주택단지가 아닌 지역의 토지 또는 건축물 소유자

소규모재건축사업은 원칙적으로 주택단지의 공동주택의 구분소유자를 대상으로 하나 주택단지가 아닌 지역이 사업시행구역에 포함된 때에는 주택단지가 아닌 지역의 토지 또는 건축물 소유자도 조합원이 될 수 있다. 그러나 건축물 또는 토지만을 소유한 자는 재건축사업의 조합원이 아니라 할 것이다. 따라서 이 경우가 소규모주택정비법 제35조제5항의 '건축물 또는 토지만 소유한 자'에 해당하는 대표적인 것이기 때문에 매도청구의 상대방이 되는데 지장이 없다.

- 재건축조합설립에 동의한 구분소유자가 조합을 탈퇴하거나 조합정관을 위반하여 제명된 경우 소규모재건축사업시행자는 이들의 소유권을 합법적으로 배제하는 수단이 없으면 사업을 할 수 없게 된다. 이들은 소규모주택정비법 제29조의 사업시행계획(관리처분계획 포함)인가 후에는 분양대상자에 포함되지 아니하는 자에 해당하여 제36조에 따른 매도청구의 대상이 될 수 있지만, 그 이전 단계에서도 매도청구권을 행사할 수 있다고 하는 것이 사리에 맞는 것으로 보인다. 따라서 이들을 상대로 매도청구권을 행사할 수 있다고 하겠다.

- 위의 건축물 또는 토지만을 소유한 자 등 조합원이 아닌 자의 승계인은 조합원이 될 수 없는 자이다. 이런 경우 소규모재건축사업시행자는 이들의 소유권을 합법적으로 배제하는 수단이 없으면 사업을 할 수 없게 된다. 이들은 소규모주택정 비법 제29조의 사업시행계획(관리처분계획 포함)인가 후에는 분양대상자에 포함 되지 아니

하는 자에 해당하여 제36조에 따른 매도청구의 대상이 될 수 있지만, 그 이전 단계에서도 매도청구권을 행사할 수 있다고 하는 것이 사리에 맞는 것으로 보인다. 따라서 이들을 상대로 매도청구권을 행사할 수 있다고 하겠다.

3. 매도청구의 소제기의 방법 등

가. 조합설립 등에 동의하지 아니하는 자에 대한 매도청구의 경우 - 최고, 최고기간, 회답

소규모주택정비법 제23조제1항(가로주택정비사업의 경우)·제2항(소규모재건축사업의 경우)·제4항(소규모재개발사업의 경우) 및 제5항(조합설립변경인가의 경우)에 따른 조합설립에 동의하지 아니한 자, 소규모주택정비법 제18조제1항 및 제19조제1항에 따라 시장·군수 등, 토지주택공사등 또는 지정개발자 지정에 동의하지 아니한 자, 소규모주택정비법 제22조제3항에 따라 관리지역에서 시행하는 자율주택정비사업을 하는 경우 주민합의체 구성에 동의하지 아니한 자, 소규모주택정비법 제22조제2항에 따라 소규모재개발사업의 경우 주민합의체 구성에 동의하지 아니한 자에게 각 사업시행자는 소규모주택정비법 제26조에 따른 심의 결과를 받은 날부터 30일 이내에 조합설립 또는 사업시행자의 지정에 동의할 것인지 여부, 주민합의체 구성에 동의할 것인지 여부를 회답할 것을 서면으로 촉구(최고)하여야 한다.

최고서에는 조합설립 동의에 필요한 사항이 구체적으로 적시되어 있어야 한다. 정확한 송달과 내용을 증명하여야 할 필요가 있으므로 배달증명부 내용증명으로 발송하며 반송되는 경우 미수령 원인을 확인한 후에 재차 발송하고 이에 대한 기록을 남겨 둔다. 주소가 불분명한 경우 의사표시의 공시송달로 처리한다.

위의 촉구를 받은 토지등소유자는 촉구를 받은 날부터 60일 이내(최고기간)에 회답하여야 한다. 위의 기간 내에 회답하는 경우 동의 또는 동의거절로 확정되고, 회답하지 아니한 토지등소유자는 주민합의체 구성, 조합설립 또는 사업시행자의 지정에 동의하지 아니하겠다는 뜻을 회답한 것으로 본다.

위 각 사업시행자는 위의 최고기간이 만료된 때부터 60일 이내에 주민합의체 구성, 조합설립 또는 사업시행자 지정에 동의하지 아니하겠다는 뜻을 회답한 토지등 소유자에게 건축물 또는 토지의 소유권과 그 밖의 권리를 매도할 것을 청구할 수 있다.

위 최고기간이 만료된 때부터 60일 이내에 매도청구를 하지 않는 경우 매도청구권이 소멸하는가? 아니면 소규모주택정비법 제36조 및 소규모주택정비법 시행령 제35조가 준용되어 해당 토지등소유자에게 지연일수에 따른 이자를 지급하여야 하는 것으로 해석할 수 있는가? 문제된다. 소규모주택정비법 제35조는 소규모주택정비법 제36조 및 소규모주택정비법 시행령 제35조와 같은 내용을 두고 있지 않기 때문이다.

소규모주택정비법 제36조 및 소규모주택정비법 시행령 제35조와 같은 명문규정도 없고 그것이 준용된다는 규정이 없는 점, 가로주택정비사업, 소규모재개발사업을 하는 경우 소규모재건축사업을 하는 경우와 달리 조합설립 등 미동의자도 조합원인데 조합원을 상대로 하는 매도청구는 제한적으로 해석되어야 한다는 점, 제35조의 규정은 사업에 불참하겠다는 의사를 표명하고 있어 그 자를 사업에서 배제하여 사업을 성공시키기 위한 제도로서의 기능을 수행하는 것이기는 하더라도 사업 초기의 상황만으로 매도청구권을 인정하는 것은 배제되는 자의 재산권 행사를 과도하게 제한하는 것이어서 신중하게 행사되어야 한다는 점, 조합원으로서의 참여 시기를 넓히고 있는 것이 일반적인 관례인 점에서 볼 때 최고기간이 만료된 때부터 60일 이내에 매도청구를 하지 않는 경우 매도청구권은 소멸한다고 본다. 따라서 위 최고기간이 만료된 때부터 60일 이내는 제소기간의 의미로 해석된다.

다만, 이 경우에도 조합설립 등 미동의자는 조합원 분양신청기간 만료시까지 동의를 하고 분양신청을 할 수 있으나 그것마저도 하지 않는 경우 사업시행자는 제36조에서 정하는 방법에 따라 매도청구의 소 또는 수용재결신청에 의해 그 자를 사업에서 배제하여 소유권을 확보할 수 있다.

나. 소규모주택정비법 제35조제5항 후문의 '건축물 또는 토지만 소유한 자'에 대한 매도 청구의 경우

앞에서 '건축물 또는 토지만 소유한 자'는 다음의 자로서 이런 경우 소규모재건축사업시행자는 이들의 소유권을 합법적으로 배제하는 수단이 없으면 사업을 할 수 없게되어 이들을 상대로 매도청구권을 행사할 수 있다고 하였다.
- 주택단지가 아닌 지역의 토지 또는 건축물만의 소유자
- 재건축조합설립에 동의한 구분소유자가 조합을 탈퇴하거나 조합정관을 위반하여 제명된 경우
- 위의 건축물 또는 토지만을 소유한 자 등 조합원이 아닌 자의 승계인

그런데 위의 '건축물 또는 토지만 소유한 자'에게는 최고할 필요가 없다. 이들은 처음부터 소규모재건축사업의 조합원이 될 수 없으므로 이들에게 재건축사업에 참여할지 여부에 대하여 촉구할 필요가 없기 때문이다.

소규모재건축사업시행자는 <u>소규모주택정비법 제26조에 따른 심의 결과를 받은 날부터 매도청구권을 행사할 수 있다.</u>
<u>언제까지 매도청구를 하여야 하는가?</u>에 관하여 아무런 규정을 두고 있지 않다. '건축물 또는 토지만 소유한 자'는 처음부터 소규모재건축사업의 조합원이 될 수 없으므로 언제고 재건축사업에서 배제되어야 할 자인 점에서 건축심의 결과를 받은 날 이후 매도청구권을 행사할 수 있으며 늦어도 준공인가 전까지 소유권을 확보할 수 있으면 된다고 본다.
다만, 이들은 동시에 제36조의 관리처분계획 수립시 분양대상에서 제외되는 자인 점에서 제36조의 규정에 따라 사업시행자가 사업시행계획(관리처분계획 포함)이 인가·고시된 날부터 90일 이내의 협의기간의 만료일 다음 날부터 60일 이내의 기간을 넘겨서 매도청구권을 행사하였을 경우 토지등소유자에게 다음과 같이 해당 지연일수(遲延日數) 및 이율에 따른 이자를 지급하여야 한다고 해석된다.(소규모주택정비법 시행령 제35조)

- 지연일수가 6개월 이내인 경우: 100분의 5
- 지연일수가 6개월 초과 12개월 이내인 경우: 100분의 10
- 지연일수가 12개월을 초과한 경우: 100분의 15

4. 매도청구의 효과

가. 매도청구권행사의 법적인 효력은 이를 행사한 자와 상대방인 조합설립 등 미동 의자 사이에 그가 가지고 있는 건축물 또는 토지의 소유권과 그 밖의 권리에 대하여 시가에 따른 매매계약이 성립된 것으로 의제되는 것이다.

매매계약의 성립시점은 매도청구권자인 사업시행자가 위에서 언급한 바와 같은 매도 청구를 할 수 있는 시기 이후 매도청구의 의사표시가 조합설립 등 미동의자에게 도달 한 날이다.

나. 시가의 산정과 매매대금 등의 지급의무, 소유권이전등기의무

매매계약이 성립된 것으로 의제되어 매도청구권자인 사업시행자는 시가에 따른 매 매대금지급의무를 부담하고 상대방은 매매대금의 수령으로 소유권이전등기의무를 지 게 된다.

매도청구권자인 사업시행자가 매도청구권을 행사하는 경우 토지등소유자의 토지, 건축물 또는 그 밖의 권리에 대한 가격은 매도청구권을 행사할 수 있는 시기의 시가로 하며 시가는 재판절차에서 법원의 촉탁에 따른 시가감정을 통하여 객관적으로 이루어 진다. 여기의 시가란 토지등소유자의 토지, 건축물 또는 그 밖의 권리를 해당 소유자 가 임의로 다른 사람에게 매매할 경우 그가 대금으로 취득할 것으로 예상되는 합리적

이고 객관적인 교환가격을 의미한다고 본다.

다. 소유권자 외의 권리자에 대한 법률관계

제35조에 따른 매도청구권행사의 법적인 효력은 이를 행사한 자와 상대방인 조합 설립 등 미동의자 사이에 그가 가지고 있는 건축물 또는 토지의 소유권과 그 밖의 권리에 대하여 시가에 따른 매매계약이 성립된 것으로 의제되는 것이다.

위와 같이 매도청구의 효력은 매도청구권자인 사업시행자와 상대방인 소유자와의 관계에서만 효력을 발휘할 뿐 매도청구권자인 사업시행자에게 대항할 수 있는 법률관계를 가지고 있는 제3자에게 효력이 미치는 것은 아니다. 예컨대, 매도청구의 대상인 주택에 근저당권자가 존재하는 경우 매도청구권자는 특히 재판상의 권리행사일 때는 원고의 청구취지에 '소장 부본 송달일자 매매를 원인으로 한 소유권이전등기절차를 이행하라'는 기재를 할 수 있는 것은 물론이나 근저당권자를 상대로 당연히 '근저당권을 말소하라'는 청구를 할 수 있는 것은 아니다.

이 점에 대해서 구체적인 것은 이해의 편의를 위해 VII.에서 후술한다.

소규모주택정비법 제35조의2

- 소규모재개발사업과 관리지역에서 공공시행자가 시행하는 가로주택정비사업을 하는 경우의 수용재결신청

1. 총설

가. 토지 등 수용에 관한 규정과 의미

(1) 소규모주택정비법 제35조의2제1항은 소규모재개발사업 또는 가로주택정비사업 (시장·군수등 또는 소규모주택정비법 제18조제1항에 따라 공공시행자로 지정된 토지주택공사등이 관리지역에서 시행하는 경우로 한정한다)을 시행하기 위하여 필요한 경우에는 「공익사업을 위한 토지 등의 취득 및 보상에 관한 법률」(이하 토지보상법이라 한다) 제3조에 따른 토지·물건 및 권리를 수용 또는 사용할 수 있다고 하고 있다.

(2) 정비사업을 하는 경우 토지 등 수용이 가지고 있는 의미는 다음의 두가지로 정리할 수 있다.

첫째, 토지 등 수용은 정비사업의 시행방법으로서의 의미를 갖는 경우가 있다. 수용방법으로 시행하는 정비사업은 도시정비법상의 주거환경개선사업 뿐이고 수용방법으로 시행하는 주거환경정비사업에서 <u>토지등소유자 전체가 사업참여에서 강제적으로 배</u><u>제된다.</u>(다만, 배제되는 토지등소유자는 별도의 정책적 고려를 정한 법규정에 의해 신축건축물을 분양받을 수 있다)

<u>소규모주택정비법상 정비사업의 시행방법으로 수용방법으로 하는 경우는 없고 환권</u><u>의 방법으로만 시행된다.</u>

둘째, 토지 등 수용은 공용환지·공용환권의 방법으로 시행하는 정비사업에서 <u>분양</u>

신청을 하지 않는 등의 사정이 있는 특정 토지등소유자의 소유권을 강제적으로 배제하는 수단으로서의 의미를 갖는다. 소규모주택정비법 제35조의2제1항이 규정하고 있는 수용은 이러한 의미를 갖는다.

나. 제35조의2, 제36조의 관계

소규모주택정비법 제35조의2는 소규모재개발사업의 사업시행자 또는 관리지역에서 가로주택정비사업을 시행하는 시장·군수등 또는 제18조제1항에 따라 공공시행자로 지정된 토지주택공사등에게 소규모주택정비법 제29조의 사업시행계획(관리처분계획 포함) 인가 후에 사업을 시행하기 위하여 필요한 경우 수용권을 행사할 수 있도록 하고 있다.

한편, 소규모주택정비법 제36조는 가로주택정비사업, 소규모재건축사업 또는 소규모재개발사업의 사업시행자는 제29조에 따라 사업시행계획이 인가·고시된 날부터 조합원 분양신청을 하지 아니한 자, 분양신청기간 종료 이전에 분양신청을 철회한 자, 제29조에 따라 인가된 관리처분계획에 따라 분양대상에서 제외된 자를 상대로 일정한 절차를 거친 후까지 손실보상 협의가 성립되지 않은 경우에는 그 기간의 만료일 다음 날부터 수용재결을 신청하거나 매도청구소송을 제기하여야 한다고 하고 있다.

그런데 수용재결신청 또는 매도청구소송을 제기하는 기관 및 절차가 다르므로 어떠한 경우에 어느 절차를 거쳐야 하는지를 정해야 하는데 제35조의2에서 수용재결할 경우를 정하고 있는 것에 맞추어 제36조에 따른 매도청구 또는 수용재결할 경우를 구별하여 정해야 하고, 토지보상법에 따른 수용재결에 의한 손실보상범위와 소규모주택정비법에 따른 매도청구에 의한 손실보상의 범위가 달라 이에 맞추어 보상범위를 정해야 하기 때문에 제35조의2와 36조의 관계 또는 적용범위가 문제된다.

제35조의2와 36조의 관계 또는 적용범위에 관하여 말하면 다음과 같다.

다 음

- 소규모재개발사업의 사업시행자 또는 관리지역에서 가로주택정비사업을 시행하는 시장·군수등 또는 제18조제1항에 따라 공공시행자로 지정된 토지주택공사등은 조합원 분양신청을 하지 아니한 자, 분양신청기간 종료 이전에 분양신청을 철회한 자, 제29조에 따라 인가된 관리처분계획에 따라 분양대상에서 제외된 자를 상대로 수용재결신청을 하여야 하고, 그 외의 정비사업시행자(소규모재건축사업시행자, 관리지역에서 가로주택정비사업을 시행하는 시장·군수등 또는 제18조제1항에 따라 공공시행자로 지정된 토지주택공사등을 제외한 가로주택정비사업시행자)는 매도청구소송을 제기하여야 한다.

- '조합원 분양신청을 하지 아니한 자, 분양신청기간 종료 이전에 분양신청을 철회한 자, 제29조에 따라 인가된 관리처분계획에 따라 분양대상에서 제외된 자' 외의 정비사업에서 배제할 필요가 있는 자를 상대로는 제35조의2에 따라 수용재결신청을 할 수 있다.

- 소규모재개발사업 또는 관리지역에서 시장·군수등 또는 제18조제1항에 따라 공공시행자로 지정된 토지주택공사등이 가로주택정비사업을 시행하는 경우에는 정비사업에서 배제될 자로부터의 소유권취득뿐만 아니라 사업의 시행에 따른 이주대책수립 등을 위한 손실보상이 포함된다.(소규모주택정비법 시행령 제34조의2 참조)

2. 신청의 시기

수용사용재결의 신청은 소규모주택정비법 제29조에 따른 사업시행계획인가 고시(시장·군수등이 직접 정비사업을 시행하는 경우에는 소규모주택정비법 제29조제5, 6항에 따른 사업시행계획서의 작성을 말한다)가 있는 때부터 할 수 있다.(소규모주택정비법 제35조의2제3항)

토지보상법 제20조는 사업시행자가 토지등을 수용하거나 사용하려면 대통령령이 정하는 바에 따라 국토교통부장관의 사업인정을 받아 고시하여야 하는 것으로 규정하고 있으나, 소규모주택정비사업시행계획인가 고시(시장·군수등이 직접 정비 사업을 시행하는 경우에는 사업시행계획서의 작성을 말한다.)가 있은 때에는 국토교통부장관의 사업인정·고시가 없다 하더라도 해당 사업이 토지 등 타인의 재산권을 박탈할 필요가 있는 공익사업에 해당하는 사업으로 보기 때문이다.

수용 또는 사용에 대한 재결의 신청은 소규모주택정비법 제29조에 따른 사업시행계획인가(사업시행계획변경인가를 포함한다)를 할 때 정한 사업시행기간 이내에 하여야 한다.(소규모주택정비법 제35조의2제4항)

토지보상법에 따르면 사업시행자는 협의가 성립되지 아니하거나 협의를 할 수 없을 때에는 사업인정고시가 된 날부터 1년 이내에 대통령령으로 정하는 바에 따라 관할 토지수용위원회에 재결을 신청하여야 하고 재결신청을 하지 아니한 경우에는 사업인정고시가 된 날부터 1년이 되는 날의 다음 날에 사업인정은 그 효력을 상실하여 수용재결신청권이 소멸하는 바(토지보상법 제28조제1항, 제23조제1항), 정비사업을 하는 경우 정비사업시행기간의 장기화, 법령의 개폐 또는 분쟁 등을 감안하여 사업시행계획인가(사업시행계획변경인가를 포함한다)를 할 때 정한 사업시행기간 이내에 재결신청을 할 수 있도록 한 것이다.

3. 신청권자

소규모주택정비법 제35조의2제1항은 '사업시행자는 소규모재개발사업 또는 가로주택정비사업(시장·군수등 또는 제18조제1항에 따라 공공시행자로 지정된 토지주택공사등이 관리지역에서 시행하는 경우로 한정한다)을 시행하기 위하여 필요한 경우에는 「공익사업을 위한 토지 등의 취득 및 보상에 관한 법률」 제3조에 따른 토지·물건 및 권리를 수용 또는 사용할 수 있다.'고 하고 있다.

따라서 소규모재개발사업의 사업시행자 또는 관리지역에서 가로주택정비사업을 시행하는 시장·군수등 또는 제18조제1항에 따라 공공시행자로 지정된 토지주택공사등이 수용재결신청권을 갖는다.

여기의 소규모재개발사업의 사업시행자는 관리지역에서 시행하는 시장·군수등 또는 제18조제1항에 따라 공공시행자로 지정된 토지주택공사등이 시행하는 경우는 물론이고 그 외의 사업시행자인 조합 또는 공공시행자, 지정개발자가 포함됨은 물론이고 20인 미만의 토지등소유자가 주민합의체를 구성하여 하는 소규모재개발사업의 주민합의체도 여기의 사업시행자에 포함된다.

4. 신청의 상대방

소규모재개발사업 또는 관리지역에서 시장·군수등 또는 제18조제1항에 따라 공공시행자로 지정된 토지주택공사등이 가로주택정비사업을 시행하는 경우 제36조의 분양신청을 하지 아니한 자 등과 36조가 준용되는 제24조제3항의 자, 제38조의2에 해당하는 자이다. 이에 관하여 구체적인 내용은 후술한다.

5. 신청의 방법

소규모재개발사업시행자 또는 관리지역에서 가로주택정비사업을 시행하는 시장·군수등 또는 제18조제1항에 따라 공공시행자로 지정된 토지주택공사등은 소규모주택정비법 제29조에 따라 사업시행계획이 인가·고시된 날부터 90일 이내에 위 4. 대상자와 그자가 소유하는 토지, 건축물 또는 그 밖의 권리의 손실보상에 관한 협의를 하여야 한다. 다만, 사업시행자는 분양신청기간 종료일의 다음 날부터 협의를 시작할 수 있다.

위 사업시행자는 위에 따른 협의가 성립되지 않은 경우에는 그 기간의 만료일 다음 날부터 60일 이내에 수용재결을 신청하여야 한다. 이에 관하여 구체적인 내용은 후술한다.

6. 보상액 산정과 보상금의 지급의무

가. 보상액산정

(1) 청산금

소규모재개발사업시행자 또는 관리지역에서 가로주택정비사업을 시행하는 시장·군수등 또는 제18조제1항에 따라 공공시행자로 지정된 토지주택공사등(이하 사업시행자라 한다)은 토지등소유자(정비사업에서 배제되는 자, 이하 같다)의 토지, 건축물 또는 그 밖의 권리에 대하여 현금으로 청산하는 경우 청산금액은 사업시행자와 토지등소유자가 협의하여 산정한다.(소규모주택정비법 제36조)

이 경우 손실보상액의 산정을 위한 감정평가업자 선정에 관하여는 토지보상법 제68조에 따른다.(소규모주택정비법 제35조의2제2항)

사업시행자는 토지등에 대한 보상액을 산정하려는 경우에는 감정평가업자 3인(토지보상법 제68조제2항에 따라 시·도지사와 토지소유자가 모두 감정평가업 자를 추천하지 아니하거나 시·도지사 또는 토지소유자 어느 한쪽이 감정평가업자를 추천하지 아니하는 경우에는 2인)을 선정하여 토지등의 평가를 의뢰하여야 한다. 다만, 사업시행자가 국토교통부령으로 정하는 기준에 따라 직접 보상액을 산정 할 수 있을 때에는 그러하지 아니하다.(토지보상법 제68조제1항)

사업시행자가 감정평가업자를 선정할 때 해당 토지를 관할하는 시·도지사와 토지소유자는 대통령령으로 정하는 바에 따라 감정평가업자를 각 1인씩 추천할 수 있다. 이 경우 사업시행자는 추천된 감정평가업자를 포함하여 선정하여야 한다.(토지보상법 제68조제2항)

위에 따른 평가 의뢰의 절차 및 방법, 보상액의 산정기준 등에 관하여 필요한 사항은 국토교통부령으로 정한다.(토지보상법 제68조제3항)

보상액의 산정은 각 감정평가업자가 평가한 평가액의 산술평균치를 기준으로 한다.(토지보상법 시행규칙 제16조제6항)

(2) 이주대책의 수립 등 손실보상

사업의 시행에 따른 이주대책 수립 등 손실보상의 기준 및 절차는 대통령령으로 정할 수 있다.(소규모주택정비법 제35조의2제2항단서)

이에 관한 대통령령은 다음과 같다.

다 음

- 이주대책대상자 제외

소규모주택정비법 제43조의2제4항에 따른 소규모주택정비관리계획 승인고시일 부터 계약체결일 또는 수용재결일까지 계속하여 거주하고 있지 않은 건축물의 소유자는 소규모주택정비법 제35조의2제2항 단서 및 「공익사업을 위한 토지 등의 취득 및 보상에 관한 법률 시행령」 제40조제5항제2호에 따라 이주대책대상자에서 제외한다. 다만, 같은 호 각 목(같은 호 마목은 제외한다)에 해당하는 경우에는 그렇지 않다.(소규모주택정비법 시행령 제34조의2제1항)

[주거이전비를 보상하는 경우 보상대상자의 인정시점은 지정고시일등으로 한다.(소규모주택정비법 시행령 제34조의2제4항)]

- 영업의 폐지 또는 휴업에 대한 보상

소규모주택정비법 제35조의2제2항 단서에 따라 소규모재개발사업 또는 소규모 주택정비 관리지역에서 시행하는 가로주택정비사업으로 인한 영업의 폐지 또는 휴업에 대한 손실을 평가하는 경우 영업의 휴업기간은 4개월 이내로 한다. 다만, 다음 ①②의 어느 하나에 해당하는 경우에는 실제 휴업기간으로 하며, 그 휴업기간은 2년을 초과할 수 없다.(소규모주택정비법 시행령 제34조의2제2항)

① 해당 정비사업을 위한 영업의 금지 또는 제한으로 4개월 이상의 기간 동안 영업을 할 수 없는 경우

② 영업시설의 규모가 크거나 이전에 고도의 정밀성을 요구하는 등 해당 영업의 고유한 특수성으로 4개월 이내에 다른 장소로 이전하는 것이 어렵다고 인정되는 경우

[위에 따라 영업손실을 보상하는 경우 보상대상자의 인정시점은 지정고시일등으로 한다.(소규모주택정비법 시행령 제34조의2제3항)]

(3) 지연이자

위 사업시행자가 사업시행계획이 인가·고시된 날부터 90일 이내의 협의기간의 만료일 다음 날부터 60일 이내의 기간을 넘겨서 수용재결을 신청한 경우 토지등 소유자에게 다음과 같이 해당 지연일수(遲延日數) 및 이율에 따른 이자를 지급하여야 한다.(소규모주택정비법 시행령 제35조)

- 지연일수가 6개월 이내인 경우: 100분의 5
- 지연일수가 6개월 초과 12개월 이내인 경우: 100분의 10
- 지연일수가 12개월을 초과한 경우: 100분의 15

나. 보상금지급

소규모재개발사업시행자 또는 관리지역에서 가로주택정비사업을 시행하는 시장·군수등 또는 제18조제1항에 따라 공공시행자로 지정된 토지주택공사등(이하 사업시행자라 한다)은 수용 또는 사용의 개시일(토지수용위원회가 재결로써 결정한 수용 또는 사용을 시작하는 날을 말한다.)까지 관할 토지수용위원회가 재결한 보상금을 지급하여야 한다.(소규

모주택정비법 제35조의2제2항, 토지보상법 제40조제1항)

사업시행자는 다음의 어느 하나에 해당할 때에는 수용 또는 사용의 개시일까지 수용하거나 사용하려는 토지등의 소재지의 공탁소에 보상금을 공탁(供託)할 수 있다.(소규모주택정비법 제35조의2제2항, 토지보상법 제40조제2항)

- 보상금을 받을 자가 그 수령을 거부하거나 보상금을 수령할 수 없을 때
- 사업시행자의 과실 없이 보상금을 받을 자를 알 수 없을 때
- 관할 토지수용위원회가 재결한 보상금에 대하여 <u>사업시행자가 불복</u>할 때
- 압류나 가압류에 의하여 보상금의 지급이 금지되었을 때

사업시행자가 수용 또는 사용의 개시일까지 관할 토지수용위원회가 재결한 보상금을 지급하거나 공탁하지 아니하였을 때에는 해당 토지수용위원회의 재결은 효력을 상실한다.(소규모주택정비법 제35조의2제2항, 토지보상법 제42조제1항)

[도시정비법상으로는 보상을 대지 또는 건축물로 하는 경우에는 토지보상법 제42조에도 불구하고 준공인가 이후에도 할 수 있으나(도시정비법 제65조제4항), 소규모주택정비법에는 이러한 특칙의 적용이 없다. 입법론적으로 잘못된 것이 아닐까?]

7. 수용의 효과와 소유권자 외의 권리자에 대한 법률관계

가. 수용개시일(토지수용위원회가 재결로써 결정한 수용을 시작하는 날을 말한다.)에 소유권 취득 및 그 토지나 물건에 대한 다른 권리의 소멸

소규모주택정비법 제35조의2제2항에 따라 사업시행자는 수용의 개시일에 토지나 물건의 소유권을 취득하며, 그 토지나 물건에 관한 다른 권리는 이와 동시에 소멸한다.(토지보상법 제45조) 이 규정에 따를 때 소규모주택정비법 제36조에 의한 정비사업 불참자 등(분양신청을 하지 않은 자, 관리처분계획 수립기준에 부합하지 않아 분양에서 제외 되는

자 등)의 토지 또는 건축물에 대한 소유권 및 그에 설정된 제3자의 권리는 사업시행자가 수용의 개시일까지 보상금의 지급 또는 공탁으로 소유권을 취득할 때 그와 동시에 소멸하는 것이 될 것이다.

토지보상법의 이러한 태도는 소규모주택정비법이 토지 등 수용재결신청을 사업시행계획(관리처분계획 포함)인가 후에 하도록 하면서, 관리처분계획의 인가를 받은 경우 지상권·전세권설정계약 또는 임대차계약의 계약기간에 관하여 「민법」 제280조·제281조 및 제312조제2항, 「주택임대차보호법」 제4조제1항, 「상가건물 임대차보호법」 제9조제1항을 적용하지 아니한다(소규모주택정비법 제38조제5항)고 하고 있고, 나아가 관리처분계획인가 고시 후에는 기존 건축물을 철거할 수 있음을 전제로 소규모주택정비법 제40조의 이전고시가 있을 때까지는 소유자도 종전의 토지 또는 건축물을 사용하거나 수익할 수 없다(소규모주택정비법 제37조)고 하는 태도와도 부합하는 것이라 하겠다.

(위의 내용과 관련하여 Ⅶ. 소유권자 외의 권리자에 대한 법률관계에서 자세히 설명한다)

나. 담보물권의 대상인 목적물이 수용된 경우 그 담보물권은 그 목적물의 수용으로 인하여 채무자가 받을 보상금에 대하여 행사할 수 있다. 다만, 그 보상금이 채무자에게 지급되기 전에 압류하여야 한다.(소규모주택정비법 제35조의2제2항, 토지보상법 제47조)

압류나 가압류에 의하여 보상금의 지급이 금지되었을 때 사업시행자는 수용 개시일까지 수용하려는 토지등의 소재지의 공탁소에 보상금을 공탁(供託)할 수 있다.(소규모주택정비법제35조의2제2항, 토지보상법 제40조제2항)

다. 정비사업불참자 등의 소유권에 지상권·전세권 또는 임차권이 설정된 경우 지상권자, 전세권자, 임차인은 정비사업의 시행으로 지상권·전세권 또는 임차권의 설정 목적을 달성할 수 없는 때에는 그 계약을 해지할 수 있다.(소규모주택정비법 제38조제1항)

계약을 해지할 수 있는 자가 가지는 전세금·보증금, 그 밖의 계약상의 금전의 반환청구권은 설정대상 목적물의 소유권자에게는 물론 사업시행자에게도 행사할 수 있다.(소규모주택정비법 제38조제2항)

계약을 해지할 수 있는 자의 금전반환청구권의 행사로 해당 금전을 지급한 정비사업

시행자는 해당 토지등소유자에게 구상할 수 있다.(소규모주택정비법 제38조제3항)

사업시행자는 위에 따른 구상이 되지 아니한 경우에는 해당 토지등소유자에게 귀속될 대지 또는 건축물을 압류할 수 있다. 이 경우 압류한 권리는 저당권과 동일한 효력을 가진다.(소규모주택정비법 제38조제4항)

〔위 소규모주택정비법 제38조의 규정은 정비사업불참자 등에게 가해지는 소유권배제의 효과로 말미암아 불이익을 당할 수 있는 지상권·전세권 또는 임차권자를 보호하기 위한 규정으로서의 의미가 있다. 임차권자 등이 자발적으로 계약을 해지하는 경우라면 이 조문에 의해 해결하여 별문제가 없겠으나 그렇지 못한 경우에는 명도의 문제가 남게 된다.〕

Ⅳ 소규모주택정비법 제36조

1. 수용재결신청권자 또는 매도청구의 소 제기권자

가로주택정비사업, 소규모재건축사업 또는 소규모재개발사업의 사업시행자이다. 여기의 사업시행자는 토지등소유자가 20인 미만이어서 주민합의체를 구성하는 경우의 주민합의체, 조합을 설립하는 경우의 조합(주민합의체 및 조합과 공동으로 사업을 시행한 건설업자등도 포함하지만 이 경우에도 주민합의체 또는 조합이 신청권자 또는 소제기권자로 해석된다), 소규모주택정비법 제18조의 공공시행자, 19조의 지정개발자이다.

제36조의 문언으로만 보면 자율주택정비사업을 하는 경우의 주민합의체(관리지역에서 하는 자율주택정비사업의 경우 포함)는 여기서 제외된다. 따라서 이 경우 주민합의서에서 분양신청을 하지 아니하는 자 등으로부터 소유권을 확보하는 방법을 정하여야 할 것으로 본다.

그러나 입법적인 잘못으로 본다. 자율주택정비사업을 가로주택정비사업, 소규모재건축사업 또는 소규모재개발사업을 토지등소유자가 20인 미만이어서 주민합의체를 구성하여 하는 경우와 달리 취급할 특별한 이유도 없어 보이고, 제35조에서 관리지역에서 자율주택정비사업을 하는 경우에 매도청구할 수 있도록 한 점과도 균형에 맞지 않기 때문이다.

이 경우 위의 사업시행자가 매도청구의 소제기 또는 수용재결신청을 할 수 있다 하더라도 신청, 제기하는 기관 및 적용절차가 다르므로 어떠한 경우에 어느 절차를 거쳐야 하는지를 정해야 하는데 제35조의2에서 수용재결할 경우를 정하고 있는 것에 맞추어 제36조의 매도청구 또는 수용재결할 경우를 정해야 한다. 이를 정리하면 다음과 같다.

다 음

소규모재건축사업의 사업시행자, 가로주택정비사업의 사업시행자(관리지역에서 가로주택정비사업을 시행하는 공공시행자 제외)	소규모재개발사업의 사업시행자, 관리지역에서 가로주택정비사업을 시행하는 공공시행자
매도청구의 소제기	수용재결신청

2. 대상자

사업시행자가 관리처분계획 수립 시의 관리처분계획 수립기준에 맞지 않아 토지등 소유자 또는 조합원 분양대상자에서 제외되는 자는 물론이고 토지등소유자 또는 조합원 분양신청을 위한 공고·통지(정관 또는 조합총회의 의결을 거치는 등 분양신청 공고·통지를 다시 하는 경우 포함)에도 불구하고 분양신청기간 내에 분양신청을 하지 아니한 자 또는 분양신청기간 만료 전에 분양신청을 철회한 자이다.

여기의 관리처분계획 수립 시에는 관리처분계획인가 후의 변경인가, 변경신고가 된 경우도 포함되므로 관리처분계획 인가 후의 사정으로 조합원 분양계약을 체결하지 않은 자가 있어 인가받은 관리처분계획을 변경하기 위한 신고(경미한 사항의 변경)를 한 경우 변경신고를 한 시점을 기준으로 조합원 분양계약을 체결하지 않은 자를 상대로 협의 등의 절차를 거쳐 수용재결신청 또는 매도청구의 소를 제기할 수 있다.

[인가받은 사업시행계획(관리처분계회 포함, 이하 같다)상 분양대상자인 조합원이 계약을 포기하는 경우 사업시행계획상 분양대상자의 변경이 있는 경우이므로 <u>인가받은 사업시행계획의 변경이 있는 것은 명백하다</u>. 그런데 인가받은 사업시행계획상 분양대상자인 조합원이 계약을 포기하는 경우 조합 전체수입액의 변경이 수반되는 것은 아니고, 계약을 포기한 자의 종전자산의 소유권을 취득하기 위한 종전자산보상비가 증가

되어 사업비가 증가한다 하더라도 조합 전체의 분양대상자의 종전자산가액이 감소되어 비례율이 상승하고 그에 따라 나머지 개별 조합원의 권리가액이 증가하므로 사업시행계획의 변경으로 인해 나머지 조합원들의 기 형성된 분양관계상 이해에 영향을 주지 않을 뿐만 아니라 오히려 나머지 조합원들은 권리가액의 증가라는 이익을 보게 된다.(종전자산보상비의 증가로 인한 사업비의 증가는 소규모주택정비법 제26조제2항2호에서 보는 바와 같이 조합원에게 불이익한 사업비의 증가로 보지 않는다)

따라서 사업시행계획인가사항의 경미한 변경에 해당하는 사항을 정하고 있는 소규모주택정비법 제26조에 명문으로 '인가받은 사업시행계획상 분양대상자인 조합원이 계약을 포기하는 경우'가 없다 하더라도, 분양대상자인 조합원이 계약을 포기하여 인가받은 사업시행계획이 변경되어야 하지만 조합총회를 거치지 않고 시장·군수등에게 신고하면 되는 것으로 해석한다.]

3. 수용재결신청 또는 매도청구의 소제기의 방법 등

가. 협의 및 협의기간

위 1.의 사업시행자는 소규모주택정비법 제29조에 따라 사업시행계획이 인가·고시된 날부터 90일 이내에 위 2. 대상자와 그자가 소유하는 토지, 건축물 또는 그 밖의 권리의 손실보상에 관한 협의를 하여야 한다. 다만, 사업시행자는 분양신청기간 종료일의 다음 날부터 협의를 시작할 수 있다.

나. 수요재결신청 또는 매도청구의 소제기 기간

위 사업시행자는 위에 따른 협의가 성립되지 않은 경우에는 그 기간의 만료일 다음 날부터 60일 이내에 수용재결을 신청하거나 매도청구소송을 제기하여야 한다.

다. 지연에 따른 이자의 지급

위 사업시행자가 사업시행계획이 인가·고시된 날부터 90일 이내의 협의기간의 만료일 다음 날부터 60일 이내의 기간을 넘겨서 수용재결을 신청하거나 매도청구소송을 제기한 경우 토지등소유자에게 다음과 같이 해당 지연일수(遲延日數) 및 이율에 따른 이자를 지급하여야 한다.(소규모주택정비법 시행령 제35조)
  - 지연일수가 6개월 이내인 경우: 100분의 5
  - 지연일수가 6개월 초과 12개월 이내인 경우: 100분의 10
  - 지연일수가 12개월을 초과한 경우: 100분의 15

4. 매도청구 또는 수용재결의 효과

위에서 소규모재건축사업의 사업시행자, 가로주택정비사업의 사업시행자(관리지역에서 가로주택정비사업을 시행하는 공공시행자 제외)는 매도청구의 소를 제기하여야 하고 소규모재개발사업의 사업시행자, 관리지역에서 가로주택정비사업을 시행하는 공공시행자는 수용재결신청을 하여야 한다고 한 바 있다.

따라서 매도청구의 효과는 제35조(위 Ⅱ.4. 참조) 및 후술하는 Ⅶ. 소유권자 외의 권리자에 대한 법률관계에서 설명하는 내용과 같고, 수용재결의 효과는 제35조의 2(위 Ⅲ.6.7. 참조) 및 후술하는 Ⅶ. 소유권자 외의 권리자에 대한 법률관계에서 설명하는 내용과 같다.

Ⅴ 소규모주택정비법 제24조제3항

토지등소유자가 토지 또는 건축물의 소유권 또는 지상권을 가지고 있는 경우 그 처분의 자유는 인정되어 그 양수인은 조합원이 되는 것이 원칙이다.

그러나 주택법에 따른 투기과열지구로 지정된 지역에서 가로주택정비사업, 소규모재개발사업, 소규모재건축사업을 진행하는 경우 조합설립인가(조합설립인가 전에 소규모주택정비법 제19조제1항에 따라 신탁업자를 사업시행자로 지정한 경우에는 사업시행자의 지정을 말한다) 후 해당 사업의 건축물 또는 토지를 양수한 자는 조합원이 될 수 없는 것이 원칙이다.(위 양도·양수행위는 매매, 증여 그 밖의 권리의 변동을 수반하는 일체의 행위를 포함하나 이 경우에도 상속, 이혼으로 인한 양도·양수의 경우는 제외되고 또한 양도인에게 법이 정한 부득이한 사유가 있는 경우 그 양도인으로부터 그 건축물 또는 토지를 양수한 자는 조합원이 된다)

이 경우 소규모주택정비법 제24조제3항은 소규모주택정비법 제36조를 준용하여 사업시행자가 조합원의 자격을 취득할 수 없는 토지, 건축물 또는 그 밖의 권리를 취득한 자에게 손실보상을 하고 그 자의 양수한 종전자산의 소유권을 확보할 수 있도록 하고 있다.

따라서 주택법에 따른 투기과열지구로 지정된 지역에서 시행하는 가로주택정비사업, 소규모재개발사업, 소규모재건축사업의 사업시행자는 조합설립인가 등 후 해당 사업의 건축물 또는 토지를 양수하여 조합원이 될 수 없는 자를 상대로 다음과 같이 매도청구의 소 또는 수용재결신청을 할 수 있고, 매도청구의 효과는 제35조(위 Ⅱ.4. 참조) 및 후술하는 Ⅶ. 소유권자 외의 권리자에 대한 법률관계에서 설명하는 내용과 같고, 수용재결의 효과는 제35조의 2(위 Ⅲ.6.7. 참조) 및 후술하는 Ⅶ. 소유권자 외의 권리자에 대한 법률관계에서 설명하는 내용과 같다.

다 음

소규모재건축사업의 사업시행자, 가로주택정비사업의 사업시행자(관리지역에서 가로주택정비사업을 시행하는 공공시행자 제외)	소규모재개발사업의 사업시행자, 관리지역에서 가로주택정비사업을 시행하는 공공시행자
매도청구의 소제기	수용재결신청

Ⅵ 소규모주택정비법 제38조의2

소규모주택정비법 제38조의2는 '소유자의 확인이 곤란한 건축물 등에 대한 처분'이라는 제호 아래 '사업시행자는 다음 각 호에서 정하는 날 현재 토지 또는 건축물의 소유자의 소재 확인이 현저히 곤란한 때에는 전국적으로 배포되는 둘 이상의 일간신문에 2회 이상 공고하고, 공고한 날부터 30일 이상이 지난 때에는 그 소유자의 해당 토지 또는 건축물의 감정평가액에 해당하는 금액을 법원에 공탁하고 사업을 시행할 수 있다.

1. 제18조제1항에 따라 시장·군수등 또는 토지주택공사등이 사업을 시행하는 경우에는 같은 조 제2항에 따른 고시일
2. 제19조제1항에 따라 지정개발자를 사업시행자로 지정하는 경우에는 같은 조 제2항에 따른 고시일
3. 제22조제2항 또는 제3항에 따라 시행하는 소규모재개발사업 또는 자율주택정비사업의 경우에는 같은 조 제5항에 따른 주민합의체 구성의 신고일
4. 제23조제1항·제2항 또는 제4항에 따라 조합이 사업시행자가 되는 경우에는 조합설립인가일

위에 따른 토지 또는 건축물의 감정평가는 소규모주택정비법 제56조제2항제1호에 따라 도시정비법 제74조가 준용된다.

앞에서 언급한 바와 같이 소규모주택정비법은 정비사업에서의 배제자(정비사업에 반대하거나 정비사업에 반대하지는 않더라도 조합원자격이 없거나, 분양신청을 할 수 없거나, 분양신청을 하지 않거나, 분양대상자가 아닌 자 등, 정비사업에서 배제할 필요가 있는 자)의 소유권은 이전고시 이전에 확보되어야 한다고 하고 있고, 그 방법으로 제35조, 35조의2, 36조를 두

고 있다.

그런데 소규모주택정비법제38조의2 규정이 직접적으로 규율하는 내용은 조합설립인 가입, 주민합의체 구성의 신고일, 공공시행자지정고시일, 지정개발자지정고시일 현재 그 소재 확인이 현저히 곤란한 자가 있는 경우 일정한 절차를 거쳐 그 소유자의 해당 건축물 또는 토지의 감정평가액에 해당하는 금액을 공탁하면 <u>정비사업을 시행할 수 있다</u>는 것이다.

여기의 '정비사업을 시행할 수 있다'는 의미가 무엇인가 문제 된다. 그에 해당하는 대표적인 경우는 조합설립인가일, 주민합의체 구성의 신고일, 공공시행자지정고시일, 지정개발자지정고시일 현재 그 소재 확인이 현저히 곤란한 자가 있는 경우 일정한 절차를 거쳐 그 소유자의 해당 건축물 또는 토지의 감정평가액에 해당하는 금액을 공탁하면 그 자를 조합설립의 동의자수 등의 산정에서 제외하고도 적법하게 조합설립, 주민합의체 구성, 공공시행자지정, 지정개발자지정을 할 수 있다는 것이다. 그 외에 <u>소재확인이 현저히 곤란한 경우가 조합설립인가일, 주민합의체 구성의 신고일, 공공시행자지정고시일, 지정개발자지정고시일 현재를 넘어 최장 사업시행계획(관리처분계획 포함)인가일을 넘어 이전고시 후에까지 계속되는 경우 그 소유자의 해당 건축물 또는 토지의 감정평가액에 해당하는 금액을 공탁만 하면 그 자로부터 소유권취득절차 없이도 정비사업을 시행할 수 있는가 문제 된다는 것이다.</u>

여기의 '정비사업을 시행할 수 있다'는 문언의 의미가 '정비사업에서 배제하여야 할 자로부터 소유권을 확보하여야 한다는 35조, 36조 등 규정이 정하고 있는 정비사업의 근본원칙이 갖고 있는 의미'를 능가하는 것은 아니라 할 것이다. 그렇지만 제35조, 제36조의 문언으로만 보면 소재 확인이 현저히 곤란한 자를 제35조의 조합설립, 주민합의체 구성, 공공시행자지정, 지정개발자지정 미동의자에 포함시킬 수 있겠는가?, 제36조의 분양신청을 하지 아니한 자 등에 포함시킬 수 있겠는가? 의문이 들기 때문이다.

소재 확인이 현저히 곤란한 자를 제35조의 조합설립, 주민합의체 구성, 공공시행자지정, 지정개발자지정 미동의자에 포함시킬 수 있겠는가?, 제36조의 분양신청을 하지 아니한 자 등에 포함시킬 수 있겠는가? 의문이 든다고 하였지만 <u>해석으로 해결 못 할</u>

<u>것은 아니라고 본다.</u>

제35조의2에 따라 소규모재개발사업의 사업시행자와 관리지역에서 가로주택정비사업을 시행하는 공공시행자가 소유자 소재 확인이 현저히 곤란하여 그대로 내버려두면 영영 이전고시를 할 수 없는 경우를 <u>토지 등 수용의 사유로 삼을 수 있는 것은</u> 당연하다고 본다. 제36조에 따라 소규모재개발사업의 사업시행자와 관리지역에서 가로주택정비사업을 시행하는 공공시행자가 사업시행계획(관리처분계획 포함)인가 후 분양신청을 하지 않은 자 등을 상대로 수용재결신청을 할 수 있는데, 이 때의 <u>분양신청을 하지 않은 자 등에 소재 확인이 현저히 곤란하여 분양신청을 하지 않은 자가 포함된다고 해서 문언에 반하는 것은 아니기</u> 때문에 이 들을 상대로 수용재결할 수 있다고 본다.

제35조의 매도청구권자는 조합설립 등 미동의자를 상대로 매도청구할 수 있는데 이 때의 <u>조합설립 등 미동의자에 소재 확인이 현저히 곤란하여 조합설립 등에 동의하지 않은 자가 포함된다고 해서 문언에 반하는 것은 아니기</u> 때문에 이들을 상대로 매도청구할 수 있다고 본다. 또한 제36조의 매도청구권자가 사업시행계획(관리처분계획 포함)인가 후 <u>분양신청을 하지 않은 자 등을 상대로 매도청구를 할 수 있는데 이 때의 분양신청을 하지 않은 자 등에 소재 확인이 현저히 곤란하여 분양신청을 하지 않은 자가 포함된다고 해서 문언에 반하는 것은 아니기</u> 때문에 이들을 상대로 매도청구할 수 있다고 본다.

위에서와 같이 해석하는 것이 제38조의2의 '정비사업을 시행할 수 있다'는 의미에도 부합하는 것이라 할 것이다.

또한 소규모주택정비법 제38조의2의 규정은 <u>매도청구, 수용재결신청의 방법을 함께 규정한 것</u>이라 해석된다.

사업시행자가 소재 확인이 현저히 곤란한 경우 위에 따라 수용재결, 매도청구할 경우 소규모주택정비법, 토지보상법에 따른 협의 등의 절차를 할 수 없을 것이므로 그것에 대응하여 보상에 관한 내용을 정할 필요가 있는데 그에 대한 규정을 함께 규정한 것이라고 보는 것이 사리에 맞기 때문이다.

따라서 사업시행자는 수용재결, 매도청구할 경우 '전국적으로 배포되는 둘 이상의 일간신문에 2회 이상 공고하고, 공고한 날부터 30일 이상이 지난 때에 그 소유자의 해당 건축물 또는 토지의 감정평가액에 해당하는 금액을 법원에 공탁'하여야 한다. [토지 또는 건축물의 감정평가는 소규모주택정비법 제56조제2항제1호에 따라 도시정비법 제74조가 준용되어(소규모주택정비법 제38조의2제4항). 시장·군수등이 선정·계약한 1인 이상의 감정평가법인등과 조합총회, 주민합의체 회의, 주민대표회의 또는 토지등소유자 전체회의조합총회의 의결로 선정·계약한 1인 이상의 「감정평가 및 감정평가사에 관한 법률」에 따른 감정평가법인등이 평가한 금액을 산술평균하여 산정한다.]

VII 소유권자 외의 권리자에 대한 법률관계

여기서 설명하고자 하는 것은 앞에서 언급한 매도청구의 소제기 또는 수용재결 신청에 따른 소유권의 취득과 소유권 외의 권리에 대한 법률관계에 관하여 구체화하기 위함이다.

1. 수용재결의 효과

- 사업에서 배제되는 자의 토지나 물건의 소유권 취득과 그 토지나 물건에 관한 다른 권리의 소멸

먼저, 이해의 편의를 위하여 제35조의2 및 제36조에 따른 수용재결의 효과를 다시 살펴본다.

소규모재개발사업시행자 또는 관리지역에서 가로주택정비사업을 시행하는 시장·군수등 또는 제18조제1항에 따라 공공시행자로 지정된 토지주택공사등(이하 사업시행자라 한다)은 토지등소유자(정비사업에서 배제되는 자, 이하 같다)의 토지, 건축물 또는 그 밖의 권리에 대하여 현금으로 청산하는 경우 청산금액은 사업시행자와 토지등소유자가 협의하여 산정한다.(소규모주택정비법 제36조)

이 경우 손실보상액의 산정을 위한 감정평가업자 선정에 관하여는 토지보상법 제68조에 따르고(소규모주택정비법 제35조의2제2항) 보상액의 산정은 각 감정평가업자가 평가한 평가액의 산술평균치를 기준으로 한다.(토지보상법 시행규칙 제16조제6항)

위 보상액에는 대통령으로 정하는 사업의 시행에 따른 이주대책 수립 등 손실보상

액(소규모주택정비법 제35조의2제2항단서, 소규모주택정비법 시행령 제34조의2) 및 지연이자(소규모주택정비법 시행령 제35조)를 포함한다.

협의가 성립되지 아니하거나 협의를 할 수 없을 때에는 사업시행자는 소규모주택정비법 제29조의 사업시행계획인가 후부터 사업시행계획인가(사업시행계획변경인가를 포함한다)를 할 때 정한 사업시행기간 이내에 대통령령으로 정하는 바에 따라 관할 토지수용위원회에 재결을 신청할 수 있다.(토지보상법 제28조제1항, 소규모주택정비법 제35조의2제3항,제4항)

사업시행자는 수용의 개시일(토지수용위원회가 재결로써 결정한 수용을 시작하는 날을 말한다.)까지 관할 토지수용위원회가 재결한 보상금을 지급하여야 한다.(소규모주택정비법 제35조의2제2항, 토지보상법 제40조제1항)

사업시행자는 다음의 어느 하나에 해당할 때에는 수용의 개시일까지 수용하려는 토지등의 소재지의 공탁소에 보상금을 공탁(供託)할 수 있다.(소규모주택정비법 제35조의2제2항, 토지보상법 제40조제2항)
  - 보상금을 받을 자가 그 수령을 거부하거나 보상금을 수령할 수 없을 때
  - 사업시행자의 과실 없이 보상금을 받을 자를 알 수 없을 때
  - 관할 토지수용위원회가 재결한 보상금에 대하여 사업시행자가 불복할 때
  - 압류나 가압류에 의하여 보상금의 지급이 금지되었을 때

[사업시행자가 수용 또는 사용의 개시일까지 관할 토지수용위원회가 재결한 보상금을 지급하거나 공탁하지 아니하였을 때에는 해당 토지수용위원회의 재결은 효력을 상실한다.((소규모주택정비법 제35조의2제2항, 토지보상법 제42조제1항)]

토지보상법 제45조(소규모주택정비법제35조의2제2항에 따른 토지보상법의 적용)는 사업시행자는 수용의 개시일에 토지나 물건의 소유권을 취득하며, 그 토지나 물건에 관한 다른 권리는 이와 동시에 소멸한다고 규정하고 있다.(이에도 불구하고토지수용위원회의 재결로 인정된 권리는 소멸되지 아니한다.)

이 규정에 따를 때 소규모주택정비법 제36조에 의한 정비사업 불참자 등(분양신청을 하지 않은 자, 관리처분계획 수립기준에 부합하지 않아 분양에서 제외 되는 자 등)의 토지 또는 건축물에 대한 소유권 및 그에 설정된 제3자의 권리는 사업시행자가 수용의 개시일까지 보상금의 지급 또는 공탁으로 소유권을 취득할 때 그와 동시에 소멸하는 것이 될 것이다.

토지보상법의 이러한 태도는 소규모주택정비법이 토지 등 수용재결신청을 사업시행계획(관리처분계획 포함)인가 후에 하도록 하면서, 관리처분계획의 인가를 받은 경우 지상권·전세권설정계약 또는 임대차계약의 계약기간에 관하여 「민법」 제280조·제281조 및 제312조제2항, 「주택임대차보호법」 제4조제1항, 「상가건물 임대차보호법」 제9조 제1항을 적용하지 아니한다(소규모주택정비법 제38조제5항)고 하고 있고, 나아가 관리처분계획인가 고시 후에는 기존 건축물을 철거할 수 있음을 전제로 소규모주택정비법 제40조의 이전고시가 있을 때까지는 소유자도 종전의 토지 또는 건축물을 사용하거나 수익할 수 없다(소규모주택정비법 제37조)고 하는 태도와도 부합하는 것이라 하겠다.

2. 매도청구의 효과

가. 35조의 매도청구의 효과

매도청구권행사의 법적인 효력은 이를 행사한 자와 상대방인 조합설립 등 미 동의자 사이에 그가 가지고 있는 건축물 또는 토지의 소유권과 그 밖의 권리에 대하여 시가에 따른 매매계약이 성립된 것으로 의제되는 것이다.

매매계약의 성립시점은 매도청구권자인 사업시행자가 매도청구를 할 수 있는 시기 이후 매도청구의 의사표시가 조합설립 등 미동의자에게 도달한 날이다.

매매계약이 성립된 것으로 의제되어 매도청구권자인 사업시행자는 시가에 따른 매매대금지급의무를 부담하고 상대방은 매매대금의 수령으로 소유권이전등기의무를 지게 된다.

매도청구권자인 사업시행자가 매도청구권을 행사하는 경우 토지등소유자의 토지, 건축물 또는 그 밖의 권리에 대한 가격은 매도청구권을 행사할 수 있는 시기의 시가로 하며 시가는 재판절차에서 법원의 촉탁에 따른 시가감정을 통하여 객관적으로 이루어진다. 여기의 시가란 토지등소유자의 토지, 건축물 또는 그 밖의 권리를 해당 소유자가 임의로 다른 사람에게 매매할 경우 그가 대금으로 취득할 것으로 예상되는 합리적이고 객관적인 교환가격을 의미한다.

위와 같이 매도청구의 효력은 매도청구권자인 사업시행자와 상대방인 소유자와의 관계에서만 사업시행자는 시가에 따른 매매대금지급의무를 부담하고 상대방은 매매대금의 수령으로 소유권이전등기의무를 지게 될 뿐 매도청구권자인 사업시행자에게 대항할 수 있는 법률관계를 가지고 있는 제3자에게 효력이 미치는 것은 아니다. 예컨대, 매도청구의 대상인 주택에 근저당권자가 존재하는 경우 매도청구권자는 특히 재판상의 권리행사일 때는 원고의 청구취지에 '소장 부본 송달일자 매매를 원인으로 한 소유권이전등기절차를 이행하라'는 기재를 할 수 있는 것은 물론이나 근저당권자를 상대로 당연히 '근저당권을 말소하라'는 청구를 할 수 있는 것은 아니다.

나. 36조의 매도청구의 효과

36조의 매도청구는 소규모주택정비법 제29조의 사업시행계획(관리처분계획 포함)인가 후에 가능하다. 사업시행자가 사업시행계획인가 후 제36조에서 정하는 바에 따라 매도청구권을 행사하는 경우 상대방인 분양신청을 하지 아니한 자 등과의 사이에 그가 가지고 있는 건축물 또는 토지의 소유권과 그 밖의 권리에 대하여 시가에 따른 매매계약이 성립된 것으로 의제된다.

매매계약이 성립된 것으로 의제되어 매도청구권자인 사업시행자는 시가에 따른 매매대금지급의무를 부담하고 상대방은 매매대금의 수령으로 소유권이전등기의무를 지게 된다.

여기까지는 제35조와 같다.

다음으로 소유권자 외의 제3자에게도 효력이 미치는 것인지 문제된다. 수용재결하는 경우 사업시행자는 수용의 개시일에 토지나 물건의 소유권을 취득하며, 그 토지나 물건에 관한 다른 권리도 이와 동시에 소멸하는데 36조의 매도청구를 하는 경우에도 그러한 것인지의 문제이다.

위와 관련하여 소규모주택정비법은 다음과 같은 규정을 두고 있다.

다 음

- 제37조(건축물 등의 사용·수익의 중지 및 철거 등)

종전의 토지 또는 건축물의 소유자·지상권자·전세권자·임차권자 등 권리자는 사업시행계획이 인가된 때에는 제40조에 따른 이전고시가 있는 날까지 종전의 토지 또는 건축물을 사용하거나 수익할 수 없다.(소규모주택정비법 제37조제1항)

- 제38조

제29조에 따라 사업시행계획인가를 받은 경우 지상권·전세권 설정계약 또는 임대차계약의 계약기간은 「민법」 제280조·제281조 및 제312조제2항, 「주택임대차보호법」 제4조제1항, 「상가건물 임대차보호법」 제9조제1항을 적용하지 아니한다.(소규모주택정비법 제38조제5항)

- 제40조(이전고시 및 권리변동의 제한 등)

소규모주택정비사업의 시행으로 취득하는 대지 또는 건축물 중 토지등소유자에게 분양하는 대지 또는 건축물은 「도시개발법」 제40조에 따라 행하여진 환지로 본다.(소규모주택정비법 제40조제5항)

보류지와 일반에게 분양하는 대지 또는 건축물은 「도시개발법」 제34조에 따른 보류지 또는 체비지로 본다.(소규모주택정비법 제56조제1항, 도시정비법 제87조제3항)

- 도시정비법 제87조(대지 및 건축물에 대한 권리의 확정)

대지 또는 건축물을 분양받을 자에게 도시정비법 제86조제2항에 따라 소유권을 이전한 경우 종전의 토지 또는 건축물에 설정된 지상권·전세권·저당권·임차권·가등기담보권·가압류 등 등기된 권리 및 「주택임대차보호법」 제3조제1항의 요건을 갖춘 임차권은 소유권을 이전받은 대지 또는 건축물에 설정된 것으로 본다.(소규모주택정비법 제56조제1항, 도시정비법 제87조제1항)

소규모주택정비사업에 관하여 이전고시가 있은 날부터 위에 따른 등기가 있을 때까지는 저당권 등의 다른 등기를 하지 못한다.(소규모주택정비법 제40조제4항)

이하에서는 위의 규정들을 살펴보면서 제36조에 따른 매도청구의 경우 소유권 외의 권리도 소멸하는지 살펴본다.

소규모주택정비법 제29조에 따른 사업시행계획(관리처분계획 포함)의 인가를 받은 경우 소규모주택정비법 제38조제5항, 소규모주택정비법 제37조제1항에 따라 정비사업참여자의 종전자산, 정비사업에서 배제되는 자의 종전자산의 소유자·지상권자·전세권자·임차권자 등 권리자는 이전고시가 있는 날까지 종전의 토지 또는 건축물을 사용하거나 수익할 수 없어서, 사업시행자에게 대항할 수 있는 제3자라 하더라도 사업시행계획(관리처분계획 포함)의 인가 후에는 사용 또는 수익 권한을 주장할 수 없다.

여기의 '권리를 주장할 수 없다'는 것은 그 권리가 소멸하였다는 징표가 되기는 하지만 반드시 그런 것은 아니다.

소규모주택정비법 제40조제4항과 소규모주택정비법 제56조제1항에 의해 적용되는 도시정비법 제87조제1항은 이전고시에 따라 대지 또는 건축물을 분양받을 자(정비사업

참여자)에게 소유권을 이전한 경우 종전의 토지 또는 건축물에 설정된 지 상권·전세권·저당권·임차권·가등기담보권·가압류 등 등기된 권리 및 「주택임대차보호법」 제3조 제1항의 요건을 갖춘 임차권은 소유권을 이전받은 대지 또는 건축물에 설정된 것으로 본다고 하고 있어 정비사업참여자의 소유권에 존재하는 위의 권리들은 관리처분계획 인가 후 이전고시가 있을 때까지 사용 또는 수익 권한을 주장할 수 없을 뿐 소멸하지 않는다는 점을 명확히 하고 있기 때문이다.

정비사업에서 배제되는 자에 대하여 매도청구권이 행사되는 경우에 위 도시정비법 제87조제1항의 적용이 없음은 당연하다. 그렇다면 제36조에 따른 매도청구권자에게 대항할 수 있는 권리를 가진 자라도 그가 가지는 권리는 소멸된다고 해석할 수 있는 가? 그렇다면 그 근거는 무엇일까?

법은 사업시행계획인가 후 정비사업의 시행을 위해 정비사업불참자 등의 소유권을 확보하는 수단으로 제35조의2와 제36조를 두고 있다.

제35조의2의 수용재결의 방법으로 소유자가 배제되는 경우 토지보상법의 준용에 의해 '사업시행자는 수용의 개시일에 토지나 물건의 소유권을 취득하며, 그 토지나 물건에 관한 다른 권리는 이와 동시에 소멸한다'(토지보상법 제45조) 이 규정에 따를 때 소규모재개발사업과 관리지역에서 공공시행자가 시행하는 가로주택정비사업의 경우 정비사업 불참자 등의 토지 또는 건축물 소유권에 설정된 제3자의 권리는 사업시행자가 수용의 개시일까지 보상금의 지급 또는 공탁으로 소유권을 취득할 때 그와 동시에 소멸하는 것이 될 것이다. 또한 앞에서 언급한 바와 같이 제35조의2와 제36조는 일반과 특별의 관계에 있어 소규모재개발사업의 사업시행자 또는 관리지역에서 시행하는 가로주택정비사업의 공공시행자가 '분양신청을 하지 아니하는 자 등'을 상대로 수용재결신청을 하는 경우도 그 사업시행자는 수용의 개시일에 토지나 물건의 소유권을 취득하며, 그 토지나 물건에 관한 다른 권리는 사업시행자가 수용의 개시일까지 보상금의 지급 또는 공탁으로 소유권을 취득할 때 그와 동시에 소멸한다고 해석할 수 있다.

그런데 제36조의 매도청구권자 중 '소규모재개발사업의 사업시행자 또는 관리지역에서 시행하는 가로주택정비사업의 공공시행자'를 제외한 사업시행자가 매도청구권을 행사하는 경우 토지보상법 제45조가 적용되거나 준용되지 않는다. 그렇다면 위의 경우 '분양신청을 하지 아니하는 자 등' 정비사업 불참자 등의 토지 또는 건축물 소유권에 설정된 제3자의 권리가 소멸한다고 단정지을 수 없다.

그럼에도 불구하고 의문은 여전히 남는다. '소규모재개발사업 또는 관리지역에서 공공시행자가 시행하는 가로주택정비사업'을 <u>제외한 사업시행자가</u> 매도청구권을 행사하는 경우 토지보상법 제45조가 적용되거나 준용되지 않아 위의 경우 '분양신청을 하지 아니하는 자 등' 정비사업 불참자 등의 토지 또는 건축물 소유권에 설정된 제3자의 권리가 소멸되지 않는다면 매도청구권의 행사로 취득한 사업시행자 명의의 소유권이전등기에 종래 소유권자의 소유권등기에 경료된 담보물권 등 등기가 그대로 남는다는 것인지? 사업시행자의 명도청구에 응하지 않아도 되는 것인지? 정비사업의 궁극적인 목적을 달성하려면 종전의 건물을 철거하여 새로운 건물을 지어야 하는데 영영 철거를 못한다는 말인지? 건물이 철거되었다면 종전 건물을 사용하는 권리가 존재한다고 말할 수 있는지? 의문이다.

결론부터 말하면 '소규모재개발사업 또는 관리지역에서 공공시행자가 시행하는 가로주택정비사업'을 <u>제외한 정비사업의 경우도 수용의 방법을 수단으로 하는 경우와 마찬가지로 박탈되는 소유권 외의 권리도 다음과 같이 소멸한다고 해석된다.</u>

다 음

정비사업의 궁극적인 목적을 달성하려면 종전의 건물을 철거하여 새로운 건물을 지어야 한다.

'소규모재개발사업 또는 관리지역에서 공공시행자가 시행하는 가로주택정비사업'(이하 '소규모재개발사업등'이라 한다)을 제외한 정비사업(소규모재건축사업과 관리지역에서 공공시행자가 시행하는 가로주택정비사업을 제외한 가로주택정비사업, 이하 '소규모재건축사업등'이라 한다)이 소규모재개발사업등보다 토지등소유자의 개발이익을 위한 사적인 개발사업의 성격이 강하다는 점은 분명하지만, 소규모재건축사업등의 불참자에 대한 소유권에 대항할 수 있는 권리를 가지고 있는 자의 이익을 소규모재건축사업등의 궁극적인 목적달성보다 더 크다고 할 수 있는지도 의문이고 소규모재개발사업등의 불참자에 대한 소유권에 대항할 수 있는 권리를 가지고 있는 자의 이익보다 중하다고 할 수도 없다.

소규모재건축사업등이 가지고 있는 공익성의 범위에서 소유권이 박탈되는 마당에 소유권 외의 권리만으로 철거를 막을 수는 없고, 권리의 대상인 물건의 멸실로 해당 권리는 그 한도에서 소멸하는 것으로 보는 것이 순리에도 맞는 것이다.

소규모재건축사업등의 불참자에 대한 소유권에 대항할 수 있는 권리를 가지고 있는 자와 소유권을 박탈당하는 자와의 계약은 후발적 사유로 목적달성불능으로 되었다고 보는 것이 자연스러운 일이다.

따라서 소규모재건축사업등의 경우도 수용의 방법을 수단으로 하는 경우와 마찬가지로 박탈되는 소유권 외의 권리도 소멸한다고 해석된다.

그런데 대법원 판례는 '소규모주택정비사업의 시행으로 취득하는 대지 또는 건축물 중 토지등소유자에게 분양하는 대지 또는 건축물은 「도시개발법」 제40조에 따라 행하여진 환지로 본다. 보류지와 일반에게 분양하는 대지 또는 건축물은 「도시개발법」 제34조에 따른 보류지 또는 체비지로 본다.(소규모주택정비법 제40조제5항, 소규모주택정비법 제56조제1항, 도시정비법 제87조제3항)'는 규정을 근거로 소규모재건축사업등의 경우도 수용의 방법을 수단으로 하는 경우와 마찬가지로 박탈되는 소유권 외의 권리도 소멸한다고 해석한다. 이러한 대법원 판례의 견해를 다음과 같이 소개한다.

다 음

甲 재건축정비사업조합이 시행하는 재건축사업의 정비구역 내 아파트 및 그 대지의 소유자인 乙이 조합원 자격을 취득한 후 甲 조합에 아파트 및 그 대지에 관하여 신탁을 원인으로 한 소유권이전등기 및 인도까지 마쳤으나, 분양계약을 체결하지 않아 조합원 지위를 상실하여 현금청산 대상자가 되었는데, 위 아파트 대지에 丙 은행을 근저당권자로 한 근저당권설정등기 및 가압류등기가 마쳐져 있었고, 丙 은행으로부터

근저당권의 피담보채권을 양수한 丁 유한회사가 乙이 甲 조합으로부터 지급받을 청산금 및 이에 대한 지연이자 채권에 대하여 물상대위에 의한 채권압류 및 추심명령을 받았으며, 그 후 甲 조합이 이전고시를 마친 사안에서,

도시정비법 제87조제2항제3항과 도시개발법제40조 및 제34조를 근거로 주택재건축사업에서 조합원이 분양신청을 하지 않거나 분양계약을 체결하지 않음으로써 청산금 지급대상이 되는 대지·건축물의 경우에는, 특별한 사정이 없는 한 그에 관하여 설정되어 있던 기존의 권리제한은 이전고시로 소멸하게 된다고 하고 있다.(대법원 2018.9.28., 선고.2016다246800, 판결)

〔구 도시 및 주거환경정비법(2017. 2. 8. 법률 제14567호로 전부 개정되기 전의 것) 제48조 제3항은 "사업시행자는 분양신청을 받은 후 잔여분이 있는 경우에는 정관등 또는 사업시행계획이 정하는 목적을 위하여 보류지(건축물을 포함한다)로 정하거나 조합원 외의 자에게 분양할 수 있다."라고 규정하고 있고, 제55조 제2항은 위와 같은 보류지와 일반에게 분양하는 대지 또는 건축물을 '도시개발법 제34조의 규정에 의한 보류지 또는 체비지로 본다'고 규정하고 있다. 이에 따라 조합원이 분양신청을 하지 않거나 분양계약을 체결하지 않아 보류지 또는 일반분양분이 되는 대지·건축물에 관하여는 도시개발법상 보류지 또는 체비지에 관한 법리가 적용될 수 있다.

한편 도시개발법은 제34조에서 보류지 또는 체비지에 관한 규정을 두면서, 제42조 제5항에서 "제34조에 따른 체비지는 시행자가, 보류지는 환지 계획에서 정한 자가 각각 환지처분이 공고된 날의 다음 날에 해당 소유권을 취득한다."라고 규정하고 있다. 나아가 제42조 제1항은 "환지 계획에서 정하여진 환지는 그 환지처분이 공고된 날의 다음 날부터 종전의 토지로 보며, 환지 계획에서 환지를 정하지 아니한 종전의 토지에 있던 권리는 그 환지처분이 공고된 날이 끝나는 때에 소멸한다."라고 규정하고 있다. 이러한 규정들에 의하면, 종전의 토지 중 환지 계획에서 환지를 정한 것은 종전 토지와 환지 사이에 동일성이 유지되므로 종전 토지의 권리제한은 환지에 설정된 것으로 보게 되고, 환지를 정하지 않은 종전 토지의 권리제한은 환지처분으로 소멸하게 된다. 이에 따라 보류지 또는 체비지는 그에 상응하는 종전의 토지에 아무런 권리제한이 없는 상태로 도시개발법 제42조 제5항이 정한 자가 소유권을 취득한다. 도시개발법 제40조

제4항, 제5항에 의하면, 시행자는 지정권자에 의한 준공검사를 받은 경우 환지계획에서 정한 사항을 토지 소유자에게 알리고 이를 공고하는 방식으로 환지처분을 하고, 이러한 환지처분으로 환지 계획에서 정한 내용에 따른 권리변동이 발생한다. 한편 도시정비법 제54조 제1항, 제2항에 의하면, 사업시행자는 준공인가와 공사의 완료에 관한 고시가 있는 때 관리처분계획에 정한 사항을 분양받을 자에게 통지하고 그 내용을 당해 지방자치단체의 공보에 고시하는데, 이러한 이전고시로 관리처분계획에 따른 권리변동이 발생한다. 이와 같은 환지처분과 이전고시의 방식 및 효과에 비추어 보면, 이전고시의 효력 등에 관하여는 도시정비법 관련 규정에 의하여 준용되는 도시개발법에 따른 환지처분의 효력과 궤를 같이하여 새겨야 함이 원칙이다. 이러한 보류지 등에 관한 규정과 법리에 따라 살펴보면, 주택재건축사업에서 조합원이 분양신청을 하지 않거나 분양계약을 체결하지 않음으로써 청산금 지급대상이 되는 대지·건축물의 경우에는, 특별한 사정이 없는 한 그에 관하여 설정되어 있던 기존의 권리제한은 이전고시로 소멸하게 된다.]

다. 구체적 검토

(1) 저당권·가등기담보권, 압류·가압류·체납처분 등이 있는 경우

● 저당권·가등기담보권, 압류·가압류·체납처분 등은 소유권이 가지고 있는 사용, 수익 권능 가운데 수익권능을 지배하는 권리로서의 성격을 가지고 있다. 따라서 재건축 불참자 등에 대한 매도청구가 있는 경우에도 명도의 문제는 발생하지 않는다.

그러나 이러한 권리를 가지고 있는 권리자는 관리처분계획인가 후에는 소유자와 소규모재건축사업등 시행자에 대해 수익권능을 주장할 수 없어 사업시행자가 매도청구에 따른 판결선고와 매매대금의 지급 또는 공탁으로 소유권이전등기를 경료하여 소유권을 취득할 때 그와 동시에 소멸하는 것이 될 것이다.

이 경우 공평의 원칙상 토지등소유자는 권리제한등기가 없는 상태로 토지 등의 소유권을 사업시행자에게 이전할 의무를 부담하고, 이러한 <u>권리제한등기 없는 소유권 이</u> <u>전의무와 사업시행자의 청산금 지급의무는 동시이행관계에 있다.</u>

〔甲 재건축정비사업조합이 시행하는 재건축사업의 정비구역 내 아파트 및 그 대지의 소유자인 乙이 조합원 자격을 취득한 후 甲 조합에 아파트 및 그 대지에 관하여 신탁 을 원인으로 한 소유권이전등기 및 인도까지 마쳤으나, 분양계약을 체결하지 않아 조 합원 지위를 상실하여 현금청산 대상자가 되었는데, 위 아파트 대지에 丙 은행을 근저 당권자로 한 근저당권설정등기 및 가압류등기가 마쳐져 있었고, 丙 은행으로부터 근저 당권의 피담보채권을 양수한 丁 유한회사가 乙이 甲 조합으로부터 지급받을 청산금 및 이에 대한 지연이자 채권에 대하여 물상대위에 의한 채권압류 및 추심명령을 받았 으며, 그 후 甲 조합이 이전고시를 마친 사안에서, 아파트 소유자인 乙이 분양계약을 체결하지 않아 조합원 지위를 상실하여 현금청산 대상자가 된 이상, 위 아파트의 근저 당권자로서는 근저당권 소멸의 효력이 발생하는 이전고시 이전이라도 乙이 취득한 청 산금에 대하여 물상대위권을 행사할 수 있으나, <u>이전고시 이전에 甲조합은 乙에 대하</u> <u>여 근저당권설정등기 내지 가압류등기의 말소의무와 동시이행으로만 청산금을 지급할</u> <u>의무를 부담하므로</u>, 근저당권자로서는 乙이 취득한 청산금의 제한범위 내에서 물상대 위권을 행사할 수 있을 따름이어서 근저당권의 피담보채권을 양수한 추심채권자인 丁 회사의 추심금 청구에 대하여 제3채무자인 甲 조합은 <u>이전고시 이전에 집행채무자인</u> <u>乙에게 주장할 수 있는 동시이행 항변권으로</u> 丁 회사에 대항할 수 있고, 甲 조합은 근 저당권설정등기 내지 가압류등기의 말소의무가 이행되기까지 청산금 지급을 거절할 정당한 사유가 있으므로, <u>甲 조합이 위 부동산을 미리 인도받았다 하더라도 민법 제</u> <u>587조에 따른 이자를 지급할 의무가 없다고 한 사례.</u>(대법원 2018. 9.28., 선고, 2016다 246800, 판결)〕

● 저당권·가등기담보권, 압류·가압류·체납처분 등 권리자는 소규모재건축사업등 불참자가 사업시행자로부터 받게 될 매매대금에 대해 자신의 권리를 행사하게 될 것이 다. 사업시행자는 매도청구 시 권리자, 상대방과의 3면 협의를 하는 것이 바람직 할 것 이나, 상대방에게 주어야 할 매매대금에서 피담보채무액의 지급을 거절하거나 채무자

인 상대방을 대신하여 채무를 변제한 후 상대방에 대한 구상금 채권으로 상계할 수 있다고 해석된다.

매도청구 시 매매대금이 권리액 보다 적을 경우에는 매도청구를 하지 않고 저당권 등 및 압류 등 권리자의 부동산경매절차를 기다려 매수하거나 매수인을 상대로 매도청구를 하는 것이 관례처럼 행하여진 것으로 보인다. 이러한 관행은 재건축사업시행자가 채무자인 상대방과의 관계를 고려하여 행하여지는 경우도 있지만, 매도청구에 의해서는 저당권 등의 권리가 소멸하지 않는다는 해석론이 있어 불측의 손해를 피하기 위해 이루어지는 경우가 많은 것 같다.

● 토지수용에 의한 경우 소유권 외의 권리에 관한 등기의 직권말소에 관한 규정이 존재하는데 비해 매도청구의 경우는 직권말소 규정이 존재하지 않는다는 점에 유의하여야 한다.

(2) 지상권·전세권 또는 임차권 등이 있는 경우

● 지상권·전세권 또는 임차권 등은 소유권이 가지고 있는 사용, 수익 권능 가운데 원칙적으로 사용권능을 지배하는 권리로서의 성격을 가지고 있다.(전세권은 사용권능 뿐만 아니라 수익권능도 지배하는 권리로 해석되고, 임차권은 주택임대차보호법, 상가건물임대차보호법상의 대항력, 우선변제청구권, 최우선변제청구권을 가지고 있지 않은 경우는 단순히 민법상 임대차 관계로 취급되므로 제3자에게 대항할 수 있는 지위가 없다.) 따라서 소규모재건축사업등 불참자에 대한 매도청구가 있는 경우에 명도의 문제가 발생한다.

소규모재건축사업등 불참자 등의 소유권에 지상권·전세권 또는 임차권이 설정된 경우 지상권자, 전세권자, 임차인은 정비사업의 시행으로 지상권·전세권 또는 임차권의 설정 목적을 달성할 수 없는 때에는 그 계약을 해지할 수 있다.(소규모주택정비법 제38조 제1항)

계약을 해지할 수 있는 자가 가지는 전세금·보증금, 그 밖의 계약상의 금전의 반환청구권은 설정대상 목적물의 소유권자에게는 물론 사업시행자에게도 행사할 수 있다.(소규모주택정비법 제38조제2항)

계약을 해지할 수 있는 자의 금전반환청구권의 행사로 해당 금전을 지급한 사업시행자는 해당 토지등소유자에게 구상할 수 있다.(소규모주택정비법 제38조제3항) 구상이 되지 아니한 경우에는 해당 토지등소유자에게 귀속될 대지 또는 건축물을 압류할 수 있다. 이 경우 압류한 권리는 저당권과 동일한 효력을 가진다.(소규모주택정비법 제38조제4항)

〔위 제38조의 규정은 정비사업불참자에게 가해지는 소유권배제의 효과로 말미암아 불이익을 당할 수 있는 지상권자 등을 보호하기 위한 규정으로서의 의미가 있다고 하겠으나 정비사업참가자와의 관계에서도 마찬가지이다.〕

● 정비사업시행자가 제35조의 매도청구권을 행사하는 경우 위와 같이 임차권 자 등이 계약해지를 한다면 위에서 언급한 바와 같은 조치를 취하면 될 것이나, 그렇지 않은 경우 제3자에 대한 대항력을 갖고 있지 않은 단순한 민법상의 임차권자를 제외하고는 지상권자, 전세권자, 대항력 있는 임차권자는 자신의 권리를 주장할 수 있다. 따라서 이 한도에서 재건축사업시행자는 계약기간만료 전에는 그들을 상대로 명도를 청구할 수 없다.

다만 관리처분계획의 인가를 받은 경우 지상권·전세권설정계약 또는 임대차계약의 계약기간은 「민법」 제280조·제281조 및 제312조제2항, 「주택임대차보호법」 제4조제1항, 「상가건물 임대차보호법」 제9조제1항을 적용하지 아니하고, 관리처분계획인가 후에는 소유자와 재건축사업시행자에 대해 사용권능을 주장할 수 없어 지상권자, 전세권자, 대항력 있는 임차권자 등의 권리는 그 기초가 되는 계약의 목적이 달성불능으로 되어 소멸하는 것으로 해석된다.

그렇다고 하더라도 관리처분계획인가 후까지 명도를 하지 않은 자들의 점유를 배제하기 위해서는 명도청구의 소를 제기하지 않을 수 없다. 이 점은 정비사업참가자의 경우도 마찬가지다.

이 때 그들은 정비사업불참자가 사업시행자로부터 받게 될 매매대금에 대해 자신의 권리를 행사하게 될 것이다.

〔참고:

주거용 건물의 거주자가 보상받을 수 있는 주거이전비와 이사비의 보상은 단순한 보상이 아니라 <u>손실의 보상이 분명하므로</u> 도시 및 주거환경정비법 제81조 제1항 단서 제2호가 말하는 공익사업을 위한 토지 등의 취득 및 보상에 관한 법률에 따른 <u>손실보상에 주거이전비, 이사비 보상금이 포함된다고 할 것이어서</u> 세입자가 주거이전비, 이사비 보상금의 지급을 받지 못한 경우에는 종전대로 사용하며 명도 요구에 대해서 정당하게 거절할 수 있는 <u>선결적' 견련성이</u> 인정될 수 있으므로, 이사비를 지급받을 때까지 인도를 거절한다는 항변은 본질적으로 선이행 항변이며, 이는 민사상 사업시행자의 적극적 청구인 인도청구에 대응하는 <u>본질적 견련성 있는 항변이므로 민사재판에서도 주장할 수 있다.</u>[인천지법 2018. 9. 5., 선고, 2018가단205062, 판결: 확정)〕

● 토지수용에 의한 경우 소유권 외의 권리에 관한 등기의 직권말소에 관한 규정이 존재하는데 비해 매도청구의 경우는 직권말소 규정이 존재하지 않는다는 점에 유의하여야 한다.

※ 정리: 앞에서 매도청구의 효과 또는 수용재결의 효과에 대하여 설명한 주요내용을 정리하면 다음과 같다.

사업시행방식의 유형 정비사업에서 배제하여야 할 자	- 소규모재건축사업 - 관리지역에서 공공시행자가 시행하는 경우를 제외한 가로주택정비사업	- 소규모재개발사업 - 관리지역에서 공공시행자가 시행하는 가로주택정비사업
	매도청구(1) 적용법조: 제35조, 38조의2 1. 위 소규모재건축사업과 가로주택정비사업(관리지역에서 공공시행자가 시행하는 사업 제외)을 시행하는 경우 좌의 1.2.의 자를 대상으로 소규모주택정비법 제35조의 매도청구(1), 소규모재건축사업과 가로주택정비사업(관리지역에서 공공시행자가 시행하는 사업 제외)을 시행하는 경우 제38조의2의 소재확인이 현저히 곤란한 소유자를 좌의 좌의 1.2.의 자로 취급하여 매도청구(1)	
1. 소규모주택정비법 제23조제1항(가로주택정비사업조합)· 제2항(소규모재건축정비사업조합)· 제4항(소규모재개발정비사업조합)에 따른 조합설립에 동의하지 아니한 자 2. 소규모주택정비법 제18조제1항 및 제19조제1항에 따라 시장·군수등, 토지주택공사등 또는 지정개발자 지정에 동의하지 아니한 자	2. 이례적 입법사항- 소규모재개발사업을 시행하는 경우 소규모주택정비법 제35조제1항 각호는 제23조제4항(소규모재개발사업)에 따른 조합설립에 동의하지 않은 자, 공공시행자 지정등에 동의하지 않은 자를 매도청구(1)의 대상으로 하고 있다. 이는 소규모주택정비법 제35조의 2에서 소규모재개발사업을 하는 경우 필요한 경우 토지보상법상의 수용재결신청을 하게 하고는 있지만 수용권은 소규모주택정비법 제29조의 사업시행계획(관리처분계획 포함)인가 후에나 행사할 수 있으므로(소규모주택정비법 제35조의2 제3항) 소규모재개발사업을 하는 경우 필요할 때 조합설립 등 미동의자를 정비사업에서 배제할 수 있도록 하기 위함이다. 소규모재개발사업을 하는 경우 제38조의2의 소재확인이 현저히 곤란한 소유자를 좌의 1.2.의 자로 취급하여 매도청구(1)	수용권은 소규모주택정비법 제29조의 사업시행계획(관리처분계획 포함)인가 후에나 행사할 수 있으므로(소규모주택정비법 제35조의2제3항) 이 단계에서 수용권이 행사되는 경우는 없다.
	사업시행계획(관리처분계획 포함)인가 전 단계에서의 매도청구는 매도청구의 대상인 자의 소유권 외의 소유자에게 대항할 수 있는 다른 권리를 소멸 또는 중지를 하게 하지는 못한다. 따라서 이 단계에서의 매도청구는 그렇게 되어도 무방한 경우에 행하여질 것이다.	

	매도청구(2) 적용법조: 제36조, 제24조제3항, 제38조의2	수용재결 적용법조: 일반법 제35조의2, 특별법 제36조, 제24조제3항, 제38조의2
1. 분양신청을 하지 아니한 자 2. 분양신청기간 종료 이전에 분양신청을 철회한 자 3. 소규모주택정비법 제29조에 따라 인가된 관리처분계획에 따라 분양대상에서 제외된 자	1. 소규모주택정비법 제36조는 좌의 1.2.3.의 경우 매도청구 또는 수용재결신청할 수 있는 것으로 하고 있으나 법원에 제기하는 매도청구와 수용위원회에 신청하는 수용재결은 엄연히 절차가 다르므로, 위 소규모재건축사업과 가로주택정비사업(관리지역에서 공공시행자가 시행하는 사업 제외)을 시행하는 경우 좌의 1.2.3.의 자를 대상으로 소규모주택정비법 제36조의 매도청구(2)를 할 수 있는 것으로 해석됨. 2. 소규모주택정비법 제24조제3항에 따라 제36조가 준용되는데, 이 때 소규모재건축사업, 가로주택정비사업(관리지역에서 공공시행자가 시행하는 사업 제외)을 시행하는 경우는 매도청구(2)를 할 수 있는 것으로 해석됨. 소규모재건축사업, 가로주택정비사업(관리지역에서 공공시행자가 시행하는 사업 제외)을 시행하는 경우 제38조의2의 소재확인이 현저히 곤란한 소유자를 좌의 1.2.3.의 자로 취급하여 매도청구(2)	1. 소규모주택정비법 제36조는 좌의 1.2.3.의 경우 매도청구 또는 수용재결신청할 수 있는 것으로 하고 있으나 법원에 제기하는 매도청구와 수용위원회에 신청하는 수용재결은 엄연히 절차가 다르므로, 위 소규모재개발사업과 관리지역에서 공공시행자가 시행하는 가로주택정비사업을 시행하는 경우 좌의 1.2.3.의 자를 대상으로 소규모주택정비법 제36조의수용재결신청을 할 수 있는 것으로 해석됨. 2. 소규모주택정비법 제24조제3항에 따라 제36조가 준용되는데, 이 때 소규모재개발사업, 관리지역에서 공공시행자가 시행하는 가로주택정비사업을 시행하는 경우는 수용재결신청을 할 수 있는 것으로 해석됨. 소규모재개발사업, 관리지역에서 공공시행자가 시행하는 가로주택정비사업을 시행하는 경우 제38조의2의 소재확인이 현저히 곤란한 소유자를 좌의 1.2.3.의 자로 취급하여 수용재결신청
	이 단계에서 행하는 매도청구는 소규모주택정비법 제40조제5항(제37조,제38조제5항 참조)에 따라 매도청구의 대상인 자의 소유권 외에 그 소유권에 존재하는 다른 권리도 소멸 또는 사용수익 중지의 효과가 있다.	이 단계에서 수용권이 행사되는 경우 대상인 자의 소유권 외에 그 소유권에 존재하는 다른 권리는 소멸한다. (이에도 불구하고 토지수용위원회의 재결로 인정된 권리는 소멸되지 아니한다.)

4장

회계감사

1. 회계감사

시장·군수등 또는 토지주택공사등이 아닌 사업시행자는 회계감사를 받아야 한다. 회계감사는 법정감사와 임의감사로 나누어지며 사업시행자의 자산상태표, 포괄손익계산서, 이익잉여금처분계산서 등 및 이에 관련된 각종 부속명세서가 회계기준에 맞게 작성되었는지를 감사하는 것이다.

법정감사는 법이 정하는 경우에 하는 점에서 다를 뿐 임의감사와 회계감사기준, 방법 등에서 같다.

2. 법정감사 (소규모주택정비법 제56조제1항에 따른 도시정비법 제112조의 준용)

가. 회계감사 시기 및 대상

시장·군수등 또는 토지주택공사등이 아닌 사업시행자는 대통령령으로 정하는 방법 및 절차에 따라 다음의 어느 하나의 경우 그에 해당하는 시기에 회계감사를 받아야 한다.

- 건축심의결과 통지일부터 20일 이내 : 건축심의결과 통지일 전까지 납부 또는 지출된 금액이 7억원 이상인 경우
- 준공인가의 신청일부터 7일 이내 : 준공인가 신청일까지 납부 또는 지출된 금액이 14억원 이상인 경우
- 토지등소유자 또는 조합원 5분의 1 이상이 사업시행자에게 회계감사를 요청하는 경우: 요청절차를 고려한 상당한 기간 이내

나. 외부회계감사인

사업시행자에 대한 회계감사를 할 수 있는 감사인은 「주식회사 등의 외부감사에 관한 법률」 제2조제7호 및 제9조에 따른 감사인이다.

감사인이란 다음의 어느 하나에 해당하는 자를 말한다.(「주식회사 등의 외부감사에 관한 법률」 제2조제7호)

- 「공인회계사법」 제23조에 따른 <u>회계법인</u>
- 「공인회계사법」 제41조에 따라 설립된 한국공인회계사회에 총리령으로 정하는 바에 따라 등록을 한 <u>감사반</u>

다. 감사인 선정 등

위 시기에 회계감사가 필요한 경우 사업시행자는 <u>시장·군수등에게</u> 회계감사기관의 <u>선정·계약을 요청</u>하여야 하며, 시장·군수등은 요청이 있는 경우 즉시 회계감사기관을 선정하여 회계감사가 이루어지도록 하여야 한다.

사업시행자는 회계감사기관의 선정·계약을 요청하려는 경우 시장·군수등에게 회계감사에 필요한 비용을 미리 예치하여야 한다. 시장·군수등은 회계감사가 끝난 경우 예치된 금액에서 회계감사비용을 직접 지불한 후 나머지 비용은 사업시행자와 정산하여야 한다.

회계감사기관을 선정·계약한 경우 시장·군수등은 공정한 회계감사를 위하여 선정된 회계감사기관을 감독하여야 하며, 필요한 처분이나 조치를 명할 수 있다.

라. 회계감사결과에 대한 조치

감사인과 사업시행자는 회계감사가 종료되면 그 감사결과를 회계감사가 종료된 날부터 15일 이내에 <u>시장·군수등</u> 및 <u>해당 조합</u>에 보고하고 <u>조합원이</u> 공람할 수 있도록 하여야 한다.

5장

전문조합
관리인

1. 총설

조합의 임원은 정비사업을 시행하는데 중요한 역할을 한다. 조합임원의 역할은 막중해서 '조합임원진을 잘 꾸리는 일'은 정비사업의 성패를 가름하는 첫 번째 큰 일이라 할 수 있다.

조합임원진의 역할은 조합원의 이해관계 및 조합설립의 목적에 대한 거시적·미시적 상황을 파악하고 그에 대한 전문가의 조력을 현장에 제대로 접목시켜, 다양한 조합원들의 추정적 의사·구체적의사를 조정하여 합리적인 이사회 결정, 총회 의결을 이끌어내고 이것을 법이 정하는 절차에 맞추어 공정하게 집행하는 것이다.

그런데 소규모주택정비사업 현장의 실태를 보면 그렇지 않은 경우가 있다. 현실적으로 조합임원을 하려는 자, 조합임원을 할 수 있는 능력을 갖춘 자를 찾기가 어려운 경우가 많다. 있다 하더라도 '염불보다는 잿밥'에 더 관심을 가지고 있는 경우도 있다. 말귀가 어둡고, 고집만 세고, 자존심만 내세우는 경우도 있다. 잿밥에 관심갖지 않으면 다행인 경우도 있다. 이러한 사정은 조합장의 경우는 더하면 더했지 덜하지 않다.

이러한 임원진으로 사업을 하는 경우라면 말리고 싶다.

이런 현장이라면 돈이 들더라도 신탁사와 사업을 하는 것이 훨씬 날 수 있다고 본다. 그런데 소규모주택정비사업의 현장은 돈 들여 신탁사와 사업을 하는 것이 녹록지 않은 경우가 많다. 사정이 이러하다면 여기서 말하는 전문조합관리인 제도를 이용하여 사업을 하는 경우를 권유해 본다.

2. 전문조합관리인 제도

소규모주택정비법 제56조제1항에 따른 도시정비법 제41조의 준용에 의해 시장·군수등은 '조합임원이 사임, 해임, 임기만료, 그 밖에 불가피한 사유 등으로 직무를 수행할 수 없는 때부터 6개월 이상 선임되지 아니한 경우' 또는 '총회에서 조합원 3분의 1 이상의 동의로 전문조합관리인의 선정을 요청하는 경우' 시·도조례로 정하는 바에 따라 변호사·회계사·기술사 등으로서 대통령령으로 정하는 요건을 갖춘 자를 전문조합관리인으로 선정하여 <u>조합임원의 업무를 대행하게 할 수 있다.</u>(도시정비법 제41조제5항)

대통령령으로 정하는 요건을 갖춘 자란 다음 ①에서 ⑤까지의 어느 하나에 해당하는 사람을 말한다.(도시정비법 제41조제5항, 동법 시행령 제41조제1항)

① 변호사, 공인회계사, 법무사, 세무사, 건축사, 도시계획·건축분야의 기술사, 감정평가사, 행정사(일반행정사를 말한다)의 어느 하나에 해당하는 자격을 취득한 후 정비사업 관련 업무에 5년 이상 종사한 경력이 있는 사람

② 조합임원으로 5년 이상 종사한 사람

③ 공무원 또는 공공기관의 임직원으로 정비사업 관련 업무에 5년 이상 종사한 사람

④ 정비사업전문관리업자에 소속되어 정비사업 관련 업무에 10년 이상 종사한 사람

⑤ 「건설산업기본법」 제2조제7호에 따른 건설사업자에 소속되어 정비사업 관련 업무에 10년 이상 종사한 사람

시장·군수등은 전문조합관리인의 선정이 필요하다고 인정하거나, <u>조합원 3분의 1 이상이 전문조합관리인의 선정을 요청하면 공개모집을 통하여 전문조합관리인을 선정할 수 있다.</u> 이 경우 조합 또는 추진위원회의 의견을 들어야 한다.(도시정비법 제41조제5항, 동법 시행령 제41조제2항)

구청장등은 전문조합관리인을 공개모집하는 경우 응시자격, 심사절차 등 응시자가 알아야 할 사항을 군·구의 인터넷 홈페이지 및 공보에 10일 이상 공고하여야 한다.(인천광역시 도시 및 주거환경정비 조례 제22조제1항)

구청장등은 전문조합관리인 선정을 위해 필요한 경우 선정위원회를 구성·운영할 수 있다. (인천광역시 도시 및 주거환경정비 조례 제22조제3항)

구청장등은 공고의 결과 응시자가 없는 경우, 선정위원회가 응시자 중 적격자가 없다고 결정한 경우의 어느 하나에 해당하는 경우에는 7일의 범위에서 공고를 다시 할 수

있다. (인천광역시 도시 및 주거환경정비 조례 제22조제2항)

　구청장등은 전문조합관리인 선정 요청이 있거나 선정한 경우 15일 이내에 해당 조합과 조합원, 토지등소유자에게 통보하여야 한다.(인천광역시 도시 및 주거환경정비 조례 제22조제5항)

　전문조합관리인은 선임 후 6개월 이내에 법 제115조에 따른 교육을 60시간 이상 받아야 한다. 다만, 선임 전 최근 3년 이내에 해당 교육을 60시간 이상 받은 경우에는 그러하지 아니하다.(도시정비법 제41조제5항, 동법 시행령 제41조제3항)

　전문조합관리인의 임기는 3년으로 한다.(도시정비법 제41조제5항, 동법 시행령 제41조제4항)

　전문조합관리인은 조합장이 될 수도 임원이 될 수도 있고 전문조합관리인과 조합은 대행관계에 있어 조합이 보수를 주어야 하는 것으로 해석된다.

6장

벌칙

I 총설

조합업무와 관련하여 다수의 형사사건이 발생한다. 소규모주택정비법 위반의 죄가 대표적인 경우인데 그 외에도 명예훼손, 업무방해, 폭행죄 유형의 형사 고소가 많이 이루어진다. 주의해야 할 점을 살펴보면 다음과 같다.

첫째. 소규모주택정비법 위반의 죄는 5년 이하의 징역 또는 5,000만 원 이하의 벌금에 처하는 죄에서부터 3년 이하의 징역 또는 3,000만 원 이하의 벌금, 2년 이하의 징역 또는 2,000만 원 이하의 벌금, 1년 이하의 징역 또는 1,000만 원 이하의 벌금에 처하는 죄에 이르기까지 다양한데 소규모주택정비법상 이행해야 할 행정절차를 소홀히 하는 경우도 처벌되는 점에서 조합행정절차 이행을 번거롭게 생각하거나 과소평가하는 법의식을 바꾸지 않으면 낭패를 보기 쉽다는 점이다.

둘째. 조합업무와 관련하여 명예훼손, 업무방해, 폭행죄 유형의 고소가 많이 있는데 특히 폭행의 경우 상대방의 의도적, 유발적 행위에 기인하여 발생하는 경우가 많다는 점이다. 이러한 고소로 말미암아 조합장, 조합임원의 자격결격사유에 해당하게 되거나 직무집행이 정지될 수 있게 되는 점 및 이후 업무금지가처분 소송 등 민사소송으로 이어질 수 있다는 점에 유의해야 한다.

셋째. 아울러 이러한 유형의 소송이 있는 경우 조합으로부터 변호사선임비용을 지원받는 경우가 많은데 이러한 지원행위가 공금횡령이라는 주장을 펴며 또 다른 법적분쟁의 빌미를 제공할 수 있다는 점에 유의하여야 한다.

조합장이 개인 명의의 손해배상청구소송을 위하여 변호사를 소송대리인으로 선임하고 그 선임료를 조합의 비용으로 지출한 행위는 업무상횡령죄에 해당한다. 조합장이 조합장 개인을 위하여 자신의 위법행위에 관한 형사사건의 변호인을 선임하는 것을 조합의 업무라고 볼 수 없으므로, 그가 조합의 자금으로 자신의 변호사 비용을 지출하였다면 이는 횡령에 해당하고, 위 형사사건의 변호사 선임료를 지출함에 있어 이사 및 대의원회의 승인을 받았다 하여도 조합의 업무집행과 무관한 조합장 개인의 형사사건을 위하여 변호사 선임료를 지출하는 것이 위법한 이상 위 승인은 내재적 한계를 벗어나는 것으로서 횡령죄의 성립에 영향을 미치지 아니한다.(대법원 2006.10.26 선고 2004도6280 판결)

원칙적으로 단체의 비용으로 지출할 수 있는 변호사 선임료는 단체 자체가 소송당사자가 된 경우에 한하므로 단체의 대표자 개인이 당사자가 된 민·형사사건의 변호사 선임료는 단체의 비용으로 지출할 수 없고 예외적으로 분쟁에 대한 실질적인 이해관계는 단체에 있으나 법적인 이유로 그 대표자의 지위에 있는 개인이 소송 기타 법적절차의 당사자가 되었다거나 대표자로서 단체를 위해 적법하게 행한 직무행위 또는 대표자의 지위에 있음으로 말미암아 의무적으로 행한 행위 등과 관련하여 분쟁이 발생한 경우와 같이 해당 법적분쟁이 단체와 업무적인 관련이 깊고 당시의 제반사정에 비추어 단체의 이익을 위하여 소송을 수행하거나 고소에 대응해야 할 특별한 필요성이 있는 경우에 한하여 단체의 비용으로 변호사선임료를 지출할 수 있다.

Ⅱ 소규모주택정비법상의 벌칙

1. 토지등소유자의 서면동의서 위조, 매도·매수에 관한 죄

가. 제25조제1항에 따른 토지등소유자의 서면동의서를 위조한 자는 5년 이하의 징역 또는 5천만원 이하의 벌금에 처한다.(소규모주택정비법제59조1호)

나. 제25조제1항에 따른 토지등소유자의 서면동의서를 매도하거나 매수한 자는 3년 이하의 징역 또는 3천만원 이하의 벌금에 처한다.(소규모주택정비법제60조제5호)

토지등소유자는 정비사업 진행을 위한 다음의 (1)에서 (6)까지의 동의의 주체다.

다음의 (1)에서 (6)까지의 어느 하나에 대한 동의(동의한 사항의 철회를 포함한다)는 서면동의서에 토지등소유자가 성명을 적고 지장(指章)을 날인하는 방법으로 하며, 주민등록증, 여권 등 신원을 확인할 수 있는 신분증명서의 사본을 첨부하여야 한다. 이 경우 다음의 (2)에 해당하는 때에는 시장·군수등이 대통령령으로 정하는 방법에 따라 검인(檢印)한 서면동의서를 사용하여야 한다.

(1) 토지등소유자가 주민합의체를 구성하여 소규모주택정비사업을 시행하는 경우
(2) 토지등소유자가 조합을 설립하는 경우
(3) 토지등소유자가 가로주택정비사업·소규모재건축사업·소규모재개발사업의 공공사업시행자 및 지정개발자를 정하는 경우
(4) 토지등소유자가 시장·군수등 또는 토지주택공사등의 사업시행을 원하여 주민대표회의를 구성하는 경우
(5) 토지등소유자인 사업시행자가 사업시행계획인가를 신청하는 경우

위 (1)에서 (6)까지의 어느 하나에 대한 동의 및 철회의 서면을 위조하거나 동의 및 철회의 서면을 매도하거나 매수한 자를 처벌한다는 취지이다.

토지등소유자가 조합을 설립하는 경우 시장·군수등이 대통령령으로 정하는 방법에 따라 검인(檢印)한 서면동의서를 사용하여야 하므로 이 때의 서면동의서가 작출되는 경우 토지등소유자 명의 뿐만 아니라 시장·군수등의 명의도 작출되므로 소규모주택정비법 위반의 죄와 형법상의 공문서위조의 죄는 실체적 경합 관계에 있다고 해석된다.

2. 주민합의체 대표자, 조합임원의 선임 또는 시공자, 설계자, 정비사업전문관리업자의 선정과 관련한 뇌물죄

제54조제8항 각 호의 어느 하나를 위반하여 금품이나 그 밖의 재산상 이익을 제공하거나 제공의사를 표시하거나 제공을 약속하는 행위를 하거나, 제공받거나 제공의사 표시를 승낙한 자는 5년 이하의 징역 또는 5천만원 이하의 벌금에 처한다.(소규모주택정비법 제59조제2호)

소규모주택정비법 제54조제8항각호는 다음과 같다.

다 음

누구든지 주민합의체 대표자, 조합임원의 선임 또는 시공자, 설계자, 정비사업전문관리업자의 선정과 관련하여 다음 가.나.다.의 행위를 하여서는 아니 된다.(소규모주택정비법 제54조제8항)
　가. 금품, 향응 또는 그 밖의 재산상 이익을 제공하거나 제공의사를 표시하거나 제공을 약속하는 행위

나. 금품, 향응 또는 그 밖의 재산상 이익을 제공받거나 제공의사 표시를 승낙하는 행위

다. 제3자를 통하여 위 가.나.에 해당하는 행위를 하는 행위

소규모주택정비법 제59조제2호를 적용함에 있어 <u>주민합의체 대표자·조합임원·청산인·전문조합관리인 및 정비사업전문관리업자의 대표자</u>(법인인 경우에는 임원을 말한다)·직원은 공무원으로 의제되어 「형법」 제129조(수뢰, 사전수뢰), 제130조(제3자뇌물제공), 제131조(수뢰후 부정처사, 사후수뢰), 제132조(알선수뢰)도 적용되어 소규모주택정비법 제59조제2호 위반의 죄와 위 각 형법 위반의 죄는 상상적 경합의 관계에 있다고 해석된다.

「형법」 제129조(수뢰, 사전수뢰), 제130조(제3자뇌물제공), 제131조(수뢰후 부정처사, 사후수뢰), 제132조(알선수뢰)까지를 적용하는 경우 <u>주민합의체 대표자·조합임원·청산인·전문조합관리인 및 정비사업전문관리업자의 대표자</u>(법인인 경우에는 임원을 말한다)·직원은 공무원으로 본다.(소규모주택정비법 제58조)]

3. 시공자, 정비사업전문관리업자 선정·계약 관련의 죄

가. 제20조를 위반하여 시공자를 <u>선정한 자</u> 및 시공자로 <u>선정된 자</u>는 3년 이하의 징역 또는 3천만원 이하의 벌금에 처한다.(소규모주택정비법 제60조제2호)

소규모주택정비법 제20조의 내용은 다음과 같다.

다 음

- 토지등소유자는 소규모주택정비사업을 시행하는 경우 제22조에 따라 <u>주민합의체를 신고한 후 주민합의서에서 정하는 바에 따라</u> 건설업자 또는 등록사업자를 시공

자로 선정하여야 한다.(소규모주택정비법 제20조제1항)

- 조합은 소규모주택정비사업을 시행하는 경우 <u>조합설립인가를 받은 후 조합 총회</u>(시장·군수등 또는 토지주택공사등과 공동으로 사업을 시행하는 경우에는 조합원의 과반수 동의로 조합 총회 의결을 갈음할 수 있다)에서 <u>국토교통부장관이 정하여 고시하는 경쟁입찰 또는 수의계약</u>(2회 이상 경쟁입찰이 유찰된 경우로 한정한다)<u>의 방법으로 건설업자 또는 등록사업자를 시공자로 선정</u>하여야 한다. 다만, 대통령령으로 정하는 규모 이하의 소규모주택정비사업은 조합 총회에서 정관으로 정하는 바에 따라 선정할 수 있다.(소규모주택정비법 제20조제2항)

- 사업시행자는 시장·군수등이 제18조제1항에 따라 직접 사업을 시행하거나 토지주택공사등을 사업시행자로 지정하는 경우 또는 제19조제1항에 따라 지정개발자를 사업시행자로 지정하여 사업을 시행하게 하는 경우 <u>제18조제2항 및 제19조제2항에 따른 고시가 있은 후</u> 건설업자 또는 등록사업자를 시공자로 선정하여야 한다.(소규모주택정비법 제20조제3항)

제25조제2항 또는 제3항에 따른 주민대표회의 또는 토지등소유자 전체회의가 시공자를 선정하는 경우 대통령령으로 정하는 <u>경쟁입찰 또는 수의계약</u>(2회 이상 경쟁입찰이 유찰된 경우로 한정한다)의 방법으로 시공자를 <u>추천</u>할 수 있다. 다만, 대통령령으로 정하는 규모 이하의 소규모주택정비사업은 주민대표회의 또는 토지등 소유자 전체회의에서 별도로 정하는 바에 따라 선정할 수 있다.(소규모주택정비법 제20조제4항)

사업시행자는 주민대표회의 또는 토지등소유자 전체회의가 시공자를 추천한 경우 추천받은 자를 시공자로 선정하여야 한다.(소규모주택정비법 제20조제5항)

- 사업시행자는 선정된 시공자와 공사에 관한 계약을 체결하는 때에는 기존 건축물의 철거 공사(「석면안전관리법」에 따른 석면 조사·해체·제거를 포함한다)에 관한 사항을 포함하여야 한다.(소규모주택정비법 제20조제7항)

- 조합 또는 토지등소유자가 소규모주택정비사업의 시행을 위하여 시장·군수등 또는 토지주택공사등이 아닌 자를 시공자로 선정(제17조제1항 및 제3항에 따른 공동 사업시행자가 시공하는 경우를 포함한다)한 경우 그 시공자는 공사의 시공보증을 위하여 시

공보증서를 조합 또는 토지등소유자에게 제출하여야 한다.(소규모주택정비법 제20조제8항)

나. 제21조제3항에 따른 계약의 방법을 위반하여 정비사업전문관리업자를 선정한 조합임원(전문조합관리인을 포함한다)은 3년 이하의 징역 또는 3천만원 이하의 벌금에 처한다.(소규모주택정비법 제60조제2의2호)

소규모주택정비법 제21조제3항의 내용은 다음과 같다.

다 음

- 조합은 정비사업전문관리업자를 선정하는 경우 조합 총회(시장·군수등 또는 토지주택공사등과 공동으로 사업을 시행하는 경우에는 조합원의 과반수 동의로 조합총회 의결을 갈음할 수 있다)에서 국토교통부장관이 정하여 고시하는 경쟁입찰 또는 수의계약(2회 이상 경쟁입찰이 유찰된 경우로 한정한다)의 방법으로 선정하여야 한다.

주민합의체가 정비사업을 시행하는 경우 정비사업전문관리업자를 선정하는 경우 주민합의서로 정하는 바에 따라 선정하여야 하나(소규모주택정비법 제21조제2항), 이에 위반하여 선정하는 경우 처벌되지 않는다.

다. 제21조제1항을 위반하여 등록을 하지 아니하고 이 법에 따른 정비사업을 위탁받은 자는 2년 이하의 징역 또는 2천만원 이하의 벌금에 처한다.(소규모주택정비법 제61조제1호) 제21조제1항 각 호에 따른 업무를 다른 용역업체 및 그 직원에게 수행하도록 한 정비사업전문관리업자는 1년 이하의 징역 또는 1천만원 이하의 벌금에 처한다. (소규모주택정비법 제62조제1호)

소규모주택정비법 제21조제1항의 내용은 다음과 같다.

다 음

소규모주택정비사업을 시행하려는 자 또는 사업시행자로부터 다음 ①에서 ⑥까지의 사항을 위탁받거나 이와 관련한 자문을 하려는 자는 「도시 및 주거환경정비법」 제102조제1항에 따라 정비사업전문관리업자(이하 "정비사업전문관리업자"라 한다)로 등록하여야 한다.

① 사업성 검토 및 소규모주택정비사업 시행계획서의 작성
② 주민합의체 구성의 동의, 조합설립의 동의 및 소규모주택정비사업의 동의에 관한 업무의 대행
③ 주민합의체 구성의 신고 및 조합설립인가의 신청에 관한 업무의 대행
④ 설계자 및 시공자 선정에 관한 업무의 지원
⑤ 사업시행계획인가의 신청에 관한 업무의 대행
⑥ 관리처분계획의 수립에 관한 업무의 대행

4. 정비사업에 관한 부동산 거래질서의 위반의 죄

가. 거짓 또는 부정한 방법으로 제24조제2항을 위반하여 조합원 자격을 취득한 자와 조합원 자격을 취득하게 하여준 토지등소유자 및 조합의 임직원(전문조합관리인을 포함한다)는 3년 이하의 징역 또는 3천만원 이하의 벌금에 처한다.(소규모주택정비법 제60조제3호)

나. 제24조제2항을 회피하여 제28조에 따른 분양주택을 이전 또는 공급받을 목적으로 건축물 또는 토지의 양도·양수 사실을 은폐한 자는 3년 이하의 징역 또는 3천만 원 이하의 벌금에 처한다.(소규모주택정비법 제60조제4호)

소규모주택정비법 제24조제2항의 내용은 다음과 같다.

다 음

「주택법」 제63조제1항에 따른 투기과열지구로 지정된 지역에서 가로주택정비사업, 소규모재건축사업 또는 소규모재개발사업을 시행하는 경우 조합설립인가 후 해당 사업의 건축물 또는 토지를 양수(매매·증여 그 밖의 권리의 변동을 수반하는 모든 행위를 포함하되, 상속·이혼으로 인한 양도·양수의 경우는 제외한다)한 자는 조합원이 될 수 없다. 다만, 양도인이 세대원(세대주가 포함된 세대의 구성원을 말한다)의 근무상 또는 생업상의 사정이나 질병치료(「의료법」 제3조에 따른 의료기관의 장이 1년 이상의 치료나 요양이 필요하다고 인정하는 경우로 한정한다)·취학·결혼으로 세대원 모두 해당 사업시행구역이 위치하지 아니한 특별시·광역시·특별자치시·특별자치도·시 또는 군으로 이전하는 경우, 상속으로 취득한 주택으로 세대원 모두 이전하는 경우, 세대원 모두 해외로 이주하거나 세대원 모두 2년 이상 해외에 체류하는 경우, 1세대 1주택자로서 양도하는 주택에 대한 소유기간 및 거주기간(「주민등록법」 제7조에 따른 주민등록표를 기준으로 하며, 소유자가 거주하지 아니하고 소유자의 배우자나 직계존비속이 해당 주택에 거주한 경우에는 그 기간을 합산한다)이 대통령령으로 정하는 기간 이상인 경우(소유자가 피상속인으로부터 주택을 상속받아 소유권을 취득한 경우에는 피상속인의 주택의 소유기간 및 거주기간을 합산한다), 그 밖에 불가피한 사정으로 양도하는 경우로서 대통령령으로 정하는 경우의 어느 하나에 해당하는 경우 그 양도인으로부터 그 건축물 또는 토지를 양수한 자는 그러하지 아니하다.

다. 제33조제3항제7호다목 단서를 위반하여 주택을 전매하거나 이의 전매를 알선한 자는 3년 이하의 징역 또는 3천만원 이하의 벌금에 처한다.(소규모주택정비법 제60조제6호)

소규모주택정비법 제33조제3항제7호다목 단서의 내용은 다음과 같다.

다 음

1세대 또는 1명이 하나 이상의 주택 또는 토지를 소유한 경우 1주택을 공급하고, 같은 세대에 속하지 아니하는 2명 이상이 1주택 또는 1토지를 공유한 경우에는 1주택만 공급하나 분양대상자별 종전의 토지 또는 건축물 명세 및 제26조에 따른 심의 결과를 받은 날을 기준으로 한 가격(제26조에 따른 심의 전에 제37조제3항에 따라 철거된 건축물은 시장·군수등에게 허가를 받은 날을 기준으로 한 가격)에 따른 가격의 범위 또는 종전 주택의 주거전용면적의 범위에서 2주택을 공급할 수 있고, 이 중 1주택은 주거전용면적을 60제곱미터 이하로 한다. 다만, 60제곱미터 이하로 공급받은 1주택은 제40조제2항에 따른 이전고시일 다음 날부터 3년이 지나기 전에는 주택을 전매(매매·증여나 그 밖에 권리의 변동을 수반하는 모든 행위를 포함하되 상속의 경우는 제외한다)하거나 전매를 알선할 수 없다.

5. 중대한 정비사업절차 위반의 죄

가. 제23조제8항에 따른 총회의 의결을 거치지 아니하고 사업을 임의로 추진한 조합임원은 2년 이하의 징역 또는 2천만원 이하의 벌금에 처한다.(소규모주택정비법 제61조제1의2호)

소규모주택정비법 제23조제8항의 내용은 다음과 같다.

다 음

조합은 법인으로 하며, 조합에는 조합원으로 구성되는 총회를 두고 총회의 소집 절차·시기 등은 정관으로 정한다. 조합에 관하여는 이 법에 규정된 것을 제외하고는 「민법」중 사단법인에 관한 규정을 준용한다.

조합에는 조합원으로 구성되는 총회를 두고 총회는 법 및 정관으로 정하는 사항에 대하여 의결한다.(소규모주택정비법 제56조제1항, 도시정비법 제45조) 이러한 총회의 의결을 거치지 아니하고 사업을 추진하는 행태를 처벌하고자 하는 취지이다.

나. 제25조제2항에 따른 주민대표회의의 승인을 받지 아니하고 주민대표회의를 구성·운영한 자는 2년 이하의 징역 또는 2천만원 이하의 벌금에 처한다.(소규모주택정비법 제61조제3호)

제25조제2항에 따라 승인받은 주민대표회의가 구성되어 있음에도 불구하고 임의로 주민대표회의를 구성하여 사업을 추진한 자는 2년 이하의 징역 또는 2천만원 이하의 벌금에 처한다.(소규모주택정비법 제61조제4호)

소규모주택정비법 제25조제2항의 내용은 다음과 같다.

다 음

가로주택정비사업, 소규모재건축사업 또는 소규모재개발사업의 토지등소유자는 시장·군수등 또는 토지주택공사등을 사업시행자로 지정하는 경우 주민대표기구(이하 "주민대표회의"라 한다)를 구성하여야 한다.

다. 제29조에 따른 사업시행계획인가를 받지 아니하고 사업을 시행한 자와 사업시행계획서를 위반하여 건축물을 건축한 자는 2년 이하의 징역 또는 2천만원 이하의 벌금에 처한다.(소규모주택정비법 제61조제5호)

제29조에 따른 사업시행계획인가를 받지 아니하고 제40조에 따라 소유권을 이전한 자는 2년 이하의 징역 또는 2천만원 이하의 벌금에 처한다.(소규모주택정비법 제61조제6호)

라. 제39조제1항에 따른 준공인가를 받지 아니하고 건축물 등을 사용한 자와 같은 조 제 5항에 따라 시장·군수등의 사용허가를 받지 아니하고 건축물을 사용하는 자는 1년 이하의 징역 또는 1천만원 이하의 벌금에 처한다.(소규모주택정비법 제62조제1의2호)

마. 제23조의3제1항을 위반하여 허가 또는 변경허가를 받지 아니하거나 거짓, 그 밖의 부정한 방법으로 허가 또는 변경허가를 받아 행위를 한 자는 2년 이하의 징역 또는 2천만원 이하의 벌금에 처한다.(소규모주택정비법 제61조제2호)

소규모주택정비법 제23조의3제1항의 내용은 다음과 같다.

다 음

소규모주택정비사업의 사업시행구역에서 제18조제2항 및 제19조제2항에 따른 공공시행자 및 지정개발자의 지정 고시가 있는 날, 제22조제10항에 따른 주민합의체 구성 고시가 있는 날, 제23조제9항에 따른 조합설립인가 고시가 있는 날부터 건축물의 건축, 공작물의 설치, 토지의 형질변경, 토석의 채취, 토지의 분할·합병, 물건을 쌓아놓는 행위 등 그 밖에 대통령령으로 정하는 행위를 하려는 자는 시장·군수등의 허가를 받아야 하고, 허가받은 사항을 변경하려는 경우에도 또한 같다. 다만, 제18조 또는 제19조에 따른 공공시행자 또는 지정개발자의 지정이 취소되거나 제22조제9항에 따라 주민합의체가 해산되는 경우 또는 제23조의2에 따라 조합설립인가가 취소되는 경우에는 그러하지 아니하다.

위에도 불구하고 재해복구 또는 재난수습에 필요한 응급조치를 위한 행위, 기존 건축물의 붕괴 등 안전사고의 우려가 있는 경우 해당 건축물에 대한 안전조치를 위한 행위, 그 밖에 대통령령으로 정하는 행위허가를 받지 아니하고 할 수 있다.

6. 정비사업 감독 등 위반의 죄

가. 다음의 어느 하나에 해당하는 자는 2년 이하의 징역 또는 2천만원 이하의 벌금에 처한다.

- 제54조제4항에 따른 처분의 취소·변경 또는 정지, 그 공사의 중지 및 변경에 관한 명령을 받고도 이에 따르지 아니한 사업시행자, 주민대표회의 및 정비사업전문관리업자(소규모주택정비법 제61조제7호)

- 제54조제5항에 따른 서류 및 관련 자료를 거짓으로 공개한 조합임원(토지등소유자가 시행하는 사업의 경우 그 대표자를 말한다)(소규모주택정비법 제61조제8호)

- 제54조제5항 후단에 따른 서류 및 관련 자료의 열람·복사 요청에 허위의 사실이 포함된 자료를 열람·복사해 준 조합임원(토지등소유자가 시행하는 사업의 경우 그 대표자를 말한다)(소규모주택정비법 제61조제9호)

소규모주택정비법 제54조제4항,5항의 내용은 다음과 같다.

다 음

- 국토교통부장관, 시·도지사, 시장·군수 및 자치구의 구청장은 이 법 또는 이 법에 따른 명령·처분이나 사업시행계획서에 위반되었다고 인정되는 때에는 소규모주택정비사업의 적정한 시행을 위하여 필요한 범위에서 사업시행계획인가 취소 등의 조치를 취할 수 있다. 이 경우 국토교통부장관, 시·도지사, 시장·군수 및 자치구의 구청장은 관계 공무원 및 전문가로 구성된 점검반을 구성하여 소규모주택정비사업 현장조사를 통하여 분쟁의 조정, 위법사항의 시정요구 등 필요한 조치를 할 수 있다.(소규모주택정비법 제54조제4항)

- 사업시행자(조합의 경우 청산인을 포함한 조합임원, 토지등소유자의 경우 주민합의체 대표자를 말한다. 이하 같다)는 소규모주택정비사업의 시행에 관한 서류 및 관련 자료가 작성되거나 변경된 후 15일 이내에 이를 조합원, 토지등소유자 또는 세입자가 알 수

있도록 인터넷과 그 밖의 방법을 병행하여 공개하여야 한다. 이 경우 사업시행자는 조합원, 토지등소유자가 서류 및 관련 자료에 대하여 열람·복사 요청을 한 경우 15일 이내에 그 요청에 따라야 한다.(소규모주택정비법 제54조제5항)

나. 다음의 어느 하나에 해당하는 자는 1년 이하의 징역 또는 1천만원 이하의 벌금에 처한다.

- 제54조제3항에 따른 회계감사를 받지 아니한 자(소규모주택정비법 제62조제2호)
- 제54조제5항을 위반하여 사업시행과 관련한 서류 및 자료를 인터넷과 그 밖의 방법을 병행하여 **공개하지 아니하거나** 조합원 또는 토지등소유자의 **열람·복사 요청에 따르지 아니하는** 조합임원(조합의 청산인 및 토지등소유자가 시행하는 사업의 경우에는 그 대표자, 제19조에 따른 지정개발자가 사업시행자인 경우 그 대표자를 말한다)(소규모주택정비법 제62조제3호)
- 제54조제6항을 위반하여 **속기록 등을 만들지 아니하거나** 관련 **자료를 청산 시까지 보관하지 아니한** 조합임원(조합의 청산인 및 토지등소유자가 시행하는 사업의 경우에는 그 대표자, 제19조에 따른 지정개발자가 사업시행자인 경우 그 대표자를 말한다)(소규모주택정비법 제62조제4호)

소규모주택정비법 제54조제3항,5항, 6항의 내용은 다음과 같다.

다 음

- 시장·군수등 또는 토지주택공사등이 아닌 사업시행자는 「주식회사의 외부감사에 관한 법률」 제3조에 따른 감사인의 회계감사를 받아야 한다.(소규모주택정비법 제54조제3항)
- 사업시행자(조합의 경우 청산인을 포함한 조합임원, 토지등소유자의 경우 주민합의체 대표자를 말한다. 이하 같다)는 소규모주택정비사업의 시행에 관한 서류 및 관련 자료가 작성되거나 변경된 후 15일 이내에 이를 조합원, 토지등소유자 또는 세입자가 알 수

있도록 인터넷과 그 밖의 방법을 병행하여 공개하여야 한다. 이 경우 사업시행자는 조합원, 토지등소유자가 서류 및 관련 자료에 대하여 열람·복사 요청을 한 경우 15일 이내에 그 요청에 따라야 한다.(소규모주택정비법 제54조제5항)

- 사업시행자 또는 정비사업전문관리업자는 위 제5항에 따른 <u>서류 및 관련 자료</u>와 <u>총회 또는 중요한 회의</u>(조합원 또는 토지등소유자의 비용부담을 수반하거나 권리·의무의 변동을 발생시키는 경우로서 대통령령으로 정하는 회의를 말한다)가 있을 때에는 <u>속기록·녹음 또는 영상자료</u>를 만들어 <u>청산 시까지 보관하여야 한다.</u>(소규모주택정비법 제54조제6항)

다. 과태료

(1) 제54조제4항에 따라 점검반의 현장조사를 거부·기피 또는 방해한 자에게는 1천만원의 과태료를 부과한다.(소규모주택정비법 제64조제1항)

소규모주택정비법 제54조제4항의 내용은 다음과 같다.

다 음

- 국토교통부장관, 시·도지사, 시장·군수 및 자치구의 구청장은 이 법 또는 이 법에 따른 명령·처분이나 사업시행계획서에 위반되었다고 인정되는 때에는 소규모주택정비사업의 적정한 시행을 위하여 필요한 범위에서 사업시행계획인가 취소 등의 조치를 취할 수 있다. 이 경우 국토교통부장관, 시·도지사, 시장·군수 및 자치구의 구청장은 관계 공무원 및 전문가로 구성된 점검반을 구성하여 소규모주택정비사업 현장조사를 통하여 분쟁의 조정, 위법사항의 시정요구 등 필요한 조치를 할 수 있다.(소규모주택정비법 제54조제4항)

(2) 다음의 어느 하나에 해당하는 자에게는 500만원 이하의 과태료를 부과한다.

(소규모주택정비법 제64조제2항)

　- 제54조제2항에 따른 보고 또는 자료의 제출을 게을리한 자
　- 제54조제7항에 따른 관계 서류의 인계를 게을리한 자

소규모주택정비법 제54조제2, 7항의 내용은 다음과 같다.

다 음

- 국토교통부장관, 시·도지사, 시장·군수 및 자치구의 구청장은 정비사업의 원활한 시행을 위하여 감독이 필요한 때에는 사업시행자·정비사업전문관리업자·철거업자·설계자 및 시공자 등 이 법에 따른 업무를 하는 자에게 국토교통부령으로 정하는 내용에 따라 보고 또는 자료의 제출을 명할 수 있으며 소속 공무원에게 그 업무에 관한 사항을 조사하게 할 수 있다.(소규모주택정비법 제54조제2항)
- 시장·군수등 또는 토지주택공사등이 아닌 사업시행자는 소규모주택정비사업을 완료하거나 폐지한 때에는 시·도조례로 정하는 바에 따라 관계 서류를 시장·군수등에게 인계하여야 한다.(소규모주택정비법 제54조제7항)

(3) 위에 따른 과태료는 대통령령으로 정하는 방법 및 절차에 따라 국토교통부장관, 시·도지사, 시장·군수 및 자치구의 구청장이 부과·징수한다.

7. 양벌규정

법인의 대표자나 법인 또는 개인의 대리인, 사용인, 그 밖의 종업원이 그 법인 또는 개인의 업무에 관하여 제59조, 제60조, 제61조, 제62조의 어느 하나에 해당하는 위반행위를 하면 그 행위자를 벌하는 외에 그 법인 또는 개인에게도 해당 조문의 벌금형을

과(科)한다. 다만, 법인 또는 개인이 그 위반행위를 방지하기 위하여 해당 업무에 관하여 상당한 주의와 감독을 게을리하지 아니한 경우에는 그러하지 아니하다.(소규모주택정비법 제63조)

8. 기타 과태료(소규모주택정비법 제64조제2항)

제40조제1항에 따른 통지를 게을리한 자에게는 500만원 이하의 과태료를 부과한다. 과태료는 대통령령으로 정하는 방법 및 절차에 따라 국토교통부장관, 시·도지사, 시장·군수 및 자치구의 구청장이 부과·징수한다.(소규모주택정비법 제64조제3항)

소규모주택정비법 제40조제1항의 내용은 다음과 같다.

다음

- 사업시행자는 제39조제3항 및 제4항에 따른 고시가 있은 때에는 지체 없이 대지확정측량(제2조제1항제3호에 따른 소규모주택정비사업 중 공급세대 30호 미만의 사업은 제외한다)을 하고 토지의 분할절차를 거쳐 사업시행계획에서 정한 사항을 분양받을 자에게 통지하고 대지 또는 건축물의 소유권을 이전하여야 한다. 다만, 소규모주택정비사업의 효율적인 추진을 위하여 필요한 경우에는 해당 소규모주택정비사업에 관한 공사가 전부 완료되기 전이라도 완공된 부분은 준공인가를 받아 대지 또는 건축물별로 분양받을 자에게 그 소유권을 이전할 수 있다.